Eine kurze Geschichte Südafrikas

T E S S A Publishing (Pty) Ltd.,

Valuta Trust Building, 74 Shortmarket Street,

8001 Cape Town, South Africa

www.tessa-publishing.com

GAIL NATTRASS

Eine kurze Geschichte Südafrikas

TESSA

Cape Town | Stuttgart

Erste Veröffentlichung 2018 unter dem Titel
„A Short History of South Africa“ durch
Jonathan Ball Publishers, Südafrika

Übersetzt aus dem Englischen von
Dr. Michael Mandel

Erstausgabe 2020

ISBN: 978-3-947925-08-7
E-Book: 978-3-947925-09-4

Für Rhona, Ashley und Errol

Inhalt

Karten

Abkürzungen

AMCU	Association of Mineworkers and Construction Union *[Verband der Bergleute und Baugewerkschaft]*
ANC	African National Congress *[Afrikanischer Nationalkongress]*, ursprünglich der südafrikanische Native National Congress (SANNC), gegründet 1912, und seit 1994 regierende Partei in Südafrika
ANCYL	ANC Youth League *[Jugendliga]*, gegründet 1944
APO	African People's Organisation *[Afrikanische Volksorganisation]*
AWB	Afrikaner Weerstandsbeweging *[Afrikanische Widerstandsbewegung]*
COSATU	Congress of South African Trade Unions *[Kongress der südafrikanischen Gewerkschaften]*
DA	Democratic Alliance *[Demokratische Allianz]*, die im Jahr 2000 durch die Fusion der Demokratischen Partei, der Neuen Nationalen Partei (die nach nur einem Jahr aus dem Bündnis ausgeschieden ist) und der Federal Alliance gegründet wurde. Die Demokratische Allianz wurde offiziell zur Oppositionspartei des ANC.
DP	Democratic Party *[Demokratische Partei]*
EFF	Economic Freedom Fighters *[Wirtschaftsfreiheitskämpfer]*
FEDSAW	Federation of South African Women *[Verband südafrikanischer Frauen]*
GNU	Government of National Unity *[Regierung der Nationalen Einheit]*

GWU	Transvaal Garment Workers Union *[Transvaal Bekleidungsarbeitergewerkschaft]*
ICU	Industrial and Commercial Workers' Union *[Industrie und Handelsarbeitergewerkschaft]*
IFP	Inkatha Freedom Party *[Inkatha Freiheitliche Partei]*
KZN	KwaZulu-Natal (ehemals das Königreich Zululand und der Kolonie Natal)
MK	Umkhonto we Sizwe, der bewaffnete Flügel des ANC im Untergrund
NP	National Party *[Nationale Partei]*. Die erste Nationale Partei wurde von JBM Hertzog im Jahr 1914 gegründet.
NMC	Native Military Corps *[Einheimisches Militärkorps]*
NNP	New National Party *[Neue Nationale Partei]*, gegründet 1997
NUM	National Union of Mine Workers *[Nationale Gewerkschaft der Bergarbeiter]*
NEHAWU	National Education, Health and Allied Workers Union *[Nationale Gewerkschaft für Bildung, Gesundheit und angeschlossene Arbeiter]*
OFS	Oranje-Freistaat, heute Freistaat genannt.
PAC	Pan Africanist Congress *[Panafrikanischer Kongress]*, gegründet von Robert Sobukwe 1959
PFP	Progressive Federal Party *[Progressive Bundespartei]*
PNP	Purified National Party *[Gesäuberte Nationale Partei]*, die extremere nationale Partei, 1934 unter DF Malan gegründet. Als Hertzog's National Party sich auflöste, wurde die PNP als NP bekannt.
SACP	South African Communist Party *[Kommunistische Partei Südafrikas]*
SADF	South African Defence Force *[Südafrikanische Verteidigungsarmee]*, gegründet 1948 von der nationalistische Regierung von DF Malan; die SADF ersetzte die Union Defence Force (UDF).

SADTU South African Democratic Teachers Union *[Südafrikanische Demokratische Lehrergewerkschaft]*

SAIC South African Indian Congress *[Südafrikanischer Indischer Kongress]*

SANDF South African National Defence Force *[Südafrikanische Nationale Verteidigungsarmee]*. Gegründet 1994, nachdem die ersten demokratischen Wahlen stattgefunden hatten, war dies die erste nationale Verteidigungsarmee in unserem Land.

SANLC South African Native Labour Contingent *[Kontingent Native Arbeiter in Südafrika]*

SANNC South African Native National Congress *[Nationalkongress Südafrikanischer Nativen]* und Vorläufer des ANC, gegründet 1912

SACP South African Communist Party *[Kommunistische Partei Südafrikas]*

SAP South Africa Party *[Südafrikanische Partei]*, die politische Partei, welche die ersten Parlamentswahlen nach der Gründung der Union Südafrikas im Jahr 1910 gewann. Die SAP war ein Zusammenschluss der South African Party und der Afrikaner Bond of the Cape Colony, Het Volk of Transvaal und Orangia Unie of the Orange Free State. Die SAP existierte bis 1934.

UDF Union Defence Force *[Verteidigungskräfte der Union]*, die kurz nach der Gründung der Union Südafrikas im Jahr 1910 gegründet wurden und während des Ersten und Zweiten Weltkriegs aktiv waren.

UDF United Democratic Front *[Vereinigte Demokratische Front]*, gegründet 1983

UNESCO United Nations Educational, Scientific and Cultural Organisation *[Organisation der Vereinten Nationen für Bildung, Wissenschaft und Kultur]*

UP United Party *[Vereinigte Partei]*, gebildet von den alten Rivalen JBM Hertzog und Jan Smuts im Jahr 1934

VOC	Verenigde Oost-Indische Compagnie *[Niederländische-Ost-Indien Kompagnie]*
ZAR	Zuid-Afrikaansche Republiek, oder SAR (Südafrikanische Republik), später Transvaal genannt, konstituiert heute die Provinzen Gauteng, Mpumalanga, Limpopo und einen Teil der Nordwestprovinz

Zeitachse

Vor 3 Millionen Jahren

Hominiden

Vor 200 000 Jahren

Homo sapiens

Vor 10 000 Jahren

Spätere Steinzeit

Vor 2.000-3.000 Jahren

Khoikhoi-Hirten wandern in SA ein.

Vor 300-1.000 Jahren

Ackerbauern und Hirten wandern in SA ein.

800 v. Chr.

Eisenzeit: Nachweis von Handel

1000

Spätere Eisenzeit

1100

1150 Mapungubwe, erste Stadt in SA, ausgedehntes Handelsnetz

1400

1488 Weiße, portugiesische Händler, besuchen das Kap auf dem Weg nach Indien.

1500

Thulamela: Nachweis für den Gold-, Kupfer-, Eisen- und Zinnbergbau in verschiedenen Teilen Südafrikas

1600

1601 Flotten der English East India Company um das Kap herum unterwegs nach Indien

1602 Flotten der Dutch East India Company um das Kap unterwegs nach Indien

1652 Die Niederländer gründen eine Verpflegungsstation für vorbeifahrende Schiffe am Kap.

1657 Beginn der Dauersiedlung durch die Niederländer am Kap

1658 Erste Sklaven werden an das Kap gebracht.

1688 Ankunft französischer Einwanderer am Kap

1700

1795 Erste Periode der britischen Besetzung des Kaps

1800

1801 Erste Missionare aus Großbritannien kommen am Kap an.

1806 Zweite britische Besetzung des Kaps; 6 Millionen Pfund an die Niederländer gezahlt; Kap wird zur britischen Kolonie

1820 Ankunft vieler britischer Siedler; Aufruhr i der Fall heutigen Provinz KwaZulu-Natal und Aufstieg von Shaka; Aufruhr verbreitet sich ins Innere und führt zum Aufstieg großer zentralisierter Königreiche: die Zulu, (Shaka), Thlokwa (Manthatisi), Ndebele (Mzilikazi) und Sotho (Moshoeshoe)

1836 Beginn der weißen niederländisch/afrikaanssprachigen Wanderungen vom Ostkap ins Landesinnere (sog. Great Trek).

1838 Schlacht am Blood River

1843 Natal wird zu einer britischen Kolonie.

1852 - 1854 Gründung von zwei Burenrepubliken: Transvaal und Orange Freistaat

1860 Ankunft von Indern zur Arbeit auf Zuckerrohrfeldern in Natal

1867 Entdeckung von Diamanten bei Kimberley

1870 Beginn der Eingliederung der schwarzen Stammesfürstentümer unter britischer Kontrolle

1879 Anglo-Zulu-Krieg und Anglo-Pedi-Krieg

1880 - 1881 Erster Anglo-Burenkrieg

1886 Entdeckung des wichtigsten Goldriffs von Witwatersrand

1893- 1914 Mohandas Gandhi in Südafrika NIC (National Indian Congress) und TIC (Transvaal Indian Congress) gegründet

1899 - 1902 Zweiter Burenkrieg (Südafrika)

1900

1901 Gründung der APO (African People's Organisation) durch (gemischtrassige) Farbige

1904 Ankunft von Chinesen zur Arbeit in Goldminen

1905 Beginn von Gesetzen und Trennungsrichtlinien für Schwarze

1910 Gründung der Union of South Africa innerhalb des Britischen Commonwealth; ehemalige britische Kolonien, Burenrepubliken und Schwarzes Stammesfürstentümer werden in die Union aufgenommen; Louis Botha wird Premierminister, Jan Smuts sein Stellvertreter

1912 Gründung des SANNC (South African Native National Congress; 1923 wird daraus der ANC)

1913 Land Act *[Bodengesetz]*

1913 Erster Frauenprotest gegen Pässe, angeführt von Charlotte Maxeke

1914 Ausbruch des Ersten Weltkriegs; Afrikaner-Rebellion gegen SA's Teilnahme am Ersten Weltkrieg; Gründung der Afrikaner NP (Nationale Party) unter JBM Hertzog

1918 Start des Afrikaner Broederbond (Afrikanischer Nationalismus verstärkt sich)

1919 Jan Smuts wird Premierminister der Union

1921 Gründung der SACP *(Kommunistische Partei Südafrikas)*

1922 Streik der weißen Bergleute

1923 Urban Areas Act *[Stadtregierungsgesetz]*

1924 PACT-Regierung unter JBM Hertzog

1926 Beginn der Civilised Labour Policies *[Zivilen Arbeitsmarktrichtlinien]* von Hertzog zur Unterstützung ärmerer Weißer

1928 Gründung der ersten gemischtrassigen Gewerkschaft GWU (Garment Workers Union), die bis 1935 besteht.

1929 - 1930er Jahre Depression; wachsende Zahl von armen Weißen

1930 Weißes Frauenwahlrecht

1934 Gründung der UP United Party *[Vereinigte Partei]*; Jan Smuts und JBM Hertzog fusionieren; Gründung der Purified National Party *[Gesäuberte Nationale Partei]* unter DF Malan

1936 Zweites Bodengesetz

1938 Hundertjahrfeier der Schlacht am Blood River; Grundsteinlegung für das Voortrekker Denkmal; wirtschaftliche und kulturelle Afrikaner-Organisationen werden gefördert

1939 Ausbruch des Zweiten Weltkriegs

1939 - 1948 Jan Smuts wird Premierminister und Leiter der UP.

1943 Frauenzweig des ANC gegründet

1944 Die ANC Youth League *[ANC Jugendliga]* wird mit dem jungen Nelson Mandela, Walter Sisulu und Oliver Tambo gegründet

1948 Die NP besiegt die UP und erlangt Macht; Beginn der Apartheidpolitik

1949 Nelson Mandela, Oliver Tambo und Walter Sisulu zu Geschäftsführern des ANC gewählt

1950 Hendrik Verwoerd wird Minister für Native Affairs; Group Areas Act; Population Registration Act; Immorality Act; Mixed Marriages Act *[Gruppengebietegesetz; Bevölkerungsregistrierungsgesetz; Immortalitätsgesetz; Gemischtehengesetz]*

1951 Der Bantu Self-Government Act schafft 10 Homelands für Schwarze

1952 Der ANC tritt dem SAIC (South African Indian Congress) und SACPO (SA Coloured People's Organisation) zur Durchführung einer Widerstandskampagne gegen ungerechte Gesetze bei.

1954 Die Tomlinson-Kommission berichtet über die schlechte wirtschaftliche Lage der Homelands; FEDSAW (Federation of South African Women) gegründet

1955 ANC, SAIC und SACPO verabschieden die Freedom Charter in Kliptown; Der Bantu Education Act legt separate minderwertige Bildungseinrichtungen für schwarze Kinder fest

1955 Gründung der Black Sash

1956 Frauen marschieren nach Pretoria gegen das Tragen von Pässen für schwarze Frauen

1956 - 1961 Verratsprozess

1958 Hendrik Verwoerd wird Premierminister

1960 Harold Macmillans 'Wind of Change'-Rede; Robert Sobukwe verlässt den ANC und gründet den Panafrikanischen Kongress (PAC); PAC organisiert eine Demonstration zur Passverbrennung in Sharpeville; ANC und PAC werden verboten, Aktivisten gehen ins Exil, Sharpeville-Organisatoren werden inhaftiert

1961 Südafrika wird zur Republik und verlässt das Britische Commonwealth

1963 - 1964 Rivonia-Prozess

1966 Hendrik Verwoerd ermordet: Nachfolger wird BJ Vorster

1970 Schwarze Vertretung im Parlament und schwarze Staatsbürgerschaft in Südafrika aufgehoben; Schwarze müssen sich in einem der Homelands registrieren

1971 Steve Biko startet die Black Consciousness Movement-Bewegung

1975 Häuptling Mangosuthu Buthelezi widersetzt sich den Homelands und gründet die Inkatha Bewegung

1976 Soweto-Aufstand

1976 - 1977 Die ersten beiden Homelands, Transkei und Bophuthatswana, werden selbständig

1982 Gründung der ersten Gewerkschaft für Schwarze, NUM (National Union of Mine Workers *[Nationale Vereinigung der Minenarbeiter]*); Aktivistin Ruth First wird durch eine Paketbombe getötet.

1983 Gründung der UDF (United Democratic Front)

1984 Dreikammer-Parlament (dreiteilig) mit getrennten Häusern für Weiße, Farbige und Inder; Schwarze müssen sich noch in ihren Homelands registrieren.

1986 COSATU (Congress of South African Trade Unions) gegründet; fordert Sanktionen gegen SA; einige Lockerungen der Trennungsgesetze; Passgesetze aufgehoben; Unmoral- und Mischehengesetz aufgehoben

1986 - 1987 Aufeinanderfolgende Ausnahmezustände

1987 Gespräche in Dakar zwischen dem ANC und (hauptsächlich Afrikaans sprechenden) Weißen.

1989 Geheime Treffen zwischen dem ANC und weißen Führern in Lusaka, Sambia und der Schweiz; FW de Klerk tritt die Nachfolge von PW Botha als Premierminister an

1990 FW de Klerk kündigt Agenda für die Verhandlungen über eine demokratische Verfassung an; Verbot von ANC, PAC und SACP aufgehoben; ANC-Führungskräfte einschließlich Nelson Mandela werden aus dem Gefängnis entlassen und/oder aus dem Exil zurückgeholt.

1991 Gruppengebietsgesetz aufgehoben; Südafrika wieder in den Weltsport zugelassen

1993 Chris Hani ermordet; ehemalige weiße Schulen für alle Rassen zugänglich

1994 Erste demokratische Wahlen; der ANC gewinnt die Mehrheit und wird zur neuen Regierung; Nelson Mandela zum Präsidenten gewählt; GNP (Regierung der Nationalen Einheit) gegründet; ehemals unabhängige Homelands wieder in SA integriert

1995 TRC (Wahrheits- und Versöhnungskommission) zu Untersuchung von Verbrechen aus der Apartheid-Ära ernannt

1996 Eine neue Verfassung für SA, die als Gesetz 108 verabschiedet und unterzeichnet wird.

1999 Thabo Mbeki folgt auf Nelson Mandela als Präsident

2000

2000 DA (Demokratische Allianz), ehemals Demokratische Partei, unter Helen Zille als formelle Oppositionspartei und Leitungsorgan des Westkaps gegründet.

2003 Thabo Mbeki für die zweite Amtszeit als Präsident gewählt

2005 Thabo Mbeki feuert seinen Stellvertreter, Jacob Zuma, wegen Korruptionsvorwürfen.

2007 Thabo Mbeki wird als ANC-Präsident zugunsten von Jacob Zuma verdrängt.

2008 Thabo Mbeki tritt als Präsident des Landes zurück.

2009 Jacob Zuma zum Präsidenten gewählt

2012 Gewalt in der Platinmine Marikana zwischen streikenden Arbeitern, der Polizei und der Regierung; der ANC feiert sein 100. Jubiläum

2013 Julius Malema gründet EFF (Economic Freedom Fighters) als Opposition gegen den ANC

2014 Der ANC gewinnt die Wahlen und Jacob Zuma wird für ein zweite Amtszeit zum Präsidenten gewählt

2015 Julius Malema und die EFF protestieren gegen die Kosten von Jacob Zumas Nkandla-Besitz; Mmusi Maimane folgt Helen Zille als Führerin der DA

Einführung

Dieses Buch ist der Versuch eines kurzen, allgemeinen Überblicks über die südafrikanische Geschichte von den Anfängen bis heute. Es richtet sich nicht an professionelle Historiker, sondern an alle, die sich für Geschichte interessieren - Menschen aus Südafrika und anderen Ländern.

Vor einiger Zeit fragte ein Freund aus Großbritannien, Robin Turnbull, ob es etwas gäbe, das er über Südafrika lesen könne, das genau sei (so genau, wie man bei einem so kontroversen und subjektiven Thema wie der Geschichte hoffen könne), aber lesbar und nicht zu lange. Es gibt einige brillante Geschichten über bestimmte Zeiträume, Menschen und Orte, aber seit längerer Zeit gibt es kein kurzes, erzählendes Geschichtsbuch, das versucht, alles zu erfassen.

Ich hoffe, dass ich das mit diesem Buch bis zu einem gewissen Grad erreicht habe. Für mich ist das Schreiben der Höhepunkt eines fast lebenslangen Recherchierens und Lehrens des breiten Spektrums der südafrikanischen Geschichte, des Sammelns von Geschichten, des Mitnehmens von Studenten auf Reisen durch das Land und der Zusammenarbeit mit bedeutenden Historikern, deren fachliche Beratung im Text berücksichtigt wurde. Ich habe von allen diesen Menschen vieles gelernt. Es ist auch meine aufrichtige Hoffnung, dass, wenn ich auf einige der spezifischen Studien anderer Historiker eingehe, der ernsthaftere Leser sie ausfindig machen und mehr von ihnen lesen möchte.

Die Geschichte Südafrikas ist eine Geschichte des Kampfes, und der Kampf hat viele Formen angenommen - vom Wettbewerb um Land und Ressourcen in den ersten Jahren bis hin zu komplexeren bewaffneten Konflikten in jüngster Zeit. Auch wenn relativer Frieden herrschte, war es im Allgemeinen ein unruhiger Friede. Kriege, Rebellionen, Streiks und Proteste haben unser Volk gespalten und die Unterschiede zwischen uns aufgezeigt;[1] Südafrikaner sind auch von gemischter Abstammung, Klasse und Herkunft und Kultur, eine 'Regenbogen-Nation '[2] verschiedener Menschen, die dennoch gemeinsame Eigenschaften haben.

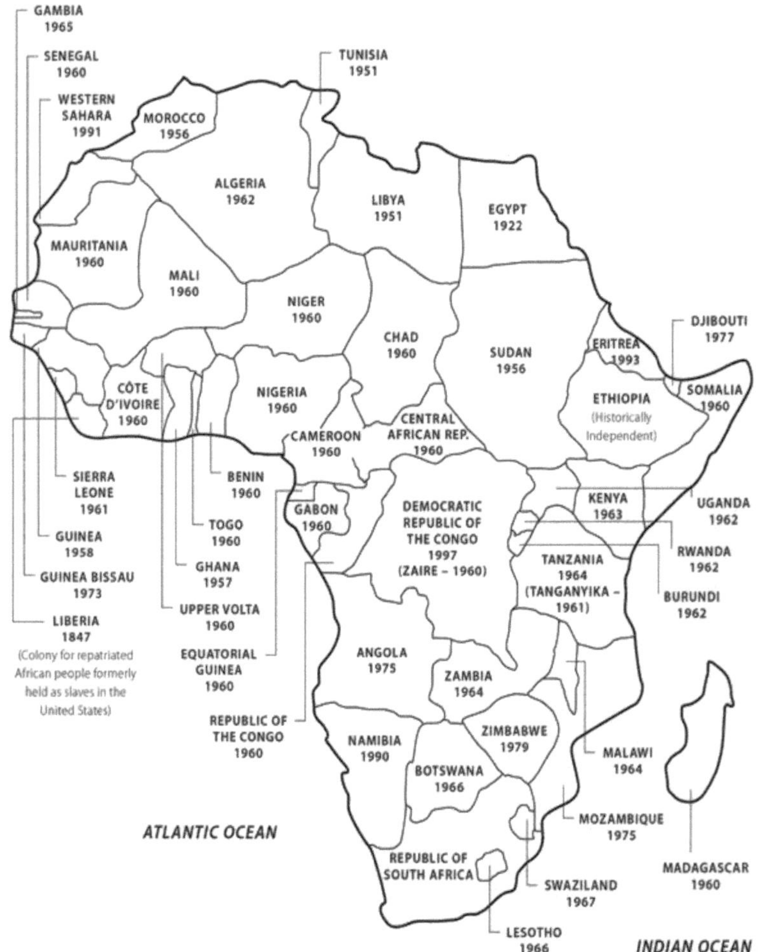

KARTE 1

Südafrika und seine Nachbarländer. Die meisten dieser Länder wurden von europäischen Mächten in dem so genannten 'Wettlauf um Afrika' zwischen etwa 1881 und 1914 kolonisiert. Die Daten, an denen diese Länder ihre Unabhängigkeit erlangt haben, werden auf der Karte angezeigt. Erst 1994 erhielt Südafrika den vollen demokratischen Status. Vorher wurde es von einer Reihe von Regierungen weißer Minderheiten regiert. Unser Land teilt sich gemeinsame Grenzen mit Lesotho, Mosambik, Simbabwe, Botswana und Namibia, und innerhalb von unseren Grenzen liegen die unabhängigen Königreiche Swasiland und Lesotho.

In diesem Buch wird vor allem versucht, die Geschichten unseres Volkes zu erzählen - tief gespalten in der Vergangenheit, immer noch auf der Suche nach Einheit und Lösungen in der Gegenwart. Menschen, die trotz der noch bestehenden Probleme Südafrika als ihre Heimat betrachten.

Geographie

Südafrika liegt am Fuße Afrikas und erstreckt sich von der Südküste nach Norden bis zur Grenze zu Simbabwe auf einer Gesamtfläche von fast 1.223.000 Quadratkilometern, die größer ist als Großbritannien, Frankreich und Deutschland zusammen.

Südafrika hat eine einzige Zeitzone und eines der besten Klimaverhältnisse der Welt. Es gibt mindestens sieben Ökosysteme, die von subtropisch (im größten Teil des Landes) bis zu mediterran (in der Kapregion) reichen, so dass wir eine besonders große Vielfalt an Flora und Fauna haben. Im Jahr 2004 erklärte die UNESCO (die Organisation der Vereinten Nationen für Bildung, Wissenschaft und Kultur) das 60 km lange Gebiet vom Signal Hill nördlich von Kapstadt bis zum Cape Point im Süden zum floristischen Weltkulturerbe. Einige Arten von Gefäßsaft tragenden Pflanzen kommen nirgendwo sonst auf der Erde vor.

Der größte Teil Südafrikas ist ein Plateau, das von einem Steilhang umgeben ist, der sich in den Drakensbergen zwischen KwaZulu-Natal und Lesotho auf mehr als 3.000 Meter über dem Meeresspiegel erhebt. Wir haben fruchtbare Täler, schöne Strände und Gebiete, die reich an Edelsteinen und Metallen sind, aber auch riesige Gebiete mit Halbwüsten. Einige unserer Städte sind in Bezug auf Reichtum und Infrastruktur Weltklasse, aber am Rande dieser Städte befinden sich Wohnquartiere, die zu den ärmsten der Welt gehören. Kaum eine oder zwei Autostunden von unseren Städten entfernt liegen ländliche Gebiete, in denen die Annehmlichkeiten gering und die Armut groß ist, aber es gibt auch Buschland, wo wilde Tiere in Wildreservaten von der Größe kleiner Länder frei herumstreifen.

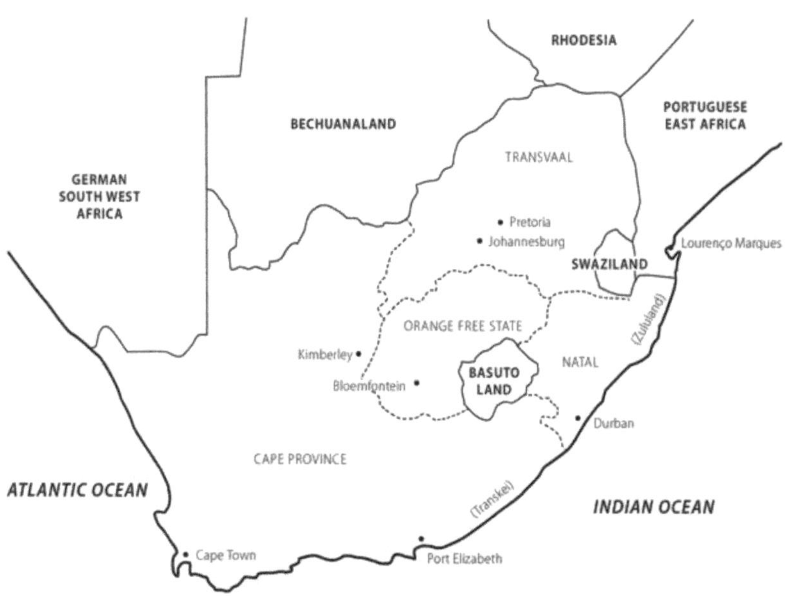

KARTE 2 *Südafrika im Jahr 1910 mit den vier Provinzen Südafrikas und ihren Hauptstädten. Swasiland und Basutoland waren getrennte Gebiete der britischen Krone.*

Johannesburg ist mit seinen Satelliten Randburg und Sandton die größte Stadt Südafrikas. Sie ist die jüngste Großstadt der Welt und die einzige Großstadt, die nicht in der Nähe des Meeres, eines Flusses oder einer anderen wichtigen Wasserquelle liegt. Der Grund für seine Existenz ist das Gold, das 1886 dort gefunden wurde. Das historische Johannesburg war ein baumloser Ort, an dem Staubstürme weit verbreitet waren. Schnell wachsende Bäume (Eichen, Platanen, Blaugummi und Jacaranda) wurden gepflanzt, da Holz für den Bergbau benötigt wurde. Heute gibt es in den Parks und Gärten von Johannesburg schätzungsweise sechs Millionen Bäume; auf Satellitenbildern sieht Johannesburg heute aus wie ein Großstadtdschungel.[3]

Ebenso ist die Geschichte des Landes eine Geschichte von Gegensätzen, Widersprüchen und Veränderungen. Selbst das Konzept

Südafrikas als Land ist ziemlich neu. Vor 1910 bestand der südliche Teil Afrikas aus einer Reihe von britischen Kolonien (Kap und Natal), afrikanischen Republiken (Oranjefreistaat und Transvaal, gegründet von Nachkommen der frühen britischen und niederländischen Siedler) und schwarzen Stammesfürstentümern (Zulu, Xhosa, Sotho und andere).

1910 wurden diese ehemaligen Kolonien, Republiken und Stammesfürstentümer in der Union Südafrikas unter der britischen Krone zusammengeführt, und das Konzept eines vereinten 'Südafrika' war geboren. Eine Regierung mit weißer Minderheit wurde eingesetzt, um die neue Union zu regieren. Es entstanden vier Provinzen: Transvaal, Orange Free State, Cape Province und Natal. Zwei kleine Gebiete - Basutoland[4] (heute Lesotho[5]) und Swasiland[6] - blieben als britische Kronkolonien abgetrennt.

KARTE 3 *Südafrika 1994 mit den neuen neun Provinzen und ihren Hauptstädten.*

1994 wurde Südafrika erstmals zur Demokratie, und das Konzept des ‘neuen’ Südafrika war geboren. Aus den ursprünglichen vier Provinzen wurden neun Provinzen gebildet. Diese sind Gauteng, North West, Mpumalanga, Limpopo, Free State, Western Cape, Eastern Cape, Northern Cape und KwaZulu-Natal, und jede hat ihre eigene Legislative, ihren eigenen Premier und Exekutivrat. Nach der Unabhängigkeit von Großbritannien im Jahr 1966 wurde Basutoland zum Königreich Lesotho und Swasiland erlangte die Unabhängigkeit und wurde im Jahr 1968 das Königreich Swasiland. Swasiland und Lesotho sind noch abgetrennt, und beide sind Monarchien.

Bei vielen Orten, Städten, Gebäuden und Straßen in Südafrika wurden Namensänderungen vorgenommen, insbesondere wenn ihre früheren Namen als unangemessen oder unerwünscht angesehen wurden. Diese Änderungen werden im Text in Klammern angezeigt.

Bevölkerung

Im August 2016 schätzte Statistics South Africa die Gesamtbevölkerung Südafrikas auf 55,9 Millionen Menschen. Die kleinste Provinz, Gauteng, hatte mit 13,5 Millionen Menschen die größte Bevölkerung (etwa 24% der Gesamtbevölkerung).[7] KwaZulu-Natal hatte mit 11 Millionen Einwohnern die zweitgrößte Bevölkerung (ca. 20%). Das Nordkap hatte mit 1,2 Millionen Einwohnern die geringste Einwohnerzahl (ca. 2,2%). Die verfügbaren Zahlen für die anderen Provinzen deuten darauf hin, dass das Ostkap etwa 6,5 Millionen Einwohner, das Westkap fast 6 Millionen, Limpopo 5,5 Millionen, Mpumalanga 4 Millionen, North West 3,5 Millionen und Free State 2,7 Millionen Einwohner zählt.[8]

Schätzungsweise sind etwa 80% unserer Mitarbeiter schwarz,[9] 9,6% sind weiß, fast 9% sind farbig und 2,6% asiatischer Herkunft (überwiegend Indisch und Chinesisch).

Im südafrikanischen Kontext bezieht sich der Begriff ‘farbig’ auf Mischlinge: die Nachkommen der frühen Bewohner des Kaps (die Khoikhoi und San), Sklaven, die Ende des 17. Jahrhunderts aus Madagaskar, Mosambik und Asien importiert wurden, unterhielten interrassische Beziehungen zwischen weißen, schwarzen und farbigen Menschen über einen langen Zeitraum hinweg. Die meisten Menschen neigen dazu, große Kategorien von Schwarz, Weiß, Farbigen, Indern und Chinesen zu unterscheiden, wenn sie sich auf das südafrikanische Volk beziehen, aber das sind keine homogenen Gruppen.

Südafrika hat 11 Amtssprachen und zählt diesbezüglich zu den Spitzenreitern in der Welt. Es sind Englisch, Afrikaans (die Sprache, die sich aus der Sprache der niederländischen Siedler im 17. Jahrhundert entwickelt hat), Ndebele, Nord-Sotho (Pedi), Sotho, Swazi, Tswana (manchmal auch als Westsotho bezeichnet), Tsonga, Venda, Xhosa und Zulu.[10] Nur Bolivien und Indien haben mehr offizielle Sprachen.

Die drei am häufigsten gesprochenen Muttersprachen sind Zulu (23%), Xhosa (16%) und Afrikaans (13,5%). Englisch belegt nur den vierten Platz unter den Muttersprachen (9,6%), aber es ist die Sprache der Wirtschaft. In runden Zahlen repräsentieren diese Prozentsätze die Tatsache, dass es etwa 12 Millionen Zulus, 8 Millionen Xhosa, fast 7 Millionen Afrikaans-Sprecher und fast 5 Millionen Englischsprachige gibt. Die übrigen Amtssprachen werden von jeweils zwischen 5% und 9% der Bevölkerung gesprochen.[11]

Die farbige Bevölkerung macht etwa 4,2 Millionen Menschen aus. Sie sprechen hauptsächlich Afrikaans, und die Mehrheit lebt in der Region Westkap. Der ehemalige Vizekanzler der University of the Free State, Professor Jonathan Jansen, sagt zu seinem farbigen Erbe: 'Das Problem mit der Geschichte ist, dass man Teil davon ist. Ich verdanke meine Existenz den schwarz-weißen Verflechtungen, von denen ich den Namen Jansen erhielt, ein häufiger Nachname in den Niederlanden!'[12]

Indische Südafrikaner machen etwa 1,2 Millionen unserer Bevölkerung aus und sind überwiegend englischsprachig, obwohl viele auch die Sprachen ihrer Vorfahren beibehalten. Es gibt etwa 350 000 chinesische Südafrikaner.

Obwohl Südafrika Seit 1994 eine Demokratie unter einer einzigen Regierung war, wird das Geld der Steuerzahler immer noch für zehn afrikanische Könige, eine 'Regenkönigin',[13] Hunderte von Häuptlingen und Tausende von Vorgesetzten aufgewendet, die Gesetze erlassen, die parallel zu den offiziellen Gesetzen des Landes gelten.[14] Südafrika hat auch eine der ungleichsten Gesellschaften der Welt. Es besteht eine enorme Lücke zwischen den Besitzenden und den Habenichtsen, dem Erbe einer Reihe von weißen Minderheitsregierungen, deren Politik der Segregation und Apartheid[15] die Mehrheit der Bevölkerung benachteiligte. Bedauerlicherweise hat sich auch nach dem Fall der alten Systeme die Kluft zwischen den Reichen und den Armen nicht viel verringert, und Korruption ist im Überfluss vorhanden.

Flüchtlinge aus kriegsgebeutelten Ländern anderswo in Afrika haben Zuflucht in Südafrika gefunden, wo es eine große Anzahl von Immigranten gibt, insbesondere aus dem benachbarten Simbabwe. Dies wird von den Einheimischen nicht immer toleriert, die Außenstehende als Arbeitskonkurrenten betrachten. Im Jahr 2008 und erneut im Jahr 2015 führte diese Besorgnis zu fremdenfeindlichen Angriffen und einigen brutalen Verbrechen.

Seit Anfang der 90er Jahre können Südafrikaner aller Rassen legal zusammenarbeiten, zusammenleben und Kontakte knüpfen, was es ihnen in der Vergangenheit verwehrt wurde. Trotz vieler Geschichten über Freundschaft und Zusammenarbeit sind die Spaltungen jedoch immer noch tief, und die Menschen kämpfen manchmal darum, eine gemeinsame Basis zu finden. Wir können noch nicht sagen, dass wir eine einzige Geschichte haben.

Anmerkung des Autors

1955 schrieb der Historiker Leo Marquard ein Buch mit dem Titel *The Story of South Africa*, das bis 1973 mehrmals nachgedruckt wurde. Seitdem hat sich im Land viel verändert, nicht zuletzt, dass es nach vielen Jahren der Herrschaft der weißen Minderheit nun eine Mehrheitsregierung gibt, die im Wesentlichen schwarz ist.

Es gibt ein Sprichwort: Neue Politik, neue Geschichte. Die Geschichte Südafrikas wurde seit den 1980er Jahren mehrfach umgeschrieben. Beweise für bisher vernachlässigte 'schwarze' Geschichten wurden zunehmend gesammelt; neue Interpretationen zu alten Themen werden angeboten, und es werden mehr Standpunkte berücksichtigt. In diesem Buch werden Fragen gestellt, wie einige Gruppen in der Lage waren, andere zu dominieren, und warum einige Gesellschaften in der Lage waren, sich der Herrschaft zu widersetzen, während andere es nicht taten. Das Buch zeichnet den langen Weg zur Demokratie und die Rolle der verschiedenen Akteure nach.

Jeder Versuch, eine solche Studie zu schreiben, ist natürlich an die Bedürfnisse und Wahrnehmungen der Zeit gebunden. Es gibt mehr als eine Geschichte, die man über Südafrika erzählen kann, und diese Geschichte wird sich sicherlich wieder ändern. Die Geschichte in diesem Buch kann für jeden von Interesse sein, der sich mit Klassen- und Rassenspannungen in einer vielfältigen Gesellschaft beschäftigt. Es ist nicht anders als in der Geschichte vieler anderer Länder, obwohl nach Lösungen gesucht wurde, die für Südafrika eigentümlich sind.

Notgedrungen muss diese Geschichte auch Teil einer Vermutung sein, insbesondere bei der Frühgeschichte Südafrikas, denn erst seit dem 19. Jahrhundert haben wir substantielle schriftliche Aufzeichnungen. Bis vor kurzem wurde die schwarze Geschichte von Männern aufgezeichnet, deren besondere Aufgabe es war, sich an die Traditionen ihres Stammes zu erinnern und sie zu erzählen und so Streitigkeiten über Linien, Nachfolge und andere Fragen beizulegen. Leider wurde diese mündliche Tradition in frühen Schriften der Weißen nicht allgemein berücksichtigt.

In den letzten vierzig oder mehr Jahren hat die Verwendung von archäologischen, paläoanthropologischen, anthropologischen, photographischen, linguistischen, mündlichen und anderen Quellen - sowohl schriftliche als auch nicht schriftliche - es uns ermöglicht, viel mehr ausgewogene Erkenntnisse über die Vergangenheit zu gewinnen. Es gibt jedoch immer noch einen Mangel an Quellen über die schwarze Geschichte und die von anderen Rassengruppen. Es ist auch zu beachten, dass ein Großteil unserer früh aufgezeichneten Geschichte von Weißen dominiert wurde. Seit den 1980er Jahren versuchen Historiker, die Geschlechter und Rassen zu integrieren, um ein umfassenderes Bild zu erhalten, aber die Unterschiede sind immer noch in der Art und Weise ersichtlich, wie vieles in diesem Buch strukturiert ist.

Wir werden nie die Geschichten der gesamten südafrikanischen Bevölkerung kennen, insbesondere der Benachteiligten und der ländlichen Armut. Im besten Fall müssen wir uns bewusst sein, wie viel wir nicht wissen und nicht wissen können.

KAPITEL 1

Wie alles begann

Frühe Menschen

Die Geschichte Südafrikas ist möglicherweise so alt wie die des Menschen selbst. Archäologische Untersuchungen deuten darauf hin, dass das südliche Afrika vor Millionen von Jahren der Geburtsort der ersten Hominiden (menschenähnliche Kreaturen) gewesen sein könnte. Die Bedingungen in Afrika sind im Allgemeinen günstig: Der Kontinent umfasst fast ein Viertel der bewohnbaren Landoberfläche der Erde, und fast drei Viertel davon liegen zwischen den Wendekreisen Krebs und Steinbock, einem großen, warmen Gebiet, das dem evolutionären Wandel förderlich ist.

Hominide Fossilien sind extrem selten. Es gibt nur wenige Orte auf der Erde, wo sie gefunden wurden. Unter ihnen sind Äthiopien in Ostafrika, wo die berühmten Fossilien mit den Bezeichnungen 'Lucy' und 'Ardi' entdeckt wurden, und Südafrika. Einige der ältesten und wichtigsten Hominiden-Stätten der Welt wurden in Höhlen bei Sterkfontein, Swartkrans, Kromdraai und Gladysvale gefunden, alle etwa 40 bis 50 Kilometer von Johannesburg entfernt, und Makapansgat, etwa 22 Kilometer nordöstlich von Mokopane (ehemals Potgietersrus) in Limpopo. Hominiden hielten sich in diesen Gebieten vor etwa 3 Millionen Jahren auf.

Die erste bedeutende Entdeckung eines menschlichen Fossils fand 1924 statt, als die fast vollständigen Überreste eines Schädels, der auf ein Alter von 2 bis 3 Millionen Jahre geschätzt wird, in einem Kalksteinbruch bei Taung, nördlich von Kimberley im Nordwesten, gefunden wurden. Das Wort 'tau' bedeutet 'Ort des Löwen' und wurde nach Tau, dem Häuptling des tswanasprachigen BaTaung-Stammes, benannt.

KARTE 4 Einige Beispiele für Afrikas frühe Hominidengebiete.

SCHLÜSSEL

Lothagam und Kanapoi: südwestlich des Turkana-Sees im Norden Kenias gelegen.
Turkana-See: früher bekannt als Lake Rudolf; im kenianischen Grabenbruch-Tal gelegen
Oldupai-Schlucht: in Tansania gelegen
Makapansgat: nordöstlich von Mokopane (ehemals Potgietersrus) in Limpopo gelegen
Sterkfontein, Kromdraai, Swartkrans, Gladysvale: im Bereich der Muldersdrift bei Krugersdorp, ca. 40-50 km nordwestlich von Krügersdorp. Johannesburg gelegen
Taung: kleine Stadt nördlich von Kimberley im Nordwesten

Der Schädel war der eines kindlichen Geschöpfes aus der Übergangszeit, als sich die Hominidenlinie zwischen Mensch und Affe aufteilte. Er hatte einen vollen Satz kleiner Eckzähne, ganz im Gegensatz zu denen von Affen. Die Hirnhöhle war klein, aber die Basis des Schädels zeigte, dass der Kopf an einer praktisch aufrechtstehenden Wirbelsäule ziemlich gut ausbalanciert gewesen sein muss. Es war zweifellos eine Spezies, die zwischen Affen und Menschen vermittelte, das 'fehlende Glied'[1], nach dem Wissenschaftlern aus aller Welt gesucht hatten. Professor Raymond Dart von der University of the Witwatersrand, der den Schädel untersuchte, nannte ihn Australopithecus africanus, obwohl er inzwischen einfach als 'Taung Child' bezeichnet wird. Die Entdeckung wurde als eine der 20 wichtigsten wissenschaftlichen Entdeckungen des 20. Jahrhunderts bezeichnet.

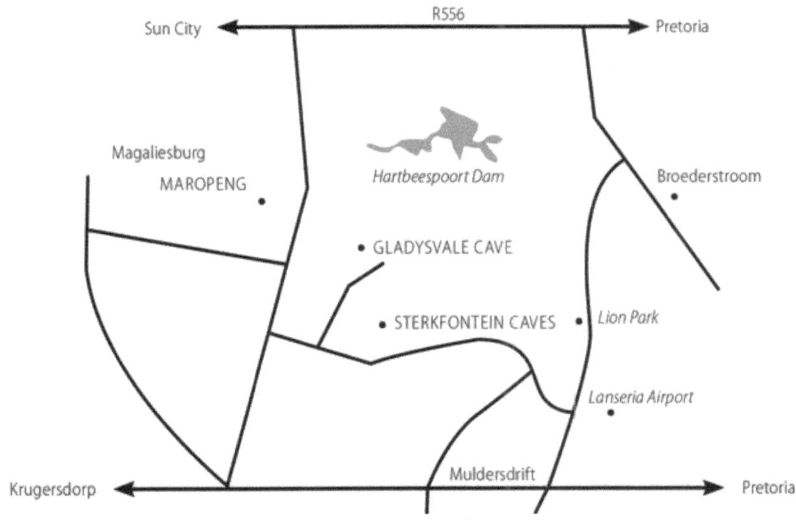

KARTE 5 Das Gebiet der Sterkfonteinhöhlen, Gladysvale und Maropeng

Weitere bedeutende Funde folgten, darunter die Entdeckung eines weiteren Australopithecus africanus-Schädels - diesmal eines Erwachsenen - 1947 in Sterkfontein. Der Schädel war fast perfekt erhalten und wurde als ‚Frau Ples' bekannt. Die Archäologen begannen sich dann auf die nahegelegenen Höhlen zu konzentrieren, und 1994 wurde ein

Hominidenskelett gefunden, das auf ein Alter von mindestens 3,5 Millionen Jahren geschätzt wurde. Die bedeutende Entdeckung wurde von dem Paläoanthropologen Ron Clarke gemacht, unterstützt von Stephen Motsumi und Nkwane Molefe von der University of the Witwatersrand. Das Skelett hatte eine komplette Hand, Arme und Beine, sowie ein komplettes Erwachsenengebiss. Die Großzehe wich noch deutlich von den anderen Zehen ab und war zu den Greifbewegungen von Menschenaffen fähig, zeigte aber auch Merkmale des menschlichen Fußes und war für zweibeiniges Gehen geeignet. Dieses menschliche Wesen mit der Bezeichnung 'Little Foot' war aufrecht gegangen und hatte wohl viel Zeit in Bäumen verbracht. Die Fußknochen sind der älteste und vollständigste Satz eines Mitglieds der Australopithecus-Hominidenfamilie, die je gefunden wurde.

Das Skelett wurde nie vollständig ausgegraben, und Teile davon sind immer noch in den Sterkfonteinhöhlen eingeschlossen. Im Interview über seine Arbeit erklärte Ron Clarke, dass es in der Paläoanthropologie Jahre dauert, etwas so Wichtiges wie dieses auszugraben, und dass niemand weiß, was noch in den Felsen an diesem und anderen Orten verborgen liegen könnte.[2]

Als Little Foot starb, befanden sich die Sterkfontein-Höhlen inmitten eines tropischen Waldes mit riesigen Bäumen. In den Höhlen wurden von Kalk versteinerte Knochen von löwengroßen Säbelzahnkatzen, großen Affen und langbeinigen Jagdhyänen gefunden. Der Little Foot könnte in diesen Höhlen zu Tode gekommen sein, als er versuchte, vor diesen Raubtieren zu fliehen. Für Millionen von Jahren lag er dort und wurde im Laufe der Zeit zum Fossil. Jetzt ist er dabei, in unsere moderne Welt gebracht zu werden.[3]

1999 wurde das Gebiet um die Sterkfonteinhöhlen zum Weltkulturerbe erklärt und als Wiege der Menschheit bezeichnet. Im Dezember 2005 wurde auf dem Gelände ein hochmodernes Besucherzentrum namens Maropeng eröffnet, in dem die Besucher die Geschichte der Menschheit verfolgen und Modelle sehen können, wie ihre Vorfahren aussahen. In Tswana, der wichtigsten indigenen Sprache in diesem Teil Südafrikas, bedeutet das Wort 'maropeng' 'Rückkehr an den Ursprungsort'.

Im April 2010 fanden der Paläoanthropologe Lee Berger und sein Sohn Matthew ein weiteres Fossil im Gebiet der Sterkfontein-Höhlen, das sie Australopithecus sediba nannten und von dem sie glauben, dass es ein direkter Vorfahre des Homo erectus sein könnte. Sie schätzen, dass es etwa 1,3 Meter hoch gewesen ist. Fünf Jahre später, im

September 2015, wurde eine weitere dramatische Ankündigung gemacht. In einer abgelegenen, bisher verborgenen Kammer in Sterkfontein wurde eine signifikant große Anzahl von Fossilien eines bisher unbekannten Zweiges des Menschenbaums gefunden. Mindestens 15 Individuen wurden identifiziert, die im Alter vom Neugeborenen über das Kleinkind bis zum Erwachsenen reichen. Die Tatsache, dass sie alle zusammengefunden wurden - und dass es keine Anzeichen von Kratzspuren, Bissen oder der nahen Anwesenheit von Raubtieren oder Aasfressern gab - deutete darauf hin, dass dies eine Grabkammer war und dass dieser Zweig von Hominiden seine Toten begrub.

Lee Berger und ein Team von Wissenschaftlern der Wits University und der National Geographic Society hatten zwei Jahre lang an einigen der schwierigsten und gefährlichsten Bedingungen gearbeitet, die je bei der Suche nach der menschlichen Herkunft aufgetreten sind. Die sechs Hauptbagger mussten klein genug sein, um durch einen 17,5 Zentimeter großen Riss in einem Felsen in die Höhlenkammer zu kriechen, in der die fossilen Überreste gefunden wurden. Die erwachsenen Hominiden waren klein (ca. 1,5 Meter groß), dünne Kreaturen, die auf zwei Beinen mit einer menschlichen Größe von 7 Fuß gingen, und menschenähnliche Hände besaßen. Sie wurden Homo naledi genannt, was in der sothoischen Sprache 'Stern' bedeutet.[4]

Francis Thackeray vom Evolutionary Studies Institute der Wits University diskutierte die Tatsache, dass sich die Fossilien des Homo naledi in einer versteckten Grabkammer befanden. Er sagt, dass es Beweise für Flechten auf den Knochen gibt, die ohne Tageslicht nicht gewachsen wären, und schlägt vor, dass vielleicht eine Familie dieser Hominiden in der Höhle war, als das Dach zusammenbrach. Lee Bergers Theorie blieb dennoch beständig, und die Entdeckung wurde als großer Moment für die Wissenschaft angekündigt, weil sie die erreichte Ebene des menschlichen Bewusstseins anzeigt: das Konzept der Sterblichkeit. Rituale rund um den Tod sind eines der Merkmale, die den Menschen von anderen Tieren unterscheiden. Die Nachricht, dass dieser Zweig von Hominiden ihre Toten begrub, ergriff die menschliche Phantasie auf der ganzen Welt, und im April 2016 wurde Lee Berger im Time Magazine zu einem der 100 einflussreichsten Menschen des Jahres gewählt. Sowohl Thackeray als auch Berger haben trotz ihrer unterschiedlichen Ansichten großen Respekt voreinander.[5]

Es wurde spekuliert, dass es nicht nur die Übergangsphase in der Entwicklung zum modernen Menschen ist, sondern auch die Endphase - die des Homo sapiens -, die vor etwa 100 000 Jahren in Südafrika und anderen Teilen des afrikanischen Kontinents begann. Fossilienfunde in der Grenzhöhle bei Ingwavuma an der Grenze zu Swasiland in KwaZulu-Natal, bei Fish Hoek im Westkap und in den Springbok Flats bei Naboomspruit (nahe der Grenzen von Limpopo und Nordwesten) werden auf etwa 100.000 Jahre geschätzt, mehrere tausend Jahre älter als Beispiele des Homo sapiens mit einem ähnlichen Entwicklungsstadium in Europa und Asien.

Es gibt keine starre und vorschnelle Theorie über die genaue Position der Herkunft des Menschen, aber es ist dennoch offensichtlich, dass Südafrikas menschliche Geschichte ihren Ursprung vor Millionen von Jahren hat, und die Geschichte Südafrikas mit den Hominiden beginnen zu lassen, hat seine Begründung. Es wird angenommen, dass die ersten menschlichen Lebewesen im südlichen Teil Afrikas eine primitive Form der Jagd und Sammlung praktizierten, eine evolutionäre Stufe, die Südafrika mit dem Rest der Welt gemein hat. Zu einem bestimmten Zeitpunkt, vor mindestens ein paar hunderttausend Jahren, begannen diese menschlichen Kreaturen Werkzeuge aus rohem Stein zu benutzen, womit sich das ankündigte, was immer noch gemeinhin als die Steinzeit bezeichnet wird.

Jäger und Sammler: die San (Buschmänner)

Vor etwa 10.000 Jahren war in Afrika eine jüngere Steinzeit zu verzeichnen, die durch den raffinierteren Einsatz von Werkzeugen und Ornamenten aus Stein, Knochen und Elfenbein gekennzeichnet ist. Vor etwa 8 000 Jahren wanderten einige dieser Menschen der jüngeren Steinzeit aus Gebieten weiter nördlich in das südliche Afrika ein, wahrscheinlich über das heutige Botswana. Diese waren die Vorfahren dessen, was in Südafrika als das Volk der San oder Buschmänner bezeichnet wird. Sie teilten die gleichen genetischen Ursprünge wie die Khoikhoi und Bantu sprechenden Gruppen, die später kamen.

Südafrika hat keine schiffbaren Wasserstraßen, aber Flusstäler könnten kleine verstreute Populationen dieser Jäger und Sammler unterstützt haben. Es gab eine Vielzahl von essbaren Pflanzen in den meisten Gebieten und das Land war voller Wild: Elefanten, Nashörner, Nilpferde, Büffel, Löwen, Leoparden, Giraffen, Zebras, Quaggas (ein ausgestorbenes südafrikanisches Zebra) und zahlreiche Antilopenarten und kleinere Wildtiere. Die Niederschläge variierten von Region zu Region stark, mit mehr Regen an der Ostküste als im Westen aufgrund ozeanischer Einflüsse, weshalb es traditionell mehr Siedlungen im Osten gab.

Südafrika wurde in der jüngeren Steinzeit von den San bewohnt. Sie waren klein, knapp 1,5 Meter groß und führten je nach Gebiet eine nomadische Existenz als Jäger und Sammler und manchmal auch als Fischer. Sie waren auch Maler und Graveure von realen und abstrakten Bildern. Die Fähigkeit, abstrakt zu denken, suggeriert eine Gesellschaft, die weit weniger eindimensional ist als bisher angenommen. Sie malten sowohl die von ihnen gejagten Tiere als auch die damit verbundenen Rituale. Die Elenantilope war besonders wichtig, weil die San glaubten, dass die Elenantilope ihre Kraft an den Jäger abgab, wenn sie getötet wurde. San-Medizinmänner, oder Schamanen, konnten halluzinieren und sich während ihrer Rituale in einen Zustand der Trance versetzen. Einige der schönsten Beispiele der San-Kunst sind an Felswänden und Höhlenwänden im Soutpansberg und in den Drakensbergen zu sehen. Sie erwecken den Eindruck, dass Elenantilopen, Elefanten und andere Tiere in diesen Gebieten einst zahlreich waren.

Als die Khoikhoi-Hirten und später die Ackerbauern begannen, nach Südafrika zu wandern, konnte das Land auch domestizierte Tiere versorgen, obwohl Tsetse-Fliegen Krankheiten unter den Nutztieren verursachten, besonders im subtropischen Nordosten. Dies schränkte das Gebiet ein, in dem sich die Hirten niederlassen konnten.

Die ersten Einwanderer nach Südafrika kamen alle aus dem Inneren Afrikas; das Land zog erst viel später Einwanderer aus Übersee an. Dies mag daran gelegen haben, dass die Meeresströmungen den einfachen Zugang zum Meer behinderten, und die Küste nur wenige natürliche Häfen hat. Das Kap wurde von Sturmwinden heimgesucht, und die Küste in der Gegend um das heutige Durban wurde durch eine flache Sperre behindert, die nur mit moderner Technologie ausgehoben werden konnte.

Soweit wir wissen, begannen die Portugiesen erst Ende des 15. Jahrhunderts ihre Seereisen an der Westküste Afrikas und um das Kap herum. Die Niederländer und dann die Franzosen und Engländer folgten im folgenden Jahrhundert. Mitte des 17. Jahrhunderts begannen sich einige dieser europäischen Entdecker am Kap niederzulassen. Eine Folge der weißen Einwanderung und der anschließenden Migration ins Landesinnere war, dass bis Ende des 19. Jahrhunderts ein Großteil der Wildtiere von Jägern, die jetzt Gewehre benutzten, abgeschossen worden war. Einige Arten, wie der Quagga, starben dabei völlig aus.

Die mitgebrachten Waffen und die technischen Möglichkeiten der weißen Siedler waren den indigenen Völkern bisher unbekannt und sie konnten kaum Widerstand leisten. Einige Historiker sind sogar so weit gegangen, die Ankunft der weißen Siedler als den Beginn einer 'Waffengesellschaft' in Südafrika zu sehen,[6] obwohl dies suggeriert, dass die meisten Menschen Waffen besaßen, was nicht der Fall war. Dennoch sollte die Ankunft von Waffen und westlicher Technologie alles verändern und in den kommenden Jahren wichtige Auswirkungen auf Wirtschaft, Gesellschaft und Politik haben.

KAPITEL 2

Frühe Siedler von etwa 1000 v.Chr. bis 1500 n.Chr.

Die Khoikhoi: Hirten und Viehzüchter

Es war wahrscheinlich um die Zeit der Geburt Christi vor etwa zwei- bis dreitausend Jahren, als die ersten Jäger-Sammler-Gesellschaften begannen, Kontakt mit dem Viehzüchtervolk der Khoikhoi aufzunehmen. Wie bei den San wird auch angenommen, dass die Khoikhoi aus der Region Botswana durch das heutige West-Simbabwe ins südliche Afrika und dann zum Kap einwanderten, um gute Weideflächen für ihre Tiere zu finden. Die Khoikhoi jagten und sammelten, je nach Bedarf, aber sie hielten auch Herden von Haustieren, hauptsächlich Schafe. Es wird angenommen, dass sie erst später Rinder erwarben und dass Rinder dann zur Hauptquelle ihres Reichtums wurden. Die Tatsache, dass die Khoikhoi Tiere domestiziert hatten, war wichtig: eine weitere Stufe im Evolutionsprozess. Es waren die Khoikhoi, die den Jägern und Sammlern den Namen 'San'[1] gaben, obwohl die niederländischen Siedler sie nach ihrer Ankunft als 'Buschmänner' oder 'Männer aus dem Busch' bezeichneten.

Es waren auch die Khoikhoi, auf die Mitte des 17. Jahrhunderts die ersten niederländischen Siedler an den Ufern der Tafelbucht am Kap trafen. Die Holländer nannten sie 'Hottentots', ein Wort, das wie die Art und Weise klang, wie sie sprachen. Der Begriff wird nun als abwertend angesehen, und 'Khoikhoi', was in der KhoiKhoi-Sprache 'Männer von Männern' bedeutet, wird bevorzugt.

Die Khoikhoi waren genetisch den San ähnlich, aber größer. Sie lebten in Gruppen unter Häuptlingen, jeder mit seinem eigenen Weideland, und ihre Gesellschaft war locker geknüpft. Sie hatten eine fließende Wirtschaft - sie basierte auf dem Reichtum der Bestände, der leicht sowohl durch Rinderkrankheiten als auch durch den Handel mit den Niederländern verloren ging, die oft wertlose Schmuckstücke, Spiegel und Alkohol im Austausch für Khoikhoi-Rinder gaben.

Khoikhoi-Gruppen, die ihr Vieh verloren hatten, kehrten zur Jagd und Sammlung zurück, und der Begriff 'Khoisan' bezieht sich auf Menschen, deren Identität verschwommen ist. Als die Expansion der Niederländer weiterging, wurden die Khoikhoi und die San allmählich vertrieben und ihre Gesellschaften begannen zusammenzubrechen. Rinderverlust an die Niederländer war ein wichtiger Faktor für den Niedergang der Khoikhoi. Loyalität zwischen den Niederländern und einigen Gruppen von Khoikhoi, die sich im Krieg miteinander befanden, verschoben ebenfalls das Gleichgewicht der Kräfte und beschleunigte ihren Niedergang. Ende des 17. Jahrhunderts hatten viele Khoikhoi auf die Arbeit für die Niederländer zurückgegriffen, und im 18. Jahrhundert erlagen viele Krankheiten wie den Pocken, die von den Neuankömmlingen eingeführt worden waren und wogegen die einheimischen Khoikhoi keinen Widerstand hatten. In dieser Hinsicht verlief die südafrikanische Geschichte ähnlich wie in Amerika und Australasien.

Bis zur Mitte des 18. Jahrhunderts hatte sich trotz des von Khoikhoi initiierten Guerillawiderstands in den späten 1730er Jahren und von den 1770er Jahren bis etwa 1800 die Gesellschaft der Khoikhoi praktisch aufgelöst. Heute gibt es keine Überlebenden dieses frühen Hirtenvolkes, obwohl die Griqua und die farbige Gesellschaft von ihnen und anderen interrassischen Beziehungen über einen langen Zeitraum abstammen.

Das Volk der Khoikhoi wurde in den Geschichten der Apartheidjahre, in denen die meisten Schriften aus eurozentrischer Sicht verfasst wurden, weitgehend vernachlässigt. In den letzten Jahren sind einige ihrer Geschichten dank der Arbeit von Menschen wie Mansell Upham, Menschenrechtsanwalt und Nachkomme einer Khoikhoi-Frau namens Krotoa (Eva) - einer der ersten bekannten 'schwarzen' Charaktere in der südafrikanischen Geschichte - entstanden.

Mitte des 17. Jahrhunderts lernte Eva Niederländisch und Portugiesisch zu sprechen und wurde von Jan van Riebeeck, dem Gründer der niederländischen Siedlung am Kap, als Dolmetscherin eingestellt. Sie wechselte regelmäßig zwischen den Niederländern und ihrem eigenen Volk, das weit entfernt lebte, und tauschte ihre westliche Kleidung gegen Khoikhoi-Felle aus, wenn sie nach Hause ging. Es war ungewöhnlich, dass eine Frau irgendeiner Rasse damals mit Männern arbeitete, und Eva hatte auch einen seltenen Status unter den Männern ihres eigenen Volkes, weil es ihr erlaubt war, einen Ochsen zu reiten. Vielleicht wegen der Widersprüche in ihrem Leben entwickelte sie ein Alkoholproblem und starb im Jahr 1674 im Alter von 32 Jahren. In einem weiteren offensichtlichen Widerspruch erhielt sie im Schloss von Kapstadt eine ordentliche Bestattung (normalerweise war das den damaligen Schwarzen verwehrt), weil sie Christin geworden war.

Eine weitere interessante Figur in unserer Frühgeschichte war ein als Doman bekannter Khoikhoi-Mann. Er wurde nach Batavia geschickt, um Niederländisch zu lernen, und muss eine wichtige Rolle als Dolmetscher für die Niederländer am Kap gespielt haben. Er verachtete Eva, von der er glaubte, dass sie zu sehr wie die Holländer würde. 1659 führte er nach einem Streit um das Vieh eine Khoikhoi-Gruppe gegen die Niederländer im so genannten ersten Khoikhoi-Niederländischen Krieg. Um sich zu schützen und die Khoikhoi fernzuhalten, bauten die Niederländer eine Reihe von befestigten Zäunen entlang des Liesbeeck River und eine Mandelhecke im heutigen Kirstenbosch National Botanical Gardens.[2] Diese Zäune und Hecken schränkten die Bewegung der Khoikhoi und den Zugang zum Weideland ein.

Eine weitere Khoikhoi-Frau, Sarah (Saartjie) Bartman, wurde in London und Paris berühmt - aber aus tragischen Gründen. Im Jahr 1810 wurde sie als junge Frau von dem Schiffsarzt William Dunlop vom Kap nach England gebracht, der Sarah davon überzeugt hat, dass sie ein Vermögen damit verdienen könne, Ausländern ihren Körper zu zeigen. Für die Europäer schien ihr Gesäß ungewöhnlich groß zu sein, und ihre ausgeprägten weiblichen Formen hatten das Zeug zum Fetisch. Später ging sie dann 'on show' in Piccadilly, wo sie in spärlicher Bekleidung auf einer Bühne paradierte. 1814 wurde Sarah nach Paris geschickt, wo sie in einem Zirkus mit wilden Tieren auftrat. Während ihres Lebens wurde ihr Körper von Wissenschaftlern analysiert, darunter Georges Cuvier, dem Chirurgen von Napoleon Bonaparte, und als Grundlage für pseudowissenschaftliche Arbeiten über die Überlegenheit der weißen Rasse benutzt.

Nach ihrem Tod im Jahr 1815 wurden Teile von Sarahs Körper präserviert und mehr als 150 Jahre lang im Musée de l'Homme (Museum der Menschheit) in Paris ausgestellt. Ihre Überreste wurden schließlich nach Südafrika zurückgebracht, und am Frauentag, dem 9. August 2002, erhielt sie in ihrer Heimat in einem abgelegenen Teil des Ostkaps eine emotionale Neubestattung. Ihr Grab wurde inzwischen zum Nationaldenkmal erklärt.

Das bantusprachige Volk: Landwirte und Metallarbeiter

Zwischen 300 und 900, und möglicherweise noch früher, zogen Ackerbau betreibende Hirten nach Südafrika. Ihre Herkunft ist ungewiss, aber es wird angenommen, dass sie aus Ost- und Zentralafrika stammten. Sie sprachen Sprachen, die von Sprachwissenschaftlern als mit den Bantu-Sprachen verwandt identifiziert wurden,[3] sich von den Sprachen der San und Khoikhoi unterschieden, obwohl einige der charakteristische 'Klick'-Klänge der San-Sprachen später ihren Weg sowohl in die Khoikhoi- als auch die Bantu-Sprachen fanden.[4] Diese Bauern hatten einen dunklerer Hautton als die Khoikhoi und die San, und sollen im Weiteren einfach nur noch als Landwirte bezeichnet werden.[5]

Die Landwirtschaft war die nächste Stufe des evolutionären Prozesses, den Südafrika mit dem Rest der Welt gemeinsam hatte. Das Wissen der Bauern über Kultivierung und Viehzucht bedeuteten, dass sie in sesshafteren Gemeinschaften lebten und nicht mehr von der Jagd und dem Sammeln abhängig waren. Interessanterweise hatten diese Bauern wenig Kunst im Vergleich zu den San, obwohl sie Tontöpfe brannten und sie mit unverwechselbaren Designs verzierten. Ihre politischen und sozialen Organisationen waren komplexer als die der San, und ihre Wirtschaften waren vielfältiger. Einige Menschen bauten Metalle wie Eisen, Kupfer, Zinn und Gold ab, und Handelsnetze entwickelten sich, manchmal über weite Strecken.

Diese Zeitspanne wird manchmal als südafrikanische Eisenzeit bezeichnet, und etwa um 1000 n.Chr. als Spät-Eisenzeit, als sich anspruchsvollere Staaten entwickelten.

Mapungubwe und Thulamela: Die ersten Staaten Südafrikas

Es wurden mehrere Siedlungen aus der Spät-Eisenzeit gefunden, die beiden wichtigsten sind Mapungubwe und Thulamela im nördlichen Limpopo. Mapungubwe ist älter als Thulamela, aber beide waren große, blühende Siedlungen mit einer breiten Palette von Aktivitäten.

Mapungubwe liegt nur zwei Kilometer südlich des Limpopo-Flusses, der die Grenze zwischen Südafrika und Simbabwe bildet. Die Stätte wurde 1933 entdeckt und bald darauf von Archäologen erforscht, die sie auf etwa 1000-1290 n. Chr. datierten. Das Gebiet wurde zwischen 1934 und 1940 archäologisch untersucht, aber die Ausgrabungen wurden durch den Zweiten Weltkrieg unterbrochen. In den 1950er Jahren wurde die Forschung sporadisch fortgesetzt, dann erneut von den 1960er bis Ende der 1990er Jahre, als umfangreiche Ausgrabungen wieder aufgenommen wurden.[6]

Mapungubwe hatte schätzungsweise eine Bevölkerung von etwa 10 000 Menschen in einem Gebiet, das wahrscheinlich so groß wie das heutige Swasiland war. Es war der erste große Staat Südafrikas.

Auf der Spitze eines Hügels wurden Grabstätten mit Goldperlen, Armbändern und kleinen geschnitzten Holztieren gefunden, die mit dünner Goldfolie bedeckt waren, zusammen mit einer Reihe von Goldnägeln, mit denen die Goldfolie an den Schnitzereien befestigt wurde. Das Fehlen von Löten[7] - ein damals in Europa recht bekanntes Verfahren - deutet darauf hin, dass dieser schöne Goldschmuck von einheimischen Schwarzen hergestellt wurde und nicht von Menschen aus anderen Ländern, wie früher angenommen wurde.

Farbige Glasperlen aus Indien, Persien (heutiger Iran), Ägypten und Arabien (heute Saudi-Arabien) wurden ebenfalls gefunden, was auf eine weite Verbreitung des internationalen Handels hinweist. Es wird angenommen, dass die Perlen zu einer Art Währung wurden.

Mapungubwe bestand etwa 200 Jahre[8] und dann gab es irgendwann im 13. Jahrhundert, wahrscheinlich weil sich die Ressourcen in der Gegend erschöpft hatten, einen politischen Machtwechsel. Die Hauptstadt zog nordwärts über den Limpopo River zu dem Ort, der heute als Great Simbabwe bekannt ist. Etwa 200 Jahre später zog die Hauptstadt wieder nach Süden über den Limpopo zu einem dritten Gebiet zurück, das wir heute als Thulamela kennen, obwohl einige Menschen weiterhin in Groß-Simbabwe lebten. Erst in den 1990er Jahren wurde Thulamela von Archäologen unter der Leitung von Sidney Miller entdeckt.

Ähnliche Artefakte wurden in Mapungubwe, Groß-Simbabwe und Thulamela gefunden, was darauf hindeutet, dass es sich an allen drei Orten um Nachkommen desselben Volkes handelte: die Vorfahren der heutigen Venda in Limpopo und der Shona in Simbabwe. Diese Aktivitäten dauerten über 600 Jahre. In Thulamela wurden unter anderem Töpferwaren vom Simbabwe-Typ, Kaurimuscheln von der Ostküste, Amulette[9] aus Knochen, ein Stück chinesisches Porzellan aus der Ming-Dynastie, ein eiserner Gong ähnlich dem in Westafrika und ein keramischer Tiegel mit Tropfen geschmolzenem Gold[10] gefunden. Dies ist der bisher einzige Beweis für die Goldverhüttung in Südafrika und deutet auf fortgeschrittene technologische Fähigkeiten vor mindestens 500 Jahren hin.

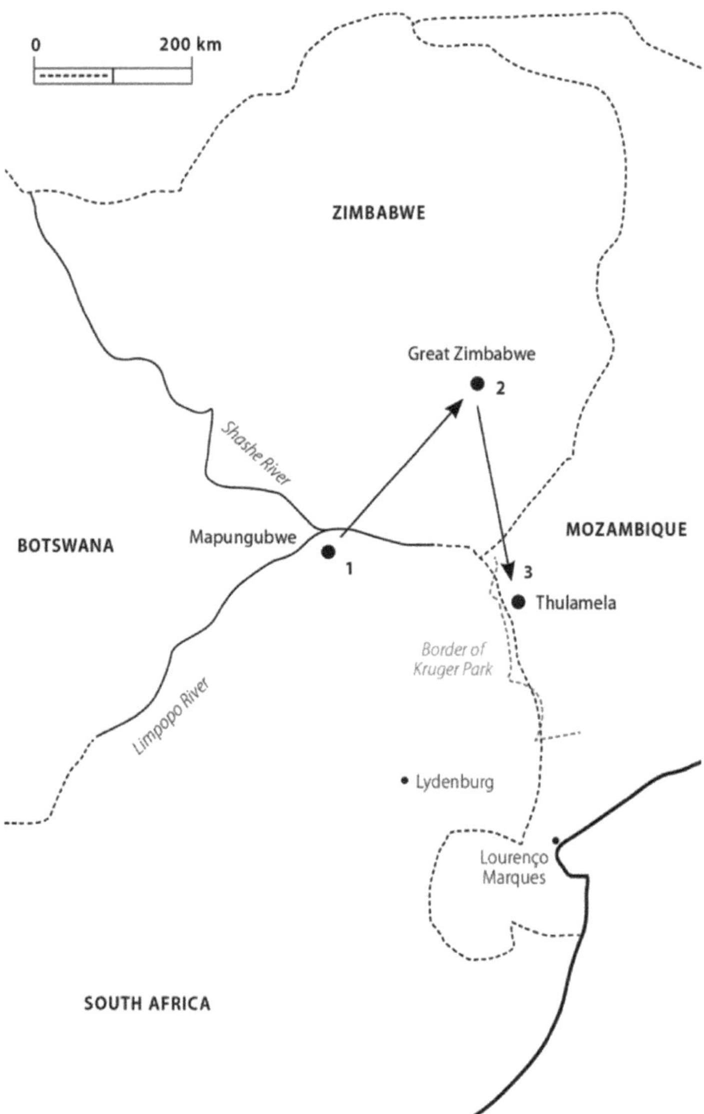

KARTE 6 Die Standorte Mapungubwe, Groß-Simbabwe und Thulamela. Die Zahlen 1, 2 und 3 zeigen, wie jeder Ort jeweils über einen Zeitraum von 600 Jahren zur Hauptstadt wurde. Die Karte zeigt auch den Punkt, an dem die Flüsse Shashe und Limpopo zusammenlaufen und die Grenzen von drei Ländern bilden, Simbabwe, Botswana und Südafrika.

Im Juli 1996 wurde in der Thulamela ein besonders bedeutender Fund gemacht, als ein Grab, das als das einer Königin galt, intakt gefunden wurde. Sie war nach Norden gerichtet vor schätzungsweise 450 Jahre begraben worden, und ihr Sterbealter betrug etwa 40 Jahre. Ihre Zähne waren in ausgezeichnetem Zustand, was auf eine gute Ernährung hindeutet. Die Dame trug zwei Goldarmbänder, eines aus massivem Gold, das andere ein doppelter Strang aus Goldperlen, insgesamt etwa 291 kleine Goldperlen. Als der Schmutz von Jahrhunderten weggeschabt war, schimmerte das Gold so hell, wie es all die Jahre zuvor gewesen war - während Kupfer- und Eisenartefakte rosten und oxidieren, ist Gold langlebig und farbbeständig, deshalb war es schon immer wertvoll.

Die einheimischen Venda nannten sie Königin Losha, weil sie sagten, dass ihre Haltung, mit gefalteten Händen unter der Wange, dem losha ähnelte, einer Geste des Respekts, und dass sie wahrscheinlich dem Grab ihres Mannes gegenüber lag. Sie hatten Recht: das Grab des Königs wurde etwa einen Monat später gefunden. Der König wurde ebenfalls mit über der Brust gekreuzten Händen nach Norden gerichtet im Sitzen begraben, und verschiedene Gold- und andere Artefakte waren mit ihm begraben worden. Die Archäologen nannten ihn König Ingwe, was soviel wie 'Leopardenkönig' bedeutet, denn an dem Tag, als sie sein Grab fanden, hatte ein Leopard sie bei ihrer Rückkehr in ihr Fahrzeug erwartet, und weitere Leoparden wurden in der Folgezeit in der Gegend gesehen.

Die lokale Venda-Gemeinschaft wurde während des gesamten Projekts konsultiert und einbezogen. Sie baten darum, dass, nach Abschluss der Kohlenstoffdatierung und der DNA-Tests die Körper wieder an der Stelle begraben und dass keine vollständigen Fotos der Skelette veröffentlicht werden sollten.

Die traditionellen Shona und Venda teilen noch immer ähnliche Überzeugungen über Krokodile und Herrscher. Laut der Venda ‚verlässt das Krokodil niemals seinen Teich' - das bezieht sich auf das Konzept der heiligen Führerschaft. Es wird angenommen, dass der erste Mensch aus einem heiligen Wasserbecken auftauchte, so wie ein Krokodil aus einem Fluss. Es wurde angenommen, dass der Häuptling direkt mit dieser Person verbunden ist. Man glaubte auch, dass Krokodile mit den Vorfahren aus der Geisterwelt, die unter Wasser lag, kommunizieren könnten. Traditionelle Venda-Häuptlinge schluckten Kieselsteine aus dem Magen eines Krokodils, um sich mit dieser Geisterwelt zu verbinden. Das Krokodilmotiv ist auf Holztüren, Trommeln und Steinwänden an Standorten in Simbabwe und Limpopo zu sehen.

Sowohl in Groß-Simbabwe als auch in Thulamela gibt es ovale, aus Trockenmauern gebaute[11] Gehäuse, von denen angenommen wird, dass sie gebaut wurden, um die herrschende Familie, die im Allgemeinen an einem hohen Ort lebte, aufzunehmen und zu schützen. Die Ruinen dieser Einfriedungen sind an beiden Orten noch zu sehen. Gewöhnliche Menschen lebten in den umliegenden Hügeln und den darunter liegenden Tälern und sahen ihren Häuptling selten. Der Archäologe Sidney Miller zufolge deutet die Anlage in Thulamela darauf hin, dass das Gehege des Königs am nördlichsten Ende der Anlage, oberhalb der Klippen, lag. Das Gehege hätte ihn vor der Öffentlichkeit geschützt.[12] In den 1500er Jahren beschrieb ein dominikanischer Priester namens João dos Santos Menschen in Mutapa, im nordöstlichen Teil Simbabwes, die auf dem Bauch den Hügel hinaufkrochen, um ihren Führer zu sehen. Sie sprachen ihren Häuptling in einer geneigten Position an und krochen wieder nach unten, ohne jemals höher als er zu erscheinen. Es wird angenommen, dass dies wahrscheinlich auch in Thulamela so war.

Die Ruinen deuten darauf hin, dass einst etwa 2.000 Menschen in Thulamela[13] lebten, und es ist offensichtlich, dass sowohl die Wirtschaft als auch die Gesellschaft recht komplex waren. Es gab unterschiedliche Lebens- und Bestattungsregelungen für unterschiedliche Menschen, und es gibt Hinweise auf ein Bildungssystem. Sowohl in Groß-Simbabwe als auch in Thulamela wurden Plattformen gefunden, die möglicherweise als Bühnen genutzt wurden. Puppen, die verschiedene Arten von Arbeit ausführen und in verschiedenen Positionen des Geschlechtsaktes deuten darauf hin, dass junge Menschen dadurch angeleitet wurden, sie auf das Erwachsensein vorzubereiten. Da sowohl in Groß-Simbabwe als auch in Thulamela ähnliche Puppen gefunden wurden, ist es möglich, dass die beiden Gesellschaften ihre jungen Menschen sogar in einer Art 'Abschlussschule' ausgetauscht haben.

Es gibt andere ähnliche Orte wie Thulamela in Limpopo. Die Entdeckung der Ruinen Machemma und Makahane zeigt, dass Schwarze bereits im 11. Jahrhundert in großen besiedelten Gemeinden lebten und bis nach Westafrika, Indien und China handelten. Das widerlegt den Mythos, der in früheren Geschichtsbüchern verewigt wurde, dass weiße Siedler in Südafrika in ein Land kamen, in dem nicht viel passiert war. Es ist auch klar, dass es nicht nur die Weißen waren, die Südafrika mit dem Rest der Welt verbanden.

Es ist ein Geheimnis, warum dieses florierende Netzwerk plötzlich zu Ende ging. Die Araber waren als Vermittler für Händler aus Asien tätig gewesen und brachten schwarze Menschen im Innenland Glasperlen und anderen interessante Waren. Der Niedergang von Thulamela erfolgte zur gleichen Zeit wie die Umrundung des Kaps durch die portugiesischen Seeleute Bartholomäus Dias und Vasco da Gama im späten 15. Jahrhundert.

Die Ankunft der Portugiesen scheint den Untergang für den bestehenden Handel besiegelt zu haben: Beweise für portugiesische Festungen an der ostafrikanischen Küste deuten darauf hin, dass die Araber nicht leicht nachgaben, sondern ihnen die Macht schließlich entrissen wurde.

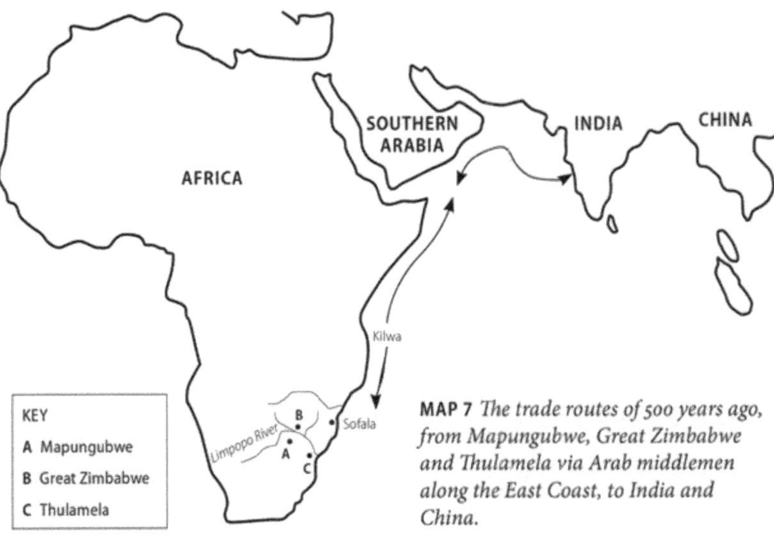

KARTE 7 Die Handelsrouten von vor 500 Jahren, von Mapungubwe, Groß-Simbabwe und Thulamela über arabische Zwischenhändler an der Ostküste bis nach Indien und China.

Es scheint auch möglich, dass die Einwohner von Thulamela die Waren, die die Portugiesen zu bieten hatten, nicht besonders mochten.[14] Und als der Handel nicht mehr florierte, war der Untergang von Orten wie Thulamela unvermeidlich.

Es gibt ein ähnliches Rätsel um frühe Minenstandorte, die plötzlich zu einem Ende kamen. Etwa zeitgleich mit Thulamela (um 1500 n.Chr.)

wurde in dem Gebiet, das 1908 zur Stadt Rooiberg wurde, etwa 60 Kilometer westlich der modernen Stadt Bela-Bela (ehemals Warmbaths) im Bezirk Waterberg von Limpopo, Zinn abgebaut und geschmolzen. Es gibt auch Hinweise darauf, dass Kupfer in Musina (ehemals Messina) in Limpopo möglicherweise bereits im 8. Jahrhundert sowie in Phalaborwa im Distrikt Mopani von Limpopo ein oder zwei Jahrhunderte später abgebaut wurde. Ein Standort in Phalaborwa lieferte eine Reihe von Daten, die von 960 bis 1130 reichten, und lieferte den Nachweis eines breiten Handelsnetzes zwischen einigen lokalen Gemeinschaften und Simbabwe weiter nördlich. Kupfer war ein begehrtes Handelsobjekt für Schmuck, Werkzeuge und andere Gegenstände, die mit zeremoniellen Anlässen in Verbindung gebracht werden sollten. Manchmal wurde es auch mit Zinn kombiniert, um Bronzewerkzeuge herzustellen, die denen aus Eisen überlegen waren.[15] Der Handel mit diesen Gegenständen scheint jedoch spärlich stattgefunden zu haben, und dann, von wenigen Einzelfällen abgesehen, zu einem abrupten Ende gekommen zu sein. Es ist nicht klar, warum.

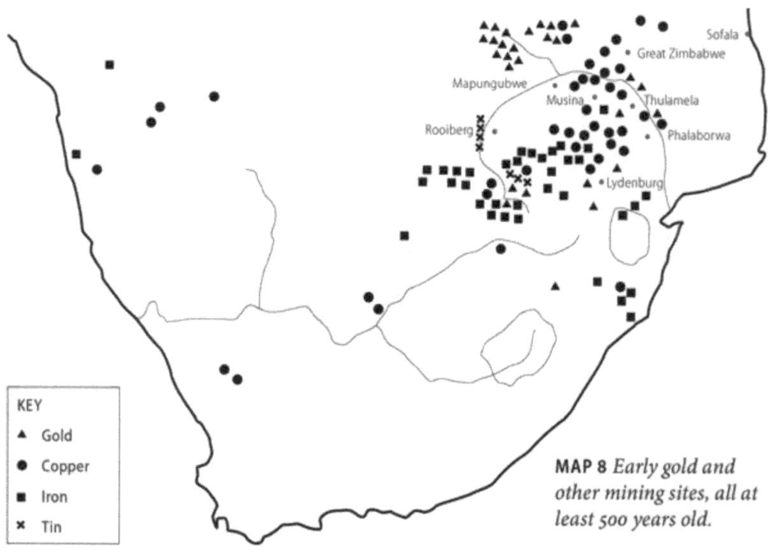

KARTE 8 Frühe Gold- und andere Minenstandorte, die mindestens 500 Jahre alt sind.

Am Rooiberg wurden frühe Minenschächte gefunden, die sorgfältig verfüllt und überdacht wurden. In den 1820er und 1830er Jahren verwiesen frühe weiße Reisende im Landesinneren - darunter der Missionar David Livingstone, der Voortrekker-Führer Louis Tregardt (Trichardt) und einige Beamte der niederländischen East India Company, die in Lourenço Marques (dem heutigen Maputo) Handel trieben - in ihren Tagebüchern auf Zinn oder 'intoffe', wie die Schwarzen es nannten, fügten jedoch hinzu, dass die 'Einheimischen' geheim hielten, wo sie es abbauten. Louis Tregardt (Trichardt) notierte 1838, dass er ein 40-Pfund-Stück Zinn im Austausch für ein Schaf gekauft habe und dass er dachte, dass das Zinn für die Herstellung von Kugeln nützlich sein würde.[16] Aber als 1904 Geologen in der Gegend arbeiteten und wieder Beweise für Zinn fanden, schienen die lokalen Schwarzen über sein Vorhandensein im Unklaren zu sein, und auch ihre mündlichen Traditionen wiesen nicht darauf hin.

Die Metallurgie der Zinngewinnung gilt als besonders schwierig, aber erste Aufzeichnungen deuten darauf hin, dass schwarze Menschen nicht nur ziemlich reines Zinn herstellten, sondern es auch mit Kupfer verschmolzen. Die Missionare David Livingstone und Robert Moffat beschrieben die Männer von Tswana, die Kupfer und Zinn in kleinen Tiegeln zu Bronze schmolzen. Ihre Reiseunterlagen deuten darauf hin, dass sie sich zu diesem Zeitpunkt im Raum Rooiberg befanden, obwohl dies nicht genau festzustellen ist.

Eine interessante Geschichte in alten handschriftlichen Aufzeichnungen von Rooiberg erzählt, dass 1911 ungewöhnlich starke Regenfälle einen kleinen Fluss in der Nähe die Ufer sprengen ließ. Bei den anschließenden Reinigungsarbeiten fanden schwarze Arbeiter aus der Mine zwei Leichen, die ans Flussufer gespült worden waren. Die Körper wurden als wie ägyptische Mumien eingewickelt beschrieben, und sie hatten Medaillons mit seltsamen Schriftzügen (möglicherweise Hieroglyphen) um den Hals hängen. Viele Leute sahen diese Leichen.[17] Läufer wurden in die nächstgelegene Stadt Warmbaths geschickt, um die Nachricht an das Museum in Pretoria weiterzuleiten. Aber bevor irgendwelche Experten nach Rooiberg kamen, verschwanden die Leichen. Es wird angenommen, dass sie in der Nacht wieder begraben wurden, da die Männer, die sie gefunden hatten, über diese Störung der Grabstätten eindeutig verzweifelt waren. In Rooiberg wurden im Laufe der Jahre verschiedene archäologische Grabungen durchgeführt, aber die Leichen wurden nie wieder gefunden.

Das Zinn in Rooiberg hat eine besondere Verunreinigung, Nickel, die typisch für das Zinn in Bronzeartefakten ist, die im Grab des jungen

Pharaos Tutanchamun in Luxor, Ägypten, gefunden wurden. Das legt nahe, dass Rooiberg die Quelle gewesen sein könnte, außer dass der Zeitrahmen dies nicht bestätigt. Der frühe Zinnbergbau am Rooiberg scheint um etwa 1500 n. Chr. stattgefunden zu haben, was für die Pharaonen 2.500 Jahre zu spät ist. Vielleicht werden weitere Beweise ans Licht kommen.

Der Bergbau hat eindeutig tiefe Wurzeln in diesem Land. Die Minen von Rooiberg wurden 1908 wieder geöffnet und 1989, als der Zinnpreis zusammenbrach, wieder geschlossen. Im April 2014 wurde angekündigt, dass die Minen möglicherweise wieder geöffnet werden könnten, oder dass die alten Minenhalden neu bearbeitet würden, um mehr Zinn zu gewinnen, aber die Verhandlungen werden einige Zeit in Anspruch nehmen.[18] Kupfer wird auch noch in einigen der gleichen Gebiete wie die frühen Minen abgebaut, ebenso wie Eisen. Die frühen Bergleute entdeckten jedoch nicht die Hauptgoldader von Witwatersrand oder andere wichtige Ressourcen der Neuzeit.

Siedlungsmuster nach 1500 n.Chr.

In den 1500er Jahren waren die schwarzen Bauern zu dominanten Besiedlern des Landes geworden, und im 18. Jahrhundert hatten sich bedeutende politische Gruppen herausgebildet.

Im Landesinneren Südafrikas waren die meisten Häuptlinge Sotho-Tswana; weiter nördlich waren sie Venda, und auf der Ostseite (zwischen der Küste des Indischen Ozeans und den Drakensbergen) waren sie Nguni: die Xhosa im östlichen Kapgebiet und die Zulu im Gebiet von KwaZulu-Natal. Dies waren ziemlich fließende Gesellschaften, mit vielen Spaltungen innerhalb und unterschiedlichen Beziehungen untereinander und zu den Gemeinschaften der Khoikhoi und San.

Ein typisches Nguni-Häuptlingstum bestand aus mehreren Gehöften, einer Einrichtung, in der ein Mann mit seinen Frauen und Kindern und anderen unverheirateten Familienmitgliedern lebte. Ein Anführer oder Häuptling wies das Land zu - es gab keinen individuellen Besitz. Diese Praxis wird bis heute in einigen ländlichen Gebieten beibehalten.

KARTE 9 Die Verteilung der bantusprachigen Völker bis Anfang des 19. Jahrhunderts. Bemerkenswert ist, dass die Siedlungen den Osten wegen der besseren Niederschläge bevorzugte.

Im Gegensatz zu den nomadisierenden Khokhoi und San waren die Häuser der Bauern dauerhafte Gebäude, die aus Materialien der Umwelt gebaut wurden. In einem typischen Gehöft säuberten Männer das Land und trieben das Vieh, und Frauen erledigten die gesamte Haus- und Landarbeit, einschließlich des Tragens von Wasser in Töpfen auf dem Kopf für das Gehöft.

Die traditionelle afrikanische Gesellschaft war männerdominiert, und Frauen standen im Allgemeinen unter der Kontrolle von Männern - Vätern, Onkeln, Ehemänner und dann Söhnen - ihr ganzes Leben lang. Die Ehe wurde durch den Tausch von Geschenken gekennzeichnet, in der Regel durch Rinder von der Familie des Bräutigams an die Braut. Dies wird als lobola[19] (Brautpreis) bezeichnet. Attraktive Töchter waren ein Gewinn für einen Vater, da sie mehr Lobola einbringen, und aus diesem Grund wurden oft Ehen arrangiert. Ein wohlhabender Mann hatte mehrere Frauen, was nicht nur für die Fortpflanzung wichtig war, sondern auch, weil Frauen ein wichtiger Teil der Arbeitskräfte waren.

Der Brauch, die Lobola zu bezahlen, ist immer noch vorhanden, aber heutzutage wird der Brautpreis oft in Geld statt in Vieh berechnet, besonders bei städtischen Familien.

Die traditionelle afrikanische Gesellschaft war hierarchisch aufgebaut, eine Struktur, die durch verschiedene Bräuche aufrechterhalten wurde. Die Ältesten hatten die Autorität über jüngere Mitglieder, und die Menschen waren Senior oder Junior, je nach Alter, Status oder Vermögen. Sowohl Jungen als auch Mädchen durchliefen umfangreiche Initiationsprogramme, wenn sie in die Pubertät kamen: Wochen oder Monate lang wurden sie an einen abgelegenen Ort gebracht, um separate geschlechtsspezifische Initiationsschulen zu besuchen, wo sie Unterricht im Verhalten der Erwachsenen und in den Traditionen des Stammes erhielten. In einer abschließenden Zeremonie wurden die Jungen beschnitten und die Mädchen durchliefen ein Verfahren zum Strecken des Jungfernhäutchens. Diese Verfahren führten oft zu Sepsis und sogar zum Tod, aber dies wurde als eines der Risiken angesehen, die es in den Traditionen des Stammes zu erfüllen galt. Diese Bräuche sind heute noch immer recht weit verbreitet, manchmal mit qualifiziertem medizinischen Personal, aber oft werden sie von den Ältesten auf traditionelle Weise durchgeführt.

Unter den Venda in Limpopo führten Mädchen während der Initiation den heiligen Domba-Tanz auf. Die Venda glaubten, dass ein Pythongott im heiligen See Fundudzi von Limpopo lebte. Der Domba-Tanz huldigte dem Pythongott und wurde nur von Frauen gesehen. Die Mädchen bildeten eine geschwungene Linie wie eine Python, die jeweils den Ellbogen des Mädchens vor sich hielten, und jedes Jahr mussten zwei junge Mädchen als Opfer für den Pythongott in den See geworfen werden. Es ist nicht sicher, wann diese Praxis beendet wurde und Geschenke anstelle von lebenden Mädchen in den See geworfen wurden. Der Domba-Tanz wird in einigen Teilen von Limpopo während der Pubertät noch immer von jungen Venda-Mädchen praktiziert.

Vorfahren spielten auch eine wichtige Rolle in den afrikanischen Bräuchen und religiösen Überzeugungen. Es wurde vermutet, dass Vorfahren die Kontrolle über das Leben der Menschen hatten, und ihre Geister wurden so in Zeiten der Not aufgerufen. Es wurden ihnen Opfer von Schafen und Rindern gemacht, und die Menschen mochten es nicht, weit weg von den Gräbern ihrer Vorfahren zu leben. Die Xhosa- und Zulu-Stammesfürstentümer waren jeweils nach einer Ahnenfigur benannt, während andere, wie die Sotho und die Tswana Stammeshäupter nach Tieren wie dem Kwena ('Krokodil'), Taung ('Löwe'), Khatla

('Affe') und Tloung ('Elefant') benannt wurden. Abgesehen vom Glauben an die Vorfahren glaubten die Menschen auch, dass bestimmte lebende Menschen Macht über sie hätten und sie verzaubern und Unglück bringen konnten. Dies wurde oft der Eifersucht zugeschrieben.

Der Glaube an die Vorfahren und ihre Kontrollmechanismen sind noch heute in vielen südafrikanischen Kulturen offensichtlich und werden oft mit dem Christentum vermischt. Auch Tieropfer werden regelmäßig gebracht, um die Vorfahren zu beruhigen.

KAPITEL 3

Siedler von außerhalb Afrikas

Frühe weiße Besucher

Die Geographie Südafrikas hat in seiner Geschichte eine bedeutende Rolle gespielt: Sie liegt am südlichsten Punkt Afrikas und liegt auch in einer strategischen Position zwischen Ost und West. Zwei Ozeane, der Atlantik und der Indische Ozean, kommen an seinem südlichsten Punkt, dem Cape Agulhas im Westkap zusammen.

Weiße Siedler kamen erst ab der Mitte des 17. Jahrhunderts in erheblichem Umfang nach Südafrika, aber die Menschen aus Europa hatten schon seit etwa 160 Jahren zuvor Erkundungsreisen an der Westküste Afrikas durchgeführt. Die ersten weißen Entdecker, die das Kap erreichten, waren wahrscheinlich die Portugiesen im späten 15. Jahrhundert. Sie suchten nach einem alternativen Seeweg nach Indien, da der Weg durch das Mittelmeer und die Arabische Halbinsel durch den Aufstieg des Osmanischen Türkischen Reiches blockiert worden waren. Die Portugiesen hielten am Kap an, um Vorräte zu beschaffen - sie versuchten nicht, das Gebiet zu kolonisieren.

Hauptfiguren auf diesem Weg waren die Seekapitäne Bartholomäus Dias 1488 und Vasco da Gama 1497. Bartholomäus Dias nannte den südlichsten Punkt Afrikas 'Kap der Stürme' (Cabo das Tormentas), später von König Johann von Portugal umbenannt in 'Kap der Guten Hoffnung' (Cabo da Boa Esperança), weil es die vielversprechende Eröffnung einer neuen Route nach Osten versprach. Da Gama und seine Mannschaft gaben der Küste den Namen 'Natal', da sie diese am 25. Dezember 1497 erreichten und der Name die Bedeutung der Geburt Christi auf Portugiesisch trug.

In diesen Tagen der Segelschiffe und der rudimentären Navigation hatten die frühen Entdecker viele Schwierigkeiten. Sie waren dem Wind ausgeliefert, und die frühen Segelschiffe waren klein: jedes hätte wahrscheinlich in einen modernen Tennisplatz gepasst, und die frühen Seeleute verbrachten Wochen unter beengten Bedingungen. Da Gama segelte die meiste Zeit seiner Reise Afrika abwärts entlang der Küste, aber ungefähr im Gebiet des heutigen Sierra Leone kam er in westlicher

Richtung vom Kurs ab bis fast an die Küste Brasiliens, bevor er wieder nach Osten umdrehen konnte. Wegen der berüchtigten Stürme in diesem Gebiet segelte er auch ziemlich weit draußen auf See, als er das Kap umrundete.

KARTE 10 Vasco da Gamas Route. Er segelte ein Stück weit an der Küstenlinie entlang, wurde aber vom Kurs abgelenkt und gezwungen, weiter hinaus aufs Meer zu segeln, als er sich dem Kap näherte.

Die Portugiesen hinterließen nur wenige Beweise für ihre Anwesenheit, außer padraos (Steinkreuzen), die sie an Stränden errichteten - möglicherweise um die damalige portugiesische Dominanz auf dem Meer zu zeigen, oder um als Wahrzeichen für Nachfolger zu dienen, oder auch nur, um ihren christlichen Glauben zu demonstrieren. Die Überreste einiger dieser padraos wurden gefunden, wie z.B. die in Kwaaihoek, westlich der Mündung des Bushman River. Ein padrao wurde rekonstruiert und befindet sich an der University of the Witwatersrand in Johannesburg.

Die Engländer hatten auch eine frühe Verbindung zum Kap, aber sie ließen sich dort erst mehr als zwei Jahrhunderte später nieder. Im Juni 1580 segelte Francis Drake auf der Rückfahrt seiner berühmten Weltreise um das Kap herum. Sie kamen an einem scheinbar perfekten

Wintertag am Kap vorbei: Der Chronist der Reise bemerkte, dass es das schönste Kap gewesen sei, das sie im ganzen Erdkreis gesehen hätten. Weitere Reisen folgten, und 1601 wurde die erste der großen nationalen Handelsgesellschaften, die English East India Company von Königin Elisabeth I. von England gegründet. Sieben Monate dauerte es, bis sie das Kap erreichten, das sie auf ihrem Weg zur Aufnahme von Handelskontakten mit Indonesien, Madras, Bombay und Kalkutta umrundeten.

Ein Jahr später, 1602, wurde die Vereenigde Oost-Indische Compagnie (Niederländische Ostindien-Handelsgesellschaft), nachfolgend VOC genannt, gegründet.[1] Von da an und für die nächsten 50 Jahre waren die Engländer und Niederländer neben den Portugiesen die dominierenden Händler auf der Route rund um das Kap.

Schiffswracks und ihre Spuren

Die zahlreichen Schiffswracks an der südafrikanischen Küste zeugen von den Risiken, die die frühen Seefahrernationen eingegangen sind. Die Küste ist tückisch und oft sanken die schwer beladenen Holzgaleonen des 16. und 17. Jahrhunderts oder landeten auf den Felsen. An der Küste des südlichen Afrika, insbesondere zwischen dem Ostkap und KwaZulu-Natal, sind mindestens 1.000 Schiffswracks bekannt. Die ältesten Wracks sind die der Portugiesen, aber die meisten Wracks, die in diesem Gebiet versanken, wurden nie gefunden. Die entdeckten Objekte stehen heute unter Denkmalschutz, und für Bergungsarbeiten sind Sondergenehmigungen erforderlich.

Exotische und merkwürdige Artefakte wurden von den Schiffswracks angespült, und gelegentlich werden Perlen und andere kleine Gegenstände noch immer in Felsbecken entlang der Küste gefunden. Indische Korneolperlen; Eisen-, Zinn- und Edelmetallstücke; niederländische, spanische und sogar spanisch-amerikanische Münzen; Scherben aus chinesischem Porzellan aus dem 16. Jahrhundert und Mündungslader, Teile von Kanonen und Sklavenketten bezeugen, wer gehandelt hat und was zu diesem Zeitpunkt gehandelt wurde. Die Gewürze und Stoffe, für die der Osten berühmt war und die zu den Ladungen gehörten, überlebten im Meer nicht.

KARTE 11 Die Route des São José von Portugal nach Mosambik, dann zurück um die Spitze Afrikas auf dem Weg nach Brasilien.

Aus den Sklavenketten ging hervor, dass einige der zerstörten Schiffe Sklaven transportiert hatten, aber bis vor kurzem war nur sehr wenig klare schriftliche Dokumentation gefunden worden. Im Mai 2015 stießen der Archäologe Jaco Boshoff und der Anthropologe Stephen Lubkemann im Kaparchiv zwischen verblassten, staubigen Dokumenten auf ein Kapitänslogbuch. Das war der gesuchte Durchbruch: Im Logbuch wurde über ein angeschlagenes Schiff berichtet, die São José-Paquete de Africa, die 1794 in der Nähe von Clifton Beach, Kapstadt, auf Felsen gesunken war. Es gab auch die Position des Wracks an, was Boshoff, Lubkemann und einem Team von Tauchern ermöglichte, weitere Untersuchungen durchzuführen.

Sie entdeckten, dass das Schiff aus Portugal gekommen war, um Sklaven aus Mosambik zu holen. Es war mit etwa 400 Sklaven auf dem Weg nach Brasilien, von denen etwa die Hälfte im Wrack ertrank, vermutlich noch immer in ihren Fesseln. Die Überlebenden wurden in Kapstadt in die Sklaverei verkauft.

Diese dokumentierten Beweise ergänzten bestehende physische Beweise, dass Südafrika im späten 18. Jahrhundert in das Sklavenhandelsnetz von Ostafrika bis Amerika eingebunden war. Manchmal waren schwarze Häuptlinge an diesem Handel beteiligt und nahmen Bestechungsgelder an. Es wurden regelmäßig Raubzüge im

Landesinneren durchgeführt und die Sklaven in die Häfen entlang der Küste gebracht, insbesondere nach Lourenço Marques - dem südlichsten Hafen, von dem aus der interne Sklavenhandel durchgeführt wurde.
Die Entdeckung des Sklavenschiffs São José-Paquete de Africa im Jahr 2015 erregte weltweite Aufmerksamkeit und inspirierte weitere Forschungen, unter anderem durch das Slave Wrecks Project, das sich zu einer multinationalen Organisation entwickelt hat.[2]

Das Smithsonian National Museum of African American History in Washington schätzt, dass zwischen 1800 und 1845 fast eine halbe Million Sklaven von ostafrikanischen Häfen nach Amerika verschleppt wurden.

Es werden kuriose Geschichten über Menschen erzählt, die die Schiffsbrüche überlebt haben. Überlebende des portugiesischen Schiffes São João, das 1552 in der Nähe von Port Edward in KwaZulu-Natal unterging, versuchten, den ganzen Weg entlang der Küste zur portugiesischen Basis in Lourenço Marques zu laufen, wo die Menschen ihre Sprache sprechen konnten. Einige überlebten die Reise mit Hilfe von Schwarzen, mit denen sie sich auf dem Weg befreundet hatten, und es wird gesagt, dass einige von ihnen schließlich sogar nach Portugal zurückgekehrt sind.[3]

Andere Überlebende von Schiffswracks assimilierten sich mit den Menschen, die ihnen halfen. 1686 lief das niederländische Schiff Stavenisse in der Nähe des heutigen Port Shepstone in KwaZulu-Natal auf Grund. 1688 rettete ein Schiff auf der Suche nach Überlebenden drei Männer, die zwei Jahre lang bei den Mpondo (Pondo) gelebt hatten, aber sie trafen auch einen Mann, der nicht gerettet werden wollte. Er war der Überlebende eines weiteren Wracks, der portugiesischen Nossa Senhora da Atalaya von 1647, und lebte seit mehr als 40 Jahren bei den Mpondo in der östlichen Region des Kaps. Er hatte eine Frau und Vieh und sprach nach einem damaligen Bericht 'nur die afrikanische Sprache, und hatte alles vergessen, auch seinen Gott'.[4]

Mitglieder einer Expedition zur Rettung von Überlebenden des englischen Schiffes Grosvenor, das 1782 vor der Küste Pondolands unterging, beschrieben einen Clan von etwa 400 abelungu (der isiXhosa-Begriff für hellhäutige Menschen oder Menschen vom Meer): sie waren möglicherweise die Nachkommen europäischer Überlebender von Schiffswracks und der Mpondo.[5] Der hellhäutige Mpondo-Häuptling Faku (1824-1867) soll der Mischlingssohn eines der Überlebenden der Grosvenor und einer Einheimischen gewesen sein[6].

Der südafrikanische Schriftsteller Lawrence Green bemerkte in den 1960er Jahren, dass viele Menschen in Pondoland noch immer 'merkwürdig hellhäutig' seien, eine Eigenschaft, die er ihren 'fremden Vorfahren' zuschrieb.[7] Es scheint, dass die Küstenregionen Südafrikas seit mindestens 500 Jahren der Begegnungsort für verschiedene Bevölkerungsgruppen war.[8]

Die Niederländer

Die ersten weißen Menschen, die sich in großer Zahl in Südafrika niederließen, waren die Niederländer, die 1652 ankamen. Dies war mehr oder weniger die gleiche Zeit, als anderen holländische Gruppen nach Amerika segelten und Nieuw Amsterdam, das von der später von den Briten in New York umbenannt.

1652 beabsichtigte die Dutch East India Company (VOC) einfach nur eine Verpflegungsstation am Kap für Schiffe einzurichten, die auf dem Weg nach den Osten. 1657 war es offensichtlich, dass das Kap an Bedeutung gewann nicht nur für niederländische Schiffe, sondern auch für die Schiffe anderer Länder wie z.B. die nun ja. Die Niederländer änderten dann ihre ursprüngliche Politik und für die nächsten 40 Jahre ermutigte zu einer groß angelegten Siedlung am Kap.

Im Jahre 1652 war es der Kommandant der niederländischen Siedlung Jan van Riebeeck, und er sollte auf ähnliche Probleme stoßen wie sein nordamerikanischer Kollege Peter Stuyvesant. Van Riebeeck war beauftragt worden, eine Festung zum Schutz zu bauen und Gärten anzulegen, um Gemüse und Obstbäume anzupflanzen und vorbeifahrende Schiffe zu versorgen. Man sagte ihm auch, er solle Rinder erwerben, die er vom Volk der Khoikhoi erhielt, oft mit Zwangsmethoden.

Das Jahr 1652 hat in den Geschichten Südafrikas, die hauptsächlich im 20. Jahrhundert aus eurozentrischer Sicht geschrieben wurden, eine übertriebene Bedeutung angenommen. Lange Zeit wurde angenommen, dass dies der Beginn der südafrikanischen Geschichte sei, denn die europäischen Menschen brachten 'Fortschritt' und Verbindungen zur Außenwelt. Wenig beachtet wurde die Tatsache, dass der Mapungubwe-Staat mit seinen internationalen Handelsbeziehungen mindestens 600 Jahre vor 1652 aktiv war, und dass dies bereits in den 1930er Jahren bekannt war.

Obwohl es nicht die ursprüngliche Absicht war, läutete die Ankunft von Jan van Riebeeck im Jahr 1652 den Beginn von 150 Jahren niederländischer Herrschaft in Südafrika ein. In den kommenden Jahren sollte Afrikaans - eine Adaption des Niederländischen zusammen mit Khoikhoi, Malay, isiXhosa, isiZulu, portugiesischen und englischen Wörtern - als Amtssprache gelten, und die Nachkommen der Niederländer wurden als Afrikaners bekannt.

Während der Amtszeit von Van Riebeeck durften einige Mitarbeiter der VOC Burgher (Bauern) werden, um die landwirtschaftliche Produktion zu steigern. Die Burgher begannen ihre Farmen in der Gegend, die wir heute als Rondebosch kennen, und stießen mit den Khoikhoi über Weideland und Vieh zusammen. Die VOC ermutigte die Burgher, Schusswaffen zu erwerben und in der Miliz zu dienen, und mit ihren Waffen, Werkzeugen und allgemein überlegener Technologie konnten die Burgher das Vieh und Land der Khoikhoi übernehmen. Überfälle und unangenehme Waffenstillstandszeiten sollten die VOC-Herrschaft am Kap (1652-1806) markieren, mit nur einer kurzen Pause dazwischen.

Im 18. und 19. Jahrhundert war der Einsatz von Waffen weit verbreitet, und ein Großteil der Geschichte Südafrikas sollte fortan von bewaffneten Konflikten geprägt sein. Waffen wurden zu einem begehrten Handelsgegenstand sowohl für Jagd- als auch für Kriegszwecke und waren einer der Gründe, warum bestimmte schwarze Häuptlinge die anderen dominierten. In den 1820er und 1830er Jahren konnten selbst kleine Gruppen wie die Griqua (gemischtrassige Nachkommen der Khoikhoi und Europäer) Verwüstungen anrichten, weil sie Waffen und Pferde aus der Kapkolonie erworben hatten.

1657 wurden die ersten Sklaven nach Südafrika importiert, um für die VOC zu arbeiten. Von da an wurden regelmäßig Sklaven aus Madagaskar, Indonesien, Ceylon (heute Sri Lanka) und Teilen Indiens sowie aus Mosambik und Teilen Afrikas importiert, insbesondere an der Ostküste zwischen Delagoa Bay und Sansibar. Die Khoikhoi waren keine Sklaven, obwohl einige für die Niederländer arbeiteten und als rechtlich unklare Gruppe nach dem VOC-Gesetz oft für ihre Arbeit ausgebeutet wurden.

Van Riebeecks Herrschaft war hart. Er befahl den Bau einer Festung zum Schutz und Männer von vorbeifahrenden Schiffen wurden gegen ihren Willen festgehalten, um die Anlage und die Steine für die Burg zu brechen. Es gibt viele Geschichten über Männer in Fußeisen, die diese Arbeit machen mussten.

Die Festung am Kap

1666 begannen die Holländer mit dem Bau einer Festung, um ihre ursprüngliche kleine Festung zu ersetzen. Dies war die Festung am Kap der Guten Hoffnung, gebaut am Eingang zur Tafelbucht. Ihr Zweck war es, die Siedlung vor möglichen Angriffen britischer oder anderer europäischer Rivalen zu schützen - obwohl die Festung tatsächlich nie angegriffen wurde. Der Bau der Festung dauerte 13 Jahre (1666-1679).

Der Grundriss der Festung war in Form eines fünfzackigen Sterns gestaltet, wobei jeder Punkt eine Bastion zur Verteidigung war. Die Bastionen wurden nach den Haupttiteln von Willem, dem Prinzen von Orange, benannt: Leerdam, Buuren, Catzenellenbogen, Nassau und Orange. Das fünfzackige Sternenmuster ist deutlich erkennbar und überragt die Festung aus einer hohen Position.

Die Festung am Kap der Guten Hoffnung ist das älteste erhaltene Kolonialgebäude Südafrikas und wurde 1936 zum Nationaldenkmal erklärt. Heute beherbergt es das Hauptquartier der Armee im Westkap und die berühmte William Fehr-Sammlung mit Ölgemälden, Möbeln und Kunstgewerbe.

1666 wurde die Kapsiedlung unter dem Namen Kapstadt bekannt und von da an von der Festung aus verwaltet. Kapstadts erste vier Straßen - Strand Street, Castle Street, Short Market Street und Long Market Street - existieren noch heute. Die Festung beherbergte auch Gefangene im berüchtigten Verlies, oder 'dunklen Loch'. Nach dem damaligen Gesetz durfte ein Mann nicht für ein Verbrechen hingerichtet werden, außer er gestand es, und die Folter wurde regelmäßig genutzt. Die Gefangenen wurden über lange Zeiträume im dunklen, feuchten Verlies festgehalten und litten danach an schlechter Gesundheit.

Bis 1688 stieg die Einwohnerzahl auf 600. Die Verpflegungsstation war zu einer Kolonie geworden, und die Grenzen wurden langsam nach Norden und Osten verschoben. 1691 wurde das Amt des 'Kommandanten' der Siedlung durch den 'Gouverneur' ersetzt, und Simon van der Stel wurde in die neue Position befördert. Simon van der Stel ermutigte die Einwanderung - bis hin zu dem Punkt, dass er die Menschen auf ihrem Weg nach Indien (insbesondere Handwerker und andere Fachkräfte) dazu brachte, sich stattdessen am Kap niederzulassen. Er gewährte Eigentumsfarmen für bevorzugte Menschen in den Gebieten, die wir heute als Stellenbosch (nach ihm benannt) Drakenstein und Paarl kennen, den späteren Weinbaugebieten am Kap.

Stellenbosch ist etwa 48 Kilometer von der Tafelbucht entfernt und war die erste Landstadt am Kap. Simon's Town, rund 36 Kilometer südöstlich von Kapstadt, wurde ebenfalls nach Simon van der Stel benannt und war der offizielle Ankerplatz der VOC für Schiffe nach Asien. Dort befindet sich immer noch Südafrikas größter Marinestützpunkt.

Groot Constantia und Vergelegen

Das Haus, das für Simon van der Stel gebaut wurde, hieß Groot Constantia ('Groß-' Constantia), und es bleibt ein großartiges Beispiel für die niederländische Architektur am Kap. Häuser in diesem Stil haben ein unverwechselbares Design: Sie sind H-förmig, mit der Vorderseite flankiert von zwei senkrechten Flügeln, und sie sind haben verzierte Rundgiebel wie die in den Stadthäusern von Amsterdam. Simon van der Stels Sohn, Willem Adriaan van der Stel, der sein Nachfolger wurde, nahm 1699 als Gouverneur Vergelegen, ein ebenso schönes Haus auf riesigen Flächen in Besitz. Vergelegen bedeutet 'weit weg' - es ist eine ganze Ecke von Kapstadt entfernt und liegt im heutigen Somerset West. Da das Klima in Vergelegen an den verschiedenen Seiten der Farm sehr unterschiedlich war, wurden Weintrauben und viele andere landwirtschaftliche Produkte dort erfolgreich angebaut.

Willem Adriaan van der Stel hat viel zur Verbesserung der Landwirtschaft am Kap beigetragen, aber er war ein unbeliebter Mann. Er etablierte ein Monopol über Verträge für Produkte, die seine eigenen Interessen förderten, aber viele Bauern ruinierten. Er versuchte auch, sich bei den VOC-Direktoren in Holland beliebt zu machen. Zwei Bilder, die in Vergelegen noch heute an einer Wand hängen, erzählen einen Teil der Geschichte. Eines von ihnen zeigt das von Löwen und bedrohlichen schwarzen Kriegern geplagte Anwesen Vergelegen, lässt aber die prächtigen gepflegten Gärten vor dem Haus aus. Das war alles andere als die Wahrheit, aber Willem Adriaan van der Stel schickte es an die VOC-Leiter, um sie von den alltäglichen Schwierigkeiten zu überzeugen, mit denen er am Kap zu kämpfen hatte!

Die zweifelhaften Aktivitäten von Willem Adriaan van der Stel führten zu Petitionen gegen ihn, und er wurde schließlich nach Holland zurückgerufen und aus der Gesellschaft entlassen. Als er 1708 abreiste, lebten am Kap etwa 1.700 weiße Siedler, Frauen und Kinder sowie eine Reihe von Sklaven.

Zur Zeit von Willem Adriaan van der Stel als Gouverneur wurde den Burghers erlaubt, über die ursprüngliche Siedlung in der Tafelbucht hinauszugehen. Die ersten dieser Menschen waren die Trekboer,[9] die mit ihren Rindern und Schafen je nach Jahreszeit umzogen und oft an ihren ursprünglichen Ort zurückkehrten. Die Expansion der Trekboer in die von den Khoikhoi besetzten Gebiete wurde als die erste Stufe der 'offiziellen' weißen Übernahme von Land angesehen, das zuvor von Menschen bewohnt wurde, die vor Tausenden von Jahren dorthin gezogen waren.

In den 1770er Jahren hatten sich die Trekboer nach Osten ausgebreitet, bis hin zu den reichen Weiden zwischen dem Gamtoos und dem Great Fish Rivers, die von Xhosa-Bauern besetzt waren.[10] Blutige Zusammenstöße waren unvermeidlich und führten zu einer Reihe von Ereignissen, die später als Cape Frontier Wars oder dem Hundertjährigen Krieg Afrikas (1781-1878) bezeichnet wurden. Für die Xhosa bedeuteten sie schreckliche Verluste materieller, politischer und psychologischer Art.

Die letzten Jahre der VOC-Herrschaft

Burghers hatten während der gesamten Zeit der VOC-Herrschaft keine Stimme bei Entscheidungen, aber 1778 begann in Kapstadt eine geheime Bewegung namens Cape Patriots. Ihr Ziel war es, die Rechte der Burgher zu verbessern, insbesondere im Hinblick auf den privaten Handel. Petitionen, die ausgearbeitet und der niederländischen Regierung vorgelegt wurden, hatten wenig Wirkung.

1786 erweiterten die VOC offiziell die Grenzen der Kapkolonie zu Graaff-Reinet und gründeten dort eine Landdrost (Magistratur) zum Schutz der weißen Siedler. Aber Raubzüge und Konflikte gingen weiter. Die letzten Jahre der VOC-Herrschaft am Kap hatten ihnen wenig zu bieten: es gab nur wenige Friedensperioden, und die Regierung war finanziell schwach. Der Niedergang der niederländischen Herrschaft war auch zum Teil auf die Konkurrenz durch den Aufstieg der britischen Seemacht und den Verlust einiger ihrer Handelsmonopole an das British Empire zurückzuführen. Die VOC wurde schließlich im Januar 1800 liquidiert.

Die Franzosen

Französische Einwanderer kamen 1688 nach Südafrika. Obwohl die Franzosen anscheinend nicht in nennenswerter Zahl zu finden waren, waren sie auch schon früh Besucher an der südafrikanischen Küste: es gibt Hinweise darauf, dass französische Piraten portugiesische Schiffe heimsuchten und dass einige französische Schiffe bereits Mitte des 16. Jahrhunderts Mosambik und sogar Indonesien erreichten. Einige der Schiffswracks entlang der Küste von Kap nach KwaZulu-Natal stammen von französischen Schiffen.

Im Jahr 1688 kamen jedoch die französischen Hugenotten (französische Protestanten) zum Aufenthalt. Es gab wahrscheinlich nur etwa 200 Erstzuwanderer, aber ihr Einfluss wurde beträchtlich. Der französische König Ludwig XIV., ein römisch-katholischer König, hatte ein Edikt widerrufen, das religiöse Toleranz gegenüber Protestanten garantierte, und die Hugenotten kamen in die niederländische Kolonie am Kap, um religiösen Verfolgungen in Frankreich zu entgehen. Sie wurden von der VOC unterstützt und erhielten Bauernhöfe in Drakenstein, Paarl und Franschhoek (was soviel wie 'französische Ecke' bedeutet) zu den gleichen Bedingungen wie die niederländischen Burgher (Bürger).

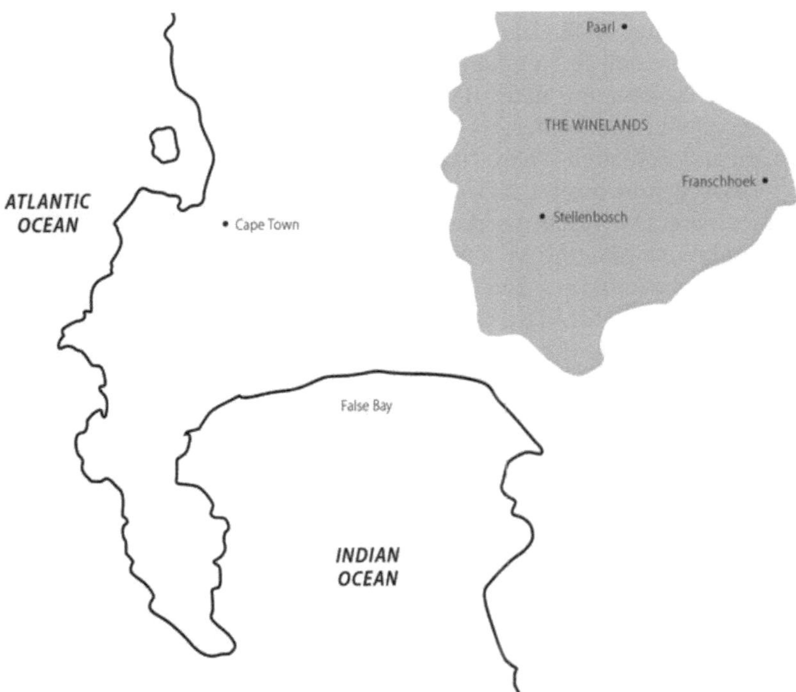

KARTE 12 Die Weinanbaugebiete am Westkap, am Fuße Afrikas. Nach einer Weinlandbroschüre von Gail Nattrass.

Die Weinindustrie am Kap verdankt diesen frühen französischen Siedlern viel. Die Franzosen waren nicht die ersten, die Weinreben pflanzten (Simon und Willem Adriaan van der Stel hatten Weinreben gepflanzt und hochwertigen Wein nach Holland und Ostindien exportiert), aber sie waren die erfolgreichsten. 1713 schenkte die VOC dem französischen Hugenotten Jean le Long ein schönes Anwesen. Er nannte es Bossendaal (heute Boschendal), was soviel wie 'Holz und Tal' bedeutet. Im Jahre 1716 kaufte die Familie De Villiers Boschendal und hielt es für die nächsten 160 Jahre in Besitz. Sie entwickelten Weinberge und bauten das schöne Herrenhaus im unverwechselbaren kapholländischen Stil, mit Giebeln und weißen, kalkgeputzten Wänden.

Die drei Gebrüder De Villiers - Pierre, Abraham und Jacques - besaßen nur ein gemeinsames Pferd und wechselten sich ab, um jeden Sonntag die 20 Kilometer zur Kirche zu reiten. Obwohl sie religiöse Menschen waren, sahen sie anscheinend nichts Unvereinbares in der Tatsache, dass jeder mehrere Sklaven besaß. Sauvignon Blanc und Merlot werden im Boschendal noch immer angebaut, so wie vor 300 Jahren. Zu seiner Zeit als Gouverneur am Kap ermutigte Simon van der Stel alle Kolonisten, neue Bäume zu pflanzen, insbesondere Eichen. Eichenalleen sind immer noch Teil der Umgebung im Boschendal und vielen anderen alten Weinfarmen am Kap.

Boschendal besitzt auch eine der weltweit besten Sammlungen von chinesischem Porzellan aus der Ming-Dynastie. Auf Niederländisch heißt es kraakporselein, eine unverwechselbare Porzellansorte, die fast immer blau-weiß ist und die während der Herrschaft von Kaiser Wan Li (1573-1619) erstmals für den Export entwickelt wurde. Die VOC-Schiffe brachten später Stücke ans Kap und nach Europa, wo kraakporselein die Produktion von Delfter und Wedgewood-Porzellan beeinflusste. In beiden dominierten die Farben Blau und Weiß, die zuvor bei Porzellan oder Chinaporzellan nicht beliebt waren.

Die Integration der Franzosen

Die französischen Einwanderer gehörten im Allgemeinen einer anspruchsvolleren Klasse an als die VOC-Bürger, und die Beziehungen zwischen den beiden europäischen Gruppen waren manchmal angespannt. Obwohl die französischen Bauernhöfe in denen der Niederländer verstreut waren, wurde die französische Sprache nicht ermutigt, weil Simon van der Stel wollte, dass die neuen Einwanderer so schnell wie möglich aufgenommen werden sollten. Zwischenheiraten waren unvermeidlich, und innerhalb von etwa drei Generationen war die französische Sprache am Kap ausgestorben. Südafrikanische Nachnamen wie Cronje (früher Cronier), De Lange (früher Le Long), De Villiers, Du Buys (früher De Buis), Du Plessis, Du Toit, Joubert, Le Roux, Lombard, Malherbe und Marais sind alle französischen Ursprungs. Viele Südafrikaner können ihre Wurzeln auf die französischen Hugenotten zurückführen, darunter der ehemalige Präsident FW de Klerk - sein Nachname leitet sich vom Hugenottischen le Clercq ab, was im Laufe der Zeit zu de Clercq und dann de Klerk wurde.

Die Sklaven

Die ersten Sklaven wurden 1658 ans Kap gebracht. 1713 wurde beschlossen, mehr Sklaven zu importieren, um den Arbeitskräftemangel zu lindern, und die Sklaven wurden allmählich zu einem Bestandteil des Geschäfts- und Privatlebens am Kap. Sklaven im Besitz der VOC wurden in einer Sklavenhütte untergebracht, und es gab auch 'Haussklaven' und 'Feldsklaven', die sich im Besitz von Geschäftsleuten und Bürgern befanden. Die Feldsklaven arbeiteten hauptsächlich auf den Weingütern, wo manchmal noch Sklavenglocken (früher benutzt, um sie zur Arbeit zu rufen) zu sehen sind. In Vergelegen wurde ein Museum über der alten Sklavenhütte eingerichtet.

Sklaven waren Eigentum ihrer Besitzer und hatten keine Rechte. Es gab einige Statuten, die einen gewissen Schutz bieten sollten, aber diese Maßnahmen wurden oft ignoriert. Wenn Beschwerden an den Landdrost gerichtet wurden, begünstigten die Entscheidungen in der Regel Sklavenhalter.

1793, zwei Jahre bevor die Briten erstmals Land von den Niederländern übernahmen, gab es am Kap mehr Sklaven als freie Bürger - eine offizielle Statistik besagt, dass es 14.747 Sklaven gab (darunter 9.046 Männer, 3.590 Frauen und 2.111 Kinder), verglichen mit 13.830 freien Bürgern (weiße Bauern und ihre Familien).[11] In Haushalten am Kap gab es oft enge Beziehungen zwischen Sklavenbesitzern und Sklaven, aber das war eher paternalistisch - die Integration der Sklaven in die Familienstrukturen machte es weniger wahrscheinlich, dass sie rebellieren würden.

Sklavencharaktere

Gegen alle Wahrscheinlichkeit tauchten einige Sklavencharaktere auf, von denen drei als Katie, Lodewyk und Galant bekannt waren (Namen, die ihnen vermutlich von ihren Besitzern gegeben wurden).

1910, als sie 96 Jahre alt war, wurde Katie in ihrem bescheidenen Haus in der Hanover Street, Bezirk Six auf der Ostseite von Kapstadt, interviewt.[12] Sie war eine der wenigen überlebenden Ex-Sklaven dieser Zeit. Sie sagte, sie sei auf einer Farm von Herrn Mostert in der Nähe von Kalabas (Kalbas) Kraal in der Region Swartland am Westkap geboren worden. Sie kannte den genauen Tag nicht, erinnerte sich aber daran, dass sie etwa 19 oder 20 Jahre alt war, als die Sklaven 1834 emanzipiert wurden, was bedeutet, dass sie 1814 oder 1815 geboren wurde. Ihr Vater war ein Madagasse, und ihre Mutter eine Cape-Frau. Als Herr Mostert beschloss, dass er zu alt war, um die Landwirtschaft fortzusetzen, teilte er seinen Besitz (Rinder, Pferde und Sklaven) auf seine Söhne auf, die er als Bauern in der Nachbarschaft angesiedelt hatte. Katie wurde einem Sohn und ihre Mutter einem anderen gegeben - Katie sah ihre Mutter nie wieder und wusste nicht, was mit ihr geschehen war.

Katie begann zu arbeiten, als sie noch sehr jung war, zuerst auf den Feldern als Hirtin und später als Amme für das Kind ihres Besitzers; während dieser Zeit durfte sie im Haus des Besitzers schlafen - auf dem Boden des Esszimmers. Obwohl es bis 1823 keine legale Eheeinrichtung für Sklaven gab, hatte sie einen Partner, Jakob, der auf einem anderen Bauernhof lebte; sie hatten Kinder zusammen, was ungewöhnlich war, da Sklavenfrauen aufgrund harter Arbeit und einer schlechten Ernährung oft unfruchtbar waren. Katie bestätigte, dass sie auf dem Hof recht gut behandelt wurde, aber dass ihr Partner viel Missbrauch erlitten habe. Eines Morgens im Jahr 1834 wurde den Sklaven befohlen, sich in ihren besten Kleidern zu kleiden und sich im Speisesaal zu treffen, wo ihnen ein Beamter sagte, dass sie in vier Jahren frei sein würden. Zwischendurch sollte es eine 'Lehrzeit' geben. Ihr Vater erlebte diesen Tag nicht mehr: Er starb in der Sklaverei.

Am Tag der Emanzipation vertrieb Jakobs Herr seine Sklaven mit einer Waffe von seinem Hof. Katies Herr bot an, beide zu beschäftigen. Jacob wollte das Land ganz verlassen, wurde aber überredet zu bleiben, als Katies ‚Missus' (die Frau ihres Herrn) bei der Vorstellung in Tränen ausbrach, dass Katie sie verlassen sollte. 'Nein, du musst bleiben!', weinte sie. 'Denke an meinen Sohn, den du gesäugt und gestillt hast und der dich jetzt so sehr lieb gewonnen hat. Was wird aus ihm werden? Nein, du musst bleiben, du darfst nicht gehen!'[13]

Katie und Jacob blieben weitere drei oder vier Jahre auf der Farm, bevor sie nach Durbanville weiterzogen, wo sie getauft und verheiratet wurden. Nach einigen weiteren Umzügen ließen sie sich in Bezirk Six nieder. 'Es gab mehr Liebe in den alten Sklaventagen', fuhr Katie fort. 'Es war friedlicher. Jetzt fahren die elektrischen Straßenbahnen von früh morgens bis spät in die Nacht an meiner Tür vorbei, und den ganzen Tag über schreien sich die Leute gegenseitig an.'[14] Lodewyk wurde als Sklave ein paar Mal gekauft und verkauft und wurde ungewöhnlicherweise als gelernter Schneider in der Kapgemeinde anerkannt, und Galant, ein weiterer Sklave, organisierte eine Sklavenrebellion - obwohl die Farmen weit auseinander lagen und die Kommunikation schwierig war. Galant war insofern ungewöhnlich, als er sich weigerte, seinen Besitzer 'baas' (Meister) zu nennen, und er durfte den Wagen seines Besitzers auf den Markt bringen. Dies gab ihm zwar ein gewisses Maß an Freiheit und ermöglichte es ihm, Neuigkeiten über die Kolonie zu hören, aber er wurde auch regelmäßig geschlagen.

Diese drei bekannten Sklaven waren Ausnahmen im abscheulichen System; im Großen und Ganzen entkamen nur wenige Sklaven der Unterwerfung.[15] Eine Gemeinschaft von entlaufenen Sklaven existierte jedoch fast 50 Jahre lang am Kap Hangklip, in der False Bay bei Kapstadt. Nachdem er 1725 von seinem Arbeitgeber weggelaufen war, überlebte ein Sklave namens Reijnier van Madagaskar 22 Jahre allein und lebte von Fischen und Dassies (Felsenkaninchen) in den Bergen hinter dem Berg-River. Der Name Reijnier van Madagaskar gibt an, woher er ursprünglich stammte, ebenso wie der einer Frau, mit der er Kinder hatte, Manika van Bengal.

1807, ein Jahr nach der zweiten britischen Besetzung des Kaps, wurde der Sklavenhandel im gesamten britischen Empire abgeschafft. Obwohl der Sklavenbesitz am Kap fortgesetzt wurde, wurde es schwierig, neue Sklaven zu bekommen. In den 1820er Jahren gab es eine gewisse Verringerung der Strafen, die gegen Sklaven verhängt werden konnten, und es wurde von Emanzipation gesprochen. Nach 176 Jahren Praxis am Kap endete die Sklaverei erst 1834, als sie im gesamten britischen Empire offiziell abgeschafft wurde. Zur Zeit der Emanzipation gab es in der Kapkolonie etwa 36.000 Sklaven.

Es ist nicht ganz klar, ob die Beseitigung der Sklaverei von humanitären Bewegungen in Großbritannien beeinflusst wurde, oder ob sie lediglich die britische Präferenz für die Entwicklung einer kapitalistischen Wirtschaft widerspiegelte, in der Zwangsarbeit kontraproduktiv war. Andere Formen der Sklaverei - wie der Handel mit 'schwarzem Elfenbein'[16] und vertraglich gebundener Arbeit[17] - sollten fortgesetzt werden, insbesondere in den abgelegeneren Regionen des Landesinneren.

Das Bo-Kaap Museum

Nachdem 1834 die Sklaven freigelassen wurden, zogen viele in das Bo-Kaap-Gebiet in Kapstadt. Dort etablierten sie sich zusammen mit anderen muslimischen Einwanderern allmählich als eine eigenständige, aber ethnisch gemischte Gemeinschaft. Sie wurden als Cape Malays bekannt, obwohl dieser Name nicht ganz zutreffend war: während einige befreite Sklaven ihre Wurzeln in Malaysia hatten, kamen die meisten aus Indien und Indonesien. Noch heute erstreckt sich der Bo-Kaap von der Buitengracht Street bis zum Signal Hill, oberhalb des Kapstädter Stadtzentrums.

Obwohl die Sprachen, die die Sklaven sprachen, inzwischen ausgestorben sind, schlichen sich einige ihrer Worte in Afrikaans ein - Beispiele dafür sind 'piesang' (Banane), 'blatjang' (Chutney), 'baadjie' (Jacke) und 'baie' (viele). Afrikaans ist die Sprache, die heute von den meisten Farbigen am Kap gesprochen wird - ein Volk, das aus den Beziehungen zwischen Sklaven, Sklavenhaltern, Khoikhoi, San und anderen schwarz-weißen Gruppen hervorgegangen ist.

Nachweise für Sklaven wurden im Bo-Kaap und auf einigen Weinfarmen gefunden. Die Skelettüberreste von Sklaven wurden auch in Kapstadt selbst gefunden - zum Beispiel in der Cobern Street in Green Point, als 1994 Fundamente für eine Wohnanlage gegraben wurden. Die moderne Technik hat es ermöglicht, den Ursprung der Sklaven durch Zahnveränderungen und den Schmelz auf den Zähnen zu verfolgen. Das und die Anzahl der gefundenen Gräber hat die Forscher zu dem Schluss geführt, dass nicht nur die Zahl der nach Südafrika gebrachten Sklaven stark unterschätzt wurde, sondern auch, dass das Sklavennetzwerk kein einfacher Weg vom Geburtsort zum Ort der Versklavung war. Sklaven, die im selben Grab begraben waren, kamen nicht unbedingt vom selben Ort, und es ist wahrscheinlich, dass Sklaven verschiedener Herkunft auf zentrale Sklavenmärkte fernab der Heimat gebracht wurden. Der Sklavenhandel im Indischen Ozean war offenbar komplex und multidirektional, und es besteht kein Zweifel, dass der schändliche Menschenhandel zur Verbreitung verschiedener Kulturen und Überzeugungen auf der ganzen Welt beigetragen hat.[18]

Die Engländer

Nach den Niederländern und Franzosen waren die Engländer die nächste Gruppe von weißen Siedlern am Kap. Interessanterweise waren es die Engländer und nicht die Niederländer, die als erste an eine dauerhafte Ansiedlung am Kap dachten: 1620 wurde die Idee jedoch noch nicht von König Jakob I. unterstützt. Die Engländer etablierten erst 186 Jahre später, 1806, ihre Autorität am Kap, obwohl dieser eine kurze Zeit der britischen Besatzung vorausgegangen war (1795-1803), gefolgt von einer kurzen dreijährigen niederländischen Herrschaft (Batavische Republik 1803-1806). Die britische Herrschaft war dazu bestimmt, die südafrikanische Wirtschaft, Politik und Gesellschaft dramatisch zu verändern. Nach ihrer industriellen Revolution waren die Briten damals die mächtigste Industriewirtschaft, und ihre Besetzung bedeutete, dass Südafrika mit der britischen Wirtschaft und ihren Märkten, ihrem politisches System und teilweise einem anderen Denkstil verbunden wurde. In den 1800er Jahren breitete sich durch die Arbeit von Politikern wie William Wilberforce[19] eine Welle des Humanitarismus durch England aus, obwohl es sich um einen qualifizierten, fast paternalistischen Humanismus handelte. Es waren die Briten, die schließlich den Sklavenhandel beendeten und freie Arbeit und freien Handel förderten, und es waren auch die Briten, die maßgeblich dazu beitrugen, den indigenen Völkern christliche Ideen zu bringen, vor allem durch ihre Missionare.[20] Das Christentum und der Wunsch, christliche Ideen zu verbreiten, waren mit dieser Welle des Humanismus verbunden, obwohl es wenig darauf hindeutet, dass die Weißen damals die Schwarzen als soziale Gleichgestellte betrachteten.[21] Die neuen britischen Kolonien am Kap und in Natal hatten dennoch einen liberaleren Geist als die Burenrepubliken im Inneren.

Die erste Periode der britischen Verwaltung führte eine viel beachtete Figur in die frühe Kapgeschichte ein: Lady Anne Barnard, die Tochter eines englischen Earls und Ehefrau des Kolonialsekretärs Andrew Barnard, der 12 Jahre jünger als sie war. Sie wurde die offizielle Empfangsdame des Gouverneurs, Lord Macartney, weil seine Frau ihn nicht zum Kap begleitet hatte. Lady Anne Barnard veranstaltete Bälle und andere Veranstaltungen und förderte die Verwendung lokaler Weine; sie war offen verächtlich gegenüber Menschen, die glaubten, dass guter Wein importiert werden müsse. Ihre Anwesenheit trug viel dazu bei, gute Beziehungen zwischen den Engländern und den Niederländern zu fördern, und ihre Tagebücher gaben viele Einblicke in das damalige Leben am Kap.

Ab der zweiten Besetzung der Kapkolonie sollten die Briten die Verantwortung behalten, bis das Kap 1910 Teil der Union Südafrikas wurde. 1806 bestand die Bevölkerung am Kap aus etwa 20.000 weißen Kolonisten, 25.754 Sklaven und etwa 1.700 freien Schwarzen.[22] Die Zahl der Xhosa, die am Great Fish River im östlichen Kap und darüber hinaus lebten, wurde nicht erfasst.

KARTE 13: Das Ostkap im frühen 19. Jahrhundert.

Der Great Fish River sollte die östliche Grenze der Kolonie sein, mit den Treckburen und Buren auf der einen Seite und der Xhosa auf der anderen. Zu diesem Zeitpunkt wurden Bauern niederländischer Abstammung (die ehemaligen Burghers), die sich auf Bauernhöfen niedergelassen hatten und nicht wie die Treckburen umherzogen, einfach als 'Buren' (was in Afrikaans 'Bauern' bedeutet) bezeichnet. Der Great Fish River war nicht besonders breit oder mit Fischen gefüllt, und er war auch keine wirksame Barriere - er war Schauplatz von acht Grenzkriegen zwischen 1799 und 1853, und dort wurde mehr Blut vergossen als irgendwo sonst in Südafrika. Die Buren und die Xhosa waren beide Viehzuchtgesellschaften, und beide wollten Zugang zu dem fruchtbaren Land (das Zuurveld - wörtlich übersäuertes Gras'), das von den Rindern am Great Fish River bevorzugt wurde.

1812 schickte der neue britische Gouverneur am Kap, Sir John Cradock, eine Truppe von britischen, niederländischen und Khoikhoi-Truppen unter dem Kommando von Colonel John Graham an die Ostgrenze. Etwa 20 000 Xhosa wurden aus dem Zuurveld vertrieben und ihre Rinder beschlagnahmt. Cradocks Kommentar war, dass dies notwendig sei, um den 'Köpfen dieser Wilden' ein angemessenes Maß an Respekt beizubringen. Es wurden militärische Außenposten gebaut, einer davon war Graham's Town (heute Grahamstown), benannt nach Colonel John Graham. Das Heer der gemischten Weißen und farbige Truppen, die die Xhosa vertrieben, sind ein Beispiel für die Allianzen, die nach den Bedürfnissen der Zeit geschlossen wurden.

Fünf Jahre lang herrschte ein unruhiger Frieden, bis 1817 die Xhosa Grahamstown angriffen, gefolgt von zwei Jahren Konflikt. Die Ostgrenze war etwa 900 Kilometer vom Sitz der Verwaltung in Kapstadt entfernt - die europäischen Bürger waren an solche Entfernungen nicht gewöhnt und die Kommunikation über die Kolonie hinweg war schwierig, zumal die Spannungen zunahmen.

Die 1820 britischen Siedler

In den 1820er Jahren beschloss das britische Parlament, Geld für die Förderung der britischen Siedlung am Kap auszugeben. Ihre Gründe waren zweifach: die Entlastung der Bevölkerung. Druck und Armut in Großbritannien nach den Napoleonischen Kriegen, und um die Anzahl der weißen Siedler in den östlichen Kapbezirken als eine Art von Puffer gegen die Xhosa zu erhöhen. Den neuen Siedlern sollten 100 Hektar Farmen im Zuurveld westlich des Great Fish River zur Verfügung gestellt werden. Zunächst kamen rund 4.000 britische Siedler, etwa weiteren 1.000 folgten in von pensionierten Marinekapitänen angeführten Gruppen.

Den neuen Siedlern wurden unrealistische Erwartungen an das Leben in der neuen Kolonie gestellt. Sie verstanden die Bedingungen am Ostkap nicht, und die meisten der frühen landwirtschaftlichen Unternehmungen, insbesondere in der Gegend von Albany, wo sie zuerst angesiedelt wurden, waren eine Katastrophe. Diejenigen, auf die andere Gewerbe zurückgreifen konnten, zogen in die aufstrebenden Städte.[23] Aber einige Siedler begannen allmählich, erfolgreich zu wirtschaften, vor allem als Viehzüchter; viele hatten das Wissen über die Viehzucht, für die Großbritannien im 18. Jahrhundert bekannt war, mitgebracht, und sie hatten keine Angst, mit Merinoschafen zu experimentieren, die ursprünglich aus Spanien stammten, während die niederländischen Bauern zögerten, von Fettschafen zu wechseln. Eine große Anzahl von Merinoschafen wurde importiert und die Wollproduktion wurde zu einem wichtigen Handelsgut.[24] Merinoschafe entwickelten sich in den trockenen Karoo-Regionen um Städte wie Cradock und Graaff-Reinet gut und gedeihen auch heute noch in diesen Gebieten.

Damit hatten auch die britischen Siedler begonnen, in den Handel einzusteigen. Viele von ihnen zogen in Städte wie Grahamstown, das als Militärposten begonnen hatte, jedoch zu einem aktiven Handelszentrum wurde. Die Siedler von Grahamstown überzeugten auch die Kapregierung, die Xhosa zum Handeln in die Kolonie kommen zu lassen: 1828 wurde der Handel zwischen den beiden Gruppen legal. Elfenbein, Straußenfedern, Wolle, Rinderhäute, Messer, Knöpfe und Perlen waren einige der dort gehandelten Artikel. Einige der Xhosa-Gruppen hatten bis dahin Schusswaffen erworben, um die Jagd zu erleichtern, und es scheint wahrscheinlich, dass es eine ziemlich wohlhabende Zeit für sie war.

Grahamstown wurde auch zu einer Basis für die Verbreitung von Informationen über das Land außerhalb der Kolonie. Es war ein Ort, an dem Briten und Buren Freundschaften schlossen, auch wenn ihre Sprachen unterschiedlich waren. Die erste Siedlerzeitung, *The Grahamstown Journal*, hatte ebenfalls ihren Ursprung in Grahamstown. Einer der Siedler von 1820, Thomas Pringle, hatte das Verdienst, den langen Kampf um die Pressefreiheit in Südafrika zu beginnen - eine Freiheit, die nicht immer einfach zu erhalten war.

The Grahamstown Journal brachte das Kap mit Nachrichten aus der Außenwelt in Kontakt und knüpfte die internationalen Verbindungen, die wir heute für selbstverständlich halten. Es gab auch regelmäßige Artikel über lokale Angelegenheiten: die guten Zeiten, in denen die Buren in die Stadt kamen, um Gottesdienste zu besuchen (Nagmaal) und Vorräte für ihre Höfe zu kaufen. Dies deutet darauf hin, dass die Beschwerden, die Tausende von Buren dazu brachten, in den 1830er Jahren das Ostkap auf ihrem Great Trek zu verlassen, mehr mit der britischen Regierung als den britischen Siedlern zu tun hatte. Wenn man es den Menschen überließ, waren die Beziehungen im Allgemeinen herzlich.

Die Briten blieben jedoch eine eigenständige Kultur am Kap, im Gegensatz zu den Franzosen, die recht schnell von den Niederländern assimiliert wurden.[25] Noch heute wird Grahamstown mit den britischen Siedlern assoziiert, was sich in der Architektur der Stadt widerspiegelt.

Grahamstown wird in diesen Tagen auch mit einem Kunstfestival verbunden, das jährlich im Juli stattfindet. Dies begann als eine Veranstaltung zur Förderung und Feier der englischen Sprache, hat sich aber inzwischen zu einem interkulturellen Festival entwickelt. Die andere von den Briten gegründete Kolonie war 1824 Port Natal (das heutige Durban) - eine Stadt, die ebenfalls ihren ausgeprägten britischen Einfluss behalten hat.

Nachnamen in Südafrika, die an die englischen Siedler von 1820 erinnern, sind unter anderem: Hobson, King, Pringle, Rennie, Trollip, White und Wilmot. Das englische Erbe zeigt sich auch in Ortsnamen wie Port Alfred (benannt nach dem zweiten Sohn von Queen Victoria), Bathurst (benannt nach Lord Bathurst, Staatssekretär für die Kolonien, 1812-1827), Somerset West (benannt nach Lord Charles Somerset, Gouverneur der Kapkolonie, 1814-1826), Port Elizabeth (benannt nach der verstorbenen Frau des amtierenden Gouverneurs, Sir Rufane Donkin, 1820-1821 - sie starb in Indien an Fieber) und Grahamstown (benannt nach Colonel Graham, dessen Streitkräfte 1812 die Xhosa im Zuurveld besiegten).

Die Überlagerung des britischen Rechts

Als die Briten 1806 das Kap übernahmen, gab es am Kap ein Rechtssystem auf der Grundlage des römisch-niederländischen Rechts. Die Briten fügten allmählich ihre eigene Interpretation des britischen Rechts hinzu, so dass das südafrikanische Recht inzwischen eher hybride ist.

Zwischen 1827 und 1834 führten die Briten Maßnahmen ein, die die Staatsgewalt trennten und es einer Person oder Gruppe unmöglich machten, zu dominieren. Die erste Änderung war die Einrichtung einer separaten, unabhängigen Justiz. Die Briten brachten auch eine aktualisierte Version der Rechtsstaatlichkeit mit, die besagt, dass kein Mensch über dem Gesetz steht, egal welchen Status er hat. Dieses Konzept hat seinen Ursprung in der griechischen und römischen Zeit, und das römisch-niederländische Recht hatte diesem Prinzip entsprochen.[26] Die Briten brachten auch die stare decisis (lateinisch für 'zu den beschlossenen Dingen stehen') ein. Während unter den Niederländern frühere Gerichtsentscheidungen nur eine Orientierungshilfe waren, mussten die Gerichte nach der britischen Rechtsordnung Präzedenzfällen folgen. Stare decisis steht im Weg, wenn die Gerichte versuchen, drastische Innovationen durchzuführen. Diese britischen Ergänzungen sind auch heute noch Teil des südafrikanischen Rechts.

Eine repräsentative Regierung

1854 gewährte Großbritannien der Kapkolonie das System einer repräsentativen Regierung und am Kap wurde eine neue Verfassung verabschiedet. Damit war ein Parlament mit zwei Kammern vorgesehen, und die Franchise (Wahlrecht) wurde auf alle Männer ausgedehnt, unabhängig von der Rasse. Die Qualifikationsvoraussetzung für die Franchise war ein Eigentum von £25 oder ein Lohn von £50 pro Jahr. Die Verfassung sorgte so dafür, dass ärmere Weiße und die meisten Schwarzen und Farbigen ausgeschlossen wurden, aber es war dennoch die damals liberalste der Welt - besser noch als die in Großbritannien. Den größten Teil eines Jahrhunderts lang nahmen Männer aller Rassen am Kap an den Wahlen teil, und in Port Natal gab es eine ähnliche Regelung. Obwohl nur sehr wenige Farbige für die Nutzung dieser Franchise qualifiziert waren, gab es sie dennoch - was dem weit verbreiteten Glauben, dass erst 1994 erstmals alle Rassen gleichberechtigt wurden, Rechnung trägt. Die britischen Kolonien Kap und Natal hatten immer eine etwas liberalere Tradition als die Burenrepubliken Transvaal und Orange Free State, die im Landesinneren gegründet wurden.

Das britische System der repräsentativen Regierung war das britische Westminster-System, und es ist seitdem das Fundament des südafrikanischen Regierungssystems. Das Parlament erlässt die Gesetze, und die Justiz stellt sicher, dass die Gesetze ausgeführt werden. Die Briten entwickelten auch ein System des Handelsrechts, um dem zunehmenden Handel und Gewerbe zu begegnen.

Die Kapkolonie wurde ermutigt, einen Teil der Verantwortung für ihre eigene Verteidigung zu übernehmen, und es wurden Kolonialtruppen aufgestellt. Diese Truppen wurden in sechs der neun Kriege und Kampagnen eingesetzt, die im Südafrika zwischen 1877 und 1881 ausgefochten wurden.

Englische Sportarten

Südafrikas englisches Erbe zeigt sich in den Sportarten, die seine Bevölkerung immer noch liebt - Cricket, Rugby, Fußball und Pferderennen. In Green Point, Kapstadt, vermischten sich bereits in den 1820er Jahren, Malaien und Schwarze mit Weißen, die sich alle drängen und stoßen, um das bedeutsame Ereignis zu sehen' (ein Pferderennen).[27]

Fußball

Der Fußball wurde erstmals 1862 am Kap dokumentiert, als Spiele zwischen den beiden britischen Beamten und Soldaten in Kapstadt und Port Elizabeth stattfanden. Zwischen den 1880er und 1910er Jahren wurde Fußball auch in Missionsschulen gespielt, die für schwarze Kinder eingerichtet worden waren; und afrikanische, indische, und Fußball-Ligen für Farbige wurden in Kapstadt, Kimberley, Durban und Johannesburg entwickelt. Der britische Fußballstil wurde nach und nach weiterentwickelt und an die lokalen Bräuche und Traditionen sowie an religiöse und traditionelle Rituale angepasst und wurden Teil des lokalen Spiels. Fußball war relativ billig zu spielen und setzte sich in ärmeren Gebieten schnell durch.

Zwei der größten südafrikanischen Fußballvereine, Orlando Pirates und Moroka Swallows, stammen aus den Jahren 1937 bzw. 1947. Bis dahin hatte es einen dramatischen Anstieg der Zahl der Schwarzen in den Städten gegeben, und die Spiele waren gut besucht. Ein weiterer bekannter Club, Kaiser Chiefs, wurde im Januar 1970 gegründet.

Rugby

Der ehemalige Springbock Fly-Half und bekannte Rugby-Kommentator Naas Botha bemerkte einmal, dass Rugby in Südafrika zu einem großen Teil das 'Afrikanerspiel' sei.[28] Dennoch hat das Spiel seinen Ursprung in England, und es waren die Engländer, die es zuerst hierher brachten. Die Tradition besagt, dass das Spiel 1823 in Rugby, einer öffentlichen Schule in Warwickshire, England, als Ergebnis der unorthodoxen Handlungen eines Schülers namens William Webb Ellis entstand, der einen Fußball aufnahm und mit ihm lief.

Eine Version von Rugby, das in Winchester gespielt wird, wurde 1861 vom Direktor des Diocesan College (heute Bishops High School), Reverend George Ogilvie, in Rondebosch am Kap eingeführt. Die Bischöfe spielten in der Folgezeit eine führende Rolle bei der Etablierung des Rugbyspiels in Südafrika. Der erste Bericht über ein Rugby-Fußballspiel in Südafrika erschien am 23. August 1862 in der Zeitung Cape Argus, nachdem eine Mannschaft britischer Offiziere des 11. Regiments einen öffentlichen Dienst XV in Green Point gespielt hatte. Die grünen Trikots, die zu den Nationalfarben Südafrikas geworden sind, waren die Farben des alten Diocesan Rugby Football Clubs. Sie wurden 1903 zum ersten Mal von einer südafrikanischen Mannschaft getragen.

Afrikaners wurden zum ersten Mal auf St. Helena Island mit dem Rugbyspiel vertraut gemacht. Viele wurden während des südafrikanischen (Zweiten Burenkrieg) (1899-1902) als Kriegsgefangene dorthin geschickt. St. Helena Island wurde von den Briten gehalten, und es heißt, dass die für die Gefangenen verantwortlichen Offiziere Rugby lehrten, um den Gefangenen etwas zu geben, das ihre Langeweile linderte.[29] Die Afrikaner auf der Insel hatten noch nie zuvor Rugby gespielt, aber innerhalb der nächsten 50 Jahre sollten sie es als ihr Nationalspiel bezeichnen.

Schwarze Südafrikaner haben ebenfalls eine lange Geschichte mit Rugby. Die Western Province Coloured Rugby Union (WPCRU) wurde 1886 in Kapstadt gegründet, nur drei Jahre nachdem weiße Rugby-Spieler die exklusive Western Province Rugby Union gegründet hatten. Der WPCRU gehörten Clubs aus dem Sechsten Bezirk (Roslyns) und dem Bo-Kaap (Arabian College) an, und die Mitglieder des Arabian College stammten aus der muslimischen Gemeinde. Um die Jahrhundertwende hatte sich das Rugby über Kapstadt hinaus nach Stellenbosch, Paarl und anderen Städten in den umliegenden Gebieten ausgebreitet, und bis 1930 gab es mehr als 200 schwarze Rugby-Vereine.

Cricket

Cricket wurde ebenfalls von den Briten ans Kap gebracht; es ist bekannt, dass 1808 ein Spiel zwischen zwei Gruppen von (weißen) Offizieren stattfand. 1876 veranstaltete die Stadt Port Elizabeth ein 'Champion Bat' für einen Wettkampf zwischen südafrikanischen Städten, und am 12. und 13. März 1889 fand das erste Testspiel zwischen Südafrika und England im St. George's Park in Port Elizabeth statt. Dies war der Beginn des Cricket in Südafrika, sowohl im Test- als auch im Spitzenbereich.

1857 war der britische Gouverneur George Grey maßgeblich daran beteiligt, den Söhnen der schwarzen Häuptlinge in den ländlichen Gebieten des Kaps Cricket beizubringen. Er richtete auch ein College, Zonnebloem, im Sechsten Bezirk, Kapstadt, ein und lud Xhosa-Häuptlinge ein, ihre Söhne dorthin zu schicken. Aber seine Gründe waren fragwürdig: die Ausbildung der jungen Männer würde Cricket umfassen, um den 'eindrucksvollsten Beweis der britischen Macht' zu demonstrieren und ein 'perfektes System von Ethik und Moral' zu bieten.[30] Es sollte auch die soziale Struktur der Xhosa aufbrechen, da Grey glaubte, dass die Jungen, sobald sie auf westliche Weise ausgebildet wurden, nur widerwillig zu ihren Stammestraditionen zurückkehren würden. Sandile und Maqoma gehörten zu den Häuptlingen, die zustimmten, ihre Söhne dorthin zu schicken, aber sie bestanden darauf, dass es ihr zweitältester war - ihre ältesten Söhne hatten die Verantwortung von ihren Vätern zu übernehmen.

Das Cricketspiel galt als gegenüber den Vergnügungen von Stammesafrikanern vorzuziehen, die 'unvereinbar mit der christlichen Lebensreinheit ' waren.[31] Im Ostkap waren Lovedale, ein 1841 in der Nähe von Alice gegründetes presbyterianisches College, und die Methodistenschule Healdtown nahe Fort Beaufort für ihr Cricket bekannt. Zwischen den Colleges wurden manchmal Spiele gegen weiße Colleges ausgetragen - es wird berichtet, dass Lovedale 1891 das Dale College in King William's Town um 15 Läufe schlug.[32]

Der ehemalige Präsident Nelson Mandela hat eine Generation später über Healdtown gesagt: 'Der englische Gentleman war das, was wir sein wollten. Wir wurden unterrichtet und wir glaubten, dass die besten Ideen englische Ideen waren und die beste Regierung die englische Regierung'.[33]

Missionare

Protestantische Mährer waren die ersten Missionare, die am Kap ankamen, und im 19. Jahrhundert gab es mehrere verschiedene praktizierende Missionsgesellschaften. 1737 gründete Georg Schmidt in Baviaanskloof (später umbenannt in Genadendal, Tal der Gnade) in der heutigen Westkap-Provinz eine Missionsstation, die Moravian Brethren. Wegen der Spannungen mit der niederländischen Reformierten Kirche war sie nur von kurzer Dauer, aber die Mährer kehrten 1792 zurück und ihre Mission verbreitete sich von Genadendal aus über das ganze Kap. Heute gibt es in Genadendal, etwa 6 Kilometer von Greyton entfernt, ein historisches Dorf und Museum.

Im Jahr 1801 gründeten zwei Missionare der London Missionary Society (im Folgenden: LMS), James Read und Johannes van der Kemp (einem Niederländer) eine Missionsstation in Bethelsdorp, in der Nähe des heutigen Port Elizabeth. Sie arbeitete unter dem Volk der Khoikhoi und der Xhosa, und wie andere Missionare richteten sie Schulen für schwarze und farbige Kinder ein. Die Missionare bekehrten nur Wenige zum christlichen Glauben, außer bei den Khoikhoi - Van der Kemp taufte über 100 Khoisaner, bevor er im Jahr 1811 starb. Die starke Meinung der Missionare über die Gleichstellung von Weißen und Schwarzen verursachten oft Spannungen mit den weißen Kolonisten.

Die britischen Missionare sahen es als ihre Pflicht an, die schwarzen Menschen nach britischen Normen zu 'zivilisieren'. Sie gründeten Schulen für schwarze und farbige Kinder, was auch eine Rolle bei der

Erweiterung der britischen Kontrolle spielten, auch wenn das nicht ihre Hauptaufgabe war. Im Jahr 1828 sagte der LMS-Missionar John Philip, dass 'die Missionare seiner Gesellschaft die Samen der Zivilisation verstreuten und den britischen Einfluss zu erweiterten, neue Bedürfnisse unter den Afrikanern schufen und sie abhängiger von der Kolonie machten'.[34] Philipp glaubte an die Menschenrechte und ermutigte Khoikhoi-Sklaven, Fälle von Misshandlung durch ihre 'Herren' vor Gericht zu melden. Dies kam bei den Buren nicht gut an und war ein wichtiger Faktor bei der Entscheidung von Tausenden von ihnen, das Ostkap in den 1830er Jahren zu verlassen.[35]

Ein anderer LMS-Missionar, Robert Moffat, begann 1821 seine Arbeit unter dem Volk der Tswana in Kuruman in der nördlichen Kapregion. Er brachte ihnen Pflügen, Bewässerung und andere verbesserte Anbaumethoden bei, und Kuruman wurde in Zeiten der Dürre zu einem Hafen. Moffat lernte die Sprache Tswana und übersetzte die Bibel in Tswana. Er betrachtete diese Zeit in seinem Leben als eine Lehrzeit'[36] für die ernsthaftere Arbeit, die er in den folgenden Jahren bei den Ndebele unter Mzilikazi zu leisten hatte.

Einige afrikanische Gemeinschaften ermutigten die Anwesenheit von Missionaren, weil sie über Kenntnisse der Technologie und der westlichen Produkte verfügten, denn es war bekannt, dass der Handel dem Kreuz folgte. Der Sotho-König Moshweshwe zum Beispiel wollte, dass sich Missionare ihm anschließen, weil er wusste, dass Händler in sein Königreich folgen würden. Die Missionare trugen auch im Allgemeinen Waffen für ihre Sicherheit und zur Jagd. Der Zulukönig Dingane bat den Missionar Francis Owen, ihm eine Waffe zu geben und ihm beizubringen, wie man sie benutzt, und es gab einen Probleme, als Owen sich weigerte.[37] Dingane wollte auch, dass Owen ihm das Lesen beibringt, was Owen bereit war zu tun, aber er notiert in seinem Tagebuch, dass die meisten mit dem König vereinbarten Termine nicht eingehalten wurden - Owen fand den König oft im Schlaf vor und niemand wollte ihn wecken.

Als Informationsquelle waren die Aufzeichnungen, die die Missionare führen mussten, von unschätzbarem Wert. Neben den Mährern und Missionaren der LMS gab es auch schweizer Missionare und Missionare aus Berlin, die unter den Venda arbeiteten, amerikanische Missionare, die unter der Zulu arbeiteten, wesleyanische Missionare, die unter anderem mit den Tswana arbeiteten, französische Missionare, die mit den Sotho arbeiteten.

KAPITEL 4

Migrationen innerhalb Südafrikas

Der Aufstieg mächtiger schwarzer Königreiche

Bisher wurde in dieser Geschichte den Aktivitäten in der Kapregion viel Aufmerksamkeit geschenkt, aber auch andere Teile des südlichen Afrikas befanden sich im Wandel. In den 1820er Jahren kam es in den nördlichen Teilen des heutigen KwaZulu-Natal zu Umbrüchen. Es war eine Zeit der Transformation, die als der Mfecane bekannt geworden ist. Der Begriff leitet sich von der Wurzel 'feca' ab, was soviel wie 'zerquetschen' bedeutet. Während des Mfecane fanden Kriege und Überfälle in weiten Teilen des Landes statt, besonders in der östlichen Hälfte des südlichen Afrika - sie begannen im heutigen KwaZulu-Natal und verbreitete sich auf das Highveld,[1] wo die Sotho sie die Difaqane nannten.

Die Auswirkungen des Krieges und der Migration während des Mfecane waren der Tod von Tausenden von Schwarzen und die Entvölkerung großer Teile des südlichen Afrikas. Missionare berichteten, dass sie auf Menschen trafen, die so demoralisiert und durch jahrelange Kriegsführung erschöpft waren, dass sie aus Angst vor wilden Tieren in Bäumen lebten und überlebten, indem sie das Menschenfleisch verstorbener Menschen kochten.[2] Der Missionar Robert Moffat kommentierte in seinen Tagebüchern, dass er durch Gebiete im Landesinneren reiste, die völlig entvölkert waren, und ihm wurde gesagt, dass die zerstörten Städte einst 'bevölkerungsstark wie Heuschrecken' gewesen seien; eine besonders große zerstörte Siedlung habe dem 'großen Häuptling des blauen Viehs' gehört, der einst mit Tausenden von Menschen und 'Vieh wie ein dichter Nebel' gelebt habe.[3] Viele Gruppen wurden aus ihren traditionellen Ländern vertrieben, was bei den weißen Siedlern den Eindruck erweckt haben könnte, dass sie sich dort niederlassen könnten. Tatsächlich sollten in den 1970er Jahren auch die Architekten der Apartheidpolitik diese Theorie anwenden - dass ihre Vorfahren in verlassenes Land gezogen seien und daher berechtigt wären, es in Besitz zu nehmen. Dennoch war der französische Jäger und Naturforscher Adulphe Delegorgue, der 1843 zwischen

KwaZulu-Natal und dem Magalies-Gebirge reiste, 'überrascht, überall Sotho sprechende Menschen zu finden',[4] was darauf hindeutet, dass nicht alle Gebiete so entvölkert waren wie angenommen. Tatsächlich wurden viele Schwarze einfach vertrieben, und da sie nicht weit von den Gräbern ihrer Vorfahren entfernt leben wollten, beabsichtigten viele, nach Beendigung der Kriege nach Hause zurückzukehren.

Einige Stammesgruppen haben sich weit von ihrer ursprünglichen Heimat entfernt, was erklärt, warum Gesellschaften, die im hohen Norden Südafrikas und auch über seine Grenzen hinaus leben, ihre Wurzeln bis ins heutige KwaZulu-Natal zurückverfolgen können. Der Ndebele-Führer Mzilikazi zum Beispiel kam aus der Region Natal. Er war in der Armee des Zulu-Königs Shaka gewesen, hatte sich aber mit Shaka gestritten und war mit einer Gruppe von Anhängern aufgebrochen, um seine eigene Nation zu gründen. Sie ließen sich an mehreren Orten im Landesinneren nieder, bevor sie über den Limpopo River im heutigen Simbabwe gelangten. Mzilikazi integrierte dabei auch die Stämme, die er unterworfen hatte. Robert Moffat, der ihn seit 30 Jahren kannte, kommentierte, dass sich die körperlichen Eigenschaften des Volkes von Mzilikazi in dieser Zeit spürbar verändert hätten.

Einige Stämme wurden fragmentiert und verschwanden als separate Einheiten - einige schwächere und kleinere Stämme schlossen sich stärkeren Gruppen an. Der Sotho-Führer Moshweshwe ermutigte Flüchtlinge in sein Königreich und konsolidierte seine Nation im heutigen Lesotho.

Viele Mythen und Verzerrungen sind über diese schwierigen Jahre entstanden und die Debatten dauern an. Aber Tatsache ist, dass die 1820er und 1830er Jahre eine Zeit der Kriegsführung, Migration, Konsolidierung und Veränderung waren und dass einige mächtige schwarze Königreiche entstanden - insbesondere die Zulu, Sotho und Ndebele. Die Mfecane und Difaqane brachten einige unserer berühmtesten historischen Führer hervor: Shaka (Zulu), Manthatisi (Tlokwa), Mzilikazi (Ndebele), Moshoeshoe (Sotho), Moletsane (Taung), Sekwati (Pedi) und Montshiwa (Rolong), allesamt Führer, die das, was von ihren Stämmen übrig war, zusammenbrachten und konsolidierte Gemeinschaften wieder aufbauten.

Das Entstehen und Verfall der Stammesfürstentümer dauerte Jahrhunderte, aber die Mfecane und der Difaqane beschleunigten den Prozess, wie die folgenden Fallstudien zeigen.

Shaka und der Aufstieg der Zulu

Der Mann, der am meisten mit diesen Umwälzungen in Verbindung gebracht wird, ist der Zulukönig Shaka. Um den Namen Shaka herum gibt es noch immer eine Aura, und man erinnert sich an ihn als furchtlosen und rücksichtslosen Anführer, der andere Stämme vernichtete und das Zulu-Häuptlingstum zur wichtigsten Macht der Zeit machte.

Shaka kam aus dem damals kleinen Zulu-Klan.[5] Er wurde um 1787 als unehelicher Sohn von Senzangakona, dem König der Zulus, geboren. Shaka und seine Mutter Nandi wurden ins Exil geschickt und fanden Zuflucht im Königreich Mthethwa, dessen Herrscher Dingiswayo war. Die Mthethwa unter Dingiswayo und die Ndwandwe unter Zwide waren damals die beiden wichtigsten Königreiche.

Unter Dingiswayo stieg Shaka durch die Reihen des Militärs auf. Er war erfahren in Kampfstrategien und wurde einer der führenden Kommandanten von Dingiswayo. Als Shakas Vater Senzangakona starb, half Dingiswayo Shaka, den Zulu-Thron von seinem älteren Bruder zu übernehmen, und 1816 wurde Shaka König der Zulus. Zwei Jahre später wurde Dingiswayo von Zwide ermordet, und Shaka sah die Möglichkeit, auch einen Großteil von Dingiswayos Häuptlingstum zu übernehmen. Shaka hatte unter Dingiswayo mit älteren Regimenten[6] gearbeitet und sie weiterhin als effektive Militärmacht eingesetzt. Seine Männer benutzten kurze Stichspeere, die effektiver waren als die alten langen Speere, die auf den Feind geworfen werden mussten. Sobald Shaka an der Macht war, machte er sich daran, seine Rivalen zu eliminieren: Der Aufstieg des Zulu-Königreichs ist auf diese Zeit zurückzuführen. Auch Umweltfaktoren müssen eine Rolle gespielt haben: es gab das natürliche Bevölkerungswachstum im fruchtbaren Tugela-Tal und einen Bedarf an Ressourcen.

Der Begriff 'Zulu' wurde übersetzt mit 'Menschen des Himmels' oder 'Himmel, Donner und Blitz'. Eine Lobeshymne für den König war 'izulu eliphezulu' (der im Himmel ist). Nach einigen mündlichen Zulu-Traditionen beginnen die Zulu im Kampf im Allgemeinen damit, Häuser zu verbrennen und einen großen Lärm zu machen, und so erhielten sie ihren Namen. Diese Meinung wird nicht von allen geteilt: Eine wahrscheinlichere Erklärung ist, dass Zulu einfach der Name des Vorfahren war, der etwa 1670 die königliche Linie Zulu gründete.

Shaka wird in Zulu mündlichen Traditionen auch als 'Löwe', 'ein Mann so groß wie die großen Berge' und 'der schlägt, aber nicht geschlagen wird' beschrieben. Von den Weißen, die ihn trafen, bezeichneten die Händler Henry Francis Fynn und Nathaniel Isaacs ihn als 'Wilden' und 'wilden Despoten', und der Missionar Arthur Bryant bezeichnete ihn als einen Mann, der 'keine Gefühle für andere Menschen' hatte.[7] Die Tagebücher einiger der Voortekkers (Buren), die ins Innere zogen, verweisen auf ein Gefühl der Angst vor den Zulus; ihre Diener liefen in der Nacht weg, wenn sie hörten, dass die Zulus kämen.[8]

Auch wenn diese Wahrnehmungen in gewisser Weise begründet sein müssen, muss man sich daran erinnern, dass die Beweise oft mehr über die Menschen aussagen, die sie treffen, als über das Ereignis selbst, und die Kommentare der Zeugen müssen im Kontext der Zeit gesehen werden. Fynn und Isaacs wollten, dass Großbritannien Zululand annektiert, um sich Land zu sichern und ihre Handelsaktivitäten zu erleichtern, daher lag es in ihrem Interesse, ihn schlecht darzustellen und zu verlangen, dass er kontrolliert werden müsse. Andere, die mit Shaka in Kontakt kamen, sprachen gut von ihm, und es gibt keine Beweise dafür, dass er jemals weiße Menschen verletzt hat; Shakas Kriege richteten sich gegen andere schwarze Stämme.

Das kraftvolle Bild von Shaka wurde in der neueren Zeit durch populäre Fernsehserien wie Shaka Zulu (1986) verewigt, wo Shaka von dem muskulösen und beeindruckenden Schauspieler Henry Cele dargestellt wurde. Der Film Zulu Dawn, in dem es nicht um Shaka geht, zeigt Zulu-Männer mit schönem Körperbau, die ohne Anzeichen von Müdigkeit beim Sturm tanzen. Ein Großteil dieser Bilder wird durch das Bedürfnis in uns allen angetrieben, Helden in der Geschichte zu finden.
Shaka bleibt ein Rätsel. Was wir wissen, ist, dass er eine staatsmännische Aura hatte und ein militärisches Genie war. Er leitete nationale Zeremonien, die das Gefühl der Zulu-Identität förderten. Es wird angenommen, dass es Shaka war, der zum ersten Mal Tanzformen einsetzte, wenn seine Krieger sich versammelten, weil er wollte, dass sie im Gleichtakt denken sollten.[9]

Er konnte auch in die Brüche gehen, wenn die Dinge nicht so liefen wie er es wollte. Nach einigen mündlichen Zulu-Traditionen, war seine Trauer unkontrollierbar, als seine Mutter Nandi starb und er wollte, dass auch andere leiden sollten. Es folgten schreckliche Grausamkeiten gegenüber Menschen und Tieren. Die Menschen wurden angewiesen, hörbar zu weinen, und wurden bestraft, wenn sie es nicht taten. Ochsen wurden geschlachtet, um die Geister zu beruhigen, aber ihr Fleisch durfte nicht gegessen werden; Kühe wurden ebenfalls geschlachtet, damit die Kälber wissen, wie es ist, eine Mutter zu verlieren. Dies ging drei Monate lang mit kaum etwas Erleichterung weiter, bis seine eigene

Trauer zu verblassen begann und es einem der Ältesten gelang, Shaka von dem Schaden zu überzeugen, den er dem Volk zufügte.

Shaka wurde 1828 auf Befehl seines Halbbruders Dingane ermordet. Er hinterließ keine Erben und Dingane folgte ihm. Im Laufe der Zeit ist Shaka zu einer Zulu-Ikone geworden, die die Qualitäten von Mut, militärischer Stärke und politischer Kompetenz aufzeigt. Als 1975 die kulturelle Befreiungsbewegung für Zulus Inkatha (was 'Krone' bedeutet) von Mangosuthu Gatsha Buthelezi gegründet wurde, zog sie das Bild des Shaka stark an. Sein Name wurde auch verwendet, um die unternehmerische Führung zu stärken und Geld zu verdienen. An der Strandpromenade von Durban ist die uShaka Marine World ein Themenpark mit Geschäften, Restaurants, Aquarienattraktionen, Bootsfahrten und anderen Unterhaltungsmöglichkeiten.

Seit den 1980er Jahren wurde darüber diskutiert, ob Shaka ein so großer Führer war, wie man es sich ausgemalt hatte, und ob er die Hauptursache für die Unruhen in den 1820er und 1830er Jahren war. Der Historiker Julian Cobbing löste heftige Kritik aus, als er behauptete, dass das von Shaka begonnene Konzept des Mfecane ein Mythos sei, der von weißen Siedlern und Händlern geschaffen wurde, um ihre eigenen Sklavenaktivitäten zu vertuschen. Er beschuldigte weiße (hauptsächlich portugiesische) Sklavenhändler, die im Landesinneren um die Delagoa Bay (Lourenço Marques) operiert hatten für die Auseinandersetzungen, und führte aus, dass auch Griqua im Norden beteiligt gewesen seien. Wie bereits erwähnt, hatten die Griqua (Nachkommen der Khoikhoi und anderer Mischlinge) Waffen und Pferde aus der Kolonie erworben und konnten in kleinen Gruppen Verwüstungen anrichten. Cobbing argumentierte, dass auch die Aktivitäten anderer Stammesfürstentümer wie die der Ndwandwe und Mthethwa berücksichtigt werden müssten. Seine Meinungen regten die Debatte an und der Begriff 'Mfecane' wurde als vielleicht zu zulubezogen in Frage gestellt.

Der Historiker John Wright fügte der Debatte die Behauptung hinzu, dass auch die Aktivitäten der Tswana- Stammesfürstentümer berücksichtigt werden müssten, insbesondere die Ngwaketse, Hurutshe, Kwena, Kgatla, Rolong und Tlhaping. Einige sehr große Tswana-Städte waren zu Shakas Zeiten entstanden, und es gab viele Rivalitäten und Konflikte um den Handel zwischen den Stammesfürstentümern Tswana und Basotho[10].

In der Tat gab es zu dieser Zeit in der Region viel Aktivität. Die Fürstentümer Taung und Tlokwa hatten sich ebenso wie die Hlubi und Ngwane durchgesetzt und waren auf das Hochplateau südlich des Vaal-River gezogen. Die Ndebele unter Mzilikazi, die Zululand verlassen hatten, siedelten sich in der Nähe des oberen Vaal-River an und zogen dann wieder weiter, was zu Unruhen führte.

An der Ostgrenze der Kolonie verließen kleine Gruppen von Xhosa die Region und ließen sich entlang des mittleren Orange-River nieder, wo sie mit den bereits dort lebenden Gruppen aufeinanderprallten. Die Maroteng (oder Pedi) hatten in den letzten Jahren in der Nähe des Olifants River gelebt und bewegten sich ebenfalls, und die Dlamini zogen aus dem Gebiet südlich von Lourenço Marques in das heutige Swasiland, wo sie den Kern der swasilianischen Nation bildeten. Das Gaza-Königreich unter Soshangane zwischen Mpumalanga und Mosambik erhob sich ebenfalls und es gab einen Wettbewerb um Land und Ressourcen. Alle diese Aktivitäten trugen zu den Unruhen der 1820er und 1830er Jahre bei - eine komplexe, nicht nur durch die Zulu verursachte Reihe von Ereignissen.

Es wird auch darüber diskutiert, ob Shaka, wie behauptet wurde, wirklich die Kontrolle über das heutige KwaZulu-Natal und darüber hinaus hatte. Es scheint unwahrscheinlich, dass er in 12 Jahren so viel hat erreichen können, als er 1828 starb. Wie John Wright jedoch betont, bleibt der Begriff 'Mfecane' dennoch bestehen, weil er ein tiefes Bedürfnis befriedigt, einer bestimmten Reihe von Ereignissen einen Namen zu geben. Und es besteht kein Zweifel daran, dass zu dieser Zeit ein mächtiges Zulu-Königreich entstanden ist.

Ein von einer Frau regiertes Königreich: die Tlokwa unter Manthatisi.

Es gab andere mächtige schwarze Führer. In der Nähe des heutigen Harrismith im Freistaat wurden die Tlokwa von einer Frau namens Manthatisi im Namen ihres Sohnes Sekonyela regiert, der zu jung war, um Häuptling zu werden, als sein Vater 1815 starb. Ihr Volk nannte sie wegen ihrer geringen Größe 'Mosayane' (die Kleine). Sie wurde eine mächtige Herrscherin, und ihre Untertanen begannen, sich anstelle von Tlokwa Manthatisis zu nennen.

Die Missionare bezeichneten ihr Volk als 'Mantatees', und sie wurden allgemein gefürchtet, obwohl andere marodierende Menschen oft mit Mantatees verwechselt wurden.[11] Die Manthatisis waren Griqua-Angriffen und Angriffen von anderen vertriebenen Nguni-Gruppen und Sklavenhändlern ausgesetzt und manchmal zur Flucht gezwungen. Unter diesen Umständen wurden die Alten, sehr Jungen und Kranken einfach ausgesetzt. Trotz der Turbulenzen der damaligen Zeit gelang es Manthatisi, ihrem Volk einen Platz im Caledontal zu sichern und dann eine dreijährige Dürre zu überstehen. Um 1817 startete sie Feldzüge ins Flachland, wahrscheinlich gegen die Hlubi, erzielte einen großen Sieg und sicherte sich riesige Rinderherden.

Manthatisi soll während ihrer Regentschaft 40.000 Menschen unter ihrer Herrschaft gehabt haben und war in dem Gebiet eine bedeutende Persönlichkeit. Sie war Diplomatin und Opportunistin. Sie arrangierte Ehen für Sekonyela mit Töchtern des mächtigen Sotho-Häuptlings Moshoeshoe sowie mit Frauen aus benachbarten Gemeinden, um den Frieden zu erhalten. Aber Sekonyela war als Herrscher nicht so fähig wie seine Mutter. 1852 provozierte er einen Konflikt mit Moshoeshoe durch Raubzüge auf sein Vieh und wurde schwer geschlagen. Die Tlokwa verloren ihre Unabhängigkeit und wurden dem Königreich Moshoeshoes einverleibt.

Mzilikazi (um 1795-1868) und die Ndebele: ein wanderndes Königreich

Mzilikazi (auch Moselekatse genannt) war einer der großen Führer. Er hatte sich 1821 von Shaka gelöst und eine kleine Gruppe von 200-300 Männern mit ihren Frauen und Kindern ins Landesinnere geführt, war nach Westen und Norden gewandert, hatte kleinere Häuptlinge überfallen und erobert und viele von ihnen als Soldaten oder Gefolgsleute übernommen.[12] Seine Anhängerschaft wuchs, und zu verschiedenen Zeiten unterhielt er militärische Außenposten in den heutigen Provinzen Mpumalanga, Gauteng, dem Freistaat und dem Nordwesten, sowie in den Bergen von Magaliesberg.

Mzilikazis Migrantenreich war insofern ungewöhnlich, als er und seine Anhänger keine Bindung an einen Ort hatten und anscheinend keine Neigung zeigten, dort zu bleiben, wo ihre Vorfahren begraben waren. Eine Zeitlang befand sich seine Basis am Apies-River, unweit des heutigen Tshwane (Pretoria), und dort besuchte ihn der Missionar Robert Moffat erstmals 1829. Dieser Besuch war der Beginn einer bemerkenswerten Freundschaft, die etwa 30 Jahre dauern sollte. Ein Großteil unseres Wissens über Mzilikazi stammt aus Moffats Erinnerungen an ihre Treffen.

Mzilikazi war wahrscheinlich während der Difaqane die zerstörerischste Kraft im Inneren. Seine Truppen griffen in der Nacht oder in der frühen Morgendämmerung an, verursachten mit ihren Feuerwaffen und Speeren Chaos und hinterließen Verwüstungen. Er ließ Tausende seines eigenen Volkes töten, wenn es ihm nicht gehorchte, aber er hatte auch treue Krieger, die ihm überallhin folgten, und er schien die Treue der Menschen zu gewinnen, die er besiegte. Bis 1829 besaß er ein Königreich, das auf etwa 60.000 Menschen geschätzt wurde.[13] An den verschiedenen Orten, an denen er sich niederließ, wurde er von bewaffneten Griqua- und Koranvölkern, den Zulu und Armeen aus Bergenaars,[14] Korana, Rolong (Tswana) und Griqua von der Missionsstation auf Philippolis[15] angegriffen - ein Beweis für die unerwarteten und oft eher unwahrscheinlichen Verbindungen, die aus den Bedürfnissen dieser Zeit entstanden.

Als Mzilikazi ein einziges Mal auswärts war, wurden Tausende seiner Rinder entführt. Mzilikazis Männer spürten die Räuber auf, als sie unweit des heutigen Sun City schliefen.[16] Sie holten die Rinder zurück und brachten ihnen schwere Verluste bei.

Im Oktober 1836 griff einer der Generäle von Mzilikazi die Voortrekker bei Vegkop[17] an und nahm alle ihre Vorräte an sich. Dies war der erste große Konflikt zwischen den Voortrekkern und Schwarzen im Landesinneren. Im Januar 1837 und erneut im November 1837 besiegten Voortrekker, Griqua und Rolong Streitkräfte mit Kanonen und Schusswaffen Mzilikazi bei Mosega (im heutigen Nordwesten) bzw. an einem weiter nördlich gelegenen Ort. Es waren diese Ereignisse, die Mzilikazi schließlich über den Limpopo-Fluss ins heutige Simbabwe trieben. Es war sein letzter Zug.

Mzilikazis Leben war ein fast kontinuierlicher Krieg gewesen, aber er überlebte, um friedlich an Altersschwäche in Simbabwe zu sterben, wo er ein 'neues' Volk, die Ndebele oder Matabele, hinterließ, das aus all den Menschen bestand, die er im Laufe der Jahre erobert oder in seinen Stamm aufgenommen hatte; wahrscheinlich stammten nur noch etwa zwei Drittel seines Volkes von Nguni ab.[18] Das neue Königreich Mzilikazi wurde als Matabeleland bekannt. Er baute seine neue Hauptstadt in den Matopo Hills und nannte sie Bulawayo. Sein Königreich überlebte bis 1893, als es von britischen südafrikanischen Streitkräften auf der Suche nach Gold zerstört wurde. Bis dahin war Mzilikazi von seinem Sohn Lobengula abgelöst worden.

Mzilikazi wurde in früheren Geschichtsbüchern sehr schlecht behandelt. Aus eurozentrischer Sicht galt er als Tyrann und Zerstörer von Menschenleben und als der Mann, der sich den Voortrekkern widersetzte, als sie versuchten, ins Innere zu gelangen. Robert Moffat bezeugte jedoch die 'Disziplin und überlegene Moral' des Volkes unter seiner Herrschaft und ihre 'strikte Höflichkeit', 'Manieren' und 'fröhlichen Geist', was im Gegensatz zu dem Klima der Einschüchterung und Angst stand, in dem die Zulu unter Dingane (dem Nachfolger von Shaka) lebten.

KARTE 14 Mzilikazi und seine Ndebele durchquerten in den Jahren 1821-1837 einen Großteil des südlichen Afrika. Die gestrichelten Linien auf der Karte zeigen die langen Reisen, die der Missionar Robert Moffat von seiner Basis in Kuruman aus unternommen hat, um ihn über einen Zeitraum von über 30 Jahren zu treffen.

Mzilikazi sagte, er wolle 'die Zahl seiner Leute erhöhen, anstatt sie zu verringern'. Moffat verweist aber auch auf extreme Grausamkeiten und Strafen für Übeltäter und darauf, dass Mzilikazi auf die Frage nach den Menschen, die er zum Tode verurteilt hatte, ausweichend war.[19]

Mzilikazis außergewöhnliche Freundschaft mit dem Missionar Robert Moffat begann 1829 und dauerte bis zu dessen Rückruf nach

England etwa 30 Jahre später. Moffat unternahm viele beschwerliche Reisen, um Mzilikazi an den verschiedenen Orten zu finden, an denen er sein Königreich wiedererrichtete. Mzilikazi wartete immer gespannt auf seine Ankunft - seine Läufer wurden in der Regel Tage zuvor ausgesandt, sobald sie von der Nachricht erfuhren, dass Moffat auf dem Weg war. Mzilikazi konnte es kaum erwarten, die Geschenke zu sehen, die Moffat ihm gebracht hatte, und war fasziniert von Gegenständen wie dem Kanister mit Deckel und einem Taschentuch, das ihm von Moffats Frau Mary geschickt wurde.

Trotz der Verbundenheit zwischen ihnen dachte Mzilikazi zu keinem Zeitpunkt daran, Christ zu werden, und er kommentierte oft die Tatsache, dass Moffat nur eine Frau hatte, was er enttäuschend fand. Viele Nächte lang lagen die beiden Männer Seite an Seite unter den Sternen, bedeckt von einem Kaross (einer Decke aus Tierhäuten) und tauschten Geschichten aus. Mzilikazi hörte gerne von Moffats Königin (Viktoria) auf der anderen Seite des Meeres.

Ihr letztes Treffen wird in einigen der schönsten Aufzeichnungen in Moffats Tagebüchern beschrieben. Zu dieser Zeit waren sie beide alte Männer, und Moffat war nach England zurückgerufen worden. Als er bei Mzilikazi's Kral ankam, stand Mzilikazi nicht auf, um ihn zu begrüßen, wie er es normalerweise tat. Er kauerte in einer Ecke seiner Hütte und zog seinen Kaross über sein Gesicht. Als er schließlich aufstand, fiel der Kaross weg und Moffat sah zu seiner Überraschung, dass der alte Häuptling, der Tausende von Menschen getötet hatte, weinte.[20] Die Geschichte ihrer Freundschaft ist eine Geschichte von großem psychologischen Interesse, deren Bedeutung nie vollständig verstanden wurde.

Neben Robert Moffat befreundete sich Mzilikazi auch mit einigen weißen Jägern, Händlern, Wissenschaftlern und anderen, die in sein Land kamen,[21] obwohl sie zuerst über Kuruman gehen mussten, um von seinem vertrauten Freund Robert Moffat überprüft zu werden. Mzilikazi vertraute weder den Voortrekkern noch anderen Missionaren, insbesondere den Franzosen, die ebenfalls versuchten, mit ihm zu arbeiten.

Soshangane und das Gaza-Reich, 1824-1895

Bis zu einem gewissen Grad war Soshangane ebenfalls ein Nomadenführer. Er und Mzilikazi verloren beide zunächst gegen Shaka, verließen aber seinen Umkreis und bauten erfolgreich eigene Königreiche auf.

Ursprünglich ein General der Ndwandwe-Armee unter Zwide, hatte sich Soshangane mit einer Gruppe von Anhängern abgewandt, nachdem die Ndwandwe 1820 von Shaka besiegt worden waren. Soshangane führte seine Anhänger nach Norden, weg aus Shakas Kontrolle. Er machte sich auf den Weg zu den Lebombo-Bergen in Mosambik, schloss Allianzen mit einigen Häuptlingen, besiegte andere und schloss allmählich ein Eroberungsimperium, bekannt als das Gaza (oder Gasa)-Reich, benannt nach seinem Großvater Gasa KaLanga. Das Königreich Gaza erstreckte sich schließlich über Teile des heutigen Mosambik, Mpumalanga und Limpopo.

Soshangane starb 1856. Zwei seiner Söhne stritten um die Nachfolge, und ein Enkel, Gungunyana, übernahm schließlich die Macht. 1895 wurde Gungunyana von den einst verbündeten Portugiesen besiegt, und das Königreich Gaza ging unter.

Moshoeshoe (oder Moshweshwe) ca. 1786-1870: ein Königreich, das auf Unterkunft und Überleben basiert.

Ein weiterer der großen Führer war Moshoeshoe. Er war der erste oberste Häuptling der Sotho im Gebiet des Caledon River (dem heutigen unabhängigen Königreich Lesotho). Moshoeshoe vereinte verschiedene kleine Sotho-Gruppen, viele von ihnen Flüchtlinge aus den Difaqane, und integrierte sie in seinen Stamm. Auf diese Weise baute er das südliche Sotho (oder Basotho) zu einer großen und wichtigen Nation aus. Er und Mzilikazi sind zwei der wenigen Anführer, die mit dem Ruhm von Shaka konkurrieren.

Moshoeshoe erhielt den Spitznamen 'Moshweshwe', weil man sagte, dass er in seinen jüngeren Tagen Rinder so geschickt und leise stehlen konnte wie ein Rasiermesser die Haare rasiert - der Klang von 'Moshweshwe' ähnelt dem eines Rasiermessers. Moshoeshoe ist jedoch die richtige Schreibweise in der Orthographie Lesothos. 1821 gründete Moshoeshoe sein Dorf an den Hängen des Butha-Buthe-Gebirges, von wo aus er die ersten Invasionen der Difaqane überstehen konnte. Er wurde von den Ngwane unter Matiwane und den Tlokwa unter Manthatisi angegriffen, aber bei beiden Gelegenheiten rollten seine Männer Felsbrocken die steilen Hänge des Berges hinunter und vertrieben die Invasoren.

1824 verlegte er seine Hauptstadt auf den Berg Thaba Bosiu, was 'Berg der Nacht' bedeutet, weil man glaubte, dass der Berg nachts größer wurde. Moshoeshoe ermutigte diesen Glauben, und Feinde kamen selten nach Einbruch der Dunkelheit dorthin. Thaba Bosiu war ein idealer Ort.

Seine Höhe machte es leicht, die sich nähernden Feinde zu sichten. Es war auch wasserreich und fruchtbar. Mais und Sorghum[22] konnten auf dem Gipfel angebaut werden, und Moshoeshoe konnte so einer Belagerung auf unbestimmte Zeit standhalten. Um 1828 griff Matiwane Thaba Bosiu an, aber der Angriff scheiterte und Moshoeshoe wurde zum unbestrittenen Herrscher über das Land, das sich vom Caledon River nach Westen bis zur bald einzurichtenden Missionsstation Thaba Nchu erstreckte.

Trotz seines Rufs als Räuber in seinen frühen Jahren nahm Moshoeshoe nie direkt an einem Difaqane-Überfall teil und verließ auch nicht seine Heimatbasis. Er wurde zeitweilig von allen wichtigen Difaqane-Marodeuren angegriffen, aber er setzte eine Kombination aus Kraft und Diplomatie ein, um den Angriffen zu widerstehen. Er schickte Rinder, um die vertriebenen Feinde mit der Botschaft zu füttern, dass er wusste, dass sie weit weg von zu Hause und daher hungrig waren. Er tat dies, als Mzilikazi versuchte, ihn anzugreifen, woraufhin Mzilikazi ihn in Ruhe ließ. Moshoeshoe schickte seinen Feinden auch Rindern als Geschenke in Dürrezeiten, und zu Lebzeiten von Shaka schickte er Kranichfedern, die in Zulu-Insignien verwendet wurden.

Moshoeshoe begrüßte ehemalige Feinde in seinem Stamm und bot verarmten Neuankömmlingen Kühe an, wenn sie sich ihm anschließen wollten. Er verlieh auch Kühe an einige seiner eigenen Leute, wenn sie in schwere Zeiten geraten waren, und im Gegenzug wurden ihm einige der geborenen Kälber im so genannten Mafiso-System überlassen. Dies ermöglichte es kämpfenden Männern, ihre Herden wieder aufzubauen, und erhöhte gleichzeitig den Einfluss und die Popularität von Moshoeshoe.

In einem weiteren diplomatischen Schritt heiratete Moshoeshoe die Töchter seiner Rivalen, und es wurde geschätzt, dass er etwa 100 Frauen hatte. Im Jahr 1848 zählte der Staat Sotho etwa 80.000 Menschen, bis 1865 etwa 150.000. Er erklärte, dass er 23 Bevölkerungsgruppen zur Bildung der BaSotho (Basuto)-Nation vereinigt habe.[23]

Moshoeshoe war sich der neuen Einflüsse bewusst, die in das Land kamen, und er hieß sie zunächst willkommen. 1833 lud er Missionare der Pariser Evangelikalen Missionsgesellschaft ein, ihn zu besuchen. Einer von ihnen, Eugène Casalis, wurde Berater im Umgang mit den Weißen. Moshoeshoe war auch sehr an den Siedlerprodukten interessiert, die die Händler mitbrachten. Er kaufte europäische Kleidung und trug sie, um weiße Besucher zu empfangen. Er kaufte Haushaltsgeräte und Wagen und war besonders an Schusswaffen und

Pferden interessiert. Er pflanzte auch europäisches Gemüse, Weizen und Obstbäume an und fand Geschmack an Zucker.

Etwa in den 1840er Jahren begann Moshoeshoe jedoch, die traditionellen Praktiken von Überfällen und Kriegsführung wiederzubeleben, und er war beunruhigt, als die Missionare dagegen predigten. Er versuchte, sein Volk von ihnen fernzuhalten, und auch seine Beziehungen zur britischen Regierung begannen sich zu verschlechtern. Im Januar 1846 wurde ein Beamter vom Kap, Major Warden, in den Freistaat entsandt, um Grenzen zu markieren. Moshoeshoes Land grenzt an das von Buren (ehemalige Voortrekker) besetzte Land, obwohl sie dort noch keinen offiziellen Status hatten. Es war der Beginn jahrelanger Auseinandersetzungen über Grenzen hinweg.

Als Harry Smith Gouverneur am Kap wurde, war er bestrebt, den britischen Einfluss über das Kap hinaus auszuweiten und die Buren davon zu überzeugen, ihn zu akzeptieren. Er tat dies, indem er ihnen erlaubte, mehr oder weniger Farmen zu kaufen, wo immer sie wollten, und indem er ihre Unabhängigkeit anerkannte. Es war der Beginn der offiziellen weißen Aneignung von Land im Landesinneren. Viele Buren sicherten sich dann Farmen im Inneren des heutigen KwaZulu-Natal, Griqualand und des Freistaates, was den Zugang der Schwarzen zu Land einschränkte. Moshoeshoe war einer der betroffenen Häuptlinge. Als er Einspruch erhob und gebeten wurde, seine Grenzen zu bestimmen, war seine Antwort stets einfach: 'Mein Land ist dort, wo mein Volk ist'.

Im Februar 1854 unterzeichneten die Briten und Buren jedoch die Bloemfontein-Konvention, die den Buren die Souveränität über das Gebiet verlieh. Die neue unabhängige Republik des 1854 ausgerufenen Orange-Freistaates umfasste einige der ehemaligen Ländereien Moshoeshoes. Obwohl Moshoeshoe etwas gutes Land behielt und Stämme anderswo (die Xhosa, Zulu, Hurutshe, Rolong und Fokeng) relativ unberührt blieben, waren die Bewegungsmöglichkeiten vieler anderer Häuptlinge nun begrenzt. Es war auch ein Zeichen für die Zukunft, dass Moshoeshoe ab etwa 1860 junge Männer als Lohnabhängige an Orte wie die entfernten Kapkolonie und Natal zum Arbeiten schickte, und 1867 gingen einige seiner Männer nach der Entdeckung von Diamanten nach Kimberley. Mit dem Geld, das sie verdienten, konnten sie das Vieh kaufen, das sie einst bei Raubzügen gefangen hatten.

1866 stand Moshoeshoe im Oranje-Freistaat wieder unter Druck der Buren. Unter ihrem Präsidenten Johannes Brand waren die Buren auf dem Weg zum Krieg. 1868 bat Moshoeshoe um britischen Schutz, nachdem er entschieden hatte, dass die britische Souveränität eine bessere Option sei als die Kontrolle durch den Oranje-Freistaat. Das Ergebnis war, dass sein Land von den Briten annektiert wurde und zur britischen Kolonie Basutoland wurde. 1869 unterzeichneten die Briten in der Stadt Aliwal North einen Vertrag mit den Buren, der die Grenzen von Basutoland festlegte. Die neuen Grenzen reduzierten Moshoeshoes Königreich letztlich auf die Hälfte seiner früheren Größe. Seine Grenzen wurden regelmäßig überprüft, und es gibt bis heute Streitigkeiten.

Moshoeshoe starb 1870, nachdem er das Volk der Sotho über 40 Jahre lang geführt hatte. Er wurde auf Thaba Bosiu begraben, seinem Bergdomizil, das nie erobert wurde. Es bleibt ein geheiligter Ort. 1966, nach fast einem Jahrhundert britischer Herrschaft, wurde Basutoland als Lesotho wieder unabhängig. Das Königreich Lesotho beansprucht noch immer einen Teil des heutigen Freistaates.

Moshoeshoe erging es am besten und er hielt am längsten von den damaligen Führern durch. Er hatte die Fähigkeit, verschiedene Hüte zu tragen: er konnte sowohl Stammesangehöriger als auch Staatsmann sein, konnte mit seinem eigenen Volk und seinen Rivalen, einschließlich der Briten und Buren, umgehen. Es liegt nahe, dass eine seiner Biographien, die 1975 von Leonard Thompson verfasst wurde, den Titel *Survival in Two Worlds* (Überleben in zwei Welten) trägt.

Zusammenhänge zwischen dem Ostkap und der Vernichtung der Xhosa-Rinder

In den Jahren 1835 und 1857 ereigneten sich einige besonders schreckliche Vorfälle, die auf den Druck der Zeit und die sehr unterschiedlichen Kulturen und Überzeugungen hinweisen. Das Ostkap hatte bereits vor allem im Zuurveld einen jahrhundertlangen Konflikte zwischen weißen und schwarzen Bauern erlebt, und in den folgenden Jahren sollten einige Häuptlinge der Xhosa große Demütigungen erleiden.

1835 wurde der Gcaleka-Häuptling Hintsa von den Briten in Gefangenschaft gebracht und dann erschossen, als er versuchte zu fliehen. Der britische Gouverneur Sir Harry Smith behauptete in seinen Memoiren, Hintsa nach einer heldenhaften Verfolgungsjagd zu Pferd selbst erschossen zu haben. Hintsas Körper war verstümmelt, seine beiden Ohren als Souvenirs abgeschnitten, und sein Körper blieb übrig, damit sein Volk ihn finden konnte.

Der nächste Gouverneur Sir George Grey startete ein von der Idee seiner jüngsten Kontakte mit den Maori in Neuseeland inspiriertes Programm. Xhosa-Häuptlinge sollten zu angestellten Beamten werden, die den weißen Magistratsbeamten unterstellt waren. Sie sollten öffentliche Arbeiten wie den Straßenbau durchführen, um die Xhosa zu 'zivilisieren' und ihnen die Würde der Lohnarbeit beizubringen.[25] Es war Sir Grey, der die Schule in Zonnebloem gründete, wo die Söhne der Häuptlinge lernten, Cricket zu spielen. Eine Zeit lang herrschte relativer Frieden, aber dann breitete sich unter den Xhosa-Rindern eine schreckliche Lungenkrankheit aus, die schätzungsweise achtzig Prozent ihrer Herden tötete.

Es folgte eine seltsame Kombination aus traditionellem Opferglauben und christlichem Auferstehungsglauben. Eine 16-jährige Xhosa-Prophetin namens Nongqawuse behauptete, ihr sei von den Vorfahren gesagt worden, wenn die verbliebenen Rinder geschlachtet und alle Ernten und Getreidespeicher zerstört würden, die toten Rinder wieder lebendig und die Vorfahren von den Toten auferstehen würden, um den Xhosa zu helfen, die Briten ins Meer zu treiben, aus dem sie gekommen seien.

Es ist jedoch bekannt, dass Nongqawuse die Unterstützung ihres Onkels hatte, eines treuen Ratsmitglieds des Häuptlings Sarhili (oder Sarili), des Sohnes und Nachfolgers von Hintsa. Der Onkel Mhlakaza war zum Christentum konvertiert und war zunächst gegen die Geschichte, aber seine Mutter brachte ihn dazu, Nongqawuse zu unterstützen, weil sie sich nach ihrem toten Mann sehnte, von dem sie hoffte, dass er wieder auferstehen würde.

Die Gemeinschaft war in Gläubige und Ungläubige gespalten. An einem bestimmten Tag, dem Neumond am 18. Februar 1857, wurden schätzungsweise 400 000 Rinder geschlachtet und die Getreidespeicher zerstört. Die Xhosa wartete den ganzen Tag darauf, dass die Sonne ihren Lauf umkehren würde, wie es Nongqawuse prophezeit hatte - aber vergeblich. Es wird geschätzt, dass mindestens 40.000 Menschen (etwa ein Drittel der Bevölkerung der Xhosa-Nation) an Hunger in der anschließenden Hungersnot starben. Nongqawuse und ihre Unterstützer schoben die Schuld anscheinend auf die Leute, die nicht bereit gewesen waren, ihr Vieh zu töten.[26]

Das Ereignis schwächte die Xhosa und trieb Tausende auf der Suche nach Arbeit in die Kapkolonie. 1866 wurde das gesamte Land westlich des Kei-Flusses zwischen Bergsteilhängen und dem Indischem Ozean in die Kapkolonie eingegliedert, obwohl es nachweislich schon lange das Land der Xhosa (Gcaleka, Ngqika und anderer Häuptlinge) war. Die verbliebenen Xhosa und die Mfengu, die erst kürzlich angekommen waren, wurden auf kleine Landbesitze im neu annektierten Gebiet beschränkt.

Eine weiße Migration: Der 'Große Trek'.

In den 1830er Jahren fielen die späteren Jahre des Mfecane und des Difaqane mit der Migration der Buren (der weißen niederländisch/afrikanischsprachigen Bauern) zusammen. Besonders diejenigen Buren, die an die östlichen Grenzen der Kapkolonie gezogen waren, waren der Meinung, dass die britische Regierung nicht genug tat, um die sie vor Überfällen zu schützen, besonders vor den Mfengu, die südlich weg von den Kriegen der Shaka zogen. Es gab auch Bedenken bezüglich der Versprechen der Sklavenemanzipation und Groll gegen die humanitären Vorstellungen der Missionare.

Über einen Zeitraum von etwa 20 Jahren überquerten Tausende von Buren den Orange River, verließen die Kolonie und gingen nach Norden ins Innere und nach Osten in Richtung Natal. Diese Menschen wurden als Voortrekkersor-Trekker bekannt, und sie hatten eine ganz andere Absicht als die Trekboers, die ganzjährig umhergezogen waren. Die Voortrekker packten all ihre weltlichen Güter in Wagen und zogen ebenfalls mit ihren Tieren los. Ihre Absicht war es, neue Siedlungen zu gründen und sich selbst zu verwalten.

Es wurde viel über den Mut und die Entschlossenheit der Voortrekker gesprochen. Eine Frau namens Anna Steenkamp beschrieb in ihren Memoiren, wie ihr Mann kurz vor ihrer Abreise gestorben war, und so war sie es, die die Wagen aus der Kolonie fuhr. Sie war damals vierzig Jahre alt, und sie muss schwanger gewesen sein, denn sie beschrieb auch, wie ihr jüngstes Kind Mitte des Winters in einem Wagen auf den windgepeitschten Ebenen des späteren Freistaates Oranje geboren wurde. Im Großen und Ganzen schienen die Trekker ein robustes Volk zu sein, und ihre traditionelle Liebe zum Kaffee mag sie vor so mancher Magenverstimmung bewahrt haben, weil sie deshalb ihr Wasser abkochen mussten.

Diese Wanderung in den 1830er und 1840er Jahren wurde als 'Großer Trek' bekannt, obwohl nicht alle Afrikaner daran teilnahmen, und der grandiose Name wurde erst später von afrikanischen nationalistischen Historikern vergeben. Es ist interessant festzustellen, dass der Große Trek wahrscheinlich etwa 15.000 Menschen betraf; im

Vergleich dazu betraf die Westmigration der weißen Siedler in Nordamerika Hunderttausende von Menschen und war wahrscheinlich die größte Migration von Menschen bis dahin. Die Trekker zählten damals etwa ein Zehntel der weißen Bevölkerung am Kap,[27] und die Teilnehmer kamen hauptsächlich von der Ostseite der Kolonie - die in und um Kapstadt lebenden niederländischen Siedler schlossen sich der Bewegung im Allgemeinen nicht an. Auch die britischen Farmer am Ostkap nicht, auch wenn einige die gleichen Beschwerden hatten.

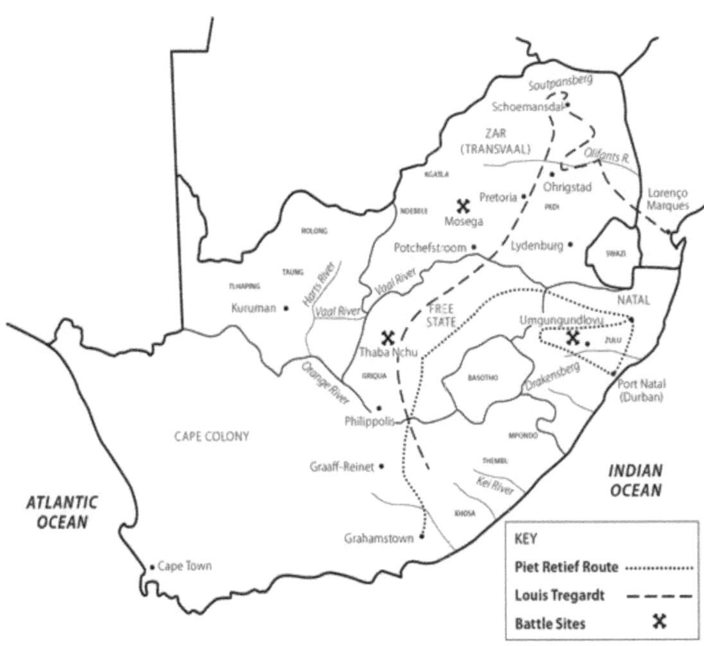

KARTE 15 Ereignisse des Großen Treks und einige der von den Trekkern gegründeten Städte, insbesondere Lydenburg, Potchefstroom und Schoemansdal. Die Karte zeigt auch zwei der verschiedenen Routen der Trekführer: Louis Tregardt (Trichardt), der wie Hendrik Potgieter nach Norden zog, und Piet Retief, der nach Osten zog. Dies ist ein Beweis dafür, dass trotz allem, was einige afrikanische nationalistische Historiker behaupteten, die Trekker keine einheitliche Gruppe bildeten.

Die britische Herrschaft erstreckte sich bis zum Wendekreis des Steinbocks, und einige der Trekker fuhren bis in den Norden des heutigen Limpopo, um sich der britischen Gerichtsbarkeit zu entziehen. Die Reaktion der Schwarzen auf die Voortrekker-Siedler im Inneren führte oft zu Unruhen. In den kommenden Jahrzehnten wurden viele Kriege um Land geführt.

Thaba Nchu, 1835-1836

Als die Trekker die Kolonie verließen, brachen sie auf zu einer Missionsstation westlich des Caledon-Flusses namens Thaba Nchu auf, was soviel wie 'schwarzer Berg' bedeutet. Diese Missionsstation wurde 1833 von James Archbell und einigen wesleyanischen Missionaren für Gruppen von Rolong (Tswana) gegründet, die von der Difaqane schwer getroffen worden waren. Hier, etwa 75 Kilometer von dem heutigen Bloemfontein im Freistaat entfernt, ruhten die Wanderer nach den mühsamen Anfangsphasen ihrer Wanderung aus.

Eine der ersten Trekkergruppen, eine unter der Leitung von Hendrik Potgieter, hielt sich um Dezember 1835 für einige Monate am Thaba Nchu auf, bevor sie nach Norden zogen. Im Oktober 1836 wurden sie in Wegkop, nahe dem heutigen Heilbron im Freistaat, von dem zugewanderten Ndebele-Häuptling Mzilikazi und schätzungsweise 5.000 Kriegern angegriffen. Die Trekker hatten Gewehre und konnten die Ndebele zurückschlagen, aber sie verloren alle ihre Rinder und ihre Vorräte blieben im Hochland liegen. Die Nachricht erreichte den Rolong bei Thaba Nchu, und einer der Anführer aus der Nähe, Moroka, schickte Männer, um die Trekker zu retten, ihnen Essen zu geben und sie zu seinem Haus, Morokashoek, zurückzubringen. einer der nahegelegenen Häuptlinge, Moroka, schickte Männer, um die Trekker zu retten, ihnen Essen zu geben und sie zu seinem Haus, Morokashoek, zurückzubringen. Dort schenkte man ihnen Rinder und half ihnen, sich zu erholen, bevor sie erneut aufbrachen.

1931 schrieb der berühmte Rolong-Journalist und Schriftsteller Solomon (Sol) Plaatje: 'Wenn die Südafrikaner so romantisch wären wie die Weißen in Europa und Amerika, wäre Morokashoek bei den Voortrekker-Nachkommen ein geheiligter Ort, und es würden sicherlich Anstrengungen unternommen, um die Erinnerung an die Wohltäter ihrer Vorfahren zu bewahren. Stattdessen gibt es nichts, was an diesen Akt der Gastfreundschaft erinnert.'[28]

Blood River, 16. Dezember 1838

Eine weitere Gruppe von Trekkern, eine unter der Leitung von Piet Retief, machte sich auf den Weg in das heutige KwaZulu-Natal, in das Gebiet von Dingane, dem Nachfolger von Shaka. 1837 reisten Retief und eine kleine Gruppe seiner Anhänger in die Hauptstadt Dinganes bei Umgungundhlovu, um Verhandlungen aufzunehmen. Dingane war vorsichtig bei den Trekkern, weil er wusste, dass sie gerade Mzilikazi und seine Ndebele besiegt hatten. Die Trekker hatten Waffen, während Dinganes Bemühungen, Waffen zu beschaffen, fehlgeschlagen waren.

Die Verhandlungen dauerten Wochen und schienen zunächst gut zu verlaufen, aber im Februar 1838, als Retief und einige seiner Männer den Zulus beim Tanz in einer Umgungundhlovu-Arena zusahen, befahl Dingane, die ‚Zauberer zu töten'. Retief und seine Männer wurden herausgezerrt und in der Nähe auf dem so genannten 'Hinrichtungshügel' ermordet.

Die mündlichen Traditionen der Buren und Zulu unterscheiden sich in der Verwendung des Wortes 'Zauberer' oder abathakathi. Die Trekker waren um die Arena herumgegangen, bevor sie sie betraten. Sie suchten tatsächlich nach dem Eingang, aber nach dem Aberglauben der Zulu ist dieses Verhalten gleichbedeutend mit Hexen oder Zauberern, und es erregte Grund zum Misstrauen.[29]

Der Mord wurde später von afrikanischen nationalistischen Historikern als unverschämter Akt des Verrats seitens Dingane angesehen, und Retief wurde sofort zum Märtyrer gemacht. Man versuchte wenig zu verstehen, warum Dingane sich so verhalten haben könnte, nachdem die Weißen in sein Territorium eingedrungen waren und um Land baten, und dabei nichts anderes als die Bergung einiger gestohlener Rinder anboten. Die Trekker hatten Schusswaffen und Tricks wie Handschellen, die sie Dingane gezeigt hatten. Dingane hatte wahrscheinlich auch gewusst, dass der Rest von Retiefs Gruppe bereits vor Abschluss der Verhandlungen die Drakensberge in sein Land herunterkamen, was gegenüber ihm, als dem König dieses Landes, respektlos war.

Einige Jahre zuvor hatte ein Mann namens Jacob Hlambamanzi,[30], der einige Zeit bei den Weißen am Kap und in Natal verbracht hatte, Dingane erzählt, dass die Weißen zu zweit und zu dritt in sein Land kommen würden (wie vermutlich die Missionare und andere Reisende), aber dass andere dann in großer Zahl in ‚Häusern' kommen würden, die ‚sich bewegten' (Wagen), und dass diese Leute bleiben wollten. Diese Prophezeiung muss für Dingane wahr geworden sein.

Die Trekker in Natal waren bis November 1838 führerlos, als ein neuer Führer, Andries Pretorius, mit einem gemischten Kommando von 468 Trekkern, 3 britischen Männern, 60 schwarzen Soldaten und einer unbekannten Anzahl von Sklaven nach Natal kam. Es sollte ein Rachefeldzug stattfinden, und der Ort wurde mit Bedacht ausgewählt: es sollte der Ncome River sein (später wegen des im Kampf dort vergossenen Blutes in Blood River umbenannt). Die Trekker schlugen ihr Lager auf und warteten darauf, dass die Zulu sie angriffen. Sie stellten ihre Wagen in einem laager (Wagenburg)[31] neben einer tiefen Donga auf, die auf einer Seite eine natürliche Barriere bildete. Etwa 300 Meter östlich bildete der Fluss ein tiefes Becken.

Mit dem ersten Licht des nächsten Morgens näherte sich die Zulu-Armee, und die Schlacht begann lange vor Sonnenaufgang. Man sagt, dass die Zulu gerne im Morgengrauen angreifen, wenn die Geister der Menschen am niedrigsten sind. Geschätzte 10.000 Zulu-Krieger nahmen an der Schlacht teil, und mindestens 3.000 starben, wobei viele ihren Tod fanden, als sie von Pretorius und 150 bewaffneten Männern verfolgt und an der Donga und dem Flussbecken in die Enge getrieben wurden. Auf der Trekkerseite gab es keine Todesopfer, und nur drei wurden verletzt.[32]

In den kommenden Jahrzehnten legten einige afrikanische nationalistische Historiker viel Bedeutung in diesem Trekkersieg, in dem Glauben, dass er von Gott geboten worden sei: einige Tage vor der Schlacht hatten einige Mitglieder von Pretorius' Gruppe gelobt, dass, wenn Gott ihnen einen Sieg über die Zulu schenken würde, der Tag der Schlacht. (16. Dezember), immer in seinem Namen gefeiert würde. Er sollte als Tag des Bundes (und nach 1982, dem Tag des Gelübdes) bekannt werden. Eine kleine Kirche wurde zum Gedenken erbaut und steht heute noch in Pietermaritzburg, und der 16. Dezember wurde anschließend als jährlicher Feiertag gefeiert. Seit 1994 wird er als Tag der Versöhnung bezeichnet.

Einige Historiker haben die Bedeutung dieses Ereignisses bestritten. 1988 stellte Ben Liebenberg die Frage, ob ein Gelübde, das von einer kleinen Anzahl von Menschen abgelegt wurde, als verbindlich für alle Afrikaner angesehen werden kann, obwohl die meisten nicht einmal wussten, dass die Schlacht stattfand. Er behauptete, dass der Sieg am Blood River einfach das unvermeidliche Ergebnis einer überlegenen Militärstrategie und von Schusswaffen über Assegais sei. Das Konzept der göttlichen Intervention war seiner Meinung nach ein Mythos, der geschaffen wurde, um den Nationalismus der Afrikaner zu untermauern.[33]

Schoemansdal - eine Voortrekkersiedlung, 1848-1867

Schoemansdal war die nördlichste Siedlung der Trekker. Es liegt am Fuße des Soutpansberges ('Salinengebirge') im hohen Norden von Limpopo, nahe der Grenze zu Simbabwe.

Die Trekker, die unter der Leitung von Hendrik Potgieter und später Stephanus Schoeman dorthin kamen, waren meist Rebellen, die sich mit anderen Trekkerführern gestritten hatten und beschlossen, ihren eigenen Weg zu gehen. Als sie Schoemansdal erreichten, waren sie rund 1.600 Kilometer vom Ostkap entfernt. Auf ihrem Weg in den hohen Norden hatte diese Rebellengruppe den Wendekreis des Steinbocks überschritten, was bedeutete, dass sie sich außerhalb der britischen Gerichtsbarkeit befanden.

Im Gebiet von Schoemansdal lebte das Volk der Venda[34], und das seit etwa dem 13. Jahrhundert. Dort bauten sie Kupfer (nahe dem heutigen Musina) und Eisen ab und handelten mit den Shona im Norden. Eine ihrer Handelsrouten durch die Berge nach Simbabwe ist noch aus der Luft zu sehen. Sie wagten sich selten nach Süden. Der Soutpansberg war auch die Heimat der San-Jäger und Sammler, und noch heute sind Beispiele ihrer Kunst an hochgelegenen Orten zu sehen.

Die Venda hatten eine interessante Interpretation für diese San-Kunst: Sie glaubten nicht, dass es die Arbeit von Menschen sei. Stattdessen nahmen sie an, dass die Gemälde Darstellungen der Geister ihrer Ahnen seien, und wenn sie ihnen keine Geschenke brächten, würden die Bilder als Zeichen dafür verschwinden, dass die Götter wütend seien. An einem Ort namens Tombo-la-ndou ('Felsen des Elefanten') findet man vor Gemälden von sehr hoch oben liegenden roten Elefanten immer noch Stöcke, die in den Boden getrieben werden und mit den Überresten von Kupferdrahtarmbändern, Stoffen, Knöpfen und anderen Geschenken geschmückt sind.

In der Geschichte von Schoemansdal spielen Waffen eine wichtige Rolle, vor allem was die Jagd betrifft. Im Norden folgten die Buren wahrscheinlich dem Elefanten, der in der Gegend von Ohrigstad, in der sie zuvor gelebt hatten, weitgehend abgeschossen worden war. Damals war Elfenbein ein begehrtes Gut bei europäischen (vor allem portugiesischen) Händlern aus Delagoa Bay (Maputo).

Die Beziehungen zwischen den Trekkern (fortan die Buren) und den Venda waren zunächst recht herzlich. Obwohl es Buren, die koloniale Grenzen in das afrikanische Innere überschritten hatten, verboten war, Waffen an Schwarze zu verkaufen, waren diese Vorschriften bisher im Norden wirkungslos. Die Buren gaben die Venda-Geschütze, und sie wurden Jagd- und Handelspartner, besonders für das Elfenbein. Der Soutpansberg war ein Jagdparadies, weil das Salz in der Pfanne an der westlichen Sockelseite Tiere anzog. Nach der Ankunft der Buren wurde Schoemansdal zu einem wichtigen Handelszentrum für Elfenbein, Wildhäute, Hörner, Holz und Salz, wobei die Buren allmählich die Kontrolle übernahmen.

Die gehandelten Mengen können nie genau geschätzt werden, aber es gibt Berichte, dass enorme Mengen an Schießpulver und Blei dorthin geschickt wurden, und der ehemalige Kurator des Schoemansdal-Museums, Dirk de Witt, schätzte mehr als ein Jahrhundert später, dass allein 1856 10.000 Elefanten erschossen wurden, was 80.000 Tonnen Elfenbein entspricht.[35]

Einer der Händler war João Albasini, ein Portugiese aus Mosambik. Er kam regelmäßig mit Waren, die von Eseln und Trägern getragen wurden, um mit Elfenbein zu handeln. 1853 ließ er sich im Schoemansdal nieder und lebte dort bis zu seinem Tod 1888; ein Damm in der Gegend trägt den Namen nach ihm. Albasini hatte eine große Anhängerschaft von Tsonga-Shangaanern, die mit ihm aus Mosambik gekommen waren und denen er beibrachte, Vorderlader zu benutzen und Elfenbein und Tierhäute für den Exportmarkt zu behandeln. Sein Tsonga-Jäger operierten vor allem im östlichen Tsetse[36]-Land, wo die Buren nicht riskierten, ihre Pferde zu benutzen. Albasinis Männer benutzten Esel für den Transport, weil sie der Schlafkrankheit besser widerstehen konnten. Er wurde 1869 Superintendent des Soutpansbergs; und in einer weiteren Wendung der Geschichte wurden er und seine Tsonga-Shangaan-Bürgerwehr zu Steuereintreibern für die Buren-‚Regierung'.

Die Steuern, die bei den Venda erhoben wurden, waren 5 Tiere, 5 Stück Elfenbein, 35 Stück Kupfer oder 20 Leopardenhäute.[37] Jede Hütte musste eine Ziege und ein Schaf bezahlen. Die Einführung der Besteuerung war den Venda fremd, und Beweise von Forts in Schoemansdal und auf Albasinis Farm deuten auf großen Widerstand hin.

In der Nähe von Schoemansdal befand sich eine gemischtrassige Gemeinschaft unter der Leitung eines Weißen, Coenraad de Buys, der 1821 aus dem Gebiet Zuurveld am Kap in die Gegend gekommen war. Er war wahrscheinlich der erste Weiße in der Gegend, noch vor Albasini und den Buren, der nach Norden gekommen war, nachdem er wegen illegaler Aktivitäten am Kap gesucht wurde. Er und sein Gefolge ließen sich in der Gegend von Mara etwa 50 Kilometer westlich von Makhado (Louis Trichardt) nieder. Coenraad de Buys war fast sieben Fuß groß. Er hatte mehrere Frauen (eine Farbige von Cape Malay und mehrere schwarze Frauen) und zahlreiche Kinder. Drei seiner Söhne heirateten Venda-Frauen, und ihre gemischtrassigen Nachkommen besitzen das Land in einer kleinen Stadt namens Buysdorp im Gebiet Mara (Limpopo) immer noch.

Der abgelegene hohe Norden zog Jäger und Abenteurer an und wurde zu einer kosmopolitischen Gemeinschaft. Schoemansdal war eine blühende Stadt, bevor die Vortrekker die bekannteren Städte Pretoria (heute Tshwane) oder Pietersburg (heute Polokwane) gründeten. Es ist die einzige Stadt, die von ihnen gegründet wurde und nicht mehr existiert.[38]

1864 starb der Venda-Häuptling Ramabulana, ohne einen Nachfolger zu ernennen, und sein Sohn Makhado wurde der regierende Häuptling. Die Buren hatten Makhados Bruder Davanha unterstützt, und die Beziehungen zwischen der Venda und den Buren verschlechterten sich. 1867 besuchte der Generalkommandant des Transvaal Paul Kruger[39] Schoemansdal und befahl den Buren, die Stadt zu verlassen, da er sie so weit im Norden nicht beschützen könne. Die Buren brachen ihre Häuser ab und brachten alles, was sie konnten, in Siedlungen weiter südlich. Nachdem sie gegangen waren, drangen einige Venda in die Siedlung ein und brannten nieder, was noch übrig war, was den zu dieser Zeit bestehenden schrecklichen Konflikt zeigt.

Dirk de Witt glaubt, dass der Hauptgrund für die Trekker, Schoemansdal nach nur 19 Jahren zu verlassen, darin bestand, dass es keine Elefanten mehr gab, obwohl die übliche Erklärung darin besteht, dass die Venda sie vertrieben hat.[40] Nachdem die Buren Schoemansdal 1867 verlassen hatten, übernahmen die Venda und die Tsonga die Kontrolle über den Elfenbeinhandel, aber in den 1880er Jahren hatten die Buren eine viel stärkere Kontrolle über das gesamte Gebiet, das später als Transvaal bekannt wurde und das Land bis zur Grenze des heutigen Simbabwe umfasste.

Die Stadt Schoemansdal wurde nie wieder aufgebaut und schließlich von Busch zurückerobert. 120 Jahre lang blieb es so, bis archäologische Ausgrabungen die Stätte freilegten, und es wurde beschlossen, Schoemansdal als lebendiges Museum nachzubauen. Repliken der ursprünglichen Häuser wurden mit Materialien aus der Umgebung gebaut, wie es die Trekker getan hätten, aber das Projekt wurde nie abgeschlossen. Im Jahr 2008 zerstörte ein unkontrollierter Buschbrand das Museum. Schoemansdal existierte für die kurze Zeit von 19 Jahren, bietet aber einen Mikrokosmos des Pionierlebens.

'Schwarzes Elfenbein'.

Die Sklaverei wurde 1834 in der Kapkolonie offiziell abgeschafft, aber es gibt Hinweise darauf, dass eine Art Sklaverei bis in die 1860er Jahre in einigen nördlichen Teilen des Landes, einschließlich des Raums Soutpansberg andauerte. Es handelte sich um schwarze Kinder, die von schwächeren oder ahnungslosen Stämmen gestohlen und an die Burenbauern verkauft wurden. Das republikanische Burengesetz verbot die Sklaverei, erlaubte aber den Verkauf von Kindern für die Arbeit, einer Lücke, die zu einem weit verbreiteten Missbrauch führte. Der deutsche Wissenschaftler und Entdecker Karl Mauch beschrieb die Körbe, Teppiche und Kisten, mit denen Kinder in Soutpansberg auf Wagen versteckt wurden, und stellte fest, dass der Transport in der Regel unter dem Deckmantel der Nacht stattfand.[41] Ebenso verzeichneten die Missionare Heinrich Grützner und Alexander Merensky 1866, dass bis zu tausend Kinder jedes Jahr im Landdrostbüro Soutpansberg in ein Vertragsbuch eingetragen wurden[42] und gegen Decken, Waffen und Jagdhunde verkauft oder ausgetauscht wurden. Die Kinder wurden inboekselinge, Kinder, die buchstäblich für eine Zeit der Arbeit (meist mehrere Jahre) auf Burenfarmen 'eingebucht' wurden. Sie wurden auch als 'schwarzes Elfenbein' bezeichnet.

Die Bedeutung des Großen Treks

Die Trekkerwanderung führte zur Gründung von zwei Burenrepubliken: der Zuid-Afrikaansche Republiek (ZAR oder Südafrikanische Republik, später 1852 einfach Transvaal genannt), und des Oranje Freistaats (OFS) im Jahre 1854. Das bedeutete, dass 'Südafrika' in der Mitte des 19. Jahrhunderts aus einem unabhängigen republikanischen Norden (dem Transvaal und dem OFS) und eine kolonialen Süden (dem Kap und Natal, die noch unter britischer Regierung standen), sowie einer Reihe von schwarzen Königreichen unterschiedlicher Größe und Stärke bestand.

Kurze Zeit später, als im Landesinneren Mineralienvorkommen entdeckt wurden, bedauerte die britische Regierung ihre Entscheidung, den Buren die Gründung ihrer beiden Republiken zu gestatten. 1877 schlug der britische Kolonialsekretär Lord Carnarvon eine Föderation der Republiken und Kolonien vor, was jedoch auf den Widerstand der Buren stieß. Der Erste Burenkrieg (1880-1881) wurde um dieses Thema geführt, und die Buren behielten ihre Unabhängigkeit. 1899 brach ein zweiter Burenkrieg (der Südafrikakrieg) aus. Diesmal wurden die Buren besiegt und die Republiken an Großbritannien angeschlossen. Bis dahin hatten sich die republikanischen Ideale der Afrikaner in den ehemaligen Burenrepubliken etabliert und würden in den folgenden Jahren wachsen und sich entwickeln.

Der Aufstieg der Afrikaner in den 1930er und 1940er Jahren ist nicht zuletzt auf den Great Trek zurückzuführen. Leicht erkennbare Symbole von Wagen und Laagers sowie Geschichten über Blutvergießen und Märtyrertum - insbesondere die Ermordung von Piet Retief und die Schlacht am Blood River - dienten dazu, Afrikaner unabhängig von Alter und Klasse zu inspirieren und zu vereinen und ebneten den Weg für die extremeren Formen des afrikanischen Nationalismus, die sich in den kommenden Jahren durchsetzten.

KAPITEL 5

Die Mineralfunde

1867 begann in Südafrika eine Transformation der anderen Art. Das geschah, als Diamanten in den Gebieten entdeckt wurden, die heute als Hopetown und Kimberley in der Nordkapregion bekannt sind; 19 Jahren später, 1886 folgte die Entdeckung des wichtigsten Goldriffs von Witwatersrand, das durch Johannesburg im heutigen Gauteng verläuft - der Name 'Gauteng' bedeutet in der Sprache Sotho 'Ort des Goldes'. In den frühen 1900er Jahren wurden Basismetalle (Kupfer, Zinn, Eisen und andere) im heutigen Limpopo entdeckt, und es wurde klar, dass Südafrika Vorkommen von fast allen wichtigen Metallen und Mineralien hatte, die dem Menschen bekannt sind.

Diese Mineralienfunde veränderten Südafrika von einem im Wesentlichen landwirtschaftlichen und ländlichen Land zu einem Land, das zunehmend industriell und urbanisiert wurde. Der Wandel vollzog sich schnell und wird als Südafrikas 'Mineralrevolution' bezeichnet. Obwohl die Schwarzen seit Jahrhunderten Gold, Kupfer, Eisen und Zinn abgebaut hatten, erfolgten die neuen Entdeckungen in einem bis dahin beispiellosen Ausmaß. Diamanten und Gold zogen Menschen aus dem restlichen Südafrika und der ganzen Welt an. Ein zweiter großer Trek, der viel größer war als der erste, begann nach Kimberley und Johannesburg, wodurch die Zahl der Weißen im Land zunahm und mehr Fachkräfte (Bergleute, Ingenieure, Geologen, Handwerker und andere) eingestellt wurden. Dies sollte erhebliche Auswirkungen auf das Leben von Schwarzen und Afrikanern haben, von denen die meisten Bauern waren.

Mehr als drei Jahrzehnte lang, von etwa 1970 bis 2007, war Südafrika der weltweit führende Goldproduzent. Die reichhaltigste Goldmine der Welt war die Goldmine West Driefontein,[1] etwa 10 Kilometer von der Stadt Carletonville im Westen von Gauteng (etwa 67 Kilometer westlich von Johannesburg) entfernt. Als die Mine 1970 in Betrieb genommen wurde, produzierte Südafrika 79 Prozent des Goldes der 'freien Welt' (oder 62 Prozent der Gesamtproduktion einschließlich des in den Ländern des kommunistischen Blocks produzierten Goldes). In den letzten Jahren sind andere Länder in den Vordergrund gerückt:

2007 wurde die südafrikanische Produktion von 220 Tonnen von China überholt, das 276 Tonnen produzierte, und im folgenden Jahr verzeichneten die Vereinigten Staaten, Australien und China höhere Produktionszahlen als Südafrika. Die Gesamtmenge des seit Beginn des gemessenen Zeitraums in der Welt abgebauten Goldes ist noch immer überraschend gering: geschätzte 174.100 Tonnen, eine Menge, die auf einen Würfel mit einer Seitenlänge von etwa 21 Metern bilden würde - und von jedem modernen großen Transporttanker befördert werden könnte.[2] Südafrika gehört nach wie vor zu den fünf größten Produzenten von Gold und Diamanten in der Welt.[3]

Das benachbarte Botswana ist heute der weltweit führende Produzent von Diamanten. In Südafrika sind die Diamantenfelder Kimberley, Cullinan (östlich von Pretoria) und der Standort Venetia in Limpopo weltweit bekannt, ebenso wie die Lagerstätten unter dem Meeresboden vor der Nordküste des Westkaps. Einige der größten Diamanten der Welt wurden in Cullinan gefunden, der berühmteste ist der Cullinan-Diamant, benannt nach dem Besitzer der Mine, Thomas Cullinan, der 1905 entdeckt wurde. Im ungeschnittenen Zustand misst er etwa 98 Millimeter Länge, 57 Millimeter Breite und 67 Millimeter Höhe und wog 3.106 Karat (621 Gramm).[4]

Gold hat seit jeher einen Wert - seit Jahrhunderten ist es ein international vertrauenswürdiger Vermögensschatz. Die Banken hielten Gold in ihren Tresoren und gaben Banknoten aus, die diesen Wert repräsentierten. Gold verliert nie seinen Glanz: der Goldschmuck von Mapungubwe und Thulamela schimmerte an dem Tag, an dem es wiederentdeckt wurde, so hell wie bei der Bestattung vor Hunderten von Jahren. Die höchste Nachfrage nach Gold kommt nach wie vor aus der Schmuckindustrie, heute hauptsächlich aus Indien und anderen Ländern Asiens, während die größten Märkte früher Europa und Nordamerika waren.[5] Aber in jüngster Zeit ist die Goldminenindustrie in Südafrika in eine so genannte 'Dämmerzone' gefallen, was unter anderem auf die unerschwinglichen Kosten und Zeit für die Inbetriebnahme einer neuen Mine zurückzuführen ist - es kann manchmal bis zu 15 Jahre dauern, bis die volle Produktion erreicht ist. Die Branche zieht nicht mehr wie bisher ausländische Investitionen an; Gold hat etwas von seinem 'Glanz' verloren und wird nicht mehr als 'Absicherung' gegen die Inflation angesehen. Die meisten Nationen gaben im 20. Jahrhundert den Goldstandard als Grundlage ihrer Geldsysteme auf, obwohl viele noch immer über beträchtliche Goldreserven verfügen; der Trend geht nun in Richtung der Industrievermögen.[6]

Als 1886 das wichtigste Goldriff von Witwatersrand entdeckt wurde, herrschte große Aufregung; es war wahrscheinlich die größte kapitalistische Einzelentwicklung, die in den letzten zwei Jahrzehnten des 19. Jahrhunderts außerhalb Europas und Nordamerikas stattfand. Die Entdeckung hatte globale Auswirkungen und sorgte für hektische (und oft unkluge) Spekulationen an den Börsen der Welt, insbesondere in London.[7]

Das goldhaltige Riff erwies sich als 300 Kilometer lang und hat die reichsten und tiefsten Goldminen der Welt hervorgebracht. Die Produktionsrekorde in den Driefontein-Minen wurden nie übertroffen, ebenso wenig wie die Tiefenwerte der Western Deep Levels-Mine und kürzlich der TauTona-Mine von AngloGold Ashanti, beide in der Nähe von Carletonville. Im Jahr 2008 erreichte TauTona eine Tiefe von 3,9 Kilometern. Es kann eine Stunde dauern, bis die Arbeiter in Aufzugskabinen mit einer Geschwindigkeit von 58 Kilometern pro Stunde die Felswand erreichen, und eine ausgeklügelte Klimatisierung ist erforderlich, da die Temperaturen bis zu 55 Grad Celsius erreichen können.

Südafrika ist auch reich an Halbedelsteinen und Basismetallen. Der Bushveld Komplex in Limpopo gilt wegen der Vielfalt der darin enthaltenen Basismetalle als eines der geologischen Weltwunder. Er erstreckt sich über eine Fläche von rund 66.000 Quadratkilometern (die Größe Irlands) und verfügt über die weltweit größten Vorkommen an Metallen der Platingruppe sowie über große Mengen an Eisen, in anderen Teilen der Welt seltenes Zinn, Kupfer und andere Basismetalle. In der Region um Aggeneys in der nördlichen Kapregion gibt es ebenfalls reiche Vorkommen an Silber und Basismetallen, insbesondere Blei, Zink und Kupfer. Bemerkenswert ist, dass Geologen sagen, dass es noch ein großes Potenzial für die Entdeckung weiterer Lagerstätten in Gebieten gibt, die noch nicht vollständig erforscht sind.

Der ehemalige Premierminister Südafrikas Jan Smuts sagte einmal einfach: 'Gott hat seine Taschen über diesen südlichen Kontinent geleert und auf unserem Land nicht nur Gold und andere Bodenschätze verstreut, sondern auch Schönheit und etwas, das den menschlichen Geist fasziniert.'[8]

Auch zwei der weltweit größten, vielseitigsten Minengesellschaften haben ihren Ursprung in Südafrika: BHP Billiton, das aus einer Fusion zwischen dem südafrikanischen Unternehmen Billiton und dem australischen Unternehmen BHP entstand, und Anglo American plc, das viele große Tochtergesellschaften wie Anglo American Platinum, Anglo Coal, Impala Platinum und Kumba Iron Ore besaß. Im Jahr 2016 durchlief

Anglo American eine umfassende Umstrukturierung seiner Geschäftsbereiche, veräußerte einen Teil seiner Vermögenswerte und reduzierte seine Investitionen auf Platin, Diamanten und Kupfer.[9] Im Mai 2015 wurde berichtet, dass die Regierung ein Team gebildet hatte, um die Möglichkeit einer Schiefergasentwicklung in Südafrika zu untersuchen und zu bewerten, was darauf hindeutet, dass auch Fracking Teil der Zukunft Südafrikas sein wird.

Es war die Mineralienrevolution, die zur Entwicklung der südafrikanischen Infrastruktur, ihrer Eisenbahnen und Häfen und einer kapitalintensiveren Landwirtschaft führte, um den wachsenden Märkten und den Bedürfnissen einer wachsenden Bevölkerung gerecht zu werden.

Diamanten

Kimberley

Die Geschichte der Diamanten beginnt 1867, als der Sohn eines Farmers einen interessanten Stein in der Nähe des Zusammenflusses der Flüsse Harts und Vaal in der Gegend von Hopetown fand. Er steckte ihn in die Tasche und benutzte ihn später bei einem Spiel mit fünf Steinen. Seine Mutter bemerkte sein ungewöhnliches Aussehen und bat einen Nachbarn, ihn sich anzusehen. Es stellte sich heraus, dass es sich um einen 21.25-Karat-Diamanten handelte, der später auf einen 10.73-Karat-Brillanten geschliffen wurde und als der Eureka-Diamant bezeichnet wurde, was soviel bedeutet wie 'Ich habe ihn gefunden'! Der Diamant war wahrscheinlich aus einem diamantführenden Vulkanrohr in der 126 Kilometer entfernten Gegend von Kimberley ausgestoßen und von einem der Flüsse heruntergespült worden.

Es heißt, dass das lokale Volk der Tswana seit Jahren von diesen Steinen wusste und dass sie sich nach dem Regen die Hände reichen und in einer Menschenkette mit niedergeschlagenen Augen nach ihnen suchen würden. Diamanten funkeln erst, wenn sie in Facetten (Flächen oder Seiten) geschnitten werden, aber im nassen Zustand reflektiert ihre opake Farbe das Sonnenlicht. Die Tswana sammelten die Steine für ihre traditionellen Heiler, die sie für Rituale verwendeten. Es ist möglich, dass in der Gegend um Hopetown und Kimberley noch viele Diamanten liegen.

Der reichlich diamantentragende Vulkanschlot in Kimberley wurde 1869 entdeckt, und nach weiteren Ausgrabungen entstand das 'Big Hole' von Kimberley. Weitere sechs diamantentragende Vulkanschlote waren in der Gegend zu entdecken. Das Big Hole befand sich auf einer Farm im Besitz der Brüder De Beer, die es 1860 für 50 Pfund gekauft hatten. 1867 verkauften sie die Farm für 6.000 Pfund und glaubten, ein Vermögen verdient zu haben. Innerhalb von 50 Jahren wurden auf dieser Farm Diamanten im Wert von 95 Millionen Pfund abgebaut. Eine der ersten Minengesellschaften, die dort von Cecil John Rhodes gegründet wurde, behielt den Namen 'De Beers' obwohl die Brüder nicht mehr die Besitzer waren und der Name mit südafrikanischen Diamanten gleichbedeutend wurde.

In seiner Blütezeit wurde das Big Hole bis zu einer Tiefe von 240 Metern ausgehoben. Es wurde mit Spitzhacken und Schaufeln gegraben und war damals das größte künstliche Loch der Welt. Im Laufe der Jahre hat es sich mit Schutt und Wasser gefüllt, so dass heute nur noch etwa 175 Meter des Lochs sichtbar sind. Die Mine stellte 1914 die Produktion ein. Experten sagen, dass wahrscheinlich mehr Diamanten im Vulkanrohr verblieben sind, als jemals entfernt wurden, aber sie liegen zu tief, um sie herauszuholen.

Der Abbau des Big Hole war gefährlich, und Kimberley war ein gefährlicher Ort - viele Menschen starben. Den Männern wurden die Mägen aufgeschlitzt und durchsucht, wenn sie im Verdacht standen, Diamanten gefunden und sie geschluckt zu haben, bis sie sicher entkommen konnten.[10] Kokopane sind kleine, etwa 2 Meter hohe Wagen, die auf Schienen laufen, und sie wurden zum Transport von Erz unter Tage verwendet. Neben dem Big Hole steht ein Kokopan mit einem Schild, auf dem steht: 'Wenn alle Diamanten, die aus den Minen geborgen wurden, zusammengetragen werden könnten, würden sie drei solcher Kokopane füllen.' Es erinnert eindringlich daran, welchen Wert die Menschen bestimmten Gegenständen beigemessen haben und welche Risiken sie eingegangen sind, um sie zu erreichen.

Als die diamantführenden Vulkanschlote in der Region Kimberley entdeckt wurden, gab es Kontroversen darüber, wem das Land gehörte, da viele Grenzen fast an diesem Punkt aufeinander trafen. Der Hof der Gebrüder De Beer lag zwischen den Flüssen, die die natürlichen Grenzen der Burenrepublik des Oranje-Freistaats bildeten. Die Buren im OFS glaubten, dass sie das Recht auf das Land hätten, aber es wurde auch von den Buren der Südafrikanischen Republik (Transvaal), dem Tlhaping (Tswana)-Chef Mahura und dem Griqua-Anführer Nikolaas Waterboer beansprucht.

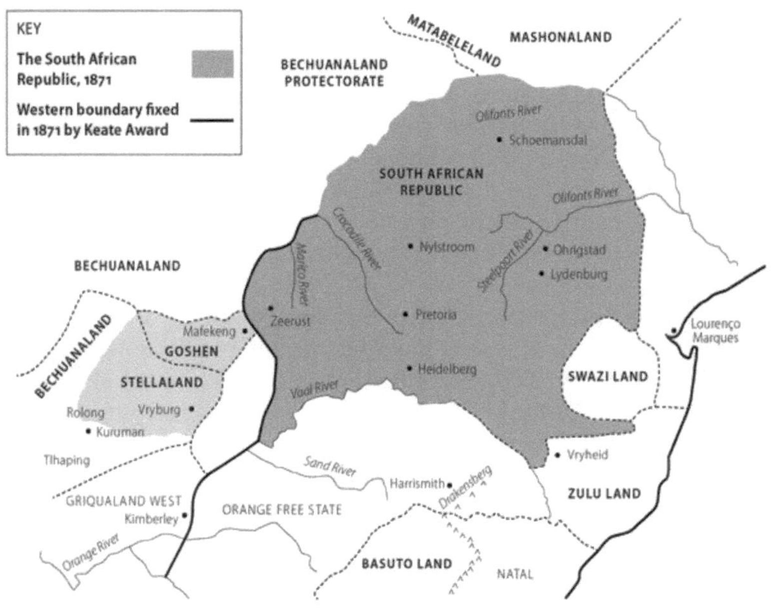

KARTE 16 Diamantgebiete und Konfliktgebiete, 1870-1890.

Das Volk der Griqua war in eine halbnomadische Existenz jenseits der Kapgrenzen gezwungen worden, aber mit missionarischer Unterstützung hatten sie zwei Siedlungen errichtet: Griquatown unter der Leitung der Familie Waterboer und Philippolis im südlichen Transorangia unter der Leitung von Adam Kok II. Im Diamantenstreit unterstützten die Briten die Ansprüche von Nikolaas Waterboer, obwohl ihre Motive zweifelhaft waren. Im Oktober 1871 wurde der britische Verwalter von Natal, Leutnant Robert Keate, zur Schlichtung herangezogen, und es wurde beschlossen, das Gebiet, angeblich zur Unterstützung der Griqua, unter dem Namen Kronkolonie Griqualand West zu annektieren[11]. Im Jahre 1880 wurde Griqualand West jedoch in die Grenzen der Kapkolonie eingegliedert.

Das OFS-Kontingent erhielt eine Entschädigung von £90.000, um seinen Antrag für die Diamantbereiche zurückzuziehen. Die Briten hatten das Gebiet auf Kosten der Griqua und aller anderen Konkurrenten übernommen. Das Gebiet wurde nach Lord Kimberley, dem britischen

Außenminister für die Kolonien, Kimberley genannt. Es wurde schnell zur zweitgrößten Stadt Südafrikas: nur Kapstadt war größer, und Johannesburg hatte sich noch nicht entwickelt.

Bis 1871 waren etwa 13.000 Weiße und 15.000 Schwarze über Kimberley gekommen, und in den 1880er Jahren lebten dort etwa 50.000 Menschen. Die Stadt wurde schnell angelegt, um die Nachfrage nach Häusern zu befriedigen, und es ist immer noch leicht, sich in Kimberleys verwinkelten Straßen zu verlaufen.

Kimberley ist in vielerlei Hinsicht eine Stadt der Ersten. Die ersten professionellen Krankenschwestern wurden in Kimberley ausgebildet, der erste Flugplatz in Afrika wurde dort eingerichtet und die ersten südafrikanischen Piloten wurden ausgebildet, um Paterson Doppeldecker[12] auf dem Flugplatz von Kimberley zu fliegen. Kimberley war auch die erste Stadt auf der Südhalbkugel mit einer elektrischen Straßenbeleuchtung - die Lichter von Kimberley gingen im September 1882 an.

Cecil John Rhodes

Cecil John Rhodes war maßgeblich an den Entwicklungen von Kimberley beteiligt. Er war als junger Mann kränklich und praktisch mittellos aus England nach Südafrika gekommen, und hatte zunächst als Arbeiter gearbeitet, auf einer Baumwollfarm in Natal Eimer geschleppt, und versuchte dann sein Glück als spekulativer Goldgräber in Kimberley. Er sagte später, dass diese Erfahrungen ihm die Würde der Arbeit lehrten, etwas, das er anderen vermitteln wollte. 1888 beschaffte Rhodes 1 Million Pfund von der Rothschild-Familie in London, was ihm ermöglichte, alle seine Konkurrenten in Kimberley aufzukaufen und De Beers Consolidated Mines zu gründen. Dies ermöglichte ihm und seinem Partner Charles Rudd die effektive Kontrolle über die Diamantenindustrie. Cecil Rhodes, Barnett Isaacs (besser bekannt als Barney Barnato), Lionel Phillips, Dale Lace und andere wie sie sollten die Grundlagen für eine moderne kapitalistische Entwicklung in Südafrika legen, aber das ging zu Lasten der alten Lebensweise und zerstörte sie.

Rhodes verdiente Geld mit Diamanten und dann in Johannesburg mit Gold, wo er 1887 die Firma Gold Fields of South Africa Ltd gründete, eine Firma, die über hundert Jahre alt werden sollte, bis sie 1998 mit einer anderen Minengesellschaft, Gencor, fusionierte.

Rhodes starb 1902 im Alter von 49 Jahren. Zu diesem Zeitpunkt war er schon ein vielfacher Millionär, aber die Geschichte wird erzählt, dass er noch mehr hätte machen können: 1886, beim ersten Ansturm auf die

Goldschürfrechte, war Rhodes in Johannesburg, verließ es aber in Eile, als er hörte, dass sein Sekretär Neville Pickering (der vermutlich sein Partner war) zuhause in Kimberley starb. Da in der Pferdekutsche kein Platz war, reiste Rhodes auf dem Dach der Kutsche, um schnell zu ihm zu gelangen.

Als junger Mann war Pickering aus Bulawayo in Rhodesien (heute Simbabwe) nach Kimberley gekommen, um sein Vermögen zu verdienen und eine junge Verlobte zu Hause zu lassen. Beide waren die Kinder von Missionaren. Nachdem er anfing, für Rhodes zu arbeiten, schwanden Pickerings Gegenbesuche in Bulawayo, und es wurde gemunkelt, dass er in einer homosexuellen Beziehung mit dem viel älteren Rhodes war. Als sie die Nachricht hörte, beging seine Verlobte Selbstmord. Eine Gedenktafel an einem kleinen Haus in Bulawayo erinnert an das Leben dieser jungen Frau, die auch das erste weiße Kind war, das in Rhodesien geboren wurde.[13]

Rhodes starb in seinem Haus in Kapstadt nach Atem ringend mit den Worten "So viel zu tun, so wenig Zeit." Es war seine Absicht gewesen, die britische Kontrolle vom Kap bis nach Kairo zu verbreiten und war bis zu den beiden Rhodesien (dem heutigen Sambia und Simbabwe) vorgedrungen, die jahrelang seinen Namen trugen. Es wurde immer angenommen, dass er an Lungenproblemen gelitten habe, aber moderne medizinische Erkenntnisse deuten darauf hin, dass seine Symptome gleichbedeutend waren mit dem, was allgemein als Herzloch bezeichnet wird[14] und heutzutage leicht korrigiert werden kann, meist im Säuglingsalter. Ein Teil von Rhodes' riesigem Vermögen wurde für Stipendien für junge Männer zum Studium in Oxford[15] eingesetzt, weil er der Meinung war, dass die britische Bildung die beste der Welt sei.

In den 1920er Jahren erwarb Sir Ernest Oppenheimer, der 1902 als Vertreter eines Londoner Diamantenunternehmens nach Südafrika gekommen war, die Mehrheitsbeteiligung an De Beers, das dann nicht mehr mit Rhodos verbunden war. Die beiden Männer haben sich nie getroffen. Im Jahr 2006 unterstützte De Beers die Sanierung des Big Hole und des umliegenden historischen Dorfes Kimberley. Ein Freilicht-museum und eine Miniatur-Diamantenstadt mit Geschäften, Häusern, Banken, einer Kirche, Tavernen und einer Boxakademie erinnern an die hektischen frühen Jahre. Der Eureka-Diamant - der erste Diamant Südafrikas, entdeckt von einem Bauernsohn - ist dort ebenfalls ausgestellt.

Am 2. Dezember 2015 wurde bekannt gegeben, dass De Beers seine Kimberley-Minen an ein von Ekapa Mining und Petra Diamonds kontrolliertes Konsortium verkauft habe, wodurch 127 Jahre De Beers-Bergbau in Kimberley beendet wurden.[16] Im Jahr 2014 wurden 722.000 Karat Diamanten aus Abraum (Abraumgestein) der Kimberley-Minen gewonnen, aber es gab seit den 90er Jahren keine neuen großen Entdeckungen in diesem Gebiet. Große Diamanten werden jedoch noch an anderer Stelle entdeckt: Im Januar 2014 wurde in der Cullinan-Mine bei Pretoria ein 12-karätiger Diamant von einzigartiger Farbe, Klarheit und Größe entdeckt, der den Namen "Blue Moon" bekam. Nach einer Ausstellungszeit wurde er für den Weltrekordpreis von 48,4 Millionen Dollar verkauft: Der Hongkonger Käufer erwarb ihn für seine siebenjährige Tochter und benannte ihn in "The Blue Moon of Josephine" um.

Für viele Menschen ist Cecil John Rhodes mit viel Schlechtem in Südafrika verbunden, insbesondere mit der Ausbeutung von schwarzen Arbeitskräften und der Reduzierung von Konzessionsmöglichkeiten für Schwarze. Die Briten hatten ein System eingeführt, das ein begrenztes Vorrecht auf der Grundlage von Immobilienbesitz erlaubte, aber als Rhodes 1891 Premierminister des Kaps wurde, hob er die Eigentumsqualifikationen für das Vorrecht von 25 £ auf 75 £ an, was die meisten Schwarzen und Farbigen praktisch entrechtete. Im April 2015 wurden an der University of Cape Town menschliche Exkremente über eine Statue von Rhodos geworfen, und die Statue wurde schließlich entfernt.

Gold

Pilgrim’s Rest

In den 1860er und 1870er Jahren lag das "Goldfieber" mit großen Mengen von Goldsuchern in der Luft, die nach alluvialem Gold im Sand und Kies von Flussbetten und Strömen in der Gegend des heutigen Sabie in Mpumalanga suchten. Die Geschichte geht davon aus, dass ein Goldsucher namens Alec Patterson, genannt "Schubkarren-Patterson", weil er seine kargen Habseligkeiten in einer Schubkarre mit sich herumtrug, von Sabie wegging, weil es zu überfüllt war, und Gold in einem Bach etwa 5 Kilometer entfernt in der Gegend fand, die als Pilgrim’s Rest bekannt wurde. Er versuchte seinen Fund geheim zu halten, aber es folgte ein Ansturm von Goldsuchern und weitere Lagerstätten wurden in den nahegelegenen Hügeln gefunden. Am 22. September 1873 wurde Pilgrim's Rest offiziell zum Goldfeld erklärt, und in weniger als einem Jahr steckten dort 1.500 Goldgräber 4.000 Claims ab. Pilgrim's Rest wurde zum wertvollsten Goldgräberprojekt der damaligen Zeit.

KARTE 17 Pilgrim's Rest, Südafrikas erstes ausbeutbares Goldgräbergebiet

Transportfahrer, die Ausrüstung und Vorräte von Lourenço Marques (heute Maputo) nach Pilgrim's Rest brachten, mussten durch das Löwengebiet im heutigen Skukuza-Gebiet des Krüger-Nationalparks fahren. Viele von ihnen haben es nie geschafft: Wildhüter, die Ausgrabungen im Krügerpark durchführen, stoßen immer noch auf die Knochen einiger dieser frühen Transportfahrer und ihrer Ochsen, einige noch mit verrosteten Gurten um den Hals.

Einer der Transportfahrer war Percy FitzPatrick (1862-1931), der gefeierte Autor von Jock of the Bushveld, einem Buch über seine

Abenteuer als Transportfahrer nach Pilgrim's Rest mit seinem treuen Hund Jock, einem Staffordshire Bull Terrier. Das Buch wurde 1907 veröffentlicht und wurde zu einem der bis heute beliebten Kinderklassiker.[17] FitzPatrick kam als Sohn irischer Eltern in King William's Town im heutigen Ostkap zur Welt, zog aber während seiner vielfältigen Karriere durch das ganze Land. Er brachte wilde Tiere von seinen Jagdreisen zurück, um den heutigen Johannesburger Zoo zu eröffnen, und half beim Aufbau des Zitrusanbaus in Südafrika. Er wurde auch zu einem führenden Minenfinanzierer und Politiker in Johannesburg und Pretoria und unterstützte britische Interessen in Südafrika, insbesondere in der Zeit des Burenkriegs. FitzPatrick wurde für seine Verdienste um die Krone zum Ritter geschlagen und wurde 1902 zu Sir Percy FitzPatrick, bevor er seine berühmte Geschichte schrieb. Sein Name bleibt gleichbedeutend mit Pilgrim's Rest.

Die ganze Stadt Pilgrim's Rest wurde 1986 zum Nationaldenkmal erklärt, und noch heute wird dort Bergbau betrieben. Ein Bach fließt durch ihn hindurch und Besucher können ihn entlang an den Felsbrocken vorbeigehen, die vor langer Zeit aus dem Bach gehoben wurden, um zu sehen, ob darunter Goldnuggets eingeschlossen waren. Geschäfte und Unterkünfte wurden restauriert, und die kleine Stadt fängt den Geist einer vergangenen Epoche ein.

Der Friedhof von Pilgrim's Rest ist wahrscheinlich der meistbesuchte Friedhof Südafrikas, wahrscheinlich weil er direkt am Rande des Dorfes liegt und die Menschen ihn leicht zu Fuß erreichen können. Viele der Gräber gehören jungen Männern, die an Fieber starben. Die Gräber befinden sich über dem Boden, weil der Boden zu felsig ist, um nach unten zu graben, und sie alle sind gleich ausgerichtet, außer einem: dem "Räubergrab". Es wird gesagt, dass er senkrecht zu den anderen begraben wurde, damit er die aufgehende Sonne nicht sehen konnte.

Barberton und der Witwatersrand

1884 wurde Quarz-Gold in Barberton in Mpumalanga entdeckt, und 1886 stolperte ein australischer Außenseiter namens George Harrison über eine Aufschüttung von Konglomeratgold auf einer Farm, Langlaagte, die heute ein Vorort von Johannesburg ist. Harrison erkannte das Potenzial dieser Aufschüttung, da er in Australien etwas Ähnliches gesehen hatte. Er war tatsächlich über das Goldriff Witwatersrand gestolpert. Als er Gesteinsproben zum Testen schickte, sagte er offenbar: "Ich glaube, ich habe ein passendes Goldfeld gefunden". Er lag nicht falsch: Es war die Entdeckung, die die Goldminenindustrie im Transvaal ernsthaft in Gang setzte. Kurze Zeit später verkaufte George Harrison den Claim ihres Entdeckers für eine kleine Gebühr, die angeblich etwa £10 betrug, und verschwand aus der Geschichte. Über ihn ist nichts weiter bekannt.

KARTE 18 Mineralreiche Gebiete in Südafrika.

SCHLÜSSEL

Bushveld Igneous Complex: Dieses Gebiet ist reich an Platingruppenmetallen - Platin, Palladium, Osmium, Indium, Rhodium und Ruthenium - sowie Eisen, Zinn, Chrom, Titan und Vanadium.
Springbock, Aggeneys, Pofadder und Umgebung: Diese Gebiete haben reiche Vorkommen an Kupfer, Zink, Blei und Silber. Sie liegen auch in der Nähe der berühmten Namaqualand Wildblumenreservate, die in der Frühlingssaison von August bis September Besucher anziehen.

Im Jahr 1886 lebten wahrscheinlich etwa 3.000 Menschen in und um Johannesburg. Das Gebiet war bisher wenig besiedelt, da es nicht als gutes Ackerland galt. Innerhalb von zehn Jahren, als 1896 eine offizielle Volkszählung durchgeführt wurde, lebten dort 100.000 Menschen.[18] Innerhalb eines Jahrhunderts wurde Johannesburg viermal wieder aufgebaut. Zuerst war es ein Zeltlager, dann eine Stadt aus Blechbaracken, dann vierstöckige Edwardian-Ziegelgebäude, dann eine Stadt der modernen Wolkenkratzer.[19]

Die Menschen kamen von überall her nach Johannesburg: Großbritannien, Deutschland, Frankreich, Australien, den Vereinigten Staaten, Russland, Litauen, Polen, Ungarn und den Niederlanden sowie aus anderen Teilen Südafrikas. Die größte Immigrantengruppe waren die Engländer. Zwischen 1895 und 1898 kamen insgesamt 86.000 britische Staatsbürger nach Südafrika, was Südafrika zu Großbritanniens zweitbeliebtestem Auswanderungshafen (nach den Vereinigten Staaten) dieser Zeit machte. Der Historiker Charles van Onselen erklärte, dass seine Forschungen über das frühe Johannesburg ihm gezeigt hätten, wie mobil gewöhnliche Männer und Frauen im späten 19. Jahrhundert waren und wie sie sich an radikal unterschiedliche Welten anpassten. Die Einwanderer aus dem ländlichen Irland und dem industrialisierten England sind ein Beispiel dafür, dass sie sich unter sehr unterschiedlichen Umständen am Fuß Afrikas befanden.[20]

Die Ankunft asiatischer Einwanderer und Mohandas Gandhi

Die Mineralfunde stimulierten auch die Ankunft von mehr Menschen aus Asien. In den 50 Jahren zwischen 1860 und 1911 wurden über 150.000 Inder nach Südafrika gebracht, um als vertraglich gebundene Arbeiter auf den Zuckerplantagen in Natal zu arbeiten.[21] Inder waren im 17. Jahrhundert erstmals von den VOC als Sklaven nach Südafrika gebracht worden. Nach 1849 waren nur noch wenige Arbeiter als Vertragsarbeiter für die Arbeit auf den Natal-Zuckerfarmen eingestellt worden, weil man glaubte, dass Inder für Plantagenarbeiten besser geeignet seien als Schwarze. Die Praxis, Inder als Vertragsarbeiter einzuführen, beschleunigte sich nach den Mineralfunden, und die indischen Arbeiter stimulierten die Zuckerproduktion so sehr, dass sie zum Hauptartikel der Volkswirtschaft von Natal wurde. Den Indern wurden Fünfjahresverträge gewährt, an deren Ende sie nach Indien zurückkehren konnten, aber mindestens 50% entschieden sich trotz der harten Bedingungen für einen Aufenthalt. Viele wurden auch zu informellen Händlern und nutzten die Möglichkeiten, welche die Mineralfunde und die wachsende Bevölkerung boten.

Im Jahr 1904, kurz nach dem südafrikanischen (anglo-burischen) Krieg (1899-1902), kamen 60.000 chinesische Männer nach Südafrika. Die Goldminen hatten während des Krieges geschlossen, und während dieser Zeit waren viele schwarze Arbeiter in ihre ländliche Heimat zurückgekehrt. Sie zögerten, zurückzukommen, falls der Kampf wieder beginnen würde. Die Transvaal-Regierung verhandelte mit der chinesischen Regierung über Arbeitskräfte, die aus den ärmeren nördlichen Regionen Chinas stammten. Die Arbeiter halfen der Bergbauindustrie beim Aufschwung. Obwohl die meisten 1908 auf Druck der Gewerkschaften der weißen Minenarbeiter zurückgeschickt wurden, blieben einige da.

Indische und chinesische Menschen mussten getrennt von Weißen leben, und sie sahen sich der gleichen Art von Diskriminierung ausgesetzt wie Schwarze. Das Gleiche gilt für den berühmten indischen Anwalt Mohandas Gandhi, als er 1893 im Alter von 24 Jahren nach Südafrika kam, um als gesetzlicher Vertreter für indische Händler mit Sitz in Pretoria zu arbeiten. Gandhi wurde in Pietermaritzburg aus einem Zug geworfen, weil er sich geweigert hatte, ein für Weiße reservierten Wagen erster Klasse zu verlassen; er wurde auch von mehreren Hotels ausgeschlossen und sogar von einem Richter vor einem Gericht in Durban angewiesen, seinen Turban zu entfernen, was er nicht tat.

Diese Ereignisse waren ein Wendepunkt in Gandhis Leben und machten ihn auf soziale Ungerechtigkeit aufmerksam, eine Sache, der er für den Rest seines Lebens mit gewaltfreien Mitteln widerstehen würde. Seine Strategie des gewaltfreien Widerstands wurde als Satyagraha bekannt, und sie hat Volkskämpfe auf der ganzen Welt inspiriert.[22] Seine eigenen Bemühungen konzentrierten sich sowohl auf die Verbesserung der Rechte der Inder in Südafrika als auch auf die Führung der Unabhängigkeitsbewegung (von Großbritannien) in Indien. Obwohl er die Politik der Diskriminierung in Südafrika beklagte, ermutigte er interessanterweise dennoch mehr Inder, hierher zu kommen.

Gandhis Erfahrungen in Südafrika prägten auch seine religiösen Ansichten. Gandhis religiöser Hintergrund war gemischt: Sein Vater war Hindu und seine Mutter stammte aus einer Pranami-Vaishnava-Tradition (beide Hindi-Sekten). Während der 21 Jahre, die er in Südafrika verbrachte, gehörten sowohl wohlhabende muslimische Geschäftsleute als auch verarmte hinduistische Zwangsarbeiter zu seinen Kunden. Er betrachtete sie alle als Inder, unabhängig von der Kaste, und sagte später, dass seine Erfahrungen in Südafrika ihm geholfen hätten, die soziale Komplexität Indiens zu verstehen.

Johannesburgs frühe Bewohner

Johannesburg zog eine kosmopolitische Mischung aus Abenteurern und Risikofreunden an, Menschen, die trotz der Probleme bereit waren, für die Minenindustrie zu arbeiten und in sie zu investieren. Die Menschen, die nach Johannesburg kamen, unterschieden sich deutlich von denen in Pretoria, dem nur etwa 50 Kilometer entfernten, konservativeren Regierungssitz - Johannesburg hatte (und hat möglicherweise auch heute noch) wahrscheinlich mehr als seinen Anteil an dem, was Soziologen eine Persönlichkeit vom Typ "A" nennen.[23]

Historiker haben das "Judentum" der frühen Bergbauindustrie kommentiert, insbesondere unter ihren erfolgreichen Namen: Alfred Beit, George Albu, Lionel Phillips, Barney Barnato, Solly Joel und Sir Ernest Oppenheimer waren alle Juden. Es gab auch eine Reihe von jüdischen Osteuropäern, die zu Unternehmern im Goldbergbau wurden. Der Ungar Alois Nellmapius beispielsweise befreundete sich mit Präsident Paul Kruger an und bekam eine Konzession für den Betrieb einer Pferdebahn in und um Johannesburg, und Sammy Marks erhielt die Konzession für die Errichtung einer Fabrik in der Nähe von Pretoria, um aus dem überschüssigen Getreide der Burenbauern Schnaps herzustellen.[24] Van Onselen schätzt, dass es 1898 in Johannesburg etwa 7000 Juden aus Litauen, Russland und Polen gab[25], von denen viele selbst reich wurden.

Als die Stadt Johannesburg angelegt wurde, wurden im Osten Vororte für die Reichen (Doornfontein und Parktown) und im Westen für die ärmeren Weißen (Fordsburg und Vrededorp) eingeteilt. Dies war eine bewusste Umkehrung der Situation in London, wo die Reichen im berühmten West End lebten und die ärmeren Menschen aus dem East End kamen, um das Stigma zu vermeiden, das anscheinend an Menschen wie Minenbesitzer Barney Barnato klebte, der von der Londoner East Side kam.

Die Minenbesitzer wurden die "Randlords" genannt, weil sie versuchten, den Lebensstil der Reichen in Großbritannien nachzuahmen und zu pflegen. Die Hausherren und ihre Frauen lebten ursprünglich in Doornfontein auf der Ostseite der Innenstadt von Johannesburg, begannen sich aber allmählich in Richtung des heutigen Parktown zu bewegen, weg vom Staub der Minenhalden. Sie bauten Herrenhäuser, von denen einige noch heute stehen. Die Häuser wurden komplett mit Rollrasen und Stallungen für die Pferde nach dem Vorbild ähnlicher Herrenhäuser in England und anderen Teilen Europas gebaut, auch wenn sie nach Süden statt nach Norden ausgerichtet waren, was dem lokalen Klima besser entsprochen hätte. Bemerkenswert unter diesen Villen sind Northwards, Villa Arcadia und The View.

Die erste von ihnen, Hohenheim (deutsch: Heim auf dem Hügel), die zwischen 1892 und 1894 für Lionel Phillips und seine Frau Florence gebaut wurde, wurde 1972 abgerissen, um Platz für das Allgemeine Krankenhaus von Johannesburg zu schaffen. Als Phillips nach England zurückkehrte, wurde interessanterweise das Haus von Percy Fitzpatrick von Jock of the Bushveld gekauft.

Während die meisten Schwarzen als Wanderarbeiter für die Minen kamen, kamen einige, um Hausarbeit zu verrichten oder Wäscheservices im Braamfontein Spruit anzubieten. Am East Rand (östlich von Johannesburg) gründeten einige früher ländliche schwarze Frauen, die ihren Männern zu den Minen gefolgt waren, lukrative, aber illegale Bierbrauereien, um ihr Einkommen zu erhöhen. Da Frauen nicht mit ihren Männern in den Minensiedlungen leben durften, lebten sie, wo immer sie konnten - auch in Slums in Hinterhöfen oder am Stadtrand.

Während Lord Milners Verwaltung des Transvaal im Jahr 1902 wurde beschlossen, weiße Mädchen für die Hausarbeit zu importieren, um schwarze männliche "Houseboys" für die Arbeit in den Minen freizusetzen. Irische Mädchen waren besonders gefragt, weil sie im Allgemeinen stärker und weniger anfällig für Krankheiten waren als die schottischen oder englischen Mädchen.[26] In einem Fall kam eine Schiffsladung junger weißer Frauen aus Irland als Dienstmädchen, um für die Frauen der Randlords zu arbeiten. Einige der irischen Frauen, die sich von Menschen derselben Klasse angezogen fühlten, begannen Beziehungen zu den schwarzen Männern, die für die Arbeit in den Ställen der Villen eingesetzt wurden - zu dieser Zeit eine unerwartete Wendung der Ereignisse in Südafrika.

Eine Reihe von afrikanischen Farmern sahen in der frühen Johannesburger Zeit ebenfalls Möglichkeiten, Transportunternehmen zu gründen, um die Männer und Ausrüstung in ihren Ochsen- oder Pferdekutschen durch die Minen zu transportieren und Ziegel herzustellen, die sie in der Sonne gebacken hatten. Sie verfügten nicht über die technologischen Fähigkeiten, die die Minen benötigten, aber sie konnten ihre Kenntnisse aus der Landwirtschaft im städtischen Umfeld einsetzen. Sie lebten in den Vororten Vrededorp und Fordsburg.

Unvermeidlich gab es in einem Bergbaugebiet, in dem der größte Teil der Bevölkerung männlich war, auch die Prostituierten. Zwischen 1892 und 1894 kamen die Prostituierten Johannesburgs hauptsächlich aus der Kapkolonie, aber nachdem 1895 eine Eisenbahnverbindung von Lourenço Marques nach Johannesburg eingerichtet wurde, kamen auch Frauen aus anderen Ländern, insbesondere aus Frankreich, Deutschland, Belgien, den Vereinigten Staaten und Russland, nach Johannesburg. Die Zahl der französischsprachigen Frauen, die sich an der Prostitution beteiligen, war so groß, dass Zeitungsreporter begannen, einen Block in der Innenstadt von Johannesburg früh als "Frenchfontein" zu bezeichnen. Einige dieser französischsprachigen Frauen hatten in Frankreich auf den Weinbergen gearbeitet, bis sie aufgrund von Ernteausfällen gezwungen waren, neue Arbeitsplätze zu suchen. Sie kamen mit dem Schiff entlang der Ostküste Afrikas, landeten in Lourenço Marques und reisten dann mit dem Zug nach Johannesburg. Van Onselen beschreibt, wie Frauen von den Türen, Fenstern und Veranden bunt gestrichener Häuser in Frenchfontein aus - in verschiedenen Stufen von Entblößung – den vorbeikommenden Männern Kosenamen und Einladungen zuriefen'.[27]

Der Vergnügungsort Gold Reef City südlich von Johannesburg auf dem Gelände der alten Crown Mines versuchte, das frühe Johannesburg mit Modellen im Stil des viktorianischen England nachzubilden: stilvolle Männer in förmlichen Anzügen und elegante Damen mit langen Kleidern und Hüten mit Straußenfedern. Van Onselen zeigte, dass dies für die Reichen zwar zutraf, für die Mehrheit aber kaum der Fall war. Es war fast unmöglich, dem frühen Johannesburg ein Halsband anzulegen, um es respektabel zu machen.[28] Männer aller Couleur und Kulturen übertrafen die Frauen zahlenmäßig zehn zu eins,[29] und es war ein rauer Ort.

In einem Brief vom 13. November 1898 beschrieb der Autor Olive Schreiner Johannesburg als "eine große teuflische Hölle einer Stadt, die in zehn Jahren entstanden ist.... eine Stadt voller Glanz und Gold und Bosheit, Palästen, Bordellen und Spielhallen".[30] Schreiner war "erstaunt" über das, was dort geschah. Tatsächlich versammelte sich Johannesburg zu Beginn eine unvermeidliche Unterwelt von Gangstern und Kriminellen. Einer der Schlimmsten war der berüchtigte Erpresser und Psychopath Joseph Silver (obwohl er mehrere Namen benutzte) - ein Mann, der auf der ganzen Welt operiert hatte und vielleicht sogar der Serienmörder Jack the Ripper war.[31]

Wirtschaftliche Überlegungen: das Arbeitsmarktsystem der Zuwanderer

Ende des 19. Jahrhunderts war der Witwatersrand der weltweit größte Einzelproduzent von Gold,[32] mit Minen, die ein Viertel des neu abgebauten Goldes der Welt produzierten. Bereits 1820 hatte die britische Regierung den Goldstandard übernommen, was bedeutete, dass die britische Währung durch Goldreserven gestützt wurde. Andere Handelsländer, darunter Südafrika, folgten allmählich, und Ende des 19. Jahrhunderts war der Goldstandard fast, aber nicht ganz universell.[33] Dies bedeutete, dass der Goldpreis international festgelegt wurde, und das ist immer noch der Fall[34] - im Gegensatz zum Diamantenpreis, der je nach Angebot und Nachfrage schwankt. Der feste Goldpreis hatte wichtige Auswirkungen auf die Bergbauindustrie: wenn das Erz minderwertig war oder eine Mine Probleme hatte, konnte der Goldpreis nicht kompensiert werden. Die Minenbesitzer griffen daher auf kostensenkende Methoden zurück, was zur Ausbeutung von Arbeitskräften - insbesondere der gefährdeten schwarzen Arbeiter - führte.

In den Minen von Kimberley und Johannesburg gab es Probleme bei der Ausbeutung. In Kimberley war in den Tagen vor den Röntgensortiermaschinen die Verwertung unregelmäßig und der Abbau im Big Hole gefährlich, da nur primitive Seile und Schleppgeräte verwendet wurden. Im Falle von Gold waren die Minen reich an Umfang, aber arm an Ertrag: die eigentliche Goldnaht ist dünn, und eine enorme Menge an Erz muss abgebaut werden, um eine kleine Menge Gold zu gewinnen (manchmal etwa 2 Tonnen Erz für nur 21 Gramm Gold). Das goldhaltige Erz liegt ebenfalls tief, was das Problem der Belüftung aufwirft. Im Witwatersrand ist das Erz in pyritisches Gestein eingebettet, das als hart und nicht leicht nachgiebig gilt.

Die Minen waren daher kapitalintensiv. Kleinere Claimberechtigte verloren schnell an Wert und Unternehmen mit hohem Kapitalanteil übernahmen. Die Aktien dieser Unternehmen wurden an den Börsen der Welt gehandelt und zogen französisches, deutsches, britisches und amerikanisches Investitionskapital an. So wurde beispielsweise das Unternehmen Wernher-Beit von den Deutschen Julius Wernher und Alfred Beit gegründet, aber die meisten seiner Aktionäre waren Franzosen. 1893 hatte die Robinson Deep Mine südlich von Johannesburg 2.055 Aktionäre, von denen 913 Franzosen waren.[35] Während ausländische Investitionen den wirtschaftlichen Erfolg der

Bergbauindustrie sicherlich beschleunigten, standen die Unternehmensleiter ständig unter Druck, Gewinne zu erzielen und ihre Aktionäre zufrieden zu stellen.

Geräte und Fachkräfte mussten importiert werden und deren Löhne mussten hoch genug sein, um geeignete Kräfte anzuziehen, so dass höhere Kosten nicht vermieden werden konnten. Die frühen, technologiearmen Minen benötigten auch eine große Anzahl von Handarbeitern, und so konnten die Minenbesitzer dort ihre Kosten senken. In einer durchschnittlichen Goldmine im Jahr 1897 wurde an einen schwarzen Arbeiter, der als "ungelernt" eingestuft wurde, monatlich £2 bis £3 bezahlt, im Gegensatz zu £18 bis £22, die an den "qualifizierten" weißen Arbeiter bezahlt wurde.[36]

Einzelne schwarze Männer aus den ländlichen Gebieten konnten als Wanderarbeiter in die Minen kommen und billig in Wohngebieten untergebracht werden, ohne dass die Minen für ganze Familien sorgen müssen. Gruppenunterbringungen boten auch ein effektives Mittel zur Kontrolle der Belegschaft: so konnten bei Problemen leicht umgangen werden. Es gab in der Regel getrennte Unterbringungen für verschiedene Stammesgruppen, was bedeutete, dass ethnische Unterschiede aufrechterhalten werden konnten und es unwahrscheinlich war, dass die Arbeiter eine gemeinsame Opposition gegen das Management bilden würden. Dieses System begann in Kimberley und breitete sich bald auf den Witwatersrand aus.

Die Bedingungen in den Unterbringungen waren unterschiedlich, aber im Allgemeinen erschreckend. Durch die unmittelbare Nachbarschaft von Männern verbreiteten sich Grippe, Lungenentzündung, Tuberkulose und andere Atemwegs- und Infektionskrankheiten. Die gefürchtetste Bergarbeiterkrankheit war die Silikose oder Phthyse, bei der die Lungen eines Bergarbeiters durch Staub aus dem Untergrund verstopft werden. Es wurde allgemein als "der weiße Tod" bezeichnet, weil es damals so schien, als ob es hauptsächlich Weiße beträfe. Die Historikerin Elaine Katz hat gezeigt, dass die schwarzen Bergleute die Krankheit zwar bekamen, diese aber manchmal besser verlief, weil sie nach jedem Vertrag in ihre ländliche Heimat zurückgekehren konnten, wo sie saubere Luft atmeten. Es ist nicht bekannt, wie viele schwarze Männer tatsächlich an Silikose gestorben sind, da in den ersten Jahren der Bergbauindustrie keine korrekten Aufzeichnungen für Schwarze aufbewahrt wurden;[37] es wurde auch nie untersucht, warum einige Männer nicht für zweite Verträge zurückkehrten. Dies kann auch daran gelegen haben, dass sie zu krank oder der Krankheit erlegen waren.

Viele Minenbesitzer hatten das Ohr der Politiker am Kap oder waren selbst in der Politik und hatten so die Möglichkeit, die Politik gegenüber bestimmten Interessen zu beeinflussen: Cecil Rhodes zum Beispiel wurde 1891 Premierminister des Kaps, und Lionel Phillips wurde 1892 Parlamentsabgeordneter und Präsident der Bergbaukammer. Sie waren einflussreich bei der Verabschiedung von Gesetzen, die den Schwarzen, die in Gehöften in ländlichen Gebieten leben, Steuern auferlegten und sie zwangen, in die Minen zu gehen, um das Geld zu verdienen, um sie zu bezahlen. Dadurch wurde eine gleichmäßige und regelmäßige Versorgung mit Arbeitskräften gewährleistet. In einem finsteren Vorgeschmack auf die Apartheidpolitik wurde auch die Bewegung der Schwarzen mit Hilfe von Pässen kontrolliert, was sie zwang, in die Gebiete zu gehen, in denen ihre Arbeitskräfte gebraucht wurden.

Die meisten Wanderarbeiter gingen aus wirtschaftlicher Not in die Minen. Ein Mann, sagte vor einer Kommission aus: "Ich bin während des Fiebers an der Ostküste (Red Water)[38] von der Schule weggelaufen und bin Analphabet. Ich war verheiratet, bevor ich in die Minen ging. Der älteste Bruder meines Vaters bezahlte den ersten Brautpreis, sieben Stück Vieh. Das war nicht das Ende. Ich musste neun weitere bezahlen. Die Dinge waren hart, also ging ich 12 Mal in die Minen und hörte auf, bevor ich alt war. Ich hatte eine zweite Frau, als ich fertig war. Ich kaufte Vieh und Kleidung.'[39]

Junge Männer gingen manchmal in die Minen, weil das Geld, das sie in "Egoli" (Johannesburg, die "Stadt des Goldes") und Kimberley verdient hatten, ihnen zu Hause Status gab. Für andere bot die Minenarbeit die Möglichkeit, Geld für bestimmte Zwecke zu verdienen. Der Pedi-König (Nord-Sotho) Sekhukhune, der zwischen 1861 und 1882 im Gebiet des heutigen Mpumalanga regierte, schickte in den frühen 1870er Jahren ganze Regimenter von Männern nach Kimberley, um Geld für Waffen zu verdienen. Zur Sicherheit reisten die Männer in Regimentern von etwa 200 Mann auf einmal. Ein Vertrag von vier bis acht Monaten reichte in der Regel aus, um auf dem Heimweg bei Händlern eine Waffe zu kaufen. Der Hlubi-Chef Langalibalele (im heutigen KwaZulu-Natal) tat dasselbe. Es war die Aufforderung des örtlichen Magistrats, seine Waffen abzugeben, die 1873 die Langalibalele-Rebellion auslöste.

Normalerweise waren es die gesunden jungen Männer, die in Kimberley und Johannesburg zur Arbeit gingen, und so dünnten die ländlichen Gebiete immer mehr aus.[40] Frauen und alte Männer mussten so gut sie konnten die Landwirtschaft betreiben, und Kinder wuchsen ohne Väter auf. Im Gegensatz zu anderen Industriegesellschaften, in denen Arbeitsmigration ein vorübergehender Übergang vom ländlichen zum städtischen Leben ist, besteht das Arbeitsmarktsystem in Südafrika auch heute noch, wobei viele Männer noch immer in Wohnanlagen oder Hostels leben.

Gewerkschaften

In den ersten Jahren des Bergbaus durften schwarze und farbige Arbeiter keine Gewerkschaften gründen, um über bessere Bedingungen zu verhandeln. Erst 1982 wurde die National Union of Mine Workers (NUM) für Schwarzminenarbeiter unter der Leitung von Cyril Ramaphosa gegründet, und andere Gewerkschaften folgten.

In den Tagen der frühen Minen hatten jedoch Handwerker aus Großbritannien die Möglichkeit gehabt. Ideen von Gewerkschaften mit ihnen, und Weißarbeiter gründeten schnell Gewerkschaften, um ihre privilegierten Positionen vor einer Unterschreitung zu schützen. Der militante Unionismus trug zu den Problemen der frühen Minenbesitzer bei, weil die Weißen darauf bestanden, eine Politik der Stellenreservierung durchzuführen und den Widerstand gegen Versuche, Arbeitsplätze zu "de-qualifizieren", zu ermöglichen. Teile davon werden billiger von Schwarzen gemacht. Durch den Druck und Streikandrohungen der Gewerkschaften, der "Jobreservierung" oder der "Jobfarbe". bar', die bestimmte Arbeitsplätze für Weiße reservierte, wurde bereits 1893 eingeführt. und dauerte lange, nachdem es im Interesse der Mine gewesen wäre. Eigentümer, um es zu beseitigen.[41] Der Staat unterstützte auch bei den Arbeitsplatzbeschränkungen. Der Bergbauingenieur AJ Klimke reservierte zwei große Berufsgruppen für Weiße: Schleppen und Sprengen. Letzteres erforderte den Einsatz von Dynamit, und Klimke behauptet, dass die Beschränkung aus Sicherheitsgründen erfolgte - die Folge davon war. da Schwarze nicht mit Arbeitsplätzen vertraut werden konnten, bei denen es um Sicherheit ging.[42]

In den Tagen der ersten Minen hatten Handwerker aus Großbritannien jedoch die Ideen von Gewerkschaften mitgebracht, und weiße Arbeiter gründeten schnell Gewerkschaften, um ihre privilegierten Positionen vor Unterbietungen zu schützen. Der militante Unionismus trug zu den Problemen der frühen Minenbesitzer bei, weil die Weißen auf einer Politik der Jobreservierung bestanden und sich gegen Versuche wehrten, Arbeitsplätze zu entqualifizieren, damit Teile von ihnen von Schwarzen billiger erledigt werden könnten. Unter dem Druck und der Androhung von Streiks durch die Gewerkschaften gab es bereits 1893 eine "Jobreservierung" oder die "Job-Farbleiste", die bestimmte Arbeitsplätze für Weiße reservierte, die noch lange nachdem ihre Abschaffung im Interesse der Minenbesitzer gelegen hätte, fortgesetzt wurde.[41] Der Staat unterstützte auch bei Arbeitsplatzbeschränkungen. Der staatliche Bergbauingenieur AJ Klimke reservierte für Weiße zwei große Berufsgruppen: Transport und Sprengung. Letzteres erforderte die Verwendung von Dynamit, und Klimke behauptete, dass die Einschränkung aus Sicherheitsgründen erfolgte - mit der Folge, dass Schwarzen keine Arbeitsplätze anvertraut werden konnten, bei denen es um Sicherheit ging.[42]

Die Krüger-Regierung

Die Diamantenfelder lagen in der britischen Kolonie Cape, aber das Gold gab es in der Burenrepublik Transvaal, die damals vom Präsidenten Paul Kruger geleitet wurde. Die Regierung von Paul Kruger wurde konservativ geführt, wobei die Interessen der Buren im Mittelpunkt standen. Als Präsident war Kruger besorgt über das Tempo der Entwicklung und die steigenden Anforderungen der überwiegend britischen Minenbesitzer, nachdem in seinem Land Gold entdeckt worden war. Er war entschlossen, dass seine Buren nicht verlieren sollten, aber die Maßnahmen, die er ergriff, frustrierten die Minenbesitzer, die der Meinung waren, dass seine im Wesentlichen landwirtschaftliche Regierung nicht mit den Anforderungen einer sich entwickelnden Goldminenindustrie zurecht kam und deren Erfolg behinderte.

Krügers Taktik war recht raffiniert: er widersetzte sich der Einführung von elektrischen Straßenbahnen, die den Transport in Johannesburg erleichtert hätten, weil seine Buren die Transportdienste mit Pferde- und Ochsenwagen übernahmen. Er gab auch Konzessionen an Begünstigte aus und führte Schutzzölle ein, um die Minenbesitzer daran zu hindern, Waren zu importieren, die vor Ort hergestellt werden konnten: ein großes Problem war das Dynamit, das für die Sprengung unerlässlich war und billiger hätte importiert werden können. Krüger wurde auch kritisiert, weil es ihm nicht gelang, die Infrastruktur bereitzustellen, um das Arbeitsmarktsystem der Migranten zu überwachen und die Desertion von den Minen zu verhindern. Die Beschwerden der Minenbesitzer, insbesondere in Bezug auf die Regierungsführung von Krüger, trugen zum Ausbruch des südafrikanischen (zweiten Anglo-Buren-) Krieges im Jahr 1899 bei.

Britische imperialistische Ambitionen

Die letzten drei Jahrzehnte des 19. Jahrhunderts waren eine Zeit beispielloser Veränderungen in Südafrika. Nur wenige Führer der damaligen Zeit verstanden die vielfältigen Bedürfnisse einer sich schnell industrialisierenden Gesellschaft oder konnten zufriedenstellende Lösungen anbieten. Lokale Probleme eskalierten vor dem sehr realen Hintergrund der britischen imperialistischen Ambitionen. Nach dem Präzedenzfall der Kanadischen Konföderation im Jahr 1867 begann Großbritannien ähnliche Vorstellungen von einer Konföderation oder Föderation in Südafrika zu entwickeln. Dies würde bedeuten, die britischen Kolonien Cape und Natal, die Burenrepubliken Transvaal und den Oranje-Freistaat sowie die verschiedenen afrikanischen Häuptlinge in einer Union unter der britischen Krone zusammenzuführen.

Vor der Entdeckung von Diamanten und Gold war Südafrika nicht als ein großer Gewinn angesehen worden, aber nach der Entdeckung von Diamanten Mitte der 1870er Jahre begann sich die Einstellung Großbritanniens gegenüber Südafrika zu ändern. Obwohl das wichtigste Witwatersrand-Goldriff erst Mitte der 1880er Jahre entdeckt werden sollte, war das Goldfieber ein Jahrzehnt zuvor durch sporadische Goldfunde im von den Buren verwalteten östlichen Transvaal angefacht worden. Als sich herausstellte, dass es in Südafrika Bodenschätze gab, begannen die Briten, eine engere Union ins Auge zu fassen - eine Union, die einfacher zu verwalten wäre und die erhebliche strategische und wirtschaftliche Auswirkungen auf das Imperium haben würde.

Die Buren mussten überredet werden, Teil einer solchen Vereinigung zu werden; Buren, die sowohl am Kap als auch in den Burenrepubliken leben, mussten von den Vorteilen einer Konföderation überzeugt werden, damit sie keinen anderen Bindungsschwerpunkt eingingen. Die Schwarzen hatten seit einiger Zeit Schusswaffen erworben, und dies wurde als Bedrohung sowohl für die Burenrepubliken im Landesinneren als auch für die Sicherheit der geplanten Konföderation angesehen. Um diese Bedrohung zu beseitigen, sollten die unabhängigen afrikanischen Königreiche entwaffnet oder einverleibt werden. Als Gegenleistung für die Zusammenarbeit der Buren verpflichteten sich die Briten, die Macht der unabhängigen afrikanischen Königreiche, insbesondere der Pedi und der Zulu, die sich an den Grenzen des Transvaal befanden, zu verringern. Diese Sicherheitsgarantie würde auch britische Investoren ermutigen, ihre Käufe von Anteilen an südafrikanischen Unternehmen zu erhöhen.

Tatsächlich sind diese frühen Pläne der britischen Föderation gescheitert, aber man muss sie im Hinterkopf behalten, wenn man den nächsten Abschnitt betrachtet: den Niedergang der afrikanischen Stammesfürstentümer.

KAPITEL 6

Der Niedergang der afrikanischen Stammesfürstentümer und der ländlichen Gebiete

Die Xhosa und das südliche Sotho

Eine Zeitlang waren für einige der afrikanischen Königreiche die Mineralentdeckungen positiv, insbesondere für diejenigen, die nahe genug lebten, um Nahrung und andere Dienstleistungen zu liefern. Bei einigen war es ein goldenes Zeitalter für die Landwirtschaft.

Der Historiker Colin Bundy bezieht sich auf den Handel in Fingoland[1] (Xhosa-Land) am östlichen Kap im Wert von 150.000 £ im Jahr 1875 und auf eine Firma in Port Elizabeth, die einen Jahresumsatz von 200.000 £ aus dem afrikanischen Handel erzielte. Auch das Volk der Moshoeshoe (das südliche Sotho) florierte, und Basutoland galt einst als der 'Kornspeicher' des Landes. Es wurde auch festgestellt, dass einige ärmere Buren den Transport für die wohlhabenderen Sotho-Bauern durchführten. All dies endete, als schwarze Farmer den Zugang zu einem Großteil ihres Landes verloren.[2]

Die Xhosa waren die ersten Betroffenen. Im Jahr 1865 umfasste die Kapkolonie das Gebiet, das später als Ciskei (am östlichen Kap) bekannt wurde. Im Jahre 1875 annektierte es Fingoland, 1885 gefolgt von Gcalekaland und Thembuland, und 1894 Mpondoland - den Gebieten, die später gemeinsam als Transkei bezeichnet wurden. Die Kolonialtruppen hatten sich mit verschiedenen Xhosa-Gruppen in neun Kriege auseinandergesetzt, der letzte von ihnen in den Jahren 1877 und 1878, als die Kolonialmächte zusammen mit den Bürger- und Freiwilligeneinheiten gegen die Xhosa in Ciskei und Transkei kämpften, was die Unabhängigkeit der Xhosas endgültig beendet.

Im Jahr 1878, dem Jahr der so genannten Rebellion an der nördlichen Grenze, wurden Kolonialtruppen auch gegen die Korana[3] in den Bezirken entlang des Orange River eingesetzt. Zwei Jahre später wurden sie gegen die Sotho eingesetzt, aber im Falle der letzteren war das Ergebnis ein anderes.

Das südliche Sotho-Königreich Basutoland war 1868 auf Betreiben von Moshoeshoe von Großbritannien annektiert worden. Er hatte nach jahrelangem Konflikt mit den Buren des Oranje Freistaats an seinen Grenzen um britischen Schutz gebeten. Von 1868 bis 1871 war Basutoland ein britisches Protektorat, aber 1871 wurde es unter die nominelle Kontrolle der Kapbehörden gestellt. Traditionelle Basotho-Führer übten noch immer eine gewisse Macht aus, bis Ende der 1870er Jahre, als die Behörden des Kaps Schritte unternahmen, um mehr Kontrolle über Basutoland auszuüben. Es wurde vorgeschlagen, einen Teil von Basutoland zur weißen Besiedlung freizugeben und das Volk der Sotho zu zwingen, ihre Waffen im Sinne des Peace Protection Act an die Kapbehörden abzugeben. Diese Waffen waren im Allgemeinen auf den Diamantenfeldern in Kimberley hart verdient worden, und die meisten Sotho waren nicht bereit, dies zu tun. Auch wurde ihnen keine Entschädigung angeboten.

In dem darauf folgenden Chaos und Bürgerkrieg zwischen rivalisierenden Häuptlingen war Moshoeshoes Nachfolger Letsie bereit, die Gesetze über Waffen einzuhalten, aber sein Sohn, sein Bruder und einige andere Häuptlinge nicht. Der Premierminister des Kaps, John Sprigg, stattete Basutoland einen vergeblichen Besuch ab, um zu verhandeln, und dann wurden koloniale Kräfte des Kaps nach Basutoland entsandt, um die Rebellion zu unterdrücken. Was zwischen den Sotho-Rebellen und den Kap-Kräften folgte, wurde als Kanonenkrieg (1880-1881) bekannt.

Die Sotho-Rebellen griffen zur Guerilla-Kriegsführung, und sie hatten den Vorteil, dass sie das bergige Gelände ihres Landes gut kannten. Die benachbarte Mpondomise schlossen sich dem Konflikt zur Unterstützung der Sotho an, und die Truppen am Kap erlitten schwere Verluste. Im Oktober wurde eine berittene Kolonne von British Army Lancers (1st Regiment, Cape Mounted Yeomanry) am Qalabane Mountain bei Mafeteng überfallen und 39 Männer getötet.

Diese Niederlage und die ohnehin schon hohen Kosten des Krieges entmutigten die Behörden am Kap. 1881 wurde mit den Häuptlingen der Sotho ein Friedensvertrag unterzeichnet, der ihnen die meisten Streitpunkte einräumte. Das Land blieb in den Händen der Sotho, und es wurde vereinbart, dass die Sotho ihre Waffen registrieren lassen sollen, anstatt sie abzugeben. Einige Sotho waren jedoch nicht zufrieden, und die Unruhen gingen weiter.

Es war immer deutlicher geworden, dass die Kapregierung Basutoland nicht kontrollieren konnte, und 1884 baten sie die britische

Krone, zu übernehmen, und Basutoland wurde unter die direkte Autorität der britischen Monarchin (damals Königin Victoria) gestellt, wobei die Legislativ- und Exekutivbefugnisse dem Hohen Kommissar übertragen wurden. Basutoland war das erste der britischen Hochkommissionsgebiete.[4] Die britische und nicht die Kapkontrolle über Basutoland bedeutete, dass Basutoland unabhängig von den zukünftigen politischen Entwicklungen in Südafrika sein würde, und es übte noch immer eine gewisse interne Autonomie aus. 1966 wurde es als Königreich Lesotho unabhängig.

Die Griqua

Auch die Griqua sollten ihre Unabhängigkeit verlieren. Sie waren Hirten oder Viehhalter der Khoikhoi und anderen Mischlingsvölkern[5], und hatten sich in der nördlichen Kapkolonie niedergelassen, bevor sie zu einer halbnomadischen Existenz jenseits der Grenzen gezwungen wurden. Ihre verschiedenen Wanderungen hatten ähnliche Ausmaße angenommen wie die der bekannteren Afrikaner Voortrekker, aber mit Hilfe von Missionaren hatten sie zwei kleine Königreiche nördlich des Orange River[6] gegründet: Griquatown 1804 unter der Führung von Nikolaas Waterboer und Philippolis 1826 unter der Führung von Adam Kok. Philippolis wurde nach dem Mitglied der London Missionary Society John Phillip benannt und ist die älteste Siedlung im heutigen Freistaat.

In den 1830er Jahren waren die Griqua, die Pferde und Geschütze aus der Kapkolonie erworben hatte, entlang des mittleren Orange River eine dominante Kraft. Nachdem 1867 jedoch bei Griquatown Diamanten entdeckt wurden, stand die Schrift für die dort lebenden Griqua an der Wand: Das Land wurde 1871 als Griqualand West annektiert und 1880 in die Kapkolonie eingegliedert. Die Griqua, die ihre Farmen an weiße Siedler verkauft hatten, wurde arm.

Adam Kok's Griqua ereilte ein ähnliches Schicksal. Adam Kok wurde von Adam Kok II. und dann von Adam Kok III. abgelöst, der 1861 Opfer einer geheimen Vereinbarung zwischen den britischen und den Freistaatsburen wurde, die Griqua dazu zu bringen, einige ihrer Ländereien aufzugeben. Nach der Annexion von Griqualand West im Jahr 1871 begannen etwa 2.000 Griqua unter der Führung von Adam Kok III. eine zweijährige Wanderung durch die Drakensberge, um einen neuen Ort zum Ansiedeln zu finden.

1872 wurde die Stadt Kokstad gegründet, aber 1875 kam Adam Kok III. bei einem Verkehrsunfall ums Leben: er fiel in den Bergen von Mzimkulu von einem Wagen. Etwa zur gleichen Zeit hob die Kapregierung ihr Alkoholverkaufverbot auf und bis 1878 war die Griqua-Gesellschaft praktisch zerfallen. 1879 wurde Griqualand Ost auch offiziell der Kapkolonie angegliedert.

Die Tswana (oder Westsotho)

Ein ähnliches Schicksal erlitten die Tswana-Stammesfürstentümer. Die Tswana waren ein bevölkerungsreiches, aber uneiniges Volk, das von der Difaqane[7] der 1820er und 1830er Jahre schwer betroffen war. In den späten 1860er und frühen 1870er Jahren lebten einige südliche Tswana-Völker, insbesondere die Tlhaping, einige Jahre lang gut und versorgten die Menschen in Kimberley mit Nahrung und Treibstoff. Eine Zeit lang war das Gebiet zwischen Hopetown und Kimberley reich an Antilopen, und reichlich vorhandene Bäume dienten als Brennstoff für die Minen. Aber die Antilopen wurden schließlich abgeschossen und die Bäume wurden schneller gefällt, als sie sich vermehren konnten. Zu Beginn der 1890er Jahre gab es einen schnellen Rückgang des Reichtums der Tlhaping.

Die Tswana wurden auch zu Bauernopfern in einem Landkonflikt zwischen den Briten und den Buren. Sowohl die Briten als auch die Buren nutzten die Spaltung zwischen den verschiedenen Tswana-Gruppen und bildeten Allianzen mit ihnen. Die Buren gewannen vorübergehend eine Runde in den Streitigkeiten und schnitten zwei neue kleine Republiken heraus: Stellaland und Goshen[8] in den Gebieten, die heute Vryburg und Mahikeng (früher Mafikeng und historisch Mafeking) heißen, beide waren auf Tswana-Land entstanden. Aber die Republiken waren von kurzer Dauer, und 1885 annektierten die Briten den größten Teil des Landes in der Gegend als British Bechuanaland. Von diesem Land waren nur 8% für die afrikanische Besiedlung reserviert.[9] 1895 wurden die nördlichen Teile des Tswana-Landes als Bechuanaland-Protektorat an Großbritannien angeschlossen. Ein Teil dieses Landes fällt heute unter Nordwesten, aber der Rest ist Teil der unabhängigen Republik Botswana, die 1966 gegründet wurde.

Noch Jahre nach der Gründung der Union 1910 in Südafrika gab es Versuche, Bechuanaland in die südafrikanische Gemeinschaft aufzunehmen, aber Großbritannien hatte sich immer dagegen gewehrt.

Einige Jahre lang gab es in Bechuanaland eine Unabhängigkeitsbewegung unter der Führung von Seretse Khama, dem legitimen Erben des Häuptlings Ngwato.
Khama hatte in Oxford studiert, wo er 1950 die Britin Ruth Williams heiratete. Dies verursachte in Südafrika Bestürzung, denn bis dahin gab es afrikanische nationalistische Richtlinien zu einem Verbot interrassischer Ehen. Der Druck aus Südafrika trug zur britischen Entscheidung bei, Seretse Khama und seiner Frau die Rückkehr nach Bechuanaland zu verbieten. Es dauerte sechs Jahre, bis er zurückkehren durfte, aber als Privatmann wurde ihm verboten, das Stammesfürstenamt zu erben.

Die Unabhängigkeit Botswanas entstand im Geiste der 1960er Jahre, als Großbritannien die meisten seiner Kolonien aufgab. Im Juni 1964 akzeptierte Großbritannien schließlich Vorschläge für eine demokratische Selbstverwaltung in Bechuanaland, und 1965 wurde der Regierungssitz von Bechuanaland vom südafrikanischen Mahikeng in die neu gegründete Stadt Gaborone nahe der südafrikanischen Grenze verlegt. Eine neue Verfassung wurde ausgearbeitet, und das Land wurde am 30. September 1966 unabhängig. Bei den ersten allgemeinen Wahlen wurde Seretse Khama zum ersten Präsidenten gewählt und anschließend zweimal wiedergewählt.

Die Zulu

Die mächtigen Zulu waren ebenfalls Opfer britischer imperialistischer Ambitionen, aber das Ergebnis für sie war anders als das der Tswana. Sie sollten ihre Unabhängigkeit verlieren, aber nicht bevor ein Krieg geführt wurde, der die Phantasie der Welt beflügelte und zu einem der berüchtigsten Kriege in Afrika wurde: der Anglo-Zulu-Krieg von 1879.

Nach Shaka waren die Zulu-Anführer Shakas Halbbruder Dingane (1828-1840), Dinganes Halbbruder Mpande (1840-1872), Mpandes Sohn Cetshwayo (1873-1884) und Cetshwayos Sohn Dinuzulu[10] (1884-1913). Mpande erlebte eine lange Herrschaft von 32 Jahren und es herrschte in dieser Zeit relativer Frieden. Er war kein Militarist, obwohl er Feldzüge gegen die Swasi führte. 1853, während der Herrschaft von Mpande, wurde Theophilus Shepstone[11] Sekretär für einheimische Angelegenheiten in Natal. Die Zulu nannten ihn Somstewu, 'Vater der Weißheit'. Shepstone gab vor, freundlich zu sein, führte aber in Natal ein System ein, das zu ihrem Niedergang beitrug: Er sagte, dass Schwarze ‚nicht erwarten könnten, wie bisher zu leben', und schuf ein System von

Reservaten, das von weißen Beamten verwaltet wurde. Viele Historiker haben dies als Vorläufer der Rassentrennung und Apartheid in Südafrika angesehen.

1873 ging Shepstone nach Zululand, um an der Krönung von Cetshwayo teilzunehmen, und nahm eine Lametta-Krone, einen scharlachroten und goldenen Umhang und andere kitschige Krönungsausrüstung mit, in der Hoffnung, den neuen König zu beeindrucken und ihn dazu zu bringen, eine Form der indirekten britischen Herrschaft zu akzeptieren. Die Zulus hatten jedoch bereits Cetshwayo zu ihrem König erklärt, und Cetshwayo gefiel es, die britische Delegation mehrere Tage warten zu lassen, bevor eine weitere Zeremonie stattfand. Während der zweiten Zeremonie warnte Shepstone in einer langen Rede vor unnötigem Blutvergießen und anderen Problemen im Zulu-Königreich von Cetshwayo, die für die Briten nicht von Bedeutung waren.

Shepstone war sich bewusst, dass Cetshwayo die Militanz der Zulu (nach Mpande's relativ friedlicher Herrschaft) wiederhergestellt hatte, und dass er bei Bedarf etwa 15.000-20.000 Männer aus seinen alten Regimenten einziehen konnte.[12] Cetshwayo hatte dies teilweise als Zeichen der Unabhängigkeit gegen die wachsende britische Einmischung getan, aber letztendlich wurde diese Taktik gegen ihn verwendet. Shepstone ließ es wie eine Bedrohung für Frieden und Wohlstand in Südafrika klingen und sprach sich dafür aus, dass die Zulu-Macht gebrochen werden sollte.

Dies entsprach auch den laufenden Föderationsplänen. 1874 wurde Henry Bartle Frere als Hochkommissar nach Südafrika geschickt, um zu versuchen, eine Föderation zu schaffen, die derjenigen ähnelt, die sieben Jahre zuvor in Kanada erreicht worden war. Shepstone unterstützte dies, und er und Frere arbeiteten zusammen. Die Stolpersteine waren die beiden Burenrepubliken und die Königreiche Zulu und Pedi an ihren Grenzen.

Shepstone machte sich daran, die Buren in der Südafrikanischen Republik (Transvaal) davon zu überzeugen, dass eine Annexion durch die Briten und der Beitritt zu einer Föderation mit den britischen Kolonien Natal und Kap in ihrem besten Interesse wäre. Im Gegenzug würden schwarze Königreiche, die eine Bedrohung darstellten - insbesondere die Zulu und die Pedi - unterdrückt. Seine Bemühungen trugen Früchte, und am 12. April 1877 schloss Shepstone den Transvaal an die Krone an, hisste den Union Jack und blieb als sein Verwalter da. 1878 verabschiedete das Kap ein Gesetz, das es dem Gouverneur erlaubte, ganze Distrikte zu entwaffnen. Die Zulu im kolonialen Natal waren von dieser Gesetzgebung ebenfalls betroffen.

Der Anglo-Zulu-Krieg von 1879

Die Schlacht bei Isandlwana

In Erfüllung seines Abkommens mit den Buren war Shepstones nächster Schritt die Unterdrückung der Zulu. 1878 wurde ein Streit mit Cetshwayo provoziert. Frere schickte auf eigene Initiative und ohne auf die Erlaubnis von Whitehall[13] zu warten ein Ultimatum an Cetshwayo, dessen Bedingungen dieser nicht akzeptieren konnte. Eine der Bedingungen war, dass Cetshwayos Militärapparat aufgelöst und andere militärische Vorschriften angenommen werden sollten - nach Rücksprache mit britischen Vertretern. Dies war in der Tat eine Aufforderung, seine Armee aufzulösen.

Andere Bedingungen spiegelten die britische Einmischung in die Zölle und Gesetze der Zulu wider. Cetshwayo wurde erklärt, dass seine Männer frei sein sollten, zu heiraten, und nicht gezwungen wären, zu warten, bis sie in einem Regiment gedient und ihre Speere mit Blut gewaschen hätten. Er musste außerdem zwei seiner Männer zurückholen, die in Natal nach den Frauen eines seiner Häuptlinge, Sihayo, suchten. Die Frauen waren des Ehebruchs beschuldigt worden und hatten in Natal Zuflucht gesucht. Die Männer hatten die Frauen gefunden und sie nach Zululand zurückgebracht, wo sie hingerichtet wurden. Cetshwayo wurde gesagt, er solle die Männer zurück nach Natal schicken, wo sie wegen Mordes vor Gericht gestellt würden. Er wurde für diese Schandtat außerdem zur Zahlung einer Geldstrafe von 500 Rindern verurteilt und erfuhr, dass ein britischer Agent in Zululand stationiert würde, um sicherzustellen, dass diese Maßnahmen durchgeführt werden. Als Cetshwayo sich weigerte, den Bedingungen des Ultimatums zuzustimmen, wurde er zum Agressor erklärt. Cetshwayo hatte keinen Konflikt gesucht oder gewollt, aber die Briten hatten nun eine Entschuldigung für den Krieg.

Nicht alle britischen Beamten waren dafür. Der Außenminister der Kolonien, Sir Michael Hicks Beach, wollte eine friedliche Lösung mit dem Volk der Zulu, aber Frere nutzte die zeitliche Verzögerung bei der Kommunikation mit London und stellte das Ultimatum, bevor die Antwort von Hicks Beach eingegangen war.[14] Im Januar 1879 befahl Frere britischen Truppen, darunter Männern des 24/2 Regiments unter der Führung von Lord Chelmsford, in Begleitung von freiwilligen

Militäreinheiten und Mitgliedern des afrikanischen Kontingents aus Natal (insgesamt etwa 1.700 Mann), Zululand zu erobern und in die Hauptstadt von Cetshwayo bei Uliundi einzudringen.[15]

Der Monat Januar ist in KwaZulu-Natal heiß und nass, und die Flüsse sind oft in voller Flut. Die britischen Soldaten und ihre Verbündeten überquerten am 11. Januar 1878 die Grenze von Natal nach Zululand und bewegten sich langsam, oft durch strömenden Regen, wobei Ochsen schwere Wagen zogen. Die Soldaten waren unangemessen in schwere rote Uniformen und Stiefel gekleidet, und sie trugen schwerfällige Martini-Henry-Gewehre[16], die nach jedem Schuss neu geladen werden mussten. Am 20. Januar waren sie nach neun Tagen nur etwa 16 Kilometer weit marschiert und schlugen ihr Lager in Isandlwana, östlich des Tugela-Flusses auf. Isandlwana ist ein seltsam geformter Berg, von dem die Zulu sagen, dass er dem Magen eines Ochsen ähnelt.

Im Gegensatz dazu kannten die Zulu das Gelände, bewegten sich schnell und legten in fünf Tagen rund 80 Kilometer zurück. Zulufrauen und Jugendliche begleiteten die Armee in den ersten Tagen, stießen Kriegsgeschrei aus und trugen Töpfe mit Haferbrei auf dem Kopf, um die Nahrung zu ergänzen, die die Zulusoldaten mit sich führten. Die Zulu trugen Schutzzauber um den Hals und rauchten Cannabishörner, um sich Mut zu machen. Sie waren mit Assegais (Spießen), Speeren, Keulen, Schilden aus Rindsleder und Gewehren ausgestattet. Die Zulu hatten zu diesem Zeitpunkt Hunderte von Waffen erworben, aber sie waren im Allgemeinen von schlechter Qualität. Viele der britischen Truppen, die in Isandlwana starben, hatten dennoch Schussverletzungen.

Isandlwana war nur als Zwischenlager gedacht, und Chelmsford traf nicht die notwendigen Vorkehrungen, um es zu sichern, wofür er später heftig kritisiert wurde. Er hatte auch schon im Vorfeld damit geprahlt, dass so ungebildete Menschen wie die Zulu trotz ihrer Überzahl leicht zu schlagen sein würden. Auch in dieser Hinsicht lag er falsch. Es gibt viele mündliche Überlieferungen der Zulu darüber, was als nächstes geschah. Eine von ihnen ist, dass die Soldaten in der ersten Nacht im britischen Lager das Aufflammen der Lagerfeuer in der Ferne im Osten sehen konnten, und glaubten, dass dort die Zulu seien. Es war in der Tat ein Trick: Einige Männer hatten die Feuer als Köder angezündet, aber die Armee von etwa 20.000 Männern versteckte sich in den gegenüberliegenden Hügeln.[17] Dies mag der Grund dafür sein, dass Chelmsford am nächsten Tag nach Osten aufbrach und glaubte, dass die Zulu-Armee oder ein Teil davon dort sein würde. Tatsächlich wusste niemand genau, wo die Zulu-Armee war oder wie viele Krieger sie umfasste.

Die erste Andeutung einer Gefahr war am frühen Morgen, als Tausende von Zulu auf dem Grat über Isandlwana gesehen wurden, die völlig still auf ihren Schilden saßen und darauf warteten, mit dem Kriegsschrei 'Usuthu' anzugreifen. Als sie sich dann dem britischen Lager näherten, zischten sie ihren unverwechselbaren Kriegsschrei wie ein Bienenschwarm.[18]

Chelmsford hatte fälschlicherweise gedacht, dass die Zulu wie die Xhosa in kleinen Guerillagruppen kämpfen würden, und er hatte die britischen Truppen in fünf Abschnitte unterteilt. Er war nach Osten gezogen, um eine Erkundungsgruppe zu unterstützen und Colonel Pulleine als Verantwortlichem für das Lager zurückgelassen. Aber die Hauptarmee der Zulu griff das Lager in Abwesenheit von Chelmsford unter Führung der Häuptlinge Ntshingwayo kaMahole und Mavumengwana kaMdlela Ntuli an. Sie benutzten ihre berühmte Umzingelungstaktik wie die Hörner eines Büffels: Sie schickten den Hauptteil ihrer Armee (den Kopf und die Brust) nach vorne, und dann schickten sie die Hörner mit zusätzlichen Soldaten, die etwa fünf Kilometer voneinander entfernt waren, um den Feind herum.

Die Zulu besiegten die Briten am 22. Januar 1879 in Isandlwana in einer der blutigsten Schlachten der viktorianischen Zeit. Gegen Mittag, in der Hitze des Kampfes, gab es eine Sonnenfinsternis und der Himmel wurde dunkel, was die mystische Aura der Schlacht noch verstärkte, und es gibt Hinweise darauf, dass beide Seiten sehr verängstigt waren. Laut einem Zulukrieger waren 'unsere Augen dunkel und wir stachen auf alles, was uns begegnete.' Es war in der Tat ein 'Schlachthaus, das so wild war, dass selbst Gott die Augen schloss'.[19]

Chelmsfords Truppe ahnte nichts von der Katastrophe, die Pulleines Truppen in Isandlwana überwältigt hatte, bis die Nachrichten durchsickerten, dass das Lager eingenommen worden sei. Chelmsford war erschüttert und sagte: 'Aber ich habe 1.000 Männer zurückgelassen, um das Lager zu bewachen.'[20] Ein Grund für die britische Niederlage ist der Mangel an ausreichender Munition und Probleme bei der Nachschubversorgung, zumal die britische Armee in Einzelteile aufgeteilt worden war. Zum Beispiel ging der Kolonne von Oberstleutnant Durnford an der Ostflanke die Munition aus und musste zurück nach Isandlwana reiten, wobei die rechte Seite des Lagers für Angriffe offen blieb. Die im Lager aufgestellte 24/2 war jedoch gut ausgestattet.[21]

52 britische Offiziere, schätzungsweise 800 britische Soldaten und 500 ihrer Verbündeten wurden bei Isandlwana getötet. 471 dieser

Verbündeten waren Mitglieder des afrikanischen Kontingents, das im Kampf für die Briten starb. Schätzungsweise 1.000 bis 2.000 Zulu-Soldaten starben im Kampf gegen sie entweder auf dem Feld oder danach durch Wunden, die sie im Kampf erlitten hatten. Die überlebenden Zulus nahmen 1.000 Gewehre und einen Großteil der Vorratsmunition der Reservekolonnen mit. Nur etwa 50 britische Soldaten schafften es, zu entkommen; die Flucht ging als Fugitive's Drift in die Geschichte ein. Die Flüchtlinge zu Pferde kämpften mit dem steilen Gelände und dem angeschwollenen Buffalo River, den sie überqueren mussten. Die barfüßig rennenden Zulu hielten Schritt, obwohl sie bereits 100 Kilometer oder mehr von ihren Häusern in der Nähe von Ulundi zum Schlachtfeld marschiert waren.[22] Es wird angenommen, dass viele dieser Flüchtlinge von Zulu-Soldaten und lokalen Zulu getötet wurden, die an den Fluss heruntergekommen waren, um sie zu unterstützen.[23]

Als ihn die Nachricht vom Kampf in Ulundi erreichte, spürte Cetshwayo trotz des Sieges, dass es für die Zulu als unabhängiger Nation der Anfang vom Ende war. Es heißt, er habe die Worte ausgesprochen: ‚Zuerst der Händler, dann der Missionar und dann der rote Soldat.... Es ist, als wäre ein Assegai in unseren Bauch gestoßen worden.'[24] Der rote Soldat bezog sich auf die markanten roten Uniformen der britischen Soldaten.

Die Schlacht von Rorke's Drift

Rorke's Drift war eine schwedische Missionsstation, die in ein Versorgungslager und temporäres Krankenhaus für die britischen Soldaten umgewandelt worden war. Gegen den Wunsch von Cetshwayo, später am selben Tag wie die Schlacht von Isandlwana, griffen etwa 3.000 bis 4.000 Zulu-Männer, die in der Reserve standen und ihre Speere noch nicht mit Blut gewaschen hatten, Rorke's Drift an. Es folgte eine 10-stündige Verteidigung durch etwa 150 britische Soldaten, von denen 30 krank oder verwundet waren. Die Männer verstärkten ihre Station mit Mehlsäcken und Keksdosen und schnitten Schlitze in die Wände, um durch sie zu schießen. Die Zulu erlitten dabei schwere Verluste. An diesem Tag wurden elf VCs (die britische Militärauszeichnung, bekannt als das Victoria-Kreuz) verliehen, mehr als an jedem anderen Tag in der britischen Militärgeschichte.

Die Schlacht von Ulundi und die Folgen des Anglo-Zulu-Krieges

Nach Isandlwana und Rorke's Drift kam Verstärkung aus Großbritannien und die Wende erfolgte in den folgenden Schlachten. Im Juli 1879 wurden in der Schlacht von Ulundi mehr als 1.000 Zulu getötet. Cetshwayo wurde gefangen genommen und ans Kap verbannt. Das Zulu-Königreich wurde in 13 Stammesfürstentümer aufgeteilt, wodurch seine Macht gebrochen wurde. Großbritannien begann, die indirekte Herrschaft über Zululand auszuüben, und die Zulu-Wirtschaft kam unter Druck.

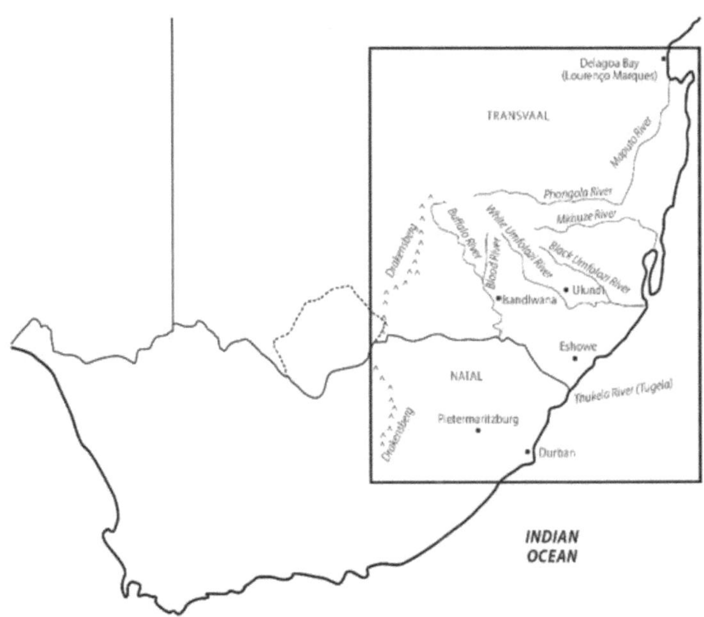

KARTE 19 Anglo-Zulu Kriegsschauplätze.

Unterstützt vom Bischof von Natal John William Colenso[25] besuchte Cetshwayo England, um seinen Fall vorzubringen. Der Bischof enthüllte auch die Täuschungen von Frere, die zum Krieg geführt hatten. Cetshwayo rief Sympathie hervor, als er in der Öffentlichkeit erschien und sogar Heiratsanträge von jungen englischen Mädchen erhielt. 1883 wurde er wieder als König der Zulu eingesetzt, aber seine Kräfte waren eingeschränkt und sein Königreich auf etwa ein Drittel seiner früheren Größe reduziert worden, die Zulu-Armee wurde aufgelöst. In einem Brief an den Kolonialsekretär Graf Kimberley sagte Cetshwayo: 'Ich kämpfte, als ich angegriffen wurde, wie jede andere Person auch. Kein europäischer König wäre so behandelt worden.'[26]

Cetshwayos Hauptkonkurrent für den Status unter den neuen Vereinbarungen war Zibhebhu, der sich auf die Seite der Kolonialbehörden stellte; Cetshwayo wurde von Usuthu[27]-Loyalisten unterstützt. 1883, im selben Jahr, in dem er wieder eingesetzt wurde, brach in Ulundi eine Schlacht zwischen diesen beiden rivalisierenden Zulu-Fraktionen aus. Historiker glauben, dass diese Schlacht auch zum Niedergang der Zulu beigetragen habe, weil Tausende von Zulu dort ihr Leben verloren, und zu den getöteten Männern gehörten auch einige aus der Zulu-Elite. Cetshwayo und seine Anhänger wurden schwer geschlagen und kurz darauf, 1884, starb Cetshwayo unter mysteriösen Umständen. Einer seiner Söhne, Dinuzulu, folgte ihm, jedoch in der Rolle eines relativ kleinen Häuptlings. Das Kräfteverhältnis in Zululand hatte sich zugunsten der Kolonialbehörden verschoben.

Nach Cetshwayos Tod übertrugen die Usuthu ihre Loyalität auf Dinuzulu. 1886 trat Dinuzulu in ein militärisches Bündnis mit den Transvaal-Buren ein, was er tat, um eine gewisse Sicherheit gegen Zibhebhu zu gewährleisten. Dies war insofern erfolgreich, als Zibhebhu aus dem Dinuzulus Gebiet vertrieben wurde, aber es hatte seinen Preis: Die Transvaal-Buren nahmen einen Teil von Dinuzulus Land ein.[28]

Die Situation in Zululand war nun zu einem Wettbewerb zwischen rivalisierenden Zulu-Fraktionen geworden, die von gegnerischen weißen Behörden unterstützt wurden. Als die Transvaal-Buren mehr Land forderten und die Usuthu sich weigerten, wuchsen die Spannungen und die Briten waren gezwungen zu intervenieren, um weiteres Blutvergießen zu vermeiden. Dinuzulu durfte den größten Teil seines Landes im zentralen Zululand behalten, aber den Buren wurde Land um das herum gegeben, was später Vryheid wurde, und ein Reservegebiet wurde für die Anhänger von Zibhebhu eingerichtet.

In den Jahren 1887 und 1888 gab es eine kurze Zeit der Rebellion, nachdem die Usuthu-Anhänger von Dinuzulu die Siedlung eines neuen weißen Magistrats am Okulu-Fluss angegriffen hatten. Dies war zunächst erfolgreich gewesen, wurde dann aber recht leicht unterdrückt. Dinuzulu und seine Hauptanhänger wurden wegen Verrats angeklagt, verurteilt und ins Gefängnis auf der Insel St. Helena gebracht. 1894 durfte Dinuzulu nach Zululand zurückkehren, jedoch als Induna[29] ohne Macht als Stammeshäuptling. Am 19. Mai 1887 annektierten die Briten den Rest von Zululand, und 1888 wurde den Zulu eine Hüttensteuer zur Finanzierung der britischen Regierung auferlegt.

1897, zehn Jahre nach der Annexion, wurde Zululand in Natal eingegliedert und die Region für die weiße Besiedlung geöffnet. Bis zur Jahrhundertwende hatten die Zulu, wie andere schwarze Stammesfürstentümer zu dieser Zeit, viel von ihrem Land verloren und mussten Arbeit suchen, um Lohn zu verdienen. 1906 gab es einen kurzen Kampf, als Häuptling Bambatha kaMancinza vom Zulu-Klan der Zondi in der Nähe der heutigen Stadt Greytown sich weigerte, eine neue Kopfsteuer der Kolonialverwaltung von Natal zu akzeptieren. Unterstützt von anderen Häuptlingen in der Region startete er eine Reihe von Angriffen gegen die Kolonialmächte und nutzte den Nkandla-Wald als Basis. Diese Angriffe wurden als die Bambatha-Rebellion bekannt, aber sie endeten mit einer Niederlage für Bambatha und seine Anhänger. Die Unabhängigkeit der Zulu war vorbei.

Bilder vom Anglo-Zulu-Krieg

Der Zulu-Sieg bei Isandlwana sorgte in Großbritannien für Schlagzeilen, verbreitete sich über den Rest der Welt, trug zum Ruhm der Zulu bei und machte sie bekannter als jeden anderen Stamm im südlichen Afrika. Die Phantasie erfasste sowohl die Zulu-Verteidigung ihres Landes als auch von den Walisern des 2/24-Regiments, welche die 'Queen and colour' (auch bekannt als die Farbe der Königin, die Flagge ihres Regiments) im fernen Afrika verteidigten.[30] Gegen Ende der Schlacht soll Leutnant Teignmouth Melvill die Flagge seines Regiments gesammelt und, von Zulu-Kriegern verfolgt, mit ihr zum Tugela River geritten sein. Der Fluss wurde überflutet und auf halbem Weg stürzte er von seinem Pferd und hielt immer noch die Flagge, die weggefegt wurde. Sein Kamerad, Nevill Coghill, sprang hinein, um ihn und die Flagge zu retten. Die Zulu säumten die Ufer und feuerten auf sie, und Coghills Pferd wurde getötet. Die beiden Männer kämpften sich bis zum Ufer, wurden dann aber ebenfalls getötet. Zwei Wochen nach der Schlacht wurden ihre Leichen von einem Suchtrupp gefunden und beide wurden bei Fugitive's Drift begraben.[31]

In Geschichten über Isandlwana bezeugten beide Seiten die Tapferkeit der anderen. In Briefen nach Hause beschrieben britische Soldaten, dass die Zulu 'wie Bienen auf sie zukamen, wie Löwen kämpften, keine Angst vor dem Tod hatten, und wenn ein Mann fiel, nahm ein anderer seinen Platz ein'. Der Zulu-Führer Mehlokazulu sagte über die Briten: 'Wir waren erstaunt über die Art und Weise, wie sie kämpften'.[32]

Damals wurden Parallelen gezogen zwischen den 'sexuell frustrierten' Zulu-Männern, die nicht heiraten konnten, bis sie ihre

Speere mit Blut gewaschen hatten, und den ebenso frustrierten jungen britischen Soldaten, die nur an öffentlichen Schulen für Jungen waren - aggressive Kriegsführung wurde als ein Ventil für Frustration auf beiden Seiten angesehen.

Die Kämpfe wurden auch mit dem Sport verglichen und in der berauschenden Sprache der Jagd beschrieben: 'Wir hatten einen herrlichen Auftritt, alter Junge, Schweinestechen war dagegen gar nichts. Mit einem gewaltigen Schrei des Todes, des Todes! waren wir auf ihnen.'[33] Das bezog sich auf die Wildschweinjagd und auf ein Ritual namens 'pig (Schwein)'[34] in Indien, wo einige der britischen Truppen bereits Dienst gesehen hatten. Eine Analogie zum Kricket kam auch ins Spiel. Als Chelmsford - der die Situation bei Isandlwana falsch eingeschätzt hatte - in einigen Fällen der Kritik ausgesetzt war, verteidigten ihn andere mit der Begründung, dass er ein Kricketspieler sei, der sowohl gewinnen als auch verlieren könne; seine Kritiker waren daher 'eindeutig keine Kricketspieler'.[35] In Wahrheit waren die Karrieren von Chelmsford und Frere von Isandlwana verdorben worden, und Chelmsford durfte nie wieder Truppen kommandieren.

Der Tod von Eugen Bonaparte, dem einzigen Sohn Napoleons III., trug zur Aura bei: Der junge Prinz war im Alter von 22 Jahren nach Südafrika gekommen und wurde während seiner Tätigkeit als Mitglied eines Spähtrupps getötet. Sein Vater hatte einige Jahre zuvor 1871 nach der Niederlage im französisch-preußischen Krieg abgedankt, und Frankreich war wieder eine Republik geworden, aber es gab dennoch Bonapartisten[36], die ihn als Erben ansahen. Mit seinem Tod verlor die Familie Bonaparte viel von ihrer politischen Anziehungskraft, aber es gab seither dennoch eine Reihe von Thronanwärtern.[37]

Die Pedi (Nord-Sotho)

Die Briten verwendeten ähnliche Taktiken wie die Zulu, um die Pedi zu besiegen, so dass sie als Aggressoren erscheinen. In den 1860er Jahren war die Pedi noch ein relativ mächtiges Königreich, aber in den 1870er Jahren gab es große Herausforderungen. Die Buren und die Swazis hatten zusammen gearbeitet, um Angriffe auf die Pedi zu starten und Pedi-Kinder als inboekselinge auf Burenfarmen zu stehlen,[38] und Pläne für eine britische Föderation waren ebenfalls im Gange.

Als 1877 die Republik Transvaal von den Briten annektiert wurde, wurde dem Pedi-Häuptling Sekhukhune geraten, sich ihrer Autorität zu unterwerfen. Die Briten verhängten außerdem eine Geldstrafe von 2.000 Rindern gegen ihn, angeblich, weil er den Buren Leid zufügte, als die vereinten Buren- und Swasitruppen ihn 1876 angegriffen hatten. Sekhukhune war von einer Dürre hart getroffen worden und konnte diese Anforderungen nicht erfüllen. Diese und andere Vorfälle wurden als Vorwand benutzt, um einen Krieg gegen ihn zu provozieren.

Es gab insgesamt drei Pedi-Kriege: den Buren/Swazi-Pedi-Krieg von 1876, den Ersten Anglo-Pedi-Krieg von 1877 und den Zweiten Anglo-Pedi-Krieg von 1878. Die Pedi wurden schließlich im letzten besiegt und erlitten schwere Verluste. Mindestens 1.000 Männer verloren ihr Leben, und Sekhukhune wurde gefangen genommen und als Gefangener nach Pretoria gebracht.

Ökologische Faktoren spielten auch eine Rolle für den Niedergang der Zulu und Pedi in einer Zeit, in der sie politisch verwundbar waren. Sie waren besonders in den Jahren 1876, 1877, 1885 und 1894-1897 stark von Dürren und Ausbrüchen von Rinderkrankheiten wie Bovine Babesiosis (Rotwasser und Zeckenfieber[39]) und Lungenkrankheiten betroffen. In den Jahren 1894 und 1895 zerstörten Heuschreckenplagen den Getreideanbau in Zululand, und 1896 und 1897 löschten Ausbrüche der hoch ansteckenden Rinderpest[40] schätzungsweise 90-95% der Rinder im gesamten südlichen Afrika aus, von denen schwarze und weiße Bauern betroffen waren.

Nach diesen Katastrophen wurden noch viele weitere afrikanische Männer - darunter die Zulu, die am längsten widerstanden hatten - in das Arbeitsmarktsystem der Minen eingegliedert.

KAPITEL 7

Die beiden Burenkriege, 1880-1881 und 1899-1902

Der erste Burenkrieg 1880-1881

Sir Theophilus Shepstones Annexion des Transvaal im Jahr 1877 löste eine Kette von Ereignissen aus, die in den Ersten und Zweiten Burenkriegen von 1880-1881 bzw. 1899-1902 gipfelten.

Als Teil der Pläne der britischen Konföderation hatten die Transvaal-Buren die Annexion durch die Briten im Jahr 1877 akzeptiert, bedauerten es aber dann und kündigten an, dass die ehemalige Burenrepublik wiederhergestellt werden sollte. Dies führte zum Ersten Burenkrieg oder Transvaal War of Independence (1880-1881). Die Gründe für diesen Krieg waren ähnlich wie die, die den amerikanischen Unabhängigkeitskrieg ein Jahrhundert zuvor (1775-1776) ausgelöst hatten. In beiden Kriegen verloren die Briten auf eine Weise, die sie nicht voraussahen. Im Transvaalkrieg erlitten britische Truppen schwere Verluste in den Schlachten bei Bronkhorstspruit, Laing's Neck, Schuinshoogte und Majuba. Die Schlacht am Majuba Hill (im heutigen nördlichen KwaZulu-Natal) ist diejenige, an die man sich am meisten erinnert. Es war auch das letzte Mal, dass die Briten ihre markanten roten Mäntel trugen: Sie waren von ihren Gegnern, die dagegen nicht einmal Uniformen trugen, zu leicht auszumachen.

Im Februar 1881 besetzten Kolonialtruppen aus Natal unter der Führung von Colonel George Colley den Majuba Hill, um in das Transvaal zu marschieren. Freiwillige Buren reagierten, indem sie den Hügel stürmten, während britische Truppen schliefen. Der Kampf war ziemlich schnell vorbei - ein Sieg für die Buren. Colonel Colley gehörte zu den etwa 200 britischen Soldaten, die getötet wurden, während nur zwei Buren Verletzungen erlitten. Zurück in England beschloss die liberale Regierung unter Premierminister William Gladstone, die Föderationsprogramme für den Moment aufzugeben und die Unabhängigkeit der Buren im Transvaal wiederherzustellen.

Die Briten in Südafrika hatten die Buren unterschätzt, die das Land gut kannten und gute Schützen waren. Dennoch neigten sie dazu, Majuba als einen unverdienten Sieg anzusehen und strebten nach Vergeltung. Einige Historiker haben den Ersten Burenkrieg als einen Vorhangheber für den länger andauernden und brutaleren Zweiten Burenkrieg gesehen, der etwa achtzehn Jahre später folgen sollte. ‚Denkt an Majuba!' wurde im Zweiten Burenkrieg zum Kampfschrei der Briten.[1]

Der zweite anglo-burische (südafrikanische) Krieg 1899-1902

Der Zweite Burenkrieg war der bedeutendere, sowohl was die internationale Beteiligung als auch was die Ergebnisse betrifft. Es war auch der kostspieligste Krieg, den Großbritannien in den Jahren 1815-1914 geführt hat, und der zerstörerischste moderne bewaffnete Konflikt in der Geschichte Südafrikas.[2] Man kann argumentieren, dass zwischen den Mineralentdeckungen des späten 19. Jahrhunderts und den ersten demokratischen Wahlen von 1994 nichts in der Geschichte Südafrikas mehr globales Interesse erregte als der Zweite Burenkrieg.

Drei Monate vor Kriegsausbruch hatte eine Konvention von Weltführern im niederländischen Den Haag beschlossen, dass das unnötige Leiden von Kombattanten und Zivilisten während der Kriegsführung beseitigt werden muss.[3] Es gab keine südafrikanischen Unterzeichner der Konvention, aber die Prinzipien hätten trotzdem gelten sollen. Tatsächlich führte der nächste Krieg nach dem Übereinkommen, der Zweite Burenkrieg, zu Tausenden von Toten auf den Schlachtfeldern sowie zu denen von Zivilisten aller Rassen, einschließlich Frauen und Kindern. Bauernhöfe wurden geplündert und verbrannt, und die Regeln der 'zivilisierten' Kriegsführung wurden nicht eingehalten.

In den letzten Jahren wurde der Zweite Burenkrieg in Südafrikakrieg umbenannt, weil er zwar als 'Gentleman's War' zwischen den Briten und den Buren gedacht war, aber es unvermeidlich war, dass sich viele andere Südafrikaner beteiligen würden, aber er wird weiterhin unter seinem ursprünglichen Namen, dem der Anglo-Buren- oder einfach dem Burenkrieg anerkannt.

Ursachen des anglo-burischen (südafrikanischen) Krieges

Die Ursachen des Krieges sind nach wie vor umstritten. Es wurde als ein Krieg zur Sicherung des britischen Imperialismus und der wirtschaftlichen Vorherrschaft sowie zum Wohle der Bergbaukapitalisten angesehen, von denen viele Briten waren. Beide Ursachen sind bis zu einem gewissen Grad zutreffend, und es gibt Verbindungen zwischen ihnen: einige der Minenbesitzer - zum Beispiel Cecil John Rhodes, Lionel Phillips und Percy FitzPatrick - waren auch Politiker in der Kapkolonie und konnten Gesetze beeinflussen, die erlassen wurden, um die Minen mit Arbeitskräften zu versorgen.

Nach den Mineralienfunden war in Südafrika eine neue Art des britischen Imperialismus entstanden. Wie der Historiker Bill Nasson hervorhob, wäre die Art von aggressivem britischen Imperialismus nach der Entdeckung von Gold im Transvaal kaum passiert, wenn Südafrika nur Kartoffeln und Erbsen produziert hätte.[4]

In den 1870er Jahren gab es eine weltweite Depression, und Großbritannien hatte begonnen, seine Position als dominante globale Produktions- und Handelsmacht zu verlieren, während die Vereinigten Staaten und Deutschland aufholten. Ein globales Währungssystem auf Goldbasis war vorhanden, und die britische Währung wurde durch Gold gestützt, aber die Baring Brothers Bank[5] war vom Zusammenbruch bedroht. Großbritannien musste seine Position im Zentrum des weltweiten Geldmarktes sichern, und sie brauchte ihre Kolonien, vor allem Südafrika, das über reiche Ressourcen verfügte und in dem die Exporte boomten.

Nach der Entdeckung von Gold verlagerte sich das wirtschaftliche Zentrum des südlichen Afrika von der Kapkolonie in die unabhängige Burenrepublik Transvaal. Präsident Paul Krüger wurde von vielen Minenbesitzern als Hindernis für die Gewinnmaximierung angesehen: während Krüger die seiner Republik zugutekommenden Steuereinnahmen aus den Minen würdigte, widersetzte er sich jedoch Veränderungen, was für seine Buren weniger Arbeitsmöglichkeiten bedeutete.[6] Da er nicht wollte, dass seine Buren der großen Zahl der in sein Land kommenden Einwanderer unterlegen würden, war er unnachgiebig darin, den 'uitlanders'[7] in seiner Republik die Staatsbürgerschaft und das Wahlrecht zu geben und hatte dafür Anforderungen gestellt, die bedeuteten, dass es Jahre dauern würde, bis sich die Menschen dafür qualifizierten. Nicht alle Minenbesitzer waren jedoch gegen ihn. Der Deutsche George Albu[8] zum Beispiel dachte, dass die Krüger-Regierung eine faire Arbeit leistete, weil unter Krüger ausländisches Kapital mit wenigen Einschränkungen in Südafrika investieren durfte und nur eine Steuer von 5 Prozent auf die deklarierten Gewinne erhoben hatte.

Es wurde auch behauptet, dass die Eigentümer und ihre Mitarbeiter die Börse als bevorzugtes Mittel zur Vermögensbildung nutzten, anstatt zu versuchen, Krüger zu bekämpfen, um Kosten zu senken und die Bergbauindustrie profitabler zu machen. Als Minenbesitzer verfügten sie über Insiderinformationen über tiefe Schichten und ihre Aussichten, und da die Minen nicht verpflichtet waren, eine strenge Berichterstattung zu liefern, konnten sie diese Informationen für spekulative Aktivitäten nutzen.[9]

Im Jahr 1895 fand der Jameson Raid (ein Vorspiel zum Krieg) statt. Dies war ein britischer Versuch, die Burenregierung im Transvaal zu stürzen, aber er fand nicht die Unterstützung aller Minenbesitzer oder Uitlanders. Die Idee war, eine Rebellion der Uitlander als Protest gegen angebliche Ungerechtigkeiten gegen sie zu inszenieren: dann gäbe es einen Vorwand für ein Eingreifen Großbritanniens, und eine kleine, bewaffnete Kolonialmacht würde in das Transvaal ziehen. Der britische Kolonialsekretär Joseph Chamberlain soll tief verwickelt gewesen sein, obwohl dies zu dem Zeitpunkt, als die Aktion geplant war, geheim gehalten wurde. Minenbesitzer und der Politiker Cecil John Rhodes sponserten den Angriff, und er wurde in den Büros seiner Firma Gold Fields geplant.

Rhodes' Chefingenieur, der Amerikaner John Hays Hammond, war ebenfalls beteiligt; es war vor allem seinem Einfluss zu verdanken, dass der Überfall in einer Weise durchgeführt wurde, die an den Wilden Westen erinnert, mit Männern auf dem Pferderücken wie die Cowboys an der amerikanischen Frontier.[10] Der Überfall wurde von dem Arzt und Politiker Leander Starr Jameson[11] geleitet, der auch ein Vertrauter von Rhodes war.

Jameson und einige Streitkräfte sollten von British Bechuanaland (heute Botswana) aus in das Transvaal eindringen und sich dann mit weiteren Streitkräften auf dem Witwatersrand verbinden. Die Kommunikation brach jedoch zusammen: die Telegrafenleitungen wurden nicht wie geplant unterbrochen, und die Buren bekamen Wind davon, was geschah. Es gab auch Streitigkeiten unter den Uitlandern, die die Rebellion inszenieren sollten, weil nicht alle von ihnen teilnehmen wollten. Der geplante Aufstand fand nicht rechtzeitig statt; Jamesons Truppen wurden am 2. Januar 1896 in Doornkop, etwa 20 Kilometer westlich von Johannesburg, gestellt und zur Kapitulation gezwungen.
Die Überfallaktion scheiterte kläglich. Uitländerführer, die Teil des Plans waren, wurden in Johannesburg vor Gericht gestellt. Einige von ihnen wurden zum Tode verurteilt, aber die Strafen wurden später auf hohe Geldstrafen reduziert. Rhodes war gezwungen, als Premierminister des Kaps zurückzutreten, und er gewann nie wieder die gleiche Macht

zurück, die er zuvor hatte. Für seine Beteiligung an einer Verschwörung gegen ein anderes Land wurde der Ruf Großbritanniens beschädigt.

1897 kam Alfred Milner als britischer Hochkommissar nach Südafrika.[12] Er war ein Erzimperialist, arrogant und verächtlich gegenüber den Buren, und er wollte Krieg. Krüger, der keinen Krieg wollte, bot einige Reformen an, um der Bergbauindustrie zu helfen, und war bereit, die Qualifizierungsfrist für die Konzessionsrechte nachsichtig zu gestalten. Tatsächlich, um mit den Worten des Minenbesitzers Lionel Phillips zu sprechen, 'kümmerten sich nur wenige von uns eine Bohne um [die Konzessionsrechte]'. Milner machte dennoch ein großes Problem daraus und lehnte die Angebote von Krüger mit der Forderung ab, dass die Konzessionsrechte vollständig aufgehoben werden müssten. Dies veranlasste Krüger zu folgendem Kommentar: 'Es ist nicht das Geschäft, sondern mein Land, das sie wollen.'[13]

Im September 1899 entsandte das britische Kriegsministerium auf Anraten von Milner 10.000 Soldaten an das Kap und nach Natal. Die Burenrepubliken hatten 1897 eine Vereinbarung getroffen, dass sie sich gegenseitig unterstützen würden, wenn ihre Unabhängigkeit bedroht wäre, so dass die britischen Truppen, als sie die Präsidenten Krüger im Transvaal und Marthinus Steyn im Oranje-Freistaat erreichten, ein Ultimatum aushandelten. Die transvalische Regierung schickte es am 9. Oktober 1899 nach London und forderte Großbritannien auf, sich zurückzuziehen. Als dies nicht akzeptiert wurde, erklärten die Burenrepubliken den Krieg und ließen sie wie die Aggressoren erscheinen.

Einige Ereignisse im Krieg

Die ersten Offensiven gingen an die Buren, und es wurde klar, dass die britischen Soldaten bis Weihnachten nicht zu Hause sein würden, wie viele zuvor gedacht hatten. Die Buren brachten ihnen einige demütigende Niederlagen an Orten wie Colenso und Magersfontein (bei Kimberley) bei und belagerten strategische Orte wie Mafeking,[14] Kimberley und Ladysmith.

Die meiste Zeit der sieben Monate der Mafeking-Belagerung (Mitte Oktober bis 17. Mai 1900) hielt sich Lady Sarah Wilson bei ihrem Mann Captain Gordon Wilson versteckt. Lady Sarah war die Tochter des britischen Herzogs von Marlborough und ein Mitglied der angesehenen Spencer-Churchill Familie. Sie und andere wie sie hatten ihre Männer nach Südafrika begleitet und dachten, es wäre ein Abenteuerspielplatz und der Krieg wäre schnell vorbei. Sie bewies jedoch ihren Wert während der Belagerung von Mafeking als Kriegskorrespondentin der Londoner Daily Mail und schaffte es irgendwie, ihre Berichte aus der belagerten Stadt zu bekommen. In einem ihrer Berichte beschreibt sie das Weihnachtsessen, das sie für eine Elitegruppe zubereitet hatte, darunter den Kommandanten des Regiments in Mafeking Colonel (später Lord) Baden-Powell[15]. In einem anderen beschreibt Lady Sarah eine Pferdeparade, die den Geburtstag von Königin Victoria feierte - ein großartiges, aber etwas bizarres Ereignis in einer belagerten südafrikanischen Stadt.

Im Gegensatz dazu beschrieb der junge Sol Plaatje[16] in seinen Tagebüchern die Not der Schwarzen in Mafeking, die die Anzahl der Weißen vier zu eins übertrafen. Sol Plaatje wurde während der Belagerung Gerichtsdolmetscher in Mafeking, so dass er besser ernährt wurde als die meisten anderen, aber im März 1900 schrieb er, dass es 'eine erbärmliche Szene war, von hungrigen Menschen umgeben zu sein, die um Erbarmen flehten - und dann zu sehen, wie einer von ihnen seinen Qualen erliegt und mit einem dumpfen Schlag nach hinten fällt'.[17] Die junge englische Krankenschwester Ina Cowan schrieb, dass gegen Ende der Belagerung einige Schwarze so hungrig waren, dass sie darauf zurückgegriffen, die Leichen von toten Pferden und Hunden auszugraben und zu essen.[18]

Die Briten reagierten auf die ersten Burensiege, indem sie mehr Truppen nach Südafrika schickten, was das Kriegsglück umkehrte. Anfang 1900 kam als neuer Oberbefehlshaber Frederick Sleigh Roberts mit seinem Stabschef Horatio Herbert Kitchener nach Südafrika.[19] Mit zusätzlichen Mitteln führten sie einen rücksichtslosen Feldzug gegen die Buren. Im März 1900 kämpften 180.000 Soldaten auf der britischen Seite - was fast die gesamte Bevölkerung der beiden Burenrepubliken entsprach.

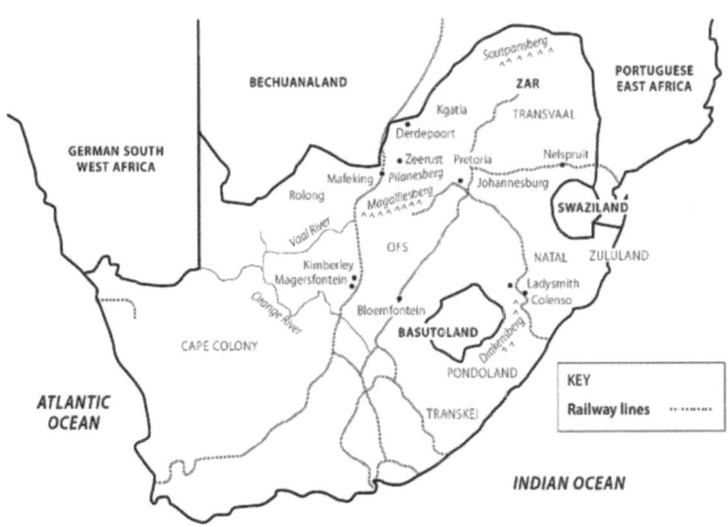

KARTE 20 Belagerungen und Ereignisse während des Burenkriegs, 1899-1902. Wichtige Eisenbahnlinien sind ebenfalls dargestellt.

Bis Juni 1900 waren die beiden Hauptstädte Johannesburg und Pretoria im Besitz der Briten. Dies hätte das Ende des Krieges bedeuten sollen, aber stattdessen begann eine weitere längere Phase des Krieges. Die Buren trennten sich in kleine Guerillatruppen oder Kommandos (kleine militärische Einheiten, die ursprünglich zum Schutz der Bezirke, aus denen sie kamen) unter Anführern wie Ben Viljoen, Koos de la Rey, Christiaan de Wet, Jan Smuts, Louis Botha und Gideon Scheepers.[20] Diese Kommandos durchstreiften das Land und zerstörten britische Versorgungsleitungen, sabotierten Brücken und Eisenbahnlinien und richteten allgemein verheerende Schäden an.

Der Krieg breitete sich auch in der Kapkolonie aus. Im August 1901 verließen nach langem Warten auf die Genehmigung Smuts und sein Kommando von 340 Transvaalern Koppieskraaldrift am Vaal River auf dem Weg zum Kap. Nach einer monatelangen Wanderung von etwa 480 Kilometern erreichten sie den Orange River und kämpften von September bis November in mehr als einem Dutzend Einsätzen am Ostkap und dann durch die Cape Midlands, die südwestlichen Distrikte und schließlich die nordwestlichen Distrikte des Kaps. Einige Kap-

Afrikaner schlossen sich Smuts' Kommando an, aber es gelang ihm nie, eine breitere Afrikaner-Rebellion in der Kapkolonie zu organisieren.[21] Auch die Briten hatten in der Kapkolonie das Kriegsrecht ausgerufen - mit erheblichen Folgen. Gideon Scheepers, der ein Kommando von etwa 150 Kaprebellen führte, wurde im Oktober 1901 von einer britischen Kolonne gefangen genommen, anschließend vor einem britischen Militärgericht vor Gericht gestellt und wegen Mordes, Brandstiftung und Sabotage von Zügen verurteilt. Er wurde von einem Erschießungskommando im Veld bei Graaff-Reinet hingerichtet. Er war zu diesem Zeitpunkt krank und stellte sich seinen Henkern auf einem Stuhl sitzend. Die Hinrichtung von Scheepers führte zu Diskussionen über ein britisches Militärgericht, das während des laufenden Krieges eine Todesstrafe gegen einen Kriegsgefangenen verhängt. Sein Tod machte ihn zum Märtyrer für die Sache der Buren.[22]

Einige der Überlegungen hinter der Taktik des Kommandos kamen von Jan Smuts. Im Juni 1900 wurde er von seinen Pflichten als Staatsanwalt für das Transvaal zur Teilnahme am Krieg entbunden. Im Dezember 1900 wurde er zum General ernannt. Er war Teil eines Kommandos unter De La Rey, das bei Nooitgedacht im Magaliesberg eine größere britische Truppe besiegte. Der Magaliesberg war ein von beiden Seiten gewählter Kriegsschauplatz, da er viele Versteckmöglichkeiten bot. Es war auch so etwas wie eine Todesfalle: der Blitzschlag ist im Magaliesberg stärker (wegen des Eisens in den Bergen) als fast überall sonst auf der Welt, und eine Menge britischer Soldaten verloren ihr Leben, weil sie vom Blitz getroffen wurden.

Die Kommandostrategie war eine unkonventionelle Kriegsführung, und die Briten hatten noch nie zuvor so etwas erlebt. Während der beiden folgenden Weltkriege wurde Smuts auch zu einem gefragten Militärberater der Briten, wobei die Briten in besonderen Situationen Ideen verwendeten, die von den Burenkommandos inspiriert waren.

Die Burenkommandos waren auch deshalb erfolgreich, weil sie mobil waren: die Buren hatten Pferde, sie kannten das Land gut und waren ausgezeichnete Schützen. Die Briten erkannten schnell, dass auch sie Pferde benötigten, die später importiert wurden. Für die britischen Kriegsanstrengungen wurden rund 200.000 Pferde und Maultiere von Washington in den Vereinigten Staaten nach Südafrika geschickt.[23] Das Futter zur Ergänzung des Pferdefutters (weil in Südafrika Winterzeit war) wurde aus Argentinien gebracht und enthielt die Samen der üppigen Kosmosblume - ein Unkraut, das nun im Herbst die Nationalstraßen um Johannesburg säumt. Die Vereinigten Staaten schickten auch Waren wie Corned Beef in Dosen, Stiefel, Schießpulver und Schusswaffen für die britischen Truppen.

Die Burenkommandos lebten von dem Land und kehrten, wenn sie konnten, zu ihren Farmen zurück. Dies war der Auslöser für die nächste Phase des Krieges, die später eingeleitet wurde und von der Liberalen Partei in Großbritannien als 'Methoden der Barbarei' kritisiert wurden.[24] Roberts und Kitchener griffen zu einer Taktik, die sie in Asien angewandt hatten: Sie markierten die Landschaft in Abschnitte, indem sie etwa 8.000 Blockhäuser bauten,[25] und fingen an, Farmen abzubrennen und Vieh zu vernichten, was den Männern die Heimkehr unmöglich machte. Die Briten glaubten, dass dies den Krieg zu Ende bringen würde, aber die Folgen waren schrecklich. 1901 kehrte Roberts nach England zurück und verließ Kitchener als Oberbefehlshaber in einer schwierigen Situation.

Burenfrauen und -kinder, die vertrieben worden waren, sowie eine kleine Anzahl älterer Männer und einiger hensoppers (Buren, die ihre Waffen niedergelegt hatten) und ihrer Familien wurden zusammengetrieben und in Lager gebracht, die hastig und ohne Rücksicht auf die Hygiene und andere Bedürfnisse errichtet wurden. Die Konzentration der Menschen in diesen Lagern führte dazu, dass sie als 'Konzentrationslager' bezeichnet wurden. Es gab etwa 50 bis 60 Lager für Weiße im ganzen Land und etwa 67 Lager für Schwarze, hauptsächlich entlang der Eisenbahnstrecken von Bloemfontein nach Pretoria und Nelspruit. Entgegen der landläufigen Meinung waren die Lager in Südafrika nicht die ersten Konzentrationslager,[26] aber sie waren die am weitesten verbreiteten und berüchtigsten. Krankheiten wie Masern, Durchfall, Windpocken und Diphtherie und verbreiteten sich unter den überfüllten Bedingungen schnell, und die Sterblichkeitsrate, insbesondere bei kleinen Kindern, war erschreckend. Es wird geschätzt, dass etwa 28.000 Burenfrauen und -kinder und eine unbekannte, aber ähnliche Zahl von Schwarzen in diesen Lagern starben. Diese Zahlen übersteigen die Zahl der Soldaten, die auf dem Feld starben: geschätzte 22.000 Briten (von denen etwa zwei Drittel an Krankheiten starben) und 7.000 Buren.[27]

Die Lager variierten je nach Standort und den sie verwaltenden Beamten, und in einigen Fällen waren die Bedingungen nicht so schlecht wie in anderen. Es gibt Berichte von Freundlichkeit: Eine Geschichte erzählt von einem britischen Lagerbeamten, der mit dem Fahrrad in die nächste Stadt fuhr, um Eis für den Hals eines von Diphtherie betroffenen Kindes zu bekommen, und dann die ganze Nacht bei der Mutter saß, bis das Fieber vorbei war.[28] Das Eis half, die Muskeln des geschwollenen Halses zusammenzuziehen und das Kind zum Atmen zu bringen.

Dennoch waren die Bedingungen in den meisten Fällen katastrophal. Die britische Sozialarbeiterin und Anti-Kriegs-Pazifistin Emily Hobhouse gründete in England einen Hilfsfonds, als sie von der Politik der verbrannten Erde hörte, die Burenfrauen und Kinder obdachlos machte. Sie reiste mit Nahrungsmitteln und Kleidung, insbesondere für Babys, nach Südafrika und sah die eingerichteten Lager. Dann berichtete sie an den britischen Oppositionsführer Sir Henry Campbell-Bannerman in London, der über das, was sie ihm beschrieb, entsetzt war.[29] Die in Kap lebende Autorin und Feministin Olive Schreiner war eine weitere Frau, die die Grausamkeiten des Lagersystems aufdeckte.

Emily Hobhouse konzentrierte ihre Bemühungen auf die Lager für Weiße, sagte aber bei einer Gelegenheit, dass sie sich wünschte, es gäbe mehr Zeit, den Schwarzen zu helfen, da ihre Leiden noch schlimmer waren. In den Jahren nach dem Krieg wurde sie zur Heldin der Afrikaner, und als sie 1926 in England starb, wurde ihre Asche nach Südafrika zurückgebracht und am Fuße des Women's Memorial in Bloemfontein begraben. Hobhouse war zu krank, um an der Enthüllung der Gedenkstätte im Jahr 1913 teilzunehmen, hatte aber eine Rede vorbereitet, um deren Verlesung sie bat: Darin forderte sie insbesondere, dass an die Frauen aller Rassen erinnert werde, die im Krieg gelitten hätten.[30]

In jüngster Zeit wurde versucht, den Standort der Konzentrationslager für Schwarze zu finden. Richtige Statistiken wurden nie geführt, und nur wenige schriftliche Aufzeichnungen beziehen sich auf diese Lager. Im Jahr 2001 stolperte ein Landwirt in der Nähe von Hopetown am Orange River über einen zerbrochenen Topf und Glasscherben in einem abgelegenen Teil seiner Farm. Bei den anschließenden archäologischen Ausgrabungen wurden die Überreste eines Konzentrationslagers freigelegt, in dem schätzungsweise 1.500 Menschen Platz gefunden hatten.[31]

Die Rolle der Schwarzen im Krieg

Erste Behauptungen besagten, dass der Krieg nur von Briten und Buren geführt worden sei, aber letztendlich waren auch Schwarze, Farbige und Inder betroffen und spielten im Laufe des Krieges eine Vielzahl von Rollen. Am Kap dienten farbige Männer als Stadtwächter und Späher, die die Gemeinden vor den Burenkommandos beschützten, und als dem

Farbigen Abraham Esau das Recht, Waffen zu tragen, verweigert wurde, widersetzte er sich und rekrutierte eine Gruppe, um zu spionieren und den Briten über die Rebellenaktivitäten der Buren Bericht zu erstatten. Im Gegenzug verpflichtete sich eine geheime britische Streitmacht, Calvinia und sein Volk zu schützen. Seine Aktivitäten machten ihn zu einem bedeutenden Mann, und im Februar 1901 wurde er von den Buren hingerichtet.[32]

Eine der die Buren unterstützenden Gruppen wurde als die 'Agterryers' bekannt - Männer, die agter (hinter) den Soldaten herkamen. Es handelte sich um vertrauenswürdige Schwarze und Farbige, die den Kommandos an die Front folgten, die Pferde betreuten, die Ausrüstung transportierten, Späh- und Versandfahrten durchführten und die Verwundeten trugen. Einige Agterryers waren beritten und bewaffnet und nahmen an der Schlacht teil. Insgesamt gab es während des Krieges etwa 12.000 Agterryers. Jeder Bure, der es sich leisten konnte, beschäftigte einen Agterryer.[33]

Es gab auch San (Buschmänner) Agterryers, die den Buren im Gebiet Lake Chrissie im östlichen Transvaal halfen. Die San waren Experten darin, die britischen Truppen unter General Smith-Dorrien zu verfolgen. Ebenso verpflichtete der Burengeneral Piet Cronjé das lokale Volk von Tswana, ihm bei der Belagerung von Mafeking zu helfen, und bewaffnete Schwarze und Farbige wurden während der Belagerung von Ladysmith nachts als Außenposten eingesetzt.

Auf britischer Seite wird geschätzt, dass etwa 100.000 schwarze und farbige Männer bei der Armee beschäftigt waren. Die meisten dienten als Transportarbeiter, Lagerarbeiter, Späher, Meldereiter, Spione und Wachen, aber es gab auch einige bewaffnete Kämpfer. Mohandas Gandhi gründete sein Natal Indian Ambulance Corps mit Mitteln von lokalen Indern. Er und seine Freiwilligen transportierten verwundete Soldaten nach der Schlacht von Colenso auf der Schiene und dienten an vorderster Front bei Spion Kop (Spioenkop) im heutigen KwaZulu-Natal. Interessanterweise waren drei zukünftige Weltführer alle in unterschiedlichen Funktionen bei Spion Kop zugegen: der indische Bürgerrechtsführer Mohandas Gandhi, der zukünftige britische Premierminister Winston Churchill, der dort als Kriegskorrespondent für die Londoner Zeitung The Morning Post tätig war, und der Burengeneral Louis Botha, der 1910 zum ersten Premierminister der südafrikanischen Union wurde.

Während des gesamten Krieges verließ sich die britische Armee auf Häuptlinge in Basutoland, Bechuanaland, Swasiland und der Transkei, um ihre Regionen vor dem Eindringen der Buren zu schützen. Die lokalen Häuptlinge dachten, dass der Sieg über die Buren ihnen mehr Rechte bringen würde. Als Teile von Zululand zwischen Januar und Mai 1900 von Buren besetzt wurden, informierten lokale Häuptlinge die Briten über die Ereignisse dort. Dinuzulu[34] (der Sohn von Cetshwayo) war ein Häuptling, der später ein Regiment zum Schutz der Grenze mobilisierte.

Der Historiker Bernard Mbenga hat gezeigt, wie die Briten die Kgatla[35] auch bei ihrem Feldzug am Pilanesberg (in der heutigen Nordwestprovinz) einsetzen. Die Kgatla hatten ihre eigene Strategie bei der Unterstützung der Briten: sie hofften, einen Teil ihres an die Buren verlorenen Landes zurück zu gewinnen. Die Briten gaben den Kgatla Martini-Henry-Gewehre, was sie am Pilanesberg zu einer wirksamen Streitmacht machte, und viele Buren verließen aus Angst ihre Höfe. Im Juli 1901 dominierten die Kgatla das Gebiet am Pilanesberg bis zum Elands River, so dass die Briten dort keine eigenen Kräfte einsetzen mussten.

Als der Krieg schließlich endete, glaubten die Kgatla, dass sie für ihre Unterstützung der Briten belohnt und sie in der Lage sein würden, die von ihnen besetzten und auf ihrem angestammten Land am Pilanesberg liegenden Farmen zu bekommen. Sie waren enttäuscht. Stattdessen handelten die Briten einen Versöhnungsplan mit den Buren aus und versprachen, die Vorteile ihres Status als Weiße zu erhalten. Den Kgatla wurde befohlen, ihre Gewehre zurückzugeben, aber vieles davon wurde fortgeschmuggelt.

Im Gebiet von Mafeking stand der Tshidi-Zweig der Rolong auf der Seite der Briten, weil sie in den vergangenen Jahrzehnten viel von ihrem Land an die Buren verloren hatten. Eine Truppe von etwa 500 bewaffneten Rolong half bei der Verteidigung der belagerten Stadt Mafeking von innen heraus, und einer ihrer Anführer, Mathakgong, führte von außen Überfälle auf die Buren durch und brachte Burenrinder, die er gefangen genommen hatte, nach Mafeking, um den Nahrungsmittelmangel zu lindern. Er wurde eine legendäre Figur und einer der Helden der Belagerung.[36]

Auch die Rolong-Frauen spielten eine inoffizielle Rolle. Gegen Ende der Belagerung, als viele Schwarze hungerten, durften die Frauen der Rolong gehen, um Nahrung zu finden - Kürbisse, Wildmais, Melonen und andere Früchte sowie Holz – in einiger Entfernung. Da die Frauen unschuldig erschienen, ließen die Buren sie meist ungehindert passieren, aber bei ihrer Rückkehr ins belagerte Mafeking konnten sie über die Positionen und Bewegungen der Buren und ihre Waffenkonzentrationen berichten.

Wie die Kgatla und andere Unterstützer der Briten waren auch die Rolong nach dem Ende des Krieges enttäuscht. Anfang 1902 wurden ihnen die Waffen weggenommen, was sie hilflos machte, als ein Burenkommando ihr Vieh überfiel. Trotz seines Rufs als Gründer der Pfadfinderbewegung kommt Lord Baden-Powell in dieser Geschichte nicht gut weg. Bei der Königlichen Kriegskommission in Südafrika 1903 verzerrte Baden-Powell das Protokoll des Rolong-Beitrags zur Verteidigung von Mafeking: auf die Frage, ob die Rolong bei militärischen Operationen eingesetzt worden seien, sagte er: 'Nein, wir haben versucht, sie dazu zu bringen, ihre Stadt zu verteidigen, aber beim ersten Angriff sind sie weggelaufen.'[37]

Auch schwarze Wanderarbeiter in den Minen waren vom Krieg betroffen. Als die Feindseligkeiten begannen und die Minen geschlossen wurden, wurden diese Arbeiter einfach ohne Schutz nach Hause geschickt. Für Tausende von Zulu-Arbeitern war das besonders traumatisch: die Züge standen still, und es blieb ihnen keine andere Wahl, als den langen Weg nach Hause zu Fuß zurückzulegen. Die Männer sahen sich schutzlos dem strömendem Regen ausgesetzt und waren oft in großer Gefahr, wenn sie durch die Burenlinien gingen.

Außerdem mussten sie in einem vom Krieg zerrütteten Land auf einer Reise, die etwa acht Tage dauerte, Vorräte finden.

John Sidney Marwick war ein junger Beamter, der die Aufgabe hatte, sich um die Zulu-Männer in den Witwatersrand-Minen zu kümmern. In dieser Eigenschaft verhandelte er mit der Krügerregierung, um die zurückkehrenden Zulu-Bergarbeiter auf ihrer Reise vom 6. bis 14. Oktober 1899 zu begleiten. Marwick erhielt die Erlaubnis, solange die Männer zusammenblieben. Die Anwesenheit eines so großen Kontingents von Zulu-Männern, die sich so nah an ihren Linien bewegten, gab den Buren Anlass zur Sorge, aber Marwick konnte im Namen der Bergleute mit dem Burengeneral Piet Joubert und seinen Kommandos verhandeln, die an der Grenze zum Natal warteten. Die Männer wurden durchgelassen. Marwick hatte ein Pferd, das er kranken und kämpfenden Männern überließ. Er war damals erst 20 Jahre alt.[38]

Als in ähnlicher Weise Kimberley von Buren umzingelt und dann belagert wurde, schickte Cecil Rhodes etwa 30.000 schwarze Männer aus den Gefängnissen nach Hause, um die begrenzten Nahrungsmittelvorräte zu schonen. Viele dieser Männer wurden von den Buren erschossen, als sie versuchten, ihren Weg nach Hause zu finden.

Die Rolle der Frauen im Krieg

Frauen spielten im Krieg eine Vielzahl von Rollen. Burenfrauen sahen sich gezwungen, in Abwesenheit ihrer Männer Farmen zu übernehmen, und einige ärgerten sich über die Briten so sehr, dass sie am Krieg teilnehmen wollten. Eine Frau namens Otto Krantz soll ihren Mann über die militärische Strategie beraten haben, und eine junge Frau, Helena Wagner, soll als Mann getarnt in den Schützengräben gekämpft haben.[39] Wenn ihre Männer nach Hause kamen oder versuchten, in die Konzentrationslager zu gelangen, soll ihnen nach einigen Berichten häufig der Sex verweigert und sie gedrängt worden sein, zu ihren Kommandos zurückzukehren.

Als Pretoria an die Briten fiel, führte eine Frau namens Johanna (Hansie) van Warmelo einen Spionagedienst unter den Nasen der britischen Beamten durch. Sie beobachtete beim Herumfahren auf dem Fahrrad ihre Bewegungen und schrieb die Informationen mit Zitronensaft auf die Innenseite von Umschlägen, die sie aus der Stadt zu den Burenkommandos draußen mitnahm. Die Informationen konnten gelesen werden, wenn das Papier erwärmt wurde. Die britischen Offiziere ahnten nicht, dass etwas nicht in Ordnung war, und sie wurde sogar manchmal zu ihren Feiern eingeladen.[40]

Solche Geschichten über die Widerstandsfähigkeit der Burenfrauen, sowohl bei der Großen Wanderung als auch im Burenkriegs, waren wichtige Faktoren für das spätere Anwachsen des Afrikaner-Nationalismus.

In Mafeking und den anderen belagerten Städten rückten auch britische Frauen in den Vordergrund. Frauen, die noch nie außerhalb ihrer Häuser gearbeitet hatten, fanden sich plötzlich in einer Reihe von Funktionen wieder; es wurde als akzeptabel erachtet, dass Frauen der Mittel- und Oberschicht außerhalb des Hauses arbeiten, solange es nicht um Geld ging. Sie wurden Krankenschwestern und Hilfsarbeiter, und einige nähten für die Truppen. Vor Kriegsbeginn gab es im britischen Ärztekorps nur sehr wenige Frauen, trotz des Beispiels von Florence Nightingale vier Jahrzehnte zuvor im Krimkrieg.

Zuerst hielt es die medizinische Abteilung der Armee nicht für angemessen, dass Frauen Männer pflegen, aber bis zum Ende des Krieges hatte das Kriegsministerium die Einrichtung eines ständigen Armeepflegedienstes genehmigt.[41] Junge irisch-katholische Nonnen. die kürzlich in Mafeking angekommen waren, um im Kloster zu dienen, wurden gezwungen, neue Rollen zu übernehmen. Sie wurden Krankenschwestern für die Verwundeten, die meisten von ihnen waren auf die Schrecken, die sie sahen, völlig unvorbereitet und es ist bedauerlich, dass über die Rolle der schwarzen Frauen während des Krieges nicht mehr bekannt ist. Die britische Politik der verbrannten Erde unterschied nicht zwischen weißen und schwarzen Farmen, als sie das Land in Brand setzten. Vertriebene schwarze Frauen und Kinder erlebten die Schrecken der Lager ebenfalls, aber wir kennen ihre Geschichten nicht.

Ausländische Beteiligung am Krieg

Menschen aus aller Welt kamen während des Krieges nach Südafrika, wie die vielen Gräber und Denkmäler zeigen, die es noch gibt - wie das Denkmal für die Skandinavier, die in Magersfontein bei Kimberley getötet wurden. Wahrscheinlich gab es mindestens 2.600 Ausländer in den verschiedenen Freiwilligenkorps und Burenkommandos. Die Länder des Empires (Australien, Neuseeland und Kanada) entsandten Truppen und Hilfe zur Unterstützung Großbritanniens, während die Niederlande, Deutschland, Frankreich, Italien, Irland, Russland und andere die Buren unterstützten. In Deutschland galt das Bild des kantigen, schlecht gekleideten Buren zu Pferd, ohne all den Prunk und die Insignien der britischen Armee, als attraktiv, und in Russland war der Bure auf dem Pferderücken ähnlich dem berittenen Kosaken.[42] Die Irisch-Republikanische Armee (IRA) sollte später ihr Modell Guerilla-Taktiken nach den Kolonnen der Buren entwickeln.

Auch die Amerikaner waren beteiligt. Die amerikanische Geschäftswelt unterstützte die Briten, weil geschätzte 150 Millionen Dollar in südafrikanische Goldminen investiert worden waren.[43] Amerikanische Ingenieure waren aus Gegenden wie Colorado und Nevada gekommen, weil sie über Kenntnisse im Hartgesteinsbergbau verfügten, die in Südafrika bisher unbekannt waren, und spielten eine wichtige Rolle als Berater der Bergbauindustrie. Der amerikanische Ingenieur Hays Hammond war ein wichtiger Berater von Cecil Rhodes und brachte amerikanisches Kapital in den Jameson Raid ein. Die Amerikaner schickten auch dringend benötigte Pferde für die britischen Truppen, die große Entfernungen zurücklegen mussten. Interessanterweise unterstützte die amerikanische Regierung öffentlich die Briten, aber privat sympathisierten viele Amerikaner mit den Buren.

Der Burenkrieg zeichnet sich auch dadurch aus, dass er der erste Krieg der Massenmedien war. Auslandskorrespondenten aus aller Welt, darunter der junge Winston Churchill, der spätere britische Premierminister (1941-1945 und 1951-1955), kamen nach Südafrika, um den

Krieg zu verfolgen. Winston Churchill arbeitete damals für die Londoner Zeitung *The Morning Post*. Am 15. November 1899 fuhr er in einem gepanzerten Zug, der von Buren angegriffen wurde, als er in Natal eine Brücke über den Fluss Blaauwkrantz überquerte. Als der Lokführer das Schießen hörte, erhöhte er die Geschwindigkeit und stieß gegen die Felsbrocken, die die Buren über die Strecke gelegt hatten. Churchill half, die Gleise zu räumen, obwohl er unter Beschuss stand. Er soll gesagt haben: 'Das wird gut für meine Zeitung sein.'[44] Der Lokführer konnte den Rückwärtsgang einlegen und die Verwundeten in Sicherheit bringen, aber Churchill und 70 andere wurden in Pretoria gefangen genommen. Churchill entkam, indem er über eine Mauer kletterte, und kam in Lourenço Marques (Maputo) in Sicherheit. Seine Berichte über die Flucht und den gefährlichen Treck durch das Burengebiet machten ihn weltberühmt.[45]

Der Krieg war auch einer der ersten, dessen Ereignisse von Filmkameras festgehalten wurden, obwohl die Filme hauptsächlich in Amerika nach dem Krieg gedreht wurden. Einige Buren wurden später nach Amerika geschickt, um in den Filmen mitzuspielen und den Produktionen Authentizität zu verleihen, aber die verwendeten Kanonen stammten in Wirklichkeit aus dem amerikanischen Bürgerkrieg!

Das Ende des Krieges

Die zusätzlichen von Großbritannien entsandten Truppen und das sich ausweitende Elend, während der Krieg weiterging, schwächten schließlich den Willen der meisten Burenführer, weiterzumachen, und eine Friedensregelung, bekannt als der Frieden von Vereeniging, wurde im Mai 1902 im Melrose House in Pretoria ausgearbeitet. Die Bedingungen dieses Abkommens verpflichteten die Burenrepubliken, ihre Unabhängigkeit aufzugeben, aber im Gegenzug versprach Großbritannien wirtschaftliche Unterstützung für den Wiederaufbau nach dem Krieg.[46]

In den späteren Phasen des Krieges hatten einige ärmere Afrikaner den Glauben an die republikanische Sache verloren und dienten als Späher in den britischen Streitkräften gegen ihre ehemaligen Kameraden. Das Land stand ebenfalls kurz vor einem Bürgerkrieg. Afrikaner, die begonnen hatten, mit den Briten zusammenzuarbeiten, wurden von anderen Afrikanern als *hensoppers* bezeichnet, insbesondere die *bittereinders*, die so genannt wurden, weil sie entschlossen waren, den Krieg bis zum bitteren Ende durchzuhalten.

Hensoppers bedeutet 'Hände hoch', denn als sich diese Männer dem Feind ergaben oder überliefen, taten sie dies typischerweise mit erhobenen Händen. *Hensoppers* wurden von anderen Afrikanern auch lange nach Kriegsende verachtet, eine Abneigung, die *broedertwis* (Bruderzwist) verursachte und Familien auseinanderriss. Der Historiker Albert Grundlingh beschreibt die Fehde zwischen den beiden Brüdern, den beiden Burengenerälen Piet und Christiaan de Wet. Als Piet de Wet und sein Stab in Kroonstad die Waffen niederlegten, sagte Piet, es solle das weitere Leiden seines Volkes beenden, aber sein Bruder Christiaan stimmte nicht zu. Bei einem nachfolgenden Treffen in Kroonstad sagte Christiaan, dass *hensoppers* 'Mörder ihres eigenen Volks' seien, und als sein Bruder Piet zu der Stelle kam, wo Christiaan etwas trinken wollte, ging Christiaan sofort weg, anstatt dem Platz mit einem Mann zu teilen, den er als Verräter betrachtete. In seinen Memoiren macht Christiaan de Wet die *hensoppers* für den Verlust des Krieges verantwortlich.[47] Er und sein Bruder versöhnten sich niemals mehr.

Bedeutung des Krieges heute

Im demokratischen Südafrika nach 1994 gab es Versuche, das Erscheinungsbild des Krieges umfassender zu machen. 1996 lud die ANC Women's League die Ehefrauen einiger prominenter afrikanischer Politiker ein, sich ihnen zu einem Gedenkmarsch anzuschließen, um die ‚Einheit der südafrikanischen Frauen zu festigen', denn Afrikaner und schwarze Frauen teilen eine Geschichte imperialer und kolonialer Brutalität. In ähnlicher Weise beurteilte ein ANC-Richter des südafrikanischen Verfassungsgerichts den Krieg als Teil der Geschichte des Kampfes für die Freiheit und - ironischerweise im Hinblick auf die Ereignisse der Folgejahre - lobte den heroischen Kampf der Burenkämpfer.[48]

Es gibt wenig Beweise dafür, dass der Burenkrieg eine gemeinsame Geschichte über die Rassengrenzen hinweg hat. Vielleicht wird er irgendwann als eine entfernte Episode aus einer verschwundenen europäischen imperialen Vergangenheit angesehen werden.[49]

Die Milner-Verwaltung, 1902-1905

Nachdem 1902 in Vereeniging der Frieden unterzeichnet worden war, erklärten die Briten die Souveränität über die ehemaligen Burenrepubliken, erlaubten den Buren dann aber in einer Demonstration der Großherzigkeit freie Kommunalwahlen, was ihnen wiederum ein gewisses Maß an Selbstverwaltung gab. Die britische Regierung stand bis dahin unter Alfred Milner, unterstützt von jungen, unerfahrenen und anscheinend arroganten Absolventen britischer Universitäten, hauptsächlich aus Oxford, die sich alle seinen Ansichten zum Imperialismus anschlossen. Sie wurden als 'Milner's Kindergarten der kleinen Puppen' bekannt.[50] Tatsächlich leisteten einige von ihnen gute rekonstruktive Arbeit, aber ihre Anwesenheit passte nicht gut zu den Buren: der ehemalige Burenkriegsgeneral Jan Smuts, selbst ein Cambridge-Absolvent und erst 32 Jahre alt, kommentierte, dass es für Milner ein solcher Trost sei, 'eine kleine Kindergarten-Puppenshow zu haben - ganz allein, sich nach seinem Segen zu bewegen, keine lästigen Fragen zu stellen...'[51]

Milner begann eine bewusste Politik der Anglisierung und machte kein Geheimnis daraus, dass er der Meinung war, dass die Sprache und Kultur des Afrikaans minderwertig sei und unterdrückt werden müsse. Er war eines der Gründungsmitglieder des 1895 gegründeten Witwatersrand's Council of Education zur Förderung der englischsprachigen Bildung, obwohl er keine eigenen Kinder hatte.[52] Der Rat wurde gegründet, um einen echten Bedarf an Grundschulbildung auf dem Witwatersrand zu decken und dem Einfluss der Niederländer in staatlich geförderten Schulen entgegenzuwirken. Die ersten vom Rat geförderten Schulen für Englischsprachige waren sowohl staatliche als auch private Schulen, darunter so bekannte Schulen wie Jeppe Boys, King Edward, St John's College und St Mary's.

Milner und sein 'Kindergarten' hatten nach dem Burenkrieg eine enorme Wiederaufbauaufgabe vor sich. Sie begannen damit, 31.000 Burenkriegsgefangene von St. Helena, den Bermudas, Ceylon und anderen Orten zurückzuholen und sie auf ihre Höfe zu bringen, wenn diese noch standen. Denjenigen, deren Betriebe abgebrannt waren, wurden finanzielle und andere Hilfen gewährt. Schätzungsweise 30.000 Burenfarmen waren im Laufe des Krieges zerstört worden.[53]

Das Gleiche galt nicht für schwarze Farmer. Eine Kommission unter Sir Godfrey Langdon entschied, dass Schwarze an strategisch günstig gelegenen Orten angesiedelt werden sollten, damit ihre Arbeitskräfte in Minen und Industrien gelockt werden konnten, wo sie gebraucht wurden. Dies war der Beginn einer offiziellen Trennungspolitik, die in den kommenden Jahren ausgebaut werden sollte.

Die britische Regierung versuchte dann, die Bergbauindustrie wieder auf das Produktionsniveau der Vorkriegszeit zurückzuführen und die Infrastruktur bereitzustellen, um die Desertionen aus den Minen abzustellen und ein ausreichendes Angebot an billiger schwarzer Arbeit aufrechtzuerhalten. Ihre Bemühungen waren weitgehend erfolgreich - sicherlich aus der Sicht der Bergleute. Eine der spürbaren 'Verbesserungen' war, dass durch strengere Kontrollen die Löhne für schwarze Arbeiter gesenkt werden konnten.

Wenige Jahre später, 1910, geschah das fast Undenkbare. Die ehemaligen Gegner, die Briten und die Buren, versammelten sich in einer Union unter der britischen Krone, und das erste Unionskabinett hatte die gleiche Anzahl von englischsprachigen und afrikaanssprachigen Mitgliedern.

KAPITEL 8

Union, der Aufstieg des Nationalismus, Widerstandsbewegungen, Erster Weltkrieg (1914-1918) und die PACT-Regierung (1924-1929)

Das erste Kabinett der Union und die Hauptstädte

Die langjährigen Föderationsambitionen der Briten in Südafrika fanden ihren Niederschlag in der Gründung der Union Südafrikas im Jahr 1910. Der britische Verwalter Alfred Milner spielte dabei eine große Rolle, bevor er 1905 aus Südafrika abreiste. Er überzeugte die Führer aller vier ‚Kolonien'[1] von den Vorteilen einer Union, weil dies den wirtschaftlichen Wettbewerb zwischen ihnen beseitigen würde; zu diesem Zweck schuf er eine südafrikanische Zollunion und ein einheitliches zentralafrikanisches Eisenbahnsystem, um Zölle und andere Steuern zu vermeiden, die beim Transport von Waren von einer Kolonie zur anderen gezahlt würden. Sein Nachfolger, Lord Selborne[2] (Hochkommissar in Südafrika, 1905-1910), setzte diese Politik fort und forderte auch die politische Einigung. Zu diesem Zweck fand 1908 und 1909 eine Nationalkonferenz[3] statt, und am 31. Mai 1910 entstand die Union Südafrikas.

Louis Botha wurde zum ersten Premierminister der Union ernannt, mit Jan Smuts als seinem Stellvertreter. Der englische König wurde in Südafrika durch einen Generalgouverneur vertreten, aber die effektive Macht lag in den Händen des südafrikanischen Premierministers und seines Parlaments. Sowohl Botha als auch Smuts waren Burengeneräle im bitteren Burenkrieg gewesen. Ihr Ziel war es nun, die Buren und die Briten zu versöhnen. Jan Smuts schloss sich den Worten von Präsident Abraham Lincoln in Gettysburg am Ende des amerikanischen Bürgerkriegs von 1865 an und sagte, es sei an der Zeit, 'zu vergeben und zu vergessen, die alten Wunden zu verbinden und die Zukunft glücklicher zu gestalten als in der Vergangenheit'.[4] Es handelte sich um die Wunden zwischen den Engländern und Afrikanern: Sowohl Botha als auch Smuts glaubten, dass die Fusion der weißen Rasse unerlässlich sei, wenn sie in einem Land überleben wollten, in dem sie den Schwarzen zu fast fünf zu eins unterlegen waren.

Die Interessen ehemaliger Feinde führten dazu, dass es Meinungsverschiedenheiten darüber gab, wo die Hauptstadt der neuen Union liegen sollte. Dies wurde dadurch gelöst, dass drei der Provinzen (Cape, Transvaal und Orange Free State) einen Teil der Hauptstadt und einen finanziellen Ausgleich für die vierte (Natal) erhielten - eine Regelung, die noch heute gilt. Südafrika verfügt nach wie vor über drei Hauptstädte: Kapstadt (Sitz des Parlaments und der gesetzgebenden Hauptstadt), Pretoria (Sitz des Präsidenten und seines Kabinetts und der Verwaltungshauptstadt) und Bloemfontein (der Gerichtshauptstadt).

Jan Smuts

Louis Botha und Jan Smuts verband eine Freundschaft und Unterstützung füreinander, die in der damaligen Politik bemerkenswert war. Botha war bei den Menschen zu Hause der beliebtere der beiden, während Smuts in Übersee berühmt wurde und dazu bestimmt war, Südafrika auf die Weltkarte zu setzen, wie es kein Staatsmann zuvor getan hatte.

Als kleiner Junge hatte Smuts auf dem Bauernhof seiner Eltern in der Nähe des Dorfes Riebeeck West in einem abgelegenen Teil der Kapkolonie Vieh gehütet. Seine Vorfahren hatten das Land seit dem späten 17. Jahrhundert bewirtschaftet, und Smuts war als ein typischer *boereseun*[5] aufgewachsen. In den damals traditionell großen Afrikanerfamilien ging nur der älteste Sohn zur Schule. 1882, als Smuts zwölf Jahre alt war, starb sein älterer Bruder an Typhus, und er nahm den Platz seines Bruders ein und ging zur Schule.

Smuts hatte einen brillanten Verstand und holte schnell auf. 1891 erhielt er ein Stipendium für das Studium der Rechtswissenschaften in Cambridge, wo er englische Freunde fand und eine Reihe von Fächern studierte, darunter Klassiker, Literatur (insbesondere die Werke von Shakespeare, Shelley und Walt Witman), Botanik und Philosophie. Es war auch während seiner Zeit in Cambridge, als er seine Theorie des 'Holismus' entwickelte, die er als 'die Tendenz in der Natur' definierte, 'Löcher zu bilden, die größer sind als die Summe der Teile durch kreative Evolution'.[6] Smuts glaubte, dass kleine Einheiten benötigt wurden, um größere Löcher zu bilden, und dass der Fortschritt auf diesem Weg läge - daher sein Glaube an die Union von Südafrika, den Völkerbund und die Vereinten Nationen, die er alle mit aufgebaut hat. Es war der Holismus, der seinen Glauben bestärkte, dass Südafrika Großbritannien als den alten Feind der Afrikaner brauchte, um Teil des Konzepts zu werden, das sich zu entwickeln begann: ein britisches Commonwealth, in dem die Nationen unter der britischen Krone frei assoziiert werden konnten. Sein Denken war für die damalige Zeit ungewöhnlich, besonders für jemanden, dessen Leben auf einem einfachen Bauernhof begann.

Smuts schloss sein Studium in Cambridge mit einem doppelten ersten Platz ab und hätte eine akademische Karriere verfolgen können. Einer seiner Juraprofessoren beschrieb ihn als den brillantesten Studenten, den er je hatte, und der Leiter des Christ College Cambridge, Lord Todd, sagte, dass in den 500 Jahren der Geschichte des Colleges von all seinen Mitgliedern in Vergangenheit und Gegenwart nur drei wirklich herausragend gewesen seien: John Milton, Charles Darwin und Jan Smuts.

Smuts war ein Gelehrter und hätte sich niemals für ein Leben im Krieg entschieden. Dennoch sollte er drei große Kriege erleben: dem Burenkrieg (1899-1902), dem Ersten Weltkrieg (1914-1918) und dem Zweiten Weltkrieg (1939-1945). Er sah nichts Unvereinbares in der Tatsache, dass er ein Burengeneral war, der im Burenkrieg gegen die Briten kämpfte, und dann in zwei Weltkriegen als Soldat an der Seite Großbritanniens. In jedem Fall, sagte er, kämpfte er für die Freiheit.

Seine persönliche Tapferkeit wurde schon damals festgestellt. In der Afrikaner-Rebellion von 1914 und erneut während des Streiks der weißen Bergleute 1922 fuhr er in einem offenen Auto in die Mitte der Rebellen, während es um ihn herum Kugeln regnete. Einer seiner Kollegen, General Coen Brits, sagte, Smuts sei der mutigste Mann, den er je kannte, und Winston Churchill schrieb eine Botschaft, um ihm zu seiner Flucht zu gratulieren. ‘ Passen Sie auf sich auf’, schrieb er. Ihr Leben ist für Südafrika und das Britische Empire von unschätzbarem Wert.’[7]

Der Aufstieg von Nationalismus und Widerstandsbewegungen

In den ersten Jahren des 20. Jahrhunderts erwachte sowohl der Afrikaner- als auch der afrikanische Nationalismus, beide aufgrund von Entbehrungen und Verlusten, die sie in den vorangegangenen Jahrzehnten erlebt hatten.

Unmittelbar nach dem Burenkrieg befanden sich die Afrikaner in einer Krise, insbesondere im Freistaat und im Transvaal. Sie waren im

Krieg besiegt worden, viele hatten ihre Farmen verloren und viele tausend afrikanische Frauen und Kinder waren in Konzentrationslagern gestorben. Die Autorin Olive Schreiner sagte voraus, dass es für die Afrikaner vorbei sei und dass innerhalb von 50 Jahren die Sprache des Afrikaans kaum noch gesprochen oder gehört werden würde - außer aus Neugierde.[8] Wie sich herausstellte, hatte sie Unrecht: 50 Jahre später würden die Afrikaner Südafrika regieren, nachdem sie 1948 die Wahlen gewonnen hatten. Es ist eine bemerkenswerte Geschichte der Wiedergeburt.

Schon vor dem Krieg hatte es Erregungen eines nationalistischen Geistes der Afrikaner gegeben, aber das Trauma des Krieges sollte zum Ansporn für ein beschleunigtes Gefühl des Nationalismus werden. In den Jahren nach dem Krieg wuchs die Zahl der nationalistischen Afrikaner-Schriftsteller und Dichter, die emotionale Geschichten über das Leid und das Heldentum der Afrikaner schrieben. Gustav Preller zum Beispiel sammelte Geschichten von den Nachkommen der noch lebenden Voortrekker und veröffentlichte sie in Bänden namens *Voortrekker Mense* ('das Volk der Voortrekker'), und Dichter wie Jan Celliers schrieben Gedichte wie '*Dis al*' ('Das ist alles'), welches von einem Buren handelt, der aus dem Exil zurückkehrt, um nichts mehr von seinem Hof übrig zu finden.

1904 starb der ehemalige Transvaal-Präsident Paul Kruger in der Schweiz und die Emotionen wurden geweckt, als sein Körper zur Bestattung nach Pretoria gebracht wurde. Die Gründung der Afrikaner-Nationalpartei im Jahr 1914 und der extremeren Gereinigten Nationalpartei zwei Jahrzehnte später sowie die sorgfältig organisierten Veranstaltungen der Afrikanerorganisationen in den 1930er Jahren sollten zu einem wachsenden nationalistischen Eifer beitragen.

Die Umstände für schwarze Südafrikaner boten einen ähnlichen Anreiz für den Aufstieg des nationalistischen Eifers. Nach dem Burenkrieg wurde nicht viel getan, um sie zu rehabilitieren, und ihr Schicksal war unter einer Union wahrscheinlich nicht besser als zuvor. Keine schwarzen Vertreter wurden zu dem so genannten 'Nationalkonvent' eingeladen, der sich 1908-1909 traf, um über die Ausgestaltung der Union zu diskutieren. Nur wenige einzelne Schwarze hatten das Wahlrecht in den ehemaligen britischen Kolonien Kap und Natal, nachdem sie sich auf der Grundlage von Einkommen oder Eigentum qualifiziert hatten - dieses Recht sollte ihnen 1936 entzogen werden. Kein Schwarzer hatte dieses Recht in den ehemaligen Burenrepubliken Transvaal und Oranjefreistaat.

Die African People's Organisation (APO)

In den frühen Jahren des 20. Jahrhunderts entstanden eine Reihe von schwarzen politischen Organisationen. Am Kap wurde 1903 die African People's Organisation (APO) gegründet. 1909 gingen neun ihrer Mitglieder zusammen mit dem weißen Politiker WP Schreiner[9] nach London, um gegen die Regierung der Union zu protestieren, die die Schwarzen ausgeschlossen hatte. Die Delegation war nicht erfolgreich, und die wahrscheinlichste Erklärung dafür war, dass Großbritannien so kurz nach dem Burenkrieg den fragilen Frieden zwischen den Afrikanern und den Briten nicht belasten wollte.

1905 wurde Dr. Abdullah Abdurahman Führer der APO, eine Position, die er für die nächsten 35 Jahre innehaben sollte. Dr. Abdurahmans Großeltern waren Sklaven gewesen, die es geschafft hatten, ihre Freiheit am Kap zu kaufen. Er studierte an der Glasgow University und wurde 1888 Arzt. 1893 kehrte er nach Südafrika zurück, um eine Praxis zu gründen - der erste Mann malaiischer Herkunft in Südafrika, der dies tat. Dr. Abdurahman war Mitglied des Cape Provincial Council und beriet in Angelegenheiten, die schwarze und farbige Menschen betrafen. Er hatte auch mit Besorgnis die Auswirkungen der Kommentare eines damals jungen Professor namens Hendrik Verwoerd zur Kenntnis genommen, der bereits Ideen befürwortete, die später zur Politik der Apartheid wurden.

Das Bodengesetz und die Gründung der SANNC

1912 wurde der South African Native National Congress (SANNC) von vier Anwälten unter der Leitung von Pixley ka Isaka Seme (was 'Pixley Sohn des Isaka Seme' bedeutet) gegründet. Die anderen drei Gründungsmitglieder waren Alfred Mangena, Richard Msimang und George Montsioa. Sie waren alle im Ausland ausgebildet worden. Semes frühe Ausbildung erfolgte an einer Missionsschule in Natal, wo er den Name 'Pixley' von einem amerikanischen Missionar, Reverend SC Pixley übernahm, der sich um ihn kümmerte, nachdem seine Eltern gestorben waren. Reverend Pixley veranlasste, dass er im Ausland unterrichtet wurde, und Seme schloss sein Studium anschließend mit einem BA-Abschluss der Columbia University in New York und einem Jura-Abschluss in Oxford ab. Einer der Menschen, die ihn beeinflussten, war der schwarze amerikanische Pädagoge und ehemalige Sklave Booker T. Washington. Washington sprach sich nicht für Konfrontation oder aggressiven Widerstand gegen Diskriminierung aus, sondern dafür, dass

Programme zur Ausbildung schwarzer Menschen eingeführt würden, die es ihnen ermöglichten, sich Kenntnisse anzueignen.

Der SANNC war eher eine Interessengruppe als eine politische Partei, und seine frühen Mitglieder und Aktivisten waren eine Elitegruppe von kleinen Geschäftsleuten, Lehrern, Angestellten und Geistlichen - allesamt angesehene Männer, die gegen alle Widerstände Bildungserfolge erzielt hatten. Dazu gehörte auch Salomon (Sol) Plaatje, der mehrere Sprachen sprach und im Burenkrieg bei der Belagerung von Mafeking als Dolmetscher für die Briten fungiert hatte. Er hatte auch Essays und Bücher über das afrikanische Leben geschrieben, wie es von Afrikanern erlebt wurde. Er wurde Generalsekretär der neuen Organisation, und Pixley Semes Cousin John Dube sein erster Präsident. 1903 hatte John Dube die Zeitung Ilanga lase Natal ('The Natal Sun') gegründet, in der afrikanische Bestrebungen beschrieben wurden.[10]

Wie bei ihrem amerikanischen Amtskollegen, Booker T. Washington, wurden die Forderungen der frühen SANNC-Führer an die Regierung der Union vernünftig und eloquent formuliert. Sie forderten Chancengleichheit und schrittweise Eingliederung in die Regierung, basierend auf dem Verdienst. Ihre Forderungen wurden abgelehnt.

1913 betraf das erste von der neuen Regierung der Union verabschiedete Gesetz das Land in Südafrika. Dies war das Bodengesetz von 1913, und es spiegelte die Trennungsvorschläge einer Kommission wider, die während der Amtszeit von Milner (1903-1905) eingesetzt wurde und von Godfrey Lagden, dem damaligen Minister für 'native' Angelegenheiten geleitet wurde. Das Gesetz machte es mit Ausnahme der abgegrenzten Reservate für Schwarze illegal, Land zu kaufen oder zu pachten. Diese beschränkte den schwarzen Landbesitz auf weniger als 8 Prozent des Landes in Südafrika. Es machte es für schwarze Bauern auch illegal, das Land mit weißen Farmern in einem System der 'halben Landwirtschaft' zu teilen, was in der Vergangenheit ziemlich gut funktioniert hatte: der schwarze Farmer konnte für den weißen Farmer arbeiten, aber auch etwas Land für seine persönlichen Bedürfnisse bebauen. Unter dem Gesetz wurden Tausende von Schwarzen gezwungen, umzuziehen.

Das Bodengesetz von 1913 legte den Grundstein für die nachfolgenden Bodengesetze von 1923 und 1936 und für die Politik der getrennten Homelands, die in den 1950er Jahren folgten. Die Bodengesetze und die damit verbundenen Richtlinien waren restriktiv, ließen Millionen von Menschen ihr Leben lang benachteiligt und schufen soziale und wirtschaftliche Probleme, die nie gelöst wurden. Im Juni

1983, am 70. Jahrestag des ersten Landgesetzes, organisierten Mitglieder der Black Sash,[11], einer Widerstandsbewegung weißer Frauen, eine einwöchige landesweite Kampagne, um die öffentliche Aufmerksamkeit auf die Auswirkungen dieses Gesetzes zu lenken.

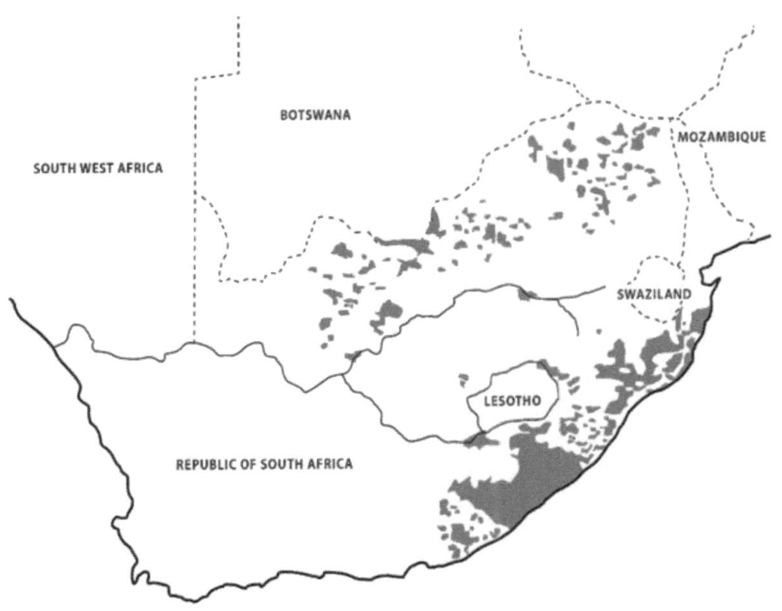

KARTE 21 Die Auswirkungen des Landesgesetzes von 1913. Die schwarz schattierten Flächen zeigen die Fläche, die den schwarzen Farmern zugeteilt wurde.

Eines der ersten Projekte des neu gegründeten SANNC war der Protest gegen das Bodengesetz. Im Juli 1913, einen Monat nach der Verkündung des Gesetzes, fuhren Sol Plaatje und seine Kollegen mit dem Fahrrad durch das Land und stellten fest, dass die Menschen ihre früheren Häuser, ihre Tiere und ihren kargen Besitz verlassen mussten. Unter den harten Winterbedingungen starben kleine Kinder ebenso wie neugeborene Ziegen und Schafe an den Belastungen. Plaatje legte den Beweis für das Gesehene in Native Life in South Africa, einem 1916 veröffentlichten Buch, nieder. Seine damaligen Beobachtungen stießen ein Jahrhundert später auf erneutes Interesse.

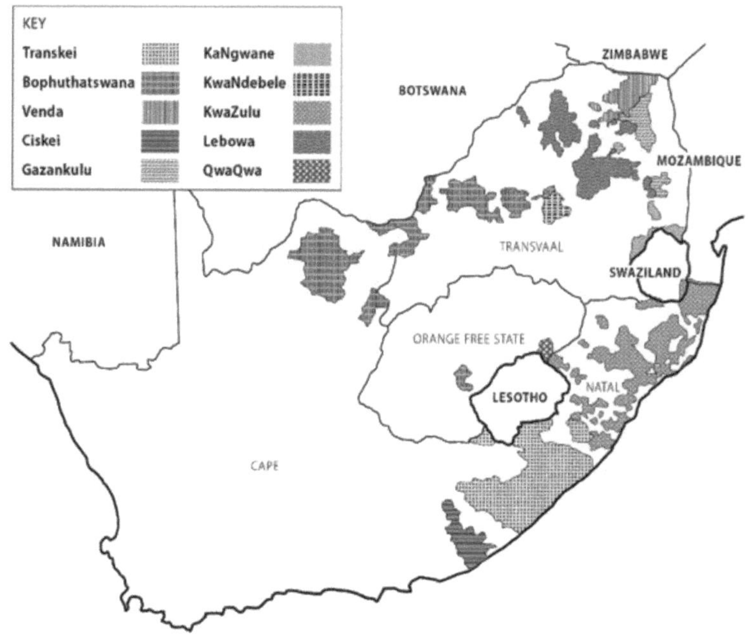

KARTE 22 Land, das 1976 den Schwarzen als 'Homelands' zugewiesen wurde. Das ursprüngliche Muster des Landes, das 1913 den Schwarzen zugewiesen wurde, war noch vorhanden, aber konsolidierter und leicht erhöht. Die verschiedenen Muster zeigen die Homelands, die den verschiedenen Gruppen zugeordnet sind (Zulu, Xhosa, Venda, etc.). Erst 1991 wurde das Bodengesetz endgültig aufgehoben.

1923 wurde der SANNC auf einer Konferenz in Bloemfontein in African National Congress (ANC) umbenannt. In den 1940er Jahren war der ANC zu einer Massenorganisation geworden, und innerhalb des ANC hatte die Congress Youth League (ANCYL) einen militanteren Ansatz gewählt. Frühe Widerstandsaktivitäten wurden jedoch nicht nur von Männern dominiert: Bereits 1913 gab es Hinweise auf Oppositionsbewegungen von Frauen.

Das Pass-System und einige frühe Frauenaktivistinnen

Das Pass-System für Schwarze begann bereits 1872, als auf den Diamantenfeldern in Kimberley Arbeitskräfte benötigt wurden.[12] Pässe waren wie Passdokumente; Landarbeiter wurden in Arbeitsämtern registriert und erhielten dann Pässe, um nach Arbeit in bestimmten Gebieten zu suchen. Das System breitete sich auf die Goldminen aus, nachdem 1886 auf dem Witwatersrand Gold entdeckt wurde. Hütten- und andere Steuern wurden erhoben, um die Männern dazu zu bringen, die ländlichen Gebiete zu verlassen und in den Minen zu arbeiten, um die Steuern zu zahlen. Das System schränkte ihre Bewegungsfreiheit ein und wurde konsequent durchgesetzt.

Als Frauen begannen, den Männern in die Bergbaugebiete zu folgen, mussten auch sie Pässe haben, obwohl es Zeiten gab, in denen die Pässe für Frauen für kurze Zeit gelockert wurden, nur um danach wieder eingesetzt zu werden.[13] 1913 verbrannte in dem wahrscheinlich ersten Frauenprotest in Südafrika eine Gruppe schwarzer Frauen unter der Führung von Charlotte Maxeke ihre Pässe vor dem Gemeindeamt in Bloemfontein.

Charlotte Maxeke wurde 1871 in Limpopo als Charlotte Mannya geboren, wo sie eine elementare Missionsstationsausbildung erhielt. Danach wurde sie Sozialarbeiterin und Leiterin der Afrikanischen Methodistischen Episkopalkirche. 1891 hatte Maxeke als junge Frau von zwanzig Jahren die ungewöhnliche Auszeichnung, für Queen Victoria zu singen. Sie und ihre Schwester Katie waren Mitglieder eines Chores, der im Rahmen der Jubiläumsfeierlichkeiten von Königin Victoria nach Großbritannien ging. Sie traten mit anderen Chören im Crystal Palace auf und sangen Lieder über Arbeit, Jagd und soziale Anlässe, die mit ihrer Kultur verbunden sind. Für einen Teil ihres Auftritts trugen sie traditionelle afrikanische Kleidung, zogen sich dann aber viktorianische Kleidung an und wurden dem Publikum als Heiden vorgestellt, die das Christentum angenommen hätten.[14]

Der Chor ging dann auf Tournee nach Kanada und in die Vereinigten Staaten, wo sie ihren zukünftigen Ehemann Marshall Maxeke traf und von zwei anglikanischen Bischöfen darin unterstützt wurde, an der Wilberforce University in Ohio zu studieren. Sie schloss ihr Studium 1903 mit einem Doktortitel in Kunst- und Geisteswissenschaften ab - als erste schwarze Südafrikanerin, die promovierte. Nach ihrer Rückkehr nach Südafrika begann sie, sich für die Rechte der Frauen einzusetzen.

1913 veranstalteten Maxeke und ihre Anhänger Protestmärsche, sangen Parolen und kämpften mit der Polizei. Viele der Frauen wurden verhaftet, aber ihr Mut blieb nicht stehen. 'Es ist ihnen egal', schrieb Sol Plaatje in seiner Zeitung *Tsala ea Batho* ('Der Freund des Volkes'), nachdem er einige der Frauen im Gefängnis von Kroonstad besucht hatte, 'auch wenn sie im Gefängnis sterben'. 1918 leitete Maxeke eine

Delegation im Büro von Premierminister Louis Botha und protestierte erneut gegen die Problematik der Pässe und anderer Missstände. Im selben Jahr gründete sie die Bantu Women's League des SANNC (eine Vorläuferin der späteren Women's League des ANC). Die meisten Mitglieder der Bantu Women's League waren ländlich, arm und nicht gebildet, und die Liga fand wenig finanzielle Unterstützung. Das Geld kam zum Teil durch Teeparties und kleine Spenden für sie zusammen.[15]

Ähnliche Proteste gab es 1919 und 1920, als Maxeke auf dem Witwatersrand Demonstrationen gegen Niedriglöhne anführte und an der Gründung der Industrie- und Handelsarbeitergewerkschaft (ICU) teilnahm. Es mag an ihrem Einfluss gelegen haben, dass zumindest zu Lebzeiten (sie starb 1939) die Pässe für Frauen für kurze Zeiträume gelockert wurden und nie ganz so streng auf Frauen angewendet wurden wie auf Männer.

Charlotte Maxeke wurde als 'die Mutter der schwarzen Freiheit in Südafrika' bezeichnet. Im Jahr 2008 wurde das ehemalige Johannesburg General Hospital in Parktown zu ihren Ehren in Charlotte Maxeke Academic Hospital umbenannt.

Zainunnisa ('Cissie') Gool (1897-1963), Tochter des APO-Chefs Dr. Abdurahman, war eine weitere frühe Aktivistin. Als Kind wurde sie von Olive Schreiner und Mohandas Gandhi unterrichtet, die Freunde ihres Vaters waren, und ihr ganzes Leben lang wurde sie von ihren Prinzipien geleitet. Sie absolvierte ihre Sekundarschulausbildung über einen Fernstudiengang an der London University und wurde dann die erste farbige Juristin in Südafrika und die erste, die an die Cape Bar berufen wurde. Sie vertrat den Sechsten Bezirk in verschiedenen Gremien und wurde als 'Juwel des Sechsten Bezirks' bezeichnet, um die Arbeit ihres verstorbenen Vaters als Vorkämpferin für die Ausgegrenzten fortzusetzen. In den folgenden Jahren führte ihre Teilnahme an Widerstandsbewegungen zu ihrer Verhaftung, insbesondere an der passiven Widerstandskampagne 1946, was sie aber nie von ihrer Arbeit abhielt.

Afrikaner-Nationalismus und die Nationale Partei

Jan Smuts' versöhnliche Haltung und Bewunderung für die Briten passte nicht gut zu einigen seiner Kollegen - insbesondere zu James Barry Munnik Hertzog, einem weiteren ehemaligen General des Burenkriegs, der glaubte, dass das schnelle Nachgeben gegenüber den Briten bedeutete, dass Smuts kein richtiger Afrikaner mehr sei.[16] Im Juli 1914 gründete Hertzog die (Afrikaner-)Nationale Partei in Bloemfontein. Bis

1915 gab es ähnliche Nationalparteien der Afrikaner in den anderen Provinzen.

Der Erste Weltkrieg (1914-1918) und die Rebellion der Afrikaner

Als 1914 der Krieg zwischen Großbritannien und Deutschland ausbrach, war Südafrika auf der Seite Großbritanniens automatisch beteiligt, weil die Union noch unter dem britischen Empire stand. Die englischsprachigen Südafrikaner reagierten im Allgemeinen positiv, aber für die Afrikaner war es nicht so einfach: England war ihr alter Feind. Nur 12 Jahre zuvor hatte Großbritannien sie im Krieg besiegt und den Burenrepubliken die Unabhängigkeit genommen.

Im Sinne des Verteidigungsgesetzes waren die Mitglieder von Smuts eingerichteten Unionsverteidigungskräfte (UDF) nicht gezwungen zu dienen, außer sie verteidigten die Union selbst direkt. Dennoch rief Smuts Freiwillige für die britische Seite sowohl in Deutsch-Südwestafrika (heute Namibia) als auch in Deutsch-Ostafrika (eine Region, die das heutige Burundi, Ruanda und das Festland Tansania umfasst) auf. Ursprünglich waren die meisten Freiwilligen englischsprachig und nur etwa 10 Prozent Afrikaner, aber am Ende des Krieges war der Anteil der Afrikaner, die in den Streitkräften dienten, auf 30 Prozent gestiegen.[17] Für einige mag dies aus wirtschaftlicher Not erfolgt sein: Zumindest hatten sie damit Jobs in der Armee.

Zunächst erhoben die Afrikaner jedoch Einwände gegen die Invasion von Deutsch-Südwestafrika, wo eine Reihe von Afrikanern lebten. 1914 brach eine Rebellion aus, die für Botha und Smuts besonders schwierig war, weil sie sich gegen ihr eigenes Volk wehren mussten. Eine damals erzählte Geschichte veranschaulicht diese seltsame Situation: Botha schickte eine Nachricht an General Coen Brits, um zu fragen, ob er sich ihm anschließen würde, und Brits schickte eine Nachricht zurück: 'Ja, aber auf wessen Seite kämpfen wir diesmal?'[18] Die Rebellion wurde schnell unterdrückt, und keine wichtigen Afrikanerführer verloren ihr Leben, außer General Koos de la Rey, der bei einem scheußlichen Unfall getötet wurde.

De la Rey war einer der scharfsinnigsten und berühmtesten Militärführer im Burenkrieg. Anschließend trat er in die Politik ein und war Senator in der Unionsregierung, als der Erste Weltkrieg ausbrach. Er war gegen die Teilnahme am Krieg und war auf dem Weg nach

Potchefstroom, um mit anderen hohen Beamten über Massenrücktritte zum Protest gegen den Angriff auf Südwestafrika zu sprechen, als er in einer polizeilichen Straßensperre erschossen wurde. Sowohl Botha als auch Smuts nahmen an De la Rey's Beerdigung ohne Eskorte teil und trotzten der bitteren Feindseligkeit der Trauernden. Smuts zollte seinem gefallenen Kameraden eine bewegende Hommage und sagte, dass sie wie Brüder gewesen seien. Aber der Vorfall hatte für Smuts und Botha einen hohen Preis; es sollte einen spaltenden Einfluss ausüben, der Hertzog und seiner aufsteigenden Opposition zugute kam.

2005 wurde das Interesse an Koos de la Rey durch ein populäres Lied mit dem Titel 'De La Rey' geweckt, das vom Folksänger Bok van Blerk veröffentlicht wurde.[19] Das Lied handelte von einem Mann im Oranje-Freistaat, der im Burenkrieg alles verloren hatte, und forderte De la Rey auf, das Volk der Afrikaner zu retten. Die Texte des Liedes wurden von einigen als subversiv angesehen, während andere sagten, es sei nicht subversiver als das Lied von ANC-Präsident Jacob Zuma, '*Umshini wami*' (Zulu für 'Bring mir mein Maschinengewehr').

Ein weiteres Opfer der Rebellion war Jopie Fourie, der sich der Rebellion angeschlossen hatte, ohne zuvor von seinem Amt zurückzutreten. Er wurde von einem Erschießungskommando erschossen und wurde sofort zum Märtyrer der nationalistischen Sache der Afrikaner. Im Jahr 1915 wurden etwa 67.000 südafrikanische Truppen zur Invasion in Deutsch-Südwestafrika unter dem Kommando von General Louis Botha entsandt. Die dort stationierten deutschen Truppen kapitulierten im Juli dieses Jahres vor den südafrikanischen Streitkräften und 1920 erhielt Südafrika nach fünf Jahren Militärregierung ein Mandat des Völkerbundes zur Verwaltung der ehemaligen deutschen Kolonie, um sie innerhalb weniger Jahre auf die Unabhängigkeit vorzubereiten.[20]

Der nächste Schritt war der Feldzug nach Ostafrika. Smuts wurde 1916 mit seiner Leitung betraut - sein Erfolg dort sollte seine Pläne für ein größeres britisches Südafrika unterstützen. Der Feldzug verlief recht gut, aber die deutschen Streitkräfte wurden nicht vernichtet und Smuts konnte den deutschen General Paul von Lettow-Vorbeck nicht gefangen nehmen. Smuts war jedoch eindeutig der Erzfeind des gerissenen deutschen Kommandanten, denn eines der Hauptziele von Von Lettow Vorbeck war es, britische Streitkräfte nach Afrika zu locken, und dies wurde durch die Anwesenheit von Smuts und seinen Unionstruppen dort verhindert.

Dennoch wurde Smuts in Ostafrika von seinem Geheimdienstchef Oberst Richard Meinertzhagen kritisiert, weil er Frontalangriffe vermieden hatte. Nach Meinertzhagens Ansicht wären diese weniger kostspielig gewesen als die flankierende Bewegungen, die Smuts bevorzugte, die den Feldzug verlängerte und die Zahl der an Krankheiten gestorbenen Soldaten erhöhte. Mehr als 60.000 Südafrikaner dienten in Ostafrika und über 1.500 starben. Smuts wurde von den meisten als brillanter Militärstratege und Taktiker angesehen. Er wurde 1917 zum Dienst im Königlichen Kriegskabinett eingeladen und spielte bei Entscheidungen über den Krieg eine wichtige Rolle. Er war auch maßgeblich an der Entwicklung der Royal Air Force (RAF) und der Luftverteidigung von London beteiligt. Südafrikanische Truppen dienten unter Smuts auch in Frankreich.

Schwarze Südafrikaner im Ersten Weltkrieg: Der Fall der SS *Mendi*

Die Beteiligung der schwarzen Südafrikaner am Krieg wurde im 20. Jahrhundert weitgehend ignoriert, und erst in den letzten Jahren wird eine Form der Anerkennung für diejenigen gewährt, die der Union und damit Großbritannien gedient haben - und ihr Leben im Dienste der Union und damit auch Großbritanniens verloren.

Schwarze Südafrikaner dienten nicht als Soldaten, sondern in einer Vielzahl von nicht kämpfenden Funktionen. Tausende von Männern wurden zu Arbeitakorps ausgebildet, die General Louis Botha in Deutsch-Südwestafrika und General Jan Smuts in Deutsch-Ostafrika unterstützten, und als der Krieg nach Europa kam, wurde das südafrikanische Native Labour Contingent (SANLC) für den Dienst in Übersee angeworben.

Zwischen 1916 und 1918 arbeiteten etwa 21.000 schwarze Südafrikaner - alle Freiwillige - in Frankreich beim SANLC. Sie wurden in französischen Häfen beim Entladen der Versorgungsschiffe eingesetzt; andere gruben Steinbrüche und Gräben aus und bauten und reparierten Straßen und Eisenbahnlinien; und viele arbeiteten als Krankenträger auf den Schlachtfeldern und brachten weiße Soldaten in Sicherheit, was für sie selbst gefährlich war. Die schwarzen Truppen waren hauptsächlich in geschlossenen Lagern untergebracht (wie auf den Minen in Südafrika), was ihre Bewegungsfreiheit einschränkte und sie anfällig für Angriffe durch feindliche Flugzeuge machte.[21] Etwa 333 dieser Männer verloren während des Krieges ihr Leben und sind auf dem britischen Soldatenfriedhof von Arques-la-Bataille bestattet.

Im Februar 1917 verloren schwarze Truppen ihr Leben auf See, als die SS *Mendi* als das dritte Schiff, das sie nach Frankreich transportierte, mit der SS *Darro* bei dichtem Nebel vor der Isle of Wight kollidierte.[22] Der Legende nach standen einige der schwarzen Soldaten auf dem Deck und sangen, als die SS *Mendi* sank, aber nach historischem Konsens ist diese Version der Ereignisse umstritten.[23] Die Männer auf der SS *Darro* überlebten, und im Juli 1917 fand eine formelle Untersuchung in Westminster statt. Der Kapitän der *Darro* wurde für schuldig befunden, bei dichtem Nebel mit gefährlich hoher Geschwindigkeit gefahren zu sein, ohne die notwendigen Nebelsignale zu geben und weitergefahren zu sein, ohne der angeschlagenen SS *Mendi* oder den Soldatenan Bord, die nicht schwimmen konnten, zu helfen. Seine Lizenz wurde für ein Jahr ausgesetzt.

Nach dem Krieg wurde weder ein Mitglied der südafrikanischen Native Labour Corps noch ein Mitglied der schwarzen Truppen, welche auf der *SS Mendi* waren, mit der UK Kriegsmedaille ausgezeichnet, stattdessen erhielten die weißen Offiziere die Auszeichnungen. Im Jahr 1995 wurde ein Denkmal für die Männer auf der *SS Mendi* durch Königin Elisabeth II. auf dem Avalon Friedhof in Soweto, außerhalb Johannesburgs, enthüllt. Ein ähnliches Denkmal für die Männer befindet sich heute auch in Hollybrook bei Southhampton in England.

Im Juli 2016 wurde auf dem Friedhof in Delville Wood in Frankreich der Schlacht gedacht, die dort im Rahmen der Kampfhandlungen der Somme Offensive stattfand. In Delville Wood waren keine schwarzen Soldaten eingesetzt, aber die meisten weißen Südafrikaner, die im 1. Weltkrieg starben, starben dort: von den 3.000 weißen Soldaten, die dort eingesetzt waren, kehrten nur ungefähr 700 von ihnen zurück.[24] Bei der 100-Jahr-Feier wurde mitgeteilt, dass eine besondere Wand des Gedenkens dort aufgestellt werden soll, auf der die Namen der mehr als 6.000 Südafrikaner aller Rassen, die in Frankreich vermisst blieben oder getötet wurden, aufgelistet werden sollen.[25] Auf der Liste werden auch die Opfer der untergegangenen Mendi aufgenommen.

Die Folgen des Ersten Weltkriegs

Nach Kriegsende 1918 besuchten Botha und Smuts die Friedenskonferenz im französischen Versailles. Wie nach dem Burenkrieg 16 Jahre zuvor saßen die Burengeneräle wieder einmal an einem Tisch mit britischen Generälen und Staatsmännern - diesmal aber auf der gleichen

Seite. Sowohl Botha als auch Smuts forderten große Vorsicht bei den Vereinbarungen für das besiegte Deutschland. Smuts erinnerte an die Großherzigkeit Großbritanniens, das den Buren nach dem Burenkrieg 1902 die Selbstverwaltung erlaubte, und riet zu einer ebenso maßvollen Behandlung Deutschlands im Interesse der zukünftigen Sicherheit. Sein Ratschlag wurde nicht befolgt.

Dennoch spielte Smuts eine wichtige Rolle bei der Ausarbeitung des Völkerbundvertrags, dem Vorläufer der Vereinten Nationen, und er war es, der die Präambel der Charta schrieb. Es war auch Smuts, der 1917 den Vorschlag unterbreitete, das alte in Auflösung befindliche britische Empire durch ein britisches Commonwealth of Nations zu ersetzen - eine freie Vereinigung von neuen unabhängigen Staaten oder Dominien. Um dies zu ermöglichen, war er an der Neudefinition der britischen Beziehungen zu Kanada, Australien, Indien, Ceylon (Sri Lanka), Neuseeland, Neufundland, Südafrika, Pakistan und dem irischen Freistaat beteiligt.

1919, kurz nach der Rückkehr nach Südafrika, starb Louis Botha unerwartet im Alter von 56 Jahren, und es war keine Frage, dass Smuts zum Premierminister und zum Minister für einheimische Angelegenheiten ernannt wurde. Smuts war zu einem international bekannten Staatsmann geworden und seine Meinung war in den Gremien auf der ganzen Welt gefragt - König George V. war von seiner Arbeit im Kriegskabinett so beeindruckt, dass er Smuts bat, die Rede zur Eröffnung des irischen Parlaments im Jahr 1920 zu halten. Aber Smuts hatte nie die Position des Premierministers in Südafrika angestrebt - es hatte mit dem populäreren Botha gut funktioniert, der das Land führte, während Smuts Zeit im Ausland mit Beratung der britischen Kriegsanstrengungen und Teilnahme an Konferenzen von internationaler Bedeutung verbrachte. Diese Aktivitäten brachten Südafrika Anerkennung,[26] aber gleichzeitig verursachten sie zu Hause Feindseligkeiten bei Menschen, die der Meinung waren, dass er nicht genügend Zeit damit verbrachte, sich um lokale Probleme zu kümmern. Smuts fand nie wieder die Art von Partnerschaft in der Politik, die er mit Louis Botha genossen hatte, und sollte stattdessen einige seltsame Allianzen akzeptieren, die auf nachfolgenden Umständen basierten. Viele Probleme liegen vor uns. Jan Smuts war von 1919-1924 und erneut von 1939-1948 Premierminister von Südafrika, als die Afrikanische Nationalistische Partei unter DF Malan an die Macht kam.

Streiks der weißen Bergleute

Fast seit Beginn der Goldminenindustrie waren die weißen Minenarbeiter eine Macht, mit der sie zu kämpfen hatten. Teilqualifizierte weiße Arbeiter wurden durch den Farbbalken geschützt und erhielten etwa die Hälfte des Gehalts von qualifizierten Männern, aber fünfmal mehr als schwarze Männer. Aber bis Anfang des 20. Jahrhunderts hatten viele schwarze Arbeiter mehrere Verträge abgeschlossen und sich bedeutende Fähigkeiten angeeignet. Der Bergbau fand in noch größerer Tiefe statt, was ihn verteuerte, und nach dem Ersten Weltkrieg war der Goldpreis niedrig. Die Ankündigung der Minenbesitzer, den Farbbalken zu lockern und die schwarzen Arbeitskräfte effektiver einzusetzen, stieß bei den weißen Arbeitern auf heftigen Widerstand, und 1907, 1913 und 1914 sowie 1922 kam es zu Streiks.

Bis 1922 waren drei Viertel der weißen Arbeitskräfte Afrikaner. Die Gewerkschaft der weißen Minenarbeiter wurde noch immer von den Briten kontrolliert, aber die Afrikaner unterstützten die Streikaktionen, errichteten Straßensperren und bildeten Kommandos, ähnlich denen, die von den Buren im Burenkrieg benutzt wurden. Die Kommunistische Partei Südafrikas (SACP) war 1921 mit einer überwiegend weißen Mitgliedschaft gegründet worden;[27] eine der streikenden Einheiten war kommunistisch beeinflusst und benutzte den bizarren Slogan 'Weiße Arbeiter der Welt vereinigt Euch'.[28]

Während der Streiks von 1922 stellte sich die Regierung Smuts auf die Seite der Minenbesitzer und setzte militärische Gewalt ein, um die streikenden weißen Bergleute zu zerstreuen. Bomberflugzeuge wurden eingesetzt und Bomben auf eines der Bergwerkzentren in Benoni abgeworfen. Fast 700 Menschen wurden verletzt und 153 Menschen starben bei den Unruhen, vier von ihnen wurden hingerichtet. Smuts sagte damals, dass er drastische Maßnahmen ergreifen musste, da die streikenden weißen Bergleute Johannesburg und seine Umgebung an der Kehle hatten und sie Wahnsinn im Blut hätten.[29]

Der Schritt zur Pact-Regierung unter Hertzog, 1924-1929

1922 wandte Smuts neben den streikenden Bergleuten auch Gewalt gegen zwei afrikanische religiöse Sekten an: die Israeliten und die Bondelswarts (Nachkommen der Khoisan). Der Führer der Israeliten, Henoch Mgijima, hatte seinem Volk gesagt, dass die Welt zu Ende gehe und dass als auserwähltes Volk Gottes nur sie gerettet werden könnten. Er befahl seinen Leuten, sich an einem ausgewählten Ort in der Nähe von

Queenstown im östlichen Kap zu versammeln und auf den vereinbarten Tag zu warten. Die Zeit verging und die Regierungsbehörden wurden alarmiert, als die Menschen trotz der Zusicherung, dass sie nur vorübergehend dort sein würden, Häuser zu bauen begannen. Nach wiederholten Aufforderungen, wegzugehen, wurden sie beschossen und viele von ihnen getötet.[30] Auf die Bondelswarts wurde geschossen, weil sie sich weigerten, eine Steuer auf Hunde zu zahlen. Bei diesen Vorfällen wurden mehr als 200 Menschen getötet.

Ein Großteil der Gesetze der nächsten Jahre sollte den Schwarzen in Südafrika schaden. Im Jahr 1923 wurde der Urban Areas Act (Gesetz über die städtischen Gebiete) verabschiedet, eine Folgemaßnahme des Bodengesetzes der Union von 1913, von dem vor allem die Landbevölkerung betroffen war. Das Gesetz von 1923 legte den Grundstein für die Wohntrennung in städtischen Gebieten: Schwarze durften in die Stadt kommen, um für Weiße zu arbeiten, aber sie durften dort nicht leben. Sie mussten sich an Orten außerhalb ansiedeln.

Obwohl er in vielerlei Hinsicht ein brillanter Mann war, hatte Smuts mangelndes Verständnis für die Probleme und Interessenkonflikte einer sich industrialisierenden Gesellschaft gezeigt, in der lokale Weiße und Einwanderer um Positionen kämpften und beide die Konkurrenz durch andere Rassen fürchteten. Zu Beginn seiner Karriere hatte Smuts die Entscheidung getroffen, dass die Wiederherstellung von Recht und Ordnung und die Wiederherstellung der Stabilität an erster Stelle stehen müssen, aber für diesen Ansatz zahlte er bei den nächsten Wahlen einen hohen Preis.

Bis 1924 hatte die Nationalpartei von JBM Hertzog an Stärke gewonnen und einen Pakt mit den englischsprachigen Labouristen geschlossen. Als die Pact-Regierung Smuts und seine Südafrikanische Partei besiegte, wurde Hertzog Premierminister und Smuts Oppositionsführer. Hertzogs afrikanische Nationalisten und die englischsprachigen Labouristen waren seltsame Bettgenossen, aber sie erreichten ihr Ziel, und die Arbeitsreservierung für Weiße ging in den Minen weiter. Nach seiner Wahl machte sich Hertzog sofort daran, mehr Gesetze zugunsten der Weißen, insbesondere der Afrikaner, zu verabschieden. Er stellte den weißen Bauern über die Land Bank mehr Kapital zur Verfügung, und 1928 gründete er die ISCOR (Iron and Steel Industrial Corporation) als eine staatliche Körperschaft für die Stahlherstellung. Die ISCOR gab den Afrikanern Arbeitsplätze und schützte sie vor schwarzer Konkurrenz.[31] Unter Hertzog ersetzten arbeitslose Afrikaner auch schwarze Männer auf der Eisenbahn und erhielten mehr Geld als sie. Diese und andere Maßnahmen wurden unter dem Namen 'Hertzog's Civilised Labour Policies' bekannt, was bedeutet, dass Weiße 'zivilisierter' waren und mehr verdienen mussten als Schwarze, da sie einen höheren Lebensstandard hatten, dessen Aufrechterhaltung mehr kostete.

Hertzog unternahm auch Schritte zur Förderung der afrikanischen Sprache, und 1925 ersetzte Afrikaans das Niederländische als Amtssprache in Südafrika.[32] Ebenfalls zu Hertzogs Zeit, 1929, wurde das Wahlrecht auf weiße Frauen am Kap ausgedehnt, obwohl es bei diesem Schritt weniger um Gleichberechtigung als um die weitere Festigung der Rassenungerechtigkeit ging: es hatte den Zweck, den schwarzen Anteil der Wähler in der Kapprovinz von 20 auf 10 Prozent zu reduzieren. Auch waren es vor allem die Bemühungen von Hertzog, die zu dem Statut von Westminster von 1931 führten, mit dem Südafrika und anderen Ländern des Commonwealth die gesetzgeberische Autonomie gewährt wurde.[33]

Die erste multirassische Gewerkschaft

Die Südafrikaner haben nie eine homogene Gruppe gebildet, und für den größten Teil unserer Geschichte gab es Gesetze, die die Vermischung von Rassen verbieten, aber es gab auch Zeiten, in denen Menschen verschiedener Rassen und Klassen zusammengearbeitet haben. Es war, eher unangebracht, zu Hertzogs Zeit, als die erste multirassische Gewerkschaft gegründet wurde. Trotz Schwierigkeiten überlebte es mehrere Jahre. 1928 wurde die Transvaal Garment Workers Union (GWU) von dem weißen Juden Emil (Solly) Sachs aus Litauen gegründet.[34] Sie stand allen Mitarbeiterinnen der Bekleidungsindustrie offen, unabhängig von Rasse und Klasse. Viele ihrer Mitglieder waren junge Afrikanerinnen, die während der globalen Weltwirtschaftskrise Anfang der 1930er Jahre in die Städte gekommen waren, um Arbeit zu suchen. Es war die aktivste und umstrittenste Gewerkschaft ihrer Zeit. Die Arbeiterinnen in der Bekleidungsindustrie wurden bekanntlich schlecht bezahlt, und das Ziel der Gewerkschaft war es, die Löhne und Arbeitsbedingungen zu verbessern.

In den 1930er Jahren fanden mehrere Streiks statt, die zu erheblichen Störungen führten. Allerdings war die GWU in einer so getrennten Gesellschaft schwer zu erhalten. Darüber hinaus war Solly Sachs Mitglied der Kommunistischen Partei Südafrikas (SACP), wurde mehrmals verhaftet und nach dem Suppression of Communism Act verurteilt. Schließlich verließ er 1953 Südafrika und ließ sich in England nieder, weil er meinte, dass seine Position in Südafrika unhaltbar geworden sei.

KAPITEL 9

Neue politische Parteien, der Aufstieg der Afrikaner, der Zweite Weltkrieg (1939-1945) und die Wahlen von 1948

Die Gründung von zwei neuen Parteien und die 'Native Bills'

Die weltweite Weltwirtschaftskrise 1929 führte zu einer weiteren Neuausrichtung der politischen Parteien. Nach dem Zusammenbruch der Wall Street im Oktober 1929 brachen die südafrikanischen Exporte ein.[1] Australien und Großbritannien werteten ihre Währungen ab, aber Hertzog wandte sich bis 1932 dagegen, wodurch die Wirtschaft beschädigt wurde und viele Farmer vernichtet wurden. Hertzog sah sich auch der Konkurrenz eines neuen Außenseiter-Politikers ausgesetzt: Tielman Roos. Daraufhin beschlossen die beiden alten Rivalen Hertzog und Smuts, eine Koalition zu bilden, die 1933 die Wahlen gewann, und 1934 fusionierten sie zur United Party (Vereinigten Partei - UP). Es war eine seltsame Wendung der Ereignisse, und sehr wohl eine Frage der politischen Zweckmäßigkeit.

Einige Jahre zuvor, 1926, hatte Hertzog zusammen mit seiner 'zivilisierten Arbeiterpolitik', seine so genannten 'Native Bills' eingeführt. Diese Gesetze wurden entwickelt, um den letzten Schwarzen am Kap und in Natal die Stimme zu entziehen. Im Gegenzug sollte das nach dem Landgesetz von 1913 den Schwarzen zugeteilte Land auf 12 Prozent erhöht werden. Hertzog erhielt keine Zweidrittelmehrheit der Stimmen und die Gesetze wurden nie verabschiedet. Smuts war einer der Abgeordneten, die gegen sie gestimmt hatten. Zehn Jahre später, 1936, als Hertzog seine Native Bills in einer etwas anderen Form als Treuhandgesetz und Bodenrecht für Native und Gesetz über die Vertretung der Nativen wieder vorlegte, stimmte Smuts dafür, auch wenn der Inhalt restriktiver war.

Smuts' Politik gegenüber Schwarzen war komplex. 1936 erklärte er seinen Sinneswandel mit den Worten, dass er 'den Schwarzen gegenüber gerecht sein wollte', dass die Schwarzen aber immer noch die Führung des Weißen bräuchten; die Themen brauchten Zeit und sollten 'den besseren Köpfen der Zukunft' überlassen werden. Sein Motto war 'ein Schritt nach dem anderen'.[2] Aber 1936 muss Smuts' Hauptsorge gewesen sein, dass er nicht riskieren wollte, die neu gebildete Koalition mit Hertzog zu brechen. Als jedoch drei Jahre später die Frage des Zweiten Weltkriegs aufkam, widersetzte sich Smuts Hertzogs Befürwortung der Teilnahme Südafrikas.

Diese berüchtigten Native Bills wurden damals euphemistisch als 'Substanz' für den 'Schatten' bezeichnet - der 'Schatten' der Abstimmung in einem parlamentarischen System, das den Schwarzen im Austausch für die 'Substanz' von mehr Land fremd sein soll. Die Schwarzen wurden von der allgemeinen Wählerliste vollständig ausgeschlossen und boten stattdessen drei weiße Vertreter im Parlament an. Es wurde ein Repräsentantenrat der Natives (NRC) eingerichtet, der jedoch nur begrenzte Befugnisse hatte. Einige angesehene Persönlichkeiten, darunter die weißen Senatoren Edgar Brookes, Margaret Ballinger und Alan Paton (Autorin von *Cry, the Beloved Country*), waren daran beteiligt: sie versuchten, sich für die Sache der Schwarzen einzusetzen, fanden aber nur wenig Unterstützung, und 1949 wurde der NRC aufgegeben. Damals hieß es, dass es wie ein Telefongespräch war, an dessen anderen Ende niemand zuhörte.[3] Selbst das Versprechen, mehr Land zu haben, wurde nie ganz erfüllt und dem Ausbruch des Zweiten Weltkriegs zugeschrieben.

1947, gegen Ende seines Lebens, unterstützte Smuts die Empfehlungen der von Richter Henry Fagan geleiteten Kommission, die Schwarze als Teil des städtischen Lebens ansah, die nicht gezwungen sein dürften, Kilometer von den Städten Südafrikas entfernt zu leben. Die Regierung von Smuts verlor im folgenden Jahr die Macht, bevor etwas verändert werden konnte. Wenn die Empfehlungen durchgegangen wären, hätte die Geschichte vielleicht eine andere Richtung eingeschlagen, wodurch ein Großteil des Leidens der nachfolgenden Jahre hätte vermieden werden können.

Die Fusion von Hertzog und Smuts in der Vereinigten Partei hatte einen weiteren Afrikaner, DF Malan, in den Vordergrund gerückt. Er wandte sich gegen die Vereinigung von Hertzog und Smuts und entschied, dass beide nicht Afrikaner genug seien. Malan und 19 andere gründeten 1935 ihre eigene nationale Partei, die Gesuiwerde Nasionale Party ('Purified National Party', PNP). Die Partei sollte eine Macht werden, mit der man in den folgenden Jahren rechnen musste, und sollte 1948 an die Macht kommen.

Der Aufstieg der Afrikaner

In den Jahren nach der Niederlage der Afrikaner im Anglo-Burenkrieg wurde der Afrikaner- Nationalismus allmählich durch das Kulturbewusstsein, wirtschaftlichen Fortschritt und Infiltration der Gewerkschaften durch die Afrikaner aufgebaut. Im Mittelpunkt dieser Bemühungen stand eine Gesellschaft mit dem Namen Afrikaner Broederbond ('Bruderschaft der Afrikaner'). Diese hatte 1918 als kulturelle Organisation in einem Haus in der Nähe von Kensington, Johannesburg begonnen, wurde 1924 jedoch zu einer Geheimorganisation. Ziel war es, die Afrikaner zu fördern und ihnen zu helfen, in allen Lebensbereichen erfolgreich zu sein, soweit sie die Medien, die Bildung, den Geschichtsunterricht und andere wichtige Institutionen beeinflussen konnten.

Die Afrikaner wurden an ihr kulturelles Erbe erinnert, und mit der Gründung der Federasie van Afrikaanse Kultuurverenigings ('Föderation der Afrikaans- Kulturorganisationen') 1929, der Wiederaufführungen des Great Trek 1938 während des hundertjährigen Jubiläums der Schlacht am Blood River und der Grundsteinlegung für das riesige Voortrekker-Denkmal außerhalb von Pretoria am 16. Dezember 1938 gab es einen Ausbruch nationalistischer Gefühle. Im Stil der Voortrekker gekleidete Menschen tauschten Geschichten über das Leiden und die Not ihrer Vorfahren aus.

Der wirtschaftliche Fortschritt der Afrikaner wurde durch die Einrichtung eines Fonds für das Volk der Afrikaner, dem Volkskapitalisme, und die Überzeugungsarbeit wohlhabender Geschäftsleute am Kap erreicht. Die Zahl der armen Weißen (hauptsächlich Afrikaner) war während der Depression dramatisch gestiegen - 1933 gab es schätzungsweise 300.000 arme Weiße, die etwa ein Viertel der Afrikanerbevölkerung ausmachten, und der Volkskapitalisme sollte diesen Menschen helfen. Die Volkskas Bank (jetzt Teil von ABSA) und die Versicherungsgesellschaft Sanlam waren beide Projekte, um den wirtschaftlichen Fortschritt der Afrikaner zu fördern. Afrikaner-Geschäftsleute wurden auch ermutigt, Afrikaner statt englischsprachiger Weißer zu beschäftigen.

Die niederländische Reformierte Kirche trug auch zur Förderung des afrikanischen Nationalismus bei, indem sie das Konzept der Afrikaner als 'auserwähltes Volk', wie die Kinder Israels, ermutigte und behauptete, dass ihre bisherigen Leiden Prüfungen Gottes gewesen seien. Leidenschaftliche Nationalisten runzelten die Stirn über Juden, Katholiken und jeden anderen, der seine 'herrschende' Rasse verwässern könnte. Es wird gesagt, dass diese Meinung viele Jahre lang Bestand hatte - und als das Kenridge Hospital (heute Donald Gordon) 1970 in Johannesburg eröffnet wurde, wollten radikale Afrikaner nicht dorthin gehen, weil es von katholischen Nonnen betrieben wurde.

In den 1930er Jahren wurden außerdem alternative Afrikaner-Gewerkschaften gegründet, um Afrikaner von denen der Engländer fernzuhalten. Erste Beispiele waren die Mynwerkers Unie (Minenarbeitergewerkschaft) und Spoorbond (Eisenbahnergewerkschaft).

Südafrika im Zweiten Weltkrieg, 1939-1945

Der Kriegsausbruch 1939 hatte in Südafrika enorme Auswirkungen und spielte den Afrikanern in die Hände. 1914 hatten die Südafrikaner keine andere Wahl gehabt, als auf der Seite Großbritanniens in den Krieg zu ziehen. Dank der Autonomie, die Hertzog im Rahmen des Statuts von Westminster 1939 weitgehend erreicht hatte, konnten sie ihre eigene Entscheidung treffen.

Die weißen Südafrikaner waren in dieser Frage gespalten. Smuts sprach sich für die Teilnahme aus, während Hertzog und die meisten seiner Anhänger dies nicht taten. Einige Afrikaner wollten sogar einen deutschen Sieg, da sie dachten, die Niederlage Großbritanniens würde es Südafrika ermöglichen, wieder eine Republik zu werden. Am Ende wurde er im Parlament zur Abstimmung gestellt: Smuts führten Südafrika mit knapp 80 Ja-Stimmen gegen 67 Nein-Stimmen auf der Seite Großbritanniens in den Krieg.[4] Das fragile Bündnis zwischen Hertzog und Smuts in ihrer noch jungen Vereinigten Partei - die nur fünf Jahre zuvor gegründet wurde - brach in dieser Frage völlig offen auseinander. Hertzog trat zurück und Smuts wurde wieder Premierminister.

Wie sich herausstellte, sollten die Südafrikaner eine wichtige Rolle im Krieg spielen. Es gab eine erstaunliche Reaktion auf Smuts' Aufruf zu den Waffen, und 334.000 Südafrikaner nahmen freiwillig teil (etwa 211.000 Weiße, 77.000 Schwarze und 46.000 Farbige und Inder). Nach den Aufzeichnungen ihrer Namen starben etwa 11.023 Südafrikaner im

Zweiten Weltkrieg, aber die Zahl ist wahrscheinlich höher.[5] Die Südafrikaner waren zum Zeitpunkt des Kriegsausbruchs schlecht ausgerüstet, aber der inzwischen betagte Smuts[6] beeilte sich, zwei aktive Dienstabteilungen und eine Luftwaffe aufzubauen. Auch die Marine wurde in den Kampf geschickt, und südafrikanische Schiffe wurden eingesetzt, um die Küstenlinie von Alexandria über Mersa Matruh in Ägypten bis Tobruk in Libyen zu patrouillieren.

Zu Beginn des Krieges hatte sich Smuts verpflichtet, keine Männer nach Übersee zu schicken, sondern sie lieber in Afrika einzusetzen. Deutschland hatte keine Kolonien mehr in Afrika, aber Deutschlands Verbündeter Italien hatte es. Obwohl Italien noch nicht im Krieg war, hatte es koloniale Interessen in Nord- und Ostafrika, von denen Ägypten und die Ölfelder im Persischen Golf bedroht waren. Smuts machte deutlich, dass die Union Defence Force (UDF) vor allem im Nahen Osten wegen der Bedrohung der Ölfelder im Persischen Golf und der Nutzung des Suezkanals helfen musste. Im Laufe des Krieges wurden die Südafrikaner zwangsläufig sowohl in Nord- als auch in Ostafrika sowie im Nahen Osten, in Italien, auf dem Balkan und an anderen Orten eingesetzt.

Die nordafrikanische Offensive begann im September 1940 mit der italienischen Invasion Ägyptens. In den Jahren 1941 und 1942 nahm die Südafrikanische Erste Infanteriedivision an mehreren Aktionen gegen deutsche und italienische Streitkräfte in Nordafrika teil, insbesondere in Tobruk und Sidi Rezegh in Libyen sowie El Alamein in Ägypten.

Im April 1941 wurden etwa 10.000 alliierte Truppen, darunter Mitglieder der südafrikanischen Ersten Infanteriedivision, in Tobruk vom 'Wüstenfuchs', dem deutschen Feldmarschall Erwin Rommel und seinem Afrikakorps gefangen genommen. Die Belagerung dauerte etwa 241 Tage bis zum 8. November, als im nahegelegenen Sidi Rezegh eine militärische Operation stattfand, die von der britischen Achten Armee als 'Operation Kreuzritter' bezeichnet wurde. Das Ziel der Operation war es, die Achsenmächte dort zu zerschlagen, wo sie standen, und so Tobruk zu entlasten.

Sidi Rezegh war die erste große Panzerschlacht in der westlichen Wüste und dauerte bis zum 30. Dezember. Die Fünfte Südafrikanische Infanteriebrigade (eine Abteilung der Ersten Infanteriebrigade) kämpfte mit der britischen Siebten Panzerdivision und anderen Truppen. Sie wurden schwer besiegt, und die südafrikanische Fünfte Brigade wurde kurz darauf aufgelöst. Von den rund 5.800 Südafrikaner, die in Sidi Rezegh kämpften, kehrten nur etwa 2.000 zurück - die anderen wurden getötet, verwundet oder gefangen genommen. Smuts sagte, es sei einer der schwersten Verluste Südafrikas während des Krieges gewesen.

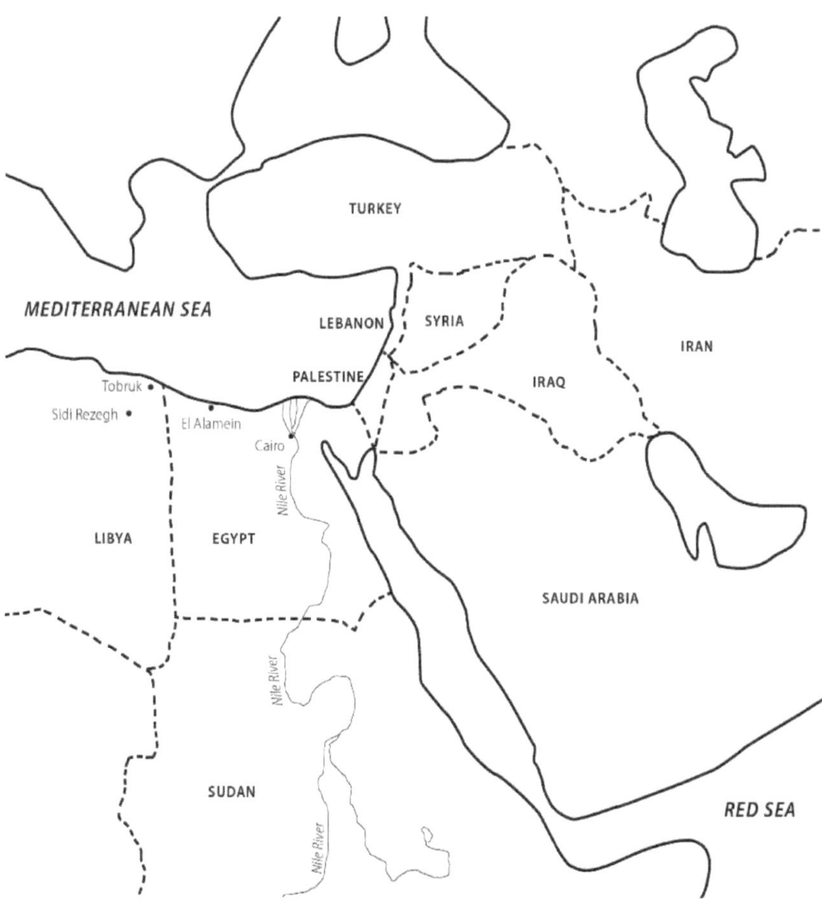

Karte 23 Schlachtfelder während des 2. Weltkriegs

Eine wenig bekannte Geschichte ist die eines jungen Mannes namens Job Maseko, dessen selbstgebaute Bombe, die er als Kriegsgefangener in Tobruk gebaut hatte, ein deutsches Schiff in die Luft jagte. Nachforschungen über seine Geschichte führte Marilyn Honikman durch, als sie von einem Bild eines schwarzen Soldaten oben auf der

Treppe im Museum für Militärgeschichte in Johannesburg fasziniert war. Job Masekos Unternehmen war einer VC-Auszeichnung würdig, aber das geschah nie und seine Heldentat wurde fast 50 Jahre lang vergessen.[7]

1942 fanden zwei bedeutende Schlachten in der Nähe der ägyptischen Eisenbahnlinie bei El Alamein in Ägypten statt. Der Militärhistoriker Colonel CJ Jacobs glaubt, dass die erste, die vom 1. bis 30. Juli 1942 dauerte, die wichtigere war, da man vorher gedacht hatte, dass die Briten im so genannten Wüstenkrieg nie einen Weg finden würden, Rommel und sein Afrika-Korps zu besiegen - dennoch stoppte diese erste Schlacht Rommels Vorstoß nach Ägypten und legte den Grundstein für seine spätere Niederlage in der zweiten Schlacht, die vom 23. Oktober-11. November 1942 dauerte.[8]

In der zweiten Schlacht bei El Alamein hatte Lieutenant Bernard Law Montgomery das Kommando über die britische Achte Armee übernommen, aber auch südafrikanische Streitkräfte spielten ihre Rolle. Der Sieg der Alliierten bei El Alamein beendete die Bedrohung der Ölfelder im Persischen Golf und im Suezkanal durch die Achsenmächte. Sie stellte auch die Moral der alliierten Truppen nach den Katastrophen von Tobruk und Sidi Rezegh wieder her.

Die Südafrikanische Luftwaffe (SAAF) leistete einen wesentlichen Beitrag zum Luftkrieg in Ostafrika, Nordafrika, Sizilien, Italien und auf dem Balkan. In Nordafrika unterstützten die SAAF-Geschwader Anfang 1942 die Alliierte Wüstenluftwaffe bei der Erlangung der Herrschaft über Rommels Luftwaffe, und sie führten eine Reihe von Bombenangriffen (drei pro Tag über Wochen hinweg) auf das Afrika-Korps durch. Dies stoppte Rommel schließlich bei seinem Vorstoß in Richtung El Alamein Mitte 1942.[9]

Die südafrikanische Armee und Luftwaffe spielten auch eine wichtige Rolle bei der Niederlage der italienischen Streitkräfte in der Ostafrika-Offensive 1940/1941. Südafrikanische Truppen nahmen an Feldzügen in Äthiopien teil und halfen den Alliierten, Addis Abeba von den Italienern zu erobern. Südafrikaner nahmen auch an der Invasion Italiens teil, halfen den Alliierten 1942 bei der Einnahme Madagaskars und nahmen an den Bombenangriffen auf Polen während des Warschauer Aufstands von 1944 teil. Tausende von Südafrikanern kämpften in britischen Einheiten, und einer von ihnen, der Jagdflieger der Royal Air Force Adolph (Sailor) Malan, wurde in der Hochphase der Schlacht um Großbritannien als Anführer des 74. Geschwaders berühmt.

Die Rekrutierung von Afrikanern in die UDF war so erfolgreich, dass am Ende der Rekrutierungsphase schätzungsweise mehr als 80.000 Schwarze in das Native Military Corps (NMC) rekrutiert wurden.[10] Sie wurden in verschiedenen Unterstützungsfunktionen ausgebildet und dann in die Kriegsgebiete in Ost- und Nordafrika, im Nahen Osten, Madagaskar und Italien entsandt, wo sie, oft unter schwerem Beschuss, als Krankenträger, Fahrer, Pfleger und Schützengräber arbeiteten. Die südafrikanische Regierung verbot ihnen, Waffen zu tragen und sie durften nur in nicht kämpfenden Funktionen dienen.[11]

Eine Aufzeichnung besagt, dass der Träger Luca Majoli am 23. und 24. Oktober 1942 in El Alamein Verwundete in Sicherheit brachte, obwohl er selbst von Granatsplittern getroffen wurde, als seine Einheit unter schweres Feuer geriet. Er brach schließlich durch den Blutverlust zusammen, überlebte aber. Verbindungsoffizier der 1. Division SA, Captain Zietsman, bezeugte 1941, dass unzählige Männer den Krankenträgern ihr Leben verdankten. 'Sie kämpften wie Tiger', sagte er. 'Wenn einer fiel, trat ein anderer an seinen Platz. Für einen Moment waren sie alle Südafrikaner, unabhängig von Rasse oder Glauben.'[12]

Schwarze Südafrikaner waren auch an einem geheimen Sonderprojekt zum Bau von Tunneln und Eisenbahnverbindungen durch die Berge zwischen der Türkei und Ägypten beteiligt, wo die Briten eine Basis hatten. Die Tunnel führten durch Palästina und Syrien, und einige von ihnen existieren noch heute. Etwa 420 südafrikanische Minenarbeiter mit speziellem Wissen und Erfahrung im Untertagebau wurden ausgewählt, um die südafrikanischen Ingenieure bei dem Projekt zu unterstützen.[13] Sie bauten die Tunnel unter harten Winterbedingungen und schlossen sie sieben Monate vor dem Zeitplan ab. Nach dem Krieg wurden den schwarzen Männern, die sich ausgezeichnet hatten, Auszeichnungen und Ehrenurkunden verliehen, aber jede Hoffnung, dass die Regierung ihnen helfen könnte, einen menschenwürdigen Arbeitsplatz zu finden oder ihnen die gleichen Rechte wie Weißen zu geben, erwies sich als fruchtlos.

Es gab auch zu Hause eine Aktivität, bei der viele südafrikanische Frauen Arbeit in der Women's Auxiliary Unit (Frauenhilfseinheit - WAU) und in der Women's Voluntary Air Force (Frauenfreiwilligendienst der Luftwaffe - WVAF) dienten. Im Jahr 1939 wurde in Witbank (heute Emalahleni in Mpumalanga) von dem gebürtigen Briten Henry Nattrass, der in beiden Weltkriegen als Jagdflieger diente, eine Flugschule eröffnet. Seine südafrikanische Frau Lorna Nattrass wurde eine seiner ersten Schülerinnen und war die einzige Frau im Bezirk, die ihren Pilotenschein bekam. Als im Jahre 1940 die WVAF gegründet wurde, wurde sie die erste Kommandantin von Witbank und des damaligen östlichen Transvaal.

Die WAU und die WVAF leisteten während des Krieges großartige Arbeit. Sie führten Erste-Hilfe-, Hauskrankenpflege- und Feuerwehrkurse durch, betreuten PKWs und LKWs, strickten und nähten für die Truppen, packten Fallschirme, stellten Pakete zusammen und versandten sie an die Männer im Norden und Übersee und hatten die Aufgabe, Geld für Kriegsdienste zu sammeln. Lorna Nattrass flog Versorgungsflugzeuge in und um ihren Bezirk, und am Ende des Krieges erhielt sie die südafrikanische Medaille für Kriegsdienste, unterzeichnet von Jan Smuts. Ihr Mann leitete drei weitere Lufttrainingsschulen, bevor er wieder nach Norden ging, um Flugzeuge zu steuern, und erhielt 1944 den Order of the British Empire (Militär).[14]

Smuts' Einfluss war in allen Phasen des Krieges sehr deutlich zu erkennen. Er hatte ein starkes Gespür für militärische und strategische Fragen, und der britische Premierminister Sir Winston Churchill holte bei mehreren Gelegenheiten seinen Rat ein. Wieder einmal, wie im Ersten Weltkrieg geschehen, wurde er gebeten, dem Imperial War Cabinet beizutreten, und erhielt den Rang eines Feldmarschalls, dem ersten Südafrikaner, der eine solche Position einnahm. 'Jan Smuts' wurde in Großbritannien zu einem Begriff. Sein Einfluss war so groß, dass Churchills Sekretärin anscheinend sogar versuchte, sich mit dem Vorschlag an König George VI. zu wenden, dass, wenn Churchill etwas zustoßen sollte, Smuts gebeten werden sollte, die Rolle des britischen Premierministers zu übernehmen.[15] Churchill überlebte Smuts um mehrere Jahre, und es ist zweifelhaft, dass Smuts eine solche Position akzeptiert hätte: so sehr er auch die Briten bewunderte, war er jedoch im Grunde genommen Südafrikaner.

Im Laufe des Zweiten Weltkriegs unternahm Smuts neun Besuche im Nahen Osten, um sich mit den Führern der Alliierten zu beraten, und am Ende des Krieges half er bei der Gründung der Vereinten Nationen. Professor Christof Heyns und Dr. William Gravett von der University of Pretoria Law School stellten fest, dass Smuts die erste Person war, die den Begriff 'Menschenrechte' in einem offiziellen Dokument für einen Weltverband verwendete: 1945 schrieb Smuts die Menschenrechte in die Präambel der Charta der Vereinten Nationen.[16]

Die britische Royal Tour und Isie Smuts

Smuts war somit an der Gründung zweier Weltorganisationen (des Völkerbundes und der Vereinten Nationen) beteiligt und hatte Südafrika auf eine Weise fest auf die Weltbühne gebracht, die sich erst mit der Nelson-Mandela-Ära der 90er Jahre wiederholen würde. Smuts' Statue steht noch immer auf dem Parliament Square in London - die einzige Statue des Commonwealth-Führers, die dort aufgestellt wurde, bis die von Nelson Mandela 2007 hinzukam.

1947 besuchte die britische Königsfamilie - König George VI., Königin Elisabeth und ihre Töchter, die Prinzessinnen Elisabeth und Margaret - auf Einladung von Smuts Südafrika. Niemals zuvor hatte ein regierender britischer Monarch Südafrika besucht, und es sollte sich erst 50 Jahre danach wiederholen, als Königin Elisabeth II., die 1947 eine junge Prinzessin war, auf Einladung von Präsident Nelson Mandela nach Südafrika kam.

Die britische Königstournee durch Südafrika 1947 war besonders lang und erfolgreich. Im Nachhinein hätte die Regierung Smuts sie vielleicht nicht nur wegen Smuts' Freundschaft und Bewunderung für die Briten organisiert, sondern auch, um dem Aufstieg des Afrikaner-Nationalismus zu begegnen. Die königliche Familie wurde überall dort willkommen geheißen, wo sie mit Botschaften in Englisch und Afrikaans unterwegs war. Dennoch verloren Smuts und seine Vereinigte Partei ein Jahr später die Macht.

Obwohl sie nie im ganzen Leben mit ihrem Mann nach Übersee ging oder den afrikanischen Kontinent verließ, spielte Smuts' Frau Sybella (Isie) in der Kriegs- und Nachkriegszeit eine bedeutende Rolle. Liebevoll bekannt als Ouma ('Großmutter'), war sie aktiv in der Suid-Afrikaanse Vrouefederasie (' Südafrikanische Frauenorganisation'), der Women's United Party und dem Gifts and Comforts Fund für Soldaten während des Krieges tätig. Sie interessierte sich nicht sehr für Prominente oder formelle Anlässe. Bei einer Gelegenheit in Kairo, wo sie einen Frauenclub eröffnete, hielt ein Beamter eine Rede für sie. Der Mann hatte bereits zehn Minuten lang gesprochen und Anstalten traf, noch viel länger weiterzumachen, als Ouma an seinem Ärmel zerrte und sagte: 'Sie müssen jetzt aufhören. Ich will sehen, was in meinem Paket ist.'[17]

Als die britische Königsfamilie 1947 Südafrika besuchte, ging Isie Smuts zu keinem der Empfänge. Als die königliche Familie deutlich machte, dass sie sie gerne treffen würde, antwortete Isie, dass sie zu ihr kommen müssten. Darauf mussten sie Isie Smuts in ihrem einfachen Haus in Doornkloof bei Irene (etwa 50 Kilometer nördlich von Johannesburg) besuchen.[18]

Vielleicht hatte Isie den Briten nie ganz vergeben, und die Erinnerungen an den Burenkrieg waren groß. Sie hatte darum gebeten, wie andere Burenfrauen behandelt zu werden und in ein Konzentrationslager geschickt zu werden,[19] aber die britischen Behörden hatten abgelehnt und sie stattdessen in ein Haus in Pietermaritzburg (damals in einer britischen Kolonie) verbannt. Aber Isie hatte ihren Teil des Leids erlebt. Die Zwillinge von Isie und Jan Smuts waren vorzeitig geboren worden und lebten nur wenige Wochen. Ein Jahr später, kurz vor Ausbruch des Burenkriegs, hatten sie einen Sohn, Jacobus Abraham (Koosie), der ein starkes, gesundes Kind war. Im August 1900 hatte er sich eine Kinderkrankheit zugezogen und starb mit gerade 16 Monaten. Wenn nicht der Krieg zur Vernichtung der Versorgung mit Medikamenten geführt hätte, hätte er möglicherweise behandelt werden können.

Extreme Afrikaner-Gruppen

Eine besonders extremistische Gruppe während des Krieges war der Ossewabrandwag (Ochsenwagen-Wachposten). Der OB hatte als kulturelles Ereignis begonnen. Die Organisation wurde im Jahr 1939 während der Hundertjahrfeier des Großen Treks gegründet, aber nach Ausbruch des Zweiten Weltkriegs wurde sie zu einem paramilitärischen Organ mit eigenen Sturmtruppen nach dem Vorbild der Nazis in Deutschland. Die OB lehnte die Teilnahme Südafrikas am Krieg auf der britischen Seite ab und verübten Sabotageakte gegen die Regierung Smuts. Sie wollten ein deutscher Sieg und eine nationalistisch-sozialistische Regierung in Südafrika. Ihr Führer war JFJ van Rensburg. Zwei zukünftige Premierminister von Südafrika, John Vorster und PW Botha, waren Mitglieder der OB.[20]

Ein weiterer Extremist, der während des Krieges auf einen deutschen Sieg hoffte, war Robey Leibbrandt, ein südafrikanischer Amateur-Boxmeister im Leichtschwergewicht mit deutsch-irischer Abstammung. Sein Vater hatte im Burenkrieg gekämpft. Robey Leibbrandt hatte Südafrika bei den Empire Games 1934 und bei den Olympischen Spielen 1936 in Berlin vertreten, wo er erstmals mit der nationalsozialistischen Ideologie konfrontiert wurde. 1938 kehrte er nach Berlin zurück, wo er sich zum Sturmtruppenführer ausbilden ließ und Sabotage- und Propagandamethoden studierte. Als er während des Krieges nach Südafrika zurückkehrte, gründete er die Nasionaal Sosialistiese Rebelle ('Nazionalsozialistische Rebellen'), eine extremistische Gruppe ähnlich der OB. Er hielt feurige Reden, ähnlich denen, die er in Deutschland gesehen hatte, und unterrichtete seine Mitglieder in Sabotage und Bombenbau. Er wurde am 24. Dezember 1942 in der Nähe von Pretoria verhaftet und wegen Hochverrats zum Tode verurteilt, was aber später von Smuts in lebenslange Haft umgewandelt wurde. Als 1948 die Nationalistische Partei an die Macht kam, wurde er freigelassen.[21]

Weder der OB noch die Nasionaal Sosialistiese Rebelle fanden viel Unterstützung, da die meisten Afrikaner ihre Ideen zu extrem fanden.

Das Ende des Krieges

Die Vereinigte Partei von Smuts und Hertzog hatte sich 1939 aufgelöst, und Smuts hatte Südafrika mit knapper Mehrheit in den Krieg geführt. Die Teilnahme Südafrikas am Zweiten Weltkrieg markierte den Beginn eines neuen politischen Kampfes. Eine neue politische Ausrichtung sollte bald erfolgen.

Bei den Wahlen 1943 hatte Smuts bequem gewonnen, weil der Krieg für die Alliierten gut lief, und die Menschen fühlten sich gut dabei, auf der Gewinnerseite zu stehen. Als der Krieg 1945 mit dem Sieg der Alliierten endete, ritt Smuts noch eine Weile auf dem Wellenkamm. Er hatte sich im Krieg hervorgetan und sich bei der Teilnahme an verschiedenen Konferenzen mit Premierministern auf der ganzen Welt angefreundet. Er hatte immer noch Unterstützung in den Großstädten des Witwatersrands, der Kaphalbinsel, des Ostkaps und von Natal, aber der Rest des Landes teilte sich in Anhänger von Hertzog und DF Malan.

Eine Nachkriegssituation bringt unvermeidliche Probleme mit sich, und es kommt oft zu einem Regierungswechsel. Dies geschah in Großbritannien, als Churchill die Macht verlor, und es sollte auch in Südafrika geschehen. Die Purified National Party unter DF Malan (inzwischen einfach als NP bezeichnet) hatte begonnen, an Boden zu gewinnen. DF Malan predigte schon seit einiger Zeit eine extreme Form des afrikanischen Nationalismus. Er und seine Anhänger spielten mit Nachkriegsbeschwerden über Arbeitsplatzverluste bei Rückkehrern, Wohnungsnot, steigende Kosten und die Unsicherheiten über die Beziehungen zwischen Weißen und Schwarzen. 1946 gab es einen heftigen Streik von schwarzen Minenarbeitern, was die allgemeine Instabilität der Zeit noch verschärfte. Dann, 1947, empfahl eine Kommission unter Richter Fagan, die von Smuts ernannt wurde, die Zuströme zu lockern, damit schwarze Menschen in städtischen Gebieten leben können. Smuts stimmte zu und dachte, dass die Zeit reif sei, aber viele Menschen, vor allem ärmere Weiße, waren nicht einverstanden. Die NP kämpfte unter dem Motto einer swart gevaar ('schwarze Gefahr') und versprach, dass es, wenn die NP an die Macht käme, eine Politik der Apartheid (Entfernung oder Trennung der Rassen) zum Schutz der weißen Bevölkerung geben würde.

Hertzog folgte zunächst nicht den extremeren Ideen Malans, aber am Vorabend der Wahlen 1948 schlossen sich Hertzog und seine Anhänger (die mit Smuts über die Beteiligung Südafrikas am Krieg gestritten hatten) Malans Nationalpartei an und die Zahl schwoll soweit an, dass Smuts und seine Vereinigte Partei besiegt wurden. Es war eine schockierende und unerwartete Niederlage, die niemand, am wenigsten, Smuts hatte kommen sehen. Smuts war inzwischen ein ziemlich alter Mann. Er starb zwei Jahre später, 1950, im Alter von 80 Jahren.

Die Historikerin Shula Marks, die mächtige Männer wie Rhodos und Smuts kritisierte, bemerkte jedoch, dass keine einzige Persönlichkeit in den ersten 50 Jahren des 20. Jahrhunderts mehr für die Gestaltung Südafrikas getan habe als Jan Smuts. Er war der bedeutendste weiße Staatsmann Südafrikas, schrieb sie, und war in diesen 50 Jahren an allen wichtigen Ereignissen der südafrikanischen, europäischen und Commonwealth-Geschichte beteiligt.[22] Jan Smuts' Tod 1950 war in vielerlei Hinsicht das Ende einer Ära.

Die Machtübernahme der Afrikaner-Nationalpartei 1948

Nach dem Wahlsieg 1948 setzte DF Malans nationalistische Afrikaner-Partei die Apartheidpolitik fort. Mit wenigen Ausnahmen wurden Schwarze, Farbige und Inder (von den Behörden allgemein als 'Schwarze' bezeichnet) von einer aktiven oder sinnvollen Beteiligung an der Regierung ausgeschlossen und waren in Bezug auf Chancen und Bildung benachteiligt. Dieses System wurde bis Anfang der 90er Jahre fortgesetzt.

Der Militärhistoriker Ian van der Waag datiert eine Periode des 'Kalten Krieges' in Südafrika ab diesem Zeitpunkt. Er glaubt, dass diese Zeit bis etwa 1959/1960 dauerte, als ein aggressiverer 'Heißer Krieg' begann. Der Heiße Krieg sollte so lange dauern, bis 1989/1990 sich die Dinge in Südafrika änderten.[23]

Das Militär

Das Militär ist immer ein Spiegel der politischen Schwerpunkte einer Regierung. Auch in Südafrika war es anfällig für Veränderungen mit wechselnden Regierungen. Kurz nachdem Südafrika 1910 in die Union aufgenommen wurde, wurde eine Union Defence Force (UDF) gebildet. Im versöhnlichen Geist der Zeit (bei den Weißen nach den bitteren

Erinnerungen an den Burenkrieg) waren die Mitglieder der UDF sowohl englisch- als auch afrikaans-sprachig, und der Militärdienst galt als anerkannter Beruf. Die UDF diente weiterhin in beiden Weltkriegen, und als die Alliierten 1945 den Sieg verbuchten, genoss Premierminister und Feldmarschall Jan Smuts Anerkennung für die Bemühungen der UDF.

1948 änderte sich unter der Regierung der National Party von DF Malan alles. Frans Erasmus wurde zum Verteidigungsminister ernannt und nahm bedeutende Änderungen vor, vor allem zugunsten der Wiederherstellung von Kommandos und anderen militärischen Traditionen der alten Burenrepubliken und der Abschaffung kolonialistisch geprägter UDF-Formationen. Er war entschlossen, ein neues Erscheinungsbild der South African Defence Force (SADF) zu schaffen. Talentierte und kompetente ehemalige Militärführer wurden dabei ausgemustert, da auch das Militär begann, den afrikanischen Nationalismus und die Nationalpartei zu fördern, und wichtige Afrikaner wurden in Schlüsselpositionen berufen. Die militärische Unterstützung sollte sich bei den folgenden Ereignissen als entscheidend erweisen: als die Regierung von DF Malan begann, ihre Apartheidpolitik umzusetzen, sollte sie das Militär hinter sich haben.

KAPITEL 10

Die Apartheidregierung

Apartheidpolitik und die Bildung von 'Homelands'

Die Theorie hinter der von Malan und seiner Regierung der Nationalen Partei umgesetzten Apartheidpolitik war, dass Weiße und Schwarze so kulturell ungleich seien, dass sie nie als Gemeinschaft zusammenleben könnten, und wenn sie es versuchen würden, würden die zahlenmäßig stärkeren Schwarzen die Weißen überfluten.[1]

Die Lösung bestand aus ihrer Sicht darin, das Land in Bereiche aufzuteilen, in denen Weiße Rechte und Staatsbürgerschaft haben würden, und in andere Bereiche, in denen für Schwarze das gleiche gelten sollte. Aber dann gingen sie noch weiter und teilten die Schwarzen nach ethnischen Unterschieden auf: den Zulu wurde eigenes Land von den Xhosa, den Basotho, den Tswana und so weiter zugewiesen. Die Regierung argumentierte, dass die afrikanischen Völker absolute ethnische und kulturelle Unterschiede hätten, die in getrennten Heimatländern bewahrt werden müssten, obwohl wahrscheinlicher der Plan war, die verschiedenen afrikanische Gemeinschaften getrennt zu halten, damit eine gemeinsame Front gegen Weiße unwahrscheinlich würde.

Dabei wurde von der Regierung nicht berücksichtigt, dass einige der schwarzen Gemeinschaften kulturell relativ homogen waren, andere aber nicht. Die Basotho zum Beispiel bestanden aus verschiedenen Kulturen, da der Führer Moshoeshoe über viele Jahre hinweg Flüchtlinge aufgenommen und Menschen unterschiedlicher Herkunft in sein Sotho-Königreich aufgenommen hatte. Natürlich hatte die Geschichte bereits gezeigt, dass Menschen unterschiedlicher Kulturen gut zusammenarbeiten können: als die SANNC 1912 begann, waren Zulu (John Dube und Pixley Seme), Xhosa (Walter Rubusana) und Tswana (Sol Plaatje) Gründungsmitglieder.[2]

Die Politik der Apartheid schien einige Verdienste gehabt zu haben[3], bis klar wurde, dass die Schwarzen auf die Reservate beschränkt würden, die ursprünglich unter Theophilus Shepstone[4] und anderen fast ein Jahrhundert zuvor geschaffen worden waren, und dass die Reservate nur sehr wenig erweitert würden (nur bis zu etwa 14% des gesamten Landes Südafrikas). Die Schwarzen würden auf so wenig Land nicht überleben können und müssten trotzdem in 'weißen' Gebieten arbeiten.

Die treibende Kraft für die Entstehung der Homelands war der junge Soziologieprofessor Hendrik Verwoerd, der sich bereits in den 1930er Jahren für die Apartheid eingesetzt hatte. Im Jahr 1950 wurde er Minister für Einheimische Angelegenheiten und 1958 Premierminister der NP-Regierung. Die schlimmsten Apartheidgesetze wurden unter seiner Amtszeit verabschiedet, aber er ließ sie so klingen, als ob sie auf den Menschenrechten basierten. 'Wir wollen nicht nur das Überleben der Weißen sichern', sagte er 1961 vor einem Londoner Publikum. 'Wir suchen nach einer Lösung, die das Überleben und die volle Entwicklung - politisch und wirtschaftlich - für jede der anderen Rassengruppen gewährleistet.'[5]

Es scheint außergewöhnlich, dass die Architekten der Apartheid hauptsächlich Akademiker und hochintelligente Männer waren. DF Malan hatte einen Master in Philosophie und einen Doktortitel in Religionswissenschaft und war ordinierter Geistlicher der Niederländischen Reformierten Kirche. Hendrik Verwoerd hatte einen Master in Philosophie und einen Doktortitel in Psychologie, beide cum laude, und andere Mitglieder seiner Regierung hatten auch eine Reihe von Doktortiteln.

1951 wurde das Bantu-Selbstverwaltungsgesetz verabschiedet.[6] Dadurch entstanden zehn ethnische Homelands (Zulu, Xhosa, Venda, Tswana, Ndebele, Sotho und Sonstige[7]). Etwa 3,5 Millionen Schwarze wurden gewaltsam in diese Homelands umgesiedelt. Der liberale Abgeordnete Alan Paton bemerkte damals, dass es enttäuschend sei, dass Afrikaner schwarze Menschen so behandelten, da sie wüssten, wie es sich die Diskriminierung unter den Briten anfühlte. Die Buren waren einst wegen ihres Muts des Widerstands gegen eine stärkere Macht die 'Lieblinge' der Welt gewesen.

Die Auswirkungen einiger Apartheidrichtlinien auf die Menschen

In den städtischen Gebieten, in denen die Schwarzen noch zur Arbeit kamen, wurde die Apartheid sowohl im sozialen als auch im wirtschaftlichen Leben durchgesetzt. Mitteilungen über Slegs blankes oder Nie-blankes (nur Weiße oder Nicht-Weiße) tauchten auf Bänken in Parks und Bahnhöfen auf, in Geschäften und Banken wurden separate

Eingänge geschaffen und es wurden Gesetze verabschiedet, welche die Trennung der Rassen erzwangen. Der Separate Amenities Act 49 von 1953 sah den Vorbehalt von Restaurants, Bars, Hotels und anderen öffentlichen Einrichtungen nur für Weiße vor.

1950 machten zwei von der Apartheid-Regierung verabschiedete Gesetze, das Gesetz über Mischehen und das Gesetz über Sittenlosigkeit, es illegal, zu heiraten oder sexuelle Beziehungen über die Farbgrenze hinweg zu unterhalten. Personen, die dabei erwischt wurden, wurden verhaftet und wegen Verstoßes gegen das Gesetz angeklagt. Auch das Population Registration Act von 1950 verursachte ungeheures Leid. Es sah vor, dass jeder Mensch ab einem bestimmten Alter entweder als schwarz, weiß, indisch oder farbig eingestuft werden und einen Ausweis mit sich führen musste, aus dem hervorging, welcher Rasse er angehörte. Einige Farbige waren ausreichend 'weiß aussehend', um als Weiß durchzugehen und die damit verbundenen Privilegien zu genießen, aber alles hing von der Klassifizierung ab, die sie erhielten. Ein besonders berüchtigtes Verfahren im Zusammenhang mit diesem Gesetz war der 'Bleistifttest'. Dies geschah, indem man einen Bleistift durch das Haar eines Farbigen schob. Wenn der Bleistift nicht heraus fiel - wenn das Haar der Person lockig genug war, um es an seinem Platz zu halten - galt die Person als farbig.

Während der Apartheidjahre bedeutete das Separate Amenities Act, dass Schauspieler und Tänzer nicht vor weißem Publikum auftreten durften. Dies galt auch für Sportler. Farbige durften nicht in 'weißen' Teams spielen. Der farbige Cricketspieler Basil D'Oliveira aus Kapstadt verließ Südafrika in Richtung England, weil er nicht für die (weiße) südafrikanische Mannschaft spielen durfte, obwohl er gut genug war. Im Jahr 1968 wurde er für das englische Team ausgewählt, um gegen Südafrika zu spielen. Der damalige südafrikanische Premierminister John Vorster glaubte, dass die Auswahl von D'Oliveira politisch motiviert sei und sagte, dass das englische Team in Südafrika nicht mehr willkommen sei. Im Jahr 2000 wurde D'Oliveira zu einem der zehn besten südafrikanischen Cricketspieler des Jahrhunderts gekürt, obwohl er nie für sein Heimatland gespielt hatte.

Eine ähnliche Diskriminierung wurde auch auf den indischen Golfer Sewsunker 'Papwa' Sewgolum angewendet. Auch er ging nach Übersee, um seine Karriere voranzutreiben, und gewann mehrere niederländische internationale Wettbewerbe. Nach seiner Rückkehr nach Südafrika war er der erste Farbige, der an einem Provinzturnier teilnahm. Im Golfspiel wurde es als akzeptabel erachtet, dass ein farbiger Spieler draußen mitmachte, sich aber danach nicht mehr seinen

Mitbewerbern im rein weißen Klubhaus anschließen durfte. 1965 gewann Papwa Sewgolum die Natal Open Championships, war jedoch gezwungen, seinen Preis draußen im Regen entgegenzunehmen. Ein Zeitungsbericht über dieses Ereignis nannte es 'The Glory and the Shame'.[8]

Diese und andere Vorfälle führten zu einem internationalen Sportboykott gegen Südafrika, der bis in die 1990er Jahre dauerte. Länder, die inoffizielle 'Rebellen'-Mannschaften zum Spiel gegen Südafrika entsandten, wurden weithin verurteilt. Die Sportboykotte waren auch Teil einer größeren internationalen Isolationskampagne, die schließlich politische, wirtschaftliche, kulturelle und akademische Boykotte umfasste. So konnten beispielsweise einige Wissenschaftler aufgrund ihrer politischen Ansichten keine Arbeit finden, Wissenschaftlern wurde der Zugang zu internationalen Institutionen verwehrt und die British Actors' Equity Association boykottierte den Verkauf von Fernsehprogrammen nach Südafrika, was bedeutete, dass das südafrikanische Fernsehen von Programmen aus den USA dominiert wurde.[9] Auch diese Boykotte endeten erst Anfang der 1990er Jahre.

Sophiatown: ein Beispiel für Zwangsumsiedlungen

Ein weiteres berüchtigtes Gesetz, das 1950 verabschiedet wurde, war der Group Areas Act, der strenge Trennungsregeln für verschiedene Rassen festlegte: Weiße, Farbige, Inder und Schwarze mussten alle in verschiedenen Gebieten leben. Obwohl die meisten Rassen bereits getrennt lebten, gab es einige innerstädtische Mischlingsgemeinschaften wie Sophiatown und Alexandra in Johannesburg, Lady Selborne in Pretoria, District Six in Kapstadt und Cato Manor in Durban. Die Entwurzelung und Umsiedlung von Menschen aus diesen Gemeinschaften führte zu ungeahnten Schwierigkeiten.

Die Geschichte von Sophiatown ist ein Beispiel für diese Politik der Zwangsräumung. Sophiatown war ein Vorort von Johannesburg, etwa 9 Kilometer vom Stadtzentrum entfernt. Das Land gehörte ursprünglich Herman Tobiansky, der es nach seiner Frau Sophia (später Sophiatown) genannt hatte. Im Jahr 1904 teilte er das Land auf und bot Grundstücke zum Verkauf an. Die ersten Bestände wurden von Weißen gekauft, aber nachdem die Gemeinde eine Kläranlage und eine riesige Müllhalde in der Gegend eingerichtet hatte, zogen die meisten Weißen weg. Die Kläranlage wurde später verlegt, aber bis dahin hatte Tobiansky begonnen, die Grundstücke auch anderen Rassen anzubieten. Von 1914 bis 1918 strömten Schwarze nach Johannesburg, weil die durch den

Ersten Weltkrieg geschaffenen Beschäftigungsmöglichkeiten zunahmen. Viele kamen nach Sophiatown, da es in der Nähe des Stadtzentrums lag, in dem sie arbeiteten. Andere Rassen kamen hinzu, und 1955 lebten möglicherweise bis zu 70.000 schwarze, farbige, chinesische und indische Menschen in Sophiatown.

In seiner Blütezeit war Sophiatown eine lebendige Gemeinschaft, die für ihre Musiker und Schriftsteller berühmt war; die Menschen erinnern sich noch immer an den Überschwang von Sophiatown. Es war ein überfülltes Gebiet, aber der Gemeinschaftsgeist war stark. Da die Häuser klein waren, versammelten sich die Menschen in der Abenddämmerung um die Kohlenbecken auf den Straßen, um zu reden, zu spielen und zu tanzen, und die staubigen Straßen wurden zum Synonym für Musik. Jazz, Kwela, Penny Whistle, Marabi und andere unverwechselbare afrikanische Klänge werden mit Sophiatown und Alexandra der 1940er und 50er Jahre in Verbindung gebracht, und die Karrieren von Dolly Radebe, Miriam Makeba, Hugh Masekela, Lemmy Mabaso, Abdullah Ibrahim (Dollar Brand) und anderen berühmten Sängern und Musikern sind mit diesen Orten verbunden. Kwela-Musik ist ein einzigartiger Straßenmusikstil und wird mit Flöte oder Pfeife und Gitarren aus Paraffindosen und Teedosen gespielt. Das Wort 'kwela' bedeutet 'Abholung' und bezog sich auf die umherfahrenden Polizeiwagen, die früher die Straßen der Gemeinde auf der Suche nach illegalem Glücksspiel durchstreiften. Wenn ein Polizeifahrzeug gesichtet wurde, legten die Leute sofort ihre Glücksspiele weg und fingen an, ihre Pfeifen zu spielen.

Viele von Miriam Makebas Liedern handelten von den Leiden ihres Volkes und sie begannen, die Aufmerksamkeit der Welt auf das zu lenken, was in Südafrika geschah. Sie wurde 1960 aus Südafrika verbannt und verbrachte die nächsten 31 Jahre im Exil in Europa, Guinea und den Vereinigten Staaten, wo sie in Shows mit Harry Belafonte und anderen bekannten Entertainern des Tages auftrat.

Sie glaubte, dass Musik die Fähigkeit hat, Menschen auf der ganzen Welt zu verbinden, und selbst in ihren dunkelsten Tagen sagte sie, dass es drei Dinge geben würde, die sie immer haben würde: Hoffnung, Entschlossenheit und Gesang.[10] Makeba wird besonders für 'Pata Pata' und 'The Click Song' in Erinnerung behalten. Sie war von 1964 bis 1966 mit dem Musikerkollegen Hugh Masekela und von 1968 bis 1978 mit dem amerikanischen Aktivisten Stokely Carmichael verheiratet. 1990 bat Nelson Mandela sie persönlich, nach Hause zu kommen.

Sophiatown war auch die Heimat des Dichters und Schriftstellers Don Mattera, dessen Großvater ein italienischer Einwanderer und dessen Mutter entweder eine Xhosa- oder eine Khoisan-Frau war. Seine Autobiographie *Memory is the Weapon* gewann mehrere Literaturpreise. Weitere berühmte Einwohner sind der Jazzpianist und Journalist Todd Matshikiza, der später Musik und die Texte für das Bühnenmusical King Kong im Londoner West End schrieb, und Bloke Modisane, Schauspielerin und Journalistin für das Drum Magazine[11] und Autorin einer Autobiographie mit dem Titel Blame Me On History. Für ihre Kritik an der Apartheid-Regierung wurden diese und andere andere Schriftsteller und Künstler ins Exil geschickt oder gezwungen, im Ausland zu leben und zu arbeiten, und ihre Arbeit wurde oft verboten.

Sophiatown hatte jedoch seinen gerechten Anteil an der Kriminalität. Gangs mit Namen wie 'Geier', 'Amerikaner', 'Russen' und andere wanderten durch die Straßen und fuhren in auffälligen amerikanischen Autos herum. Vor seinem politischen Aktivismus war der junge Don Mattera einer der Bandenführer der Geier gewesen. Er entkam mehrmals dem Tod und trug einen Spazierstock mit einem darin versteckten Schwert; andere benutzten angeschliffene Radspeichen als Waffen, um Menschen in den Rücken zu stechen.

Sophiatown schaffte es, einige Jahre nach dem Group Areas Act als gemischtrassige Gemeinschaft zu überleben, aber 1955 erklärten weiße Beamte es zu einem Slumgebiet, weil es so überfüllt sei. Den Menschen wurde gesagt, sie sollten sich in Gebiete begeben, die für ihre Rassen bestimmt seien. Es gab viel Widerstand. 'We Won't Move' wurde an die Wände gemalt; die Leute setzten sich auf die Straßen, als die Lastwagen ankamen, um ihre Habseligkeiten abzutransportieren, und der in Sophiatown lebende weiße anglikanische Priester Pater Huddleston versuchte, ihren Fall zu verteidigen. Am Ende mussten die Schwarzen nach Meadowlands bei Orlando in Soweto[12] (etwa 24 Kilometer entfernt), Farbige nach Bosmont (11,5 Kilometer entfernt) und Inder nach Lenasia (30 Kilometer entfernt) umziehen. Die Häuser in Sophiatown wurden dem Erdboden gleichgemacht und neue gebaut. Der Vorort wurde in Triomf ('Triumph') umbenannt und zu einem rein weißen Stadtbezirk erklärt.

Angus Smith erinnert sich, dass das Haus seiner Familie eines der letzten war, das mit Bulldozern niedergewalzt wurde. Sein Großvater war Konzertpianist und wurde oft aufgefordert, für das reinweiße Johannesburg Symphony Orchestra zu spielen, bis eines Nachts seine farbige Identität enthüllt wurde. Eine Zeitungsüberschrift am nächsten Tag schrie die Worte heraus: 'Kleurling speel met die orkes' ('Farbiger spielt mit im Orchester'), was die weiteren Aufführungen des talentierten Musikers beendete. Als seine Familie gezwungen wurde, aus Sophiatown abzuwandern, musste Angus' Großvater sein Klavier weggeben, da es nicht durch die Tür ihres kleinen Hauses in Bosmont passte. Er lebte nicht mehr lange danach - die Familie glaubt, dass er an einem gebrochenen Herzen gestorben ist.[13]

Patricia Mokoena Harvey erinnert sich ähnlich an den Schrecken der Umsiedlungen und ist dankbar, dass sie zu diesem Zeitpunkt nicht da war. 'Ich erinnere mich an die Gegend', sagte sie. 'Früher hallte die Kwela-Musik durch die Straßen. Ich erinnere mich an die Banden; sie beherrschten unsere Gehwege. Meistens ging es bei ihren Kämpfen um 'Kirschen' (Mädchen). In Sophiatown waren wir alle vermischt. Dann mussten wir nach Orlando East umziehen. Es war weit außerhalb der Stadt. Wir konnten nicht mehr länger einfach eine Straßenbahn nehmen, um zur Arbeit zu kommen. Aber würde ich zurück nach Sophiatown gehen? Wenn die alten Leute waren da, wenn wir es wiederherstellen könnten, den Ubuntu-Geist, dann würde ich zurückgehen.'[14]

Das Trauma für alle diese Menschen in den 1950er Jahren, in getrennte Gebiete abgeschoben zu werden, kann nicht hoch genug eingeschätzt werden. Für viele war es ein Abschied von Freunden und Menschen, mit denen sie aufgewachsen waren, der Verlust von Stabilität und sozialer Struktur und die Notwendigkeit, sich an Umgebungen anzupassen, in denen es an Annehmlichkeiten und Arbeitsmöglichkeiten mangelte.

Sophiatown hat noch immer eine Aura seiner Geschichte. Viele der Straßennamen sind noch immer dieselben, aber von den ursprünglichen Häusern steht nur das von Dr. Alfred Xuma, dem Generalpräsidenten des ANC (1940-1949) in der Toby Street 73 an der Ecke Edward und Toby Street noch in seiner ursprünglichen Form. Es galt als zu schön, um abgerissen zu werden, als die anderen Häuser in den 1950er Jahren abgerissen wurden, und wurde am 11. Februar 2006 zum Nationaldenkmal erklärt. Bloke Modisane erinnert sich, wie er und seine verwitwete Mutter, die einen Shebeen leitete, Xuma und sein Haus als Vorbild für das gute Leben angesehen hatten, was für sie bedeutete: 'getrennte Schlafzimmer, ein Raum zum Sitzen, ein anderer zum Essen und ein Raum zum Alleinsein, zum Lesen oder Nachdenken, Südafrika ausschließen und nicht schwarz sein'.[15] Die Church of Christ the King, in der Pater Huddleston praktizierte, ist auch noch da, und der Kirchturm wurde zum Nationaldenkmal erklärt. Die Uhr auf dem Turm war von weitem sichtbar und wurde von der gesamten Gemeinde benutzt, von der viele keine andere Möglichkeit hatten, die Zeit abzulesen.

Die Beseitigung der letzten Orte, an denen Südafrikaner aller Rassen leben und sich vermischen konnten, führte dazu, dass in den kommenden Jahrzehnten nur wenige Weiße jemals ein schwarzes Zuhause sahen oder mit Schwarzen sozialisiert wurden. Weiße Kinder wuchsen in Isolation von ihren schwarzen Altersgenossen auf, und nur wenige Weiße lernten jemals eine afrikanische Sprache. Schwarze und farbige Menschen kamen außer am Arbeitsplatz und dann in allgemein untergeordneten Positionen nicht mit weißen Menschen in Berührung. In den 90er Jahren wurde Triomf für alle Rassen und unter dem alten Namen Sophiatown wieder geöffnet, aber für viele war es zu spät.

Schwarzer Widerstand

Die ANC Jugendliga (ANCYL)

Bald nach der Machtübernahme der National Party im Jahr 1948 kam eine neue Generation von Schwarzen im ANC nach vorne. Sie kamen aus der ANC Jugendliga (ANCYL) und wollten entschlossener handeln.

Die ANCYL war 1944 von jungen Mitgliedern des ANC gegründet worden. Sie waren mit dem Ansatz der alten Garde im ANC unzufrieden und wollten militantere Maßnahmen ergreifen, um die weiße Herrschaft in Frage zu stellen. Vier dieser jungen Mitglieder waren Walter Sisulu, Oliver Tambo, Nelson Mandela und Ashby Mda, alles Xhosas aus der Transkei (Ostkap), die an Missionsschulen ausgebildet worden waren. Tambo und Mandela gingen danach an die Fort Hare University, wurden aber wegen ihrer politischen Aktivitäten verwiesen. Später qualifizierten sie sich über die Unisa als Rechtsanwälte und gründeten gemeinsam eine Kanzleipraxis in Johannesburg. Das andere frühe Mitglied der ANCYL war der Zulu Anton Lembede. Er war der Sohn von Landarbeitern aus dem Bezirk Georgevale in Natal. Er hatte unermüdlich daran gearbeitet, sich durch die Schule und die juristische Fakultät zu bringen und trat leidenschaftlich für eine afrikanisch geprägte Philosophie ein, die er Afrikanismus nannte.[16] Die ANCYL wählte ihn zu ihrem ersten Präsidenten, aber sein früher Tod 1947 im Alter von nur 33 Jahren beraubte die Liga ihres zukünftigen Führers.

Als die ANCYL gegründet wurde, war der Präsident des ANC Dr. Alfred Xuma skeptisch hinsichtlich der aggressiveren Haltung der jungen Männer, die jedoch schnell die Unterstützung einer großen Anzahl von Menschen erhielten, die in die Städte gezogen waren, um in den neuen Fabriken und Industrien zu arbeiten. 1944 veröffentlichte die ANCYL ein

Manifest, in dem sie ihre Pläne zur Mobilisierung der Menschen und zur Durchführung militanterer Aktionen darlegte.

1949, im Jahr nach der Regierungsübernahme der National Party von DF Malan, wurden Oliver Tambo (damals 31 Jahre alt), Walter Sisulu (36 Jahre) und Nelson Mandela (30 Jahre) in die Exekutive des ANC gewählt, und der ANC verabschiedete offiziell das ANCYL-Aktionsprogramm. Das Aktionsprogramm forderte mehr militante Aktionen, einschließlich Streiks, Boykotten und Widerstand, und sollte in der Folge zur Widerstandskampagne der 1950er Jahre führen.

Die Widerstandskampagne und der Verratsprozess

Während eines Großteils seiner frühen Existenz suchte der ANC nicht die Zusammenarbeit mit anderen Rassengruppen, die ebenfalls unter Diskriminierung litten. Der Historiker Leo Marquard behauptete 1967, dass eine nationalistische Bewegung nur dann erfolgreich sein könne, wenn sie ausschließlich sei. Dies hatte in den 1930er und 1940er Jahren sicherlich für die Afrikaner funktioniert: Ihr Nationalismus hatte Nicht-Weiße, englischsprachige Südafrikaner und Afrikaner, die ihre Politik nicht unterstützten, ausgeschlossen.[17] Es scheint jedoch, dass die Zusammenarbeit mit anderen Rassengruppen dem ANC gut zugute kam. 1952 schlossen sie sich anderen Befreiungsbewegungen, insbesondere dem Südafrikanischen Indischen Kongress (SAIC), an, um eine Widerstandskampagne zu organisieren. Dies brachte Führer des ANC wie Nelson Mandela und Walter Sisulu in engen Kontakt mit indischen Führungskräften wie Ahmed Kathrada. In einem Interview mit Carlos Amato,[18] erinnerte Ahmed Kathrada viele Jahre später daran, was für einen Durchbruch es war, als die verschiedenen Widerstandsorganisationen begannen zusammenzuarbeiten. Vor 1950, sagte er, war der ANC ziemlich exklusiv und zog es vor, den Freiheitskampf allein zu führen. Auch der ehemalige Präsident Nelson Mandela verwies auf die große Rolle der Inder im Kampf.

1946 hatten der Transvaal- und der Natal-Kongress unter der Leitung von Dr. Monty Naicker und Dr. Yusuf Dadoo eine passive Widerstandskampagne auf der Grundlage der Lehren von Mohandas Gandhi organisiert. Ihr Ziel war es, gegen neue Gesetze zu protestieren, die speziell darauf abzielten, den Indern das Eigentum und das Aufenthaltsrecht zu entziehen. Etwa 15.000 Menschen marschierten zum Gemeindegelände im Zentrum von Durban, wo eine ausgewählte Gruppe von 17 Personen ein Lager aufschlug. Die Kampagne dauerte bis 1948, in dieser Zeit hatten etwa 2.000 Widerständler das Lager besucht.

Viele der Widerständler wurden missbraucht, angegriffen und verhaftet, aber die Kampagne wurde fortgesetzt und schuf eine Einheit der Ziele zwischen den indischen Gemeinschaften. Es war auch der Katalysator für das Zusammenkommen der verschiedenen Rassen im Kampf. 1947 schuf der von Dr. Dadoo, Dr. Naicker und Dr. Xuma vom ANC unterzeichnete 'Drei Doktoren-Pakt' die Voraussetzungen für die Zusammenarbeit zwischen Indern und Afrikanern im Kampf, und der passive Ansatz wurde von der Widerstandskampagne 1952 übernommen.[19] Die Kampagne wurde am 26. Juni 1952 gestartet, zwei Monate nach dem 300. Jahrestag der Ankunft von Van Riebeeck und den Niederländern am Kap (am 6. April 1652).

Die Idee hinter der Widerstandskampagne war es, den diskriminierenden Gesetzen zu trotzen. Schwarze wurden ermutigt, in Busse zu steigen, die nur für Weißen reserviert waren, auf Bänken für Weiße zu sitzen, in Warteschlangen für Weiße zu stehen und andere Antidiskriminierungsmaßnahmen durchzuführen. Die Kampagne hatte ihre gewünschte Wirkung: Rund 8.000 Menschen wurden wegen vorsätzlicher Gesetzesverstöße verhaftet. Die Gefängnisse waren voll bis zum Überlaufen und die Behörden wurden in Verlegenheit gebracht.

1955 versammelten sich Mitglieder verschiedener schwarzer, farbiger und indischer Organisationen (ANC, CPO, SAIC) sowie des kleinen, überwiegend weißen Kongresses der Demokraten zu einem massiven Volkskongress in Kliptown bei Johannesburg. Dort verabschiedeten sie die Freiheitscharta, die zur Grundlage der ANC-Politik wurde; einige ihrer Bestimmungen sind in unserer aktuellen Verfassung verankert. Darin heißt es, dass Südafrika Allen gehört, die darin leben, Schwarze und Weiße, und dass keine Regierung das Recht auf Autorität beanspruchen kann, wenn sie nicht den Willen des Volkes hat. Dann wurde eine Liste der Grundrechte aufgestellt: Gleichheit nach dem Gesetz, Wahlrecht, Offenheit der Schulen für alle Rassen, gleicher Lohn für gleiche Arbeit und Mindestlöhne. Sie enthielt auch einige sozialistische Ideen: die Verstaatlichung der Minen und die Neuzuweisung von Land. Die Prinzipien von Freiheit und Gleichheit basierten auf liberalen Ideen aus Großbritannien, Europa und den Vereinigten Staaten sowie auf der Tatsache, dass einige afrikanische Länder, angefangen mit Ghana[20], die Unabhängigkeit von kolonialen Herrschern erlangten.

Die kommunistischen Ideen in der Charta waren eine Quelle der Besorgnis für die Regierung, die daraufhin noch strengere Gesetze durchsetzte. Leute, die der Zusammenarbeit oder der Verschwörung gegen die Regierung verdächtigt wurden, wurden verhaftet und wegen Verrats vor Gericht gestellt. Zwischen 1956 und 1961 wurden 156 Menschen aus allen Rassengruppen im ganzen Land wegen Verrats verhaftet. Dazu gehörte auch Nelson Mandela, Albert Luthuli und Walter Sisulu, sowie Ärzte, Anwälte, Lehrer, Journalisten, Geistliche und Männer und Frauen aus der Wirtschaft. Der Verratsprozess dauerte vier Jahre, und obwohl die Angeklagten alle schließlich für nicht schuldig befunden wurden, wurden viele stigmatisiert und verloren ihren Arbeitsplatz.

In den 90er Jahren veranstaltete das Museum Africa in der Innenstadt von Johannesburg eine Ausstellung des berühmten Verratsprozesses. Es gab Bilder von den Angeklagten und unter jedem von ihnen befand sich ein kleines rotes Buch, in dem die Besucher Kommentare und zusätzlichen Informationen über diese Person hinzufügen konnten. Der gleiche Ansatz wurde auch in den ehemaligen Gefängniszellen von Constitution Hill[21] in Braamfontein verfolgt, wo die Menschen die Möglichkeit hatten, ihre eigenen Erfahrungen aus dieser Zeit einzubringen.

Weitere Maßnahmen der Apartheidregierung

Untergeordnete Einrichtungen

Bis in die 90er Jahre investierten eine Reihe von Regierungen der weißen Minderheit das Geld der meisten Steuerzahler in Einrichtungen (Bildung, Straßen, Krankenhäuser, öffentliche Verkehrsmittel), die von Weißen genutzt werden. Bei den Nichtweißen bevorzugten sie Farbige und Inder gegenüber Schwarzen, aber alle wurden vernachlässigt.

1953 setzte der Bantu Education Act, der später in Black Education Act umbenannt wurde, rassistisch getrennte Bildungseinrichtungen durch. Die meisten Missionsschulen wurden geschlossen, und die Bildung für Schwarze wurde noch schlechter. Kinder in schwarzen Schulen zum Beispiel erhielten nicht die Möglichkeit, Mathematik oder Naturwissenschaften zu lernen. Der damalige Minister für Native Affairs, Hendrik Verwoerd, sagte: ‘Es gibt keinen Platz für [das Bantu] in der europäischen Gemeinschaft, der über dem Niveau bestimmter Arbeitsformen liegt... Was nützt es, den Bantukindern Mathematik zu unterrichten, wenn sie sie in der Praxis nicht anwenden können.’[22] Da es nur wenige weiterführende Schulen gab, verließen schwarze Kinder die Schule oft vorzeitig. Die negativen Auswirkungen dieser Maßnahmen waren nicht zu ermessen.

Die Tomlinson-Kommission, das Senatsgesetz und die Entfernung von Farbigen aus der Stammwählerliste

1951 wurde eine Kommission unter dem Vorsitz von Professor Tomlinson mit dem Auftrag gebildet, die wirtschaftlichen Bedingungen der in den letzten Jahren entstandenen Reservate zu untersuchen, die Homelands werden sollten. Es war ein wichtiger Schritt. Die Kommission empfahl, viel Geld (R200 Millionen) für die Finanzierung der nächsten zehn Jahren einzusetzen, um den Boden in den Reservaten zu sanieren und die Wirtschaft zu diversifizieren. Die Empfehlungen wurden von der Regierung nicht angenommen und nur ein Bruchteil des Geldes wurde jemals zugeteilt.

Im Jahr 1955 wurde das Senatsgesetz verabschiedet. Dies ermöglichte es der Regierung, mehr Senatoren zu ernennen und den Senat 'dicht zu machen', so dass eine Zweidrittelmehrheit erreicht werden konnte, um farbige Wähler aus der Gemeinsamen Wählerliste zu entfernen und ihnen vier weiße Vertreter im Repräsentantenhaus zu stellen, genau wie es 1936 bei den Schwarzen gemacht wurde. Das Gesetz erhielt seine Zweidrittelmehrheit, und 1960 wurde der Senat auf seine ursprüngliche Größe reduziert.

Das Senatsgesetz und andere Gesetze der Apartheidregierung weckten sowohl die schwarze als auch die weiße Opposition, aber die Strafen für öffentliche Proteste wurden immer härter. Die Menschen verloren ihre Arbeit und sahen sich mit Verbotsverfügungen, Hausarrest und Haft konfrontiert. Die Reaktion der Regierung auf die Proteste bestand darin, ihre Politik zu verstärken und noch restriktivere Maßnahmen zu ergreifen. Die Polizei erhielt umfangreiche Durchsuchungs- und Verhaftungsbefugnisse, und die Menschen wurden ohne Gerichtsverfahren im Gefängnis festgehalten.

Frauen im Kampf

Frauen waren seit mindestens 1913 im Kampf aktiv. 1943 war ein Frauenzweig des ANC gegründet worden, und in den 1950er Jahren, als die Apartheidregierung ihre diskriminierenden Gesetze umsetzte, wurde der Kampf der Frauen militanter. Tausende von schwarzen, farbigen und indischen Frauen nahmen 1952 an der Widerstandskampagne teil und brachen bewusst diskriminierende Gesetze.

1954 wurde die Federation of South African Women (FEDSAW oder FDSAW) gegründet. Diese multirassische[23] Föderation wurde von (den Weißen) Helen Joseph und Ray Alexander und (den Schwarzen) Lilian Ngoyi und Florence Mkize gegründet. Ziel war es, die verschiedenen Frauenorganisationen erstmals zusammenzubringen und die Frauen stärker am Befreiungskampf zu beteiligen. Es wurde eine Frauencharta ausgearbeitet, die sich verpflichtet, diskriminierenden Gesetzen ein Ende zu setzen.

Die FEDSAW hatte die Unterstützung der männlichen Mitglieder des ANC. Bei seiner offiziellen Vorstellung in der Trades Hall in Johannesburg 1948 schickte der ANC Walter Sisulu als Bindeglied zwischen den beiden Organisationen; Sisulu sagte, er glaube, dass Frauen eine wichtige Rolle im Befreiungskampf spielen könnten. Die Verpflegung bei der Einführung erfolgte durch Männer, um den Delegierten mehr Zeit für die Diskussion politischer Fragen zu geben. Die Eröffnungsrede wurde von der Präsidentin Ida Mtwana gehalten, die sagte: 'Vorbei sind die Zeiten, in denen der Platz der Frauen in der Küche war und sich um die Kinder kümmerte. Heute marschieren sie Seite an Seite mit den Männern auf dem Weg zur Freiheit.'[24]

Einige der frühen weiblichen Führungskräfte kamen aus armen Verhältnissen. Lilian Ngoyi (1911-1980) arbeitete als Schlosserin in einer Bekleidungsfabrik, bevor ihre Begabung für öffentliche Reden sie in die Leitung der ANC Women's League und der FEDSAW brachte; die Autorin und Lehrerin Bessie Head (1937-1986) wurde in einer psychiatrischen Klinik geboren, weil ihre weiße Mutter für verrückt erklärt worden war, als entdeckt wurde, dass sie mit dem Kind eines schwarzen Mannes schwanger war. Andere kamen aus privilegierteren Verhältnissen, wie Jean Sinclair und ihre Tochter Sheena Duncan, die die Black-Sash-Bewegung leitete, und Norma Kitson, die 1952 an der Widerstandskampagne teilnahm.

Norma Kitson wurde 1933 in Berea, Durban in einer wohlhabenden teiljüdischen, teil-Afrikaner-Familie geboren. Sie war Mitglied der SACP, arbeitete als Sekretärin in einer Goldmine und erwarb Fähigkeiten als Schreibkraft und Druckerin, die sie gut nutzte, als sie gebeten wurde, bei der Zusammenstellung der Forderungen zu helfen, die Teil der Freiheitscharta wurden. Sie heiratete den Aktivisten Dave Kitson, und sie hatten zwei Kinder, Stephen und Amandla (was in Zulu Macht bedeutet), die auch Aktivisten wurden. Dave Kitson schloss sich dem bewaffneten Widerstand der ANC-Untergrundbewegung Umkhonto we Sizwe an und wurde 1964 für 20 Jahre inhaftiert. Norma Kitson wurde inhaftiert, Drohanrufen und Bedrohungen ausgesetzt und schließlich gezwungen,

Südafrika zu verlassen. Einmal bereitete sie sich auf das Gefängnis vor, indem sie sich mit zusätzlicher Unterwäsche in ihrer Handtasche auf eine Bank mit der Aufschrift 'Nie Blankes - Non-whites' im Joubert Park setzte und darauf wartete, verhaftet zu werden.

Nachdem sie Südafrika verlassen hatte, wurde sie zur Inspiration für die Anti-Apartheid-Gruppe der City of London, die mehrere Jahre lang eine Mahnwache auf dem Bürgersteig vor dem South Africa House am Trafalgar Square aufstellte. Sie forderten die Freilassung von Nelson Mandela und anderen politischen Gefangenen, darunter Dave Kitson; als er 1984 und Nelson Mandela 1990 entlassen wurde, gab es vor dem South Africa House wilde Jubelszenen. In einem Nachruf nach ihrem Tod wurde jedoch erwähnt, dass Norma keine Teampersönlichkeit war, es sei denn, sie konnte die Show leiten; dieser Individualismus war ein Gräuel für andere in London lebende Exil-SACP-Mitglieder. Es gab auch das Gefühl, dass ein Fall leicht in den Medien zur Sprache kam, wenn eine weiße Person verhaftet wurde; schwarze Opfer der Apartheid waren schwerer zu 'verkaufen'.[25]

Auch die indische friedliche Widerstandskämpferin Fatima Meer kam aus einem privilegierten Hintergrund. Ihr Vater war Zeitungsredakteur. Er machte seine Kinder die Rassendiskriminierung von frühester Kindheit an bewusst und ermutigte sie, frei und analytisch zu denken. Fatima Meer machte den Bachelor- und Master-Abschluss in Soziologie an der University of Natal in den 1950er Jahren - bemerkenswert, da zu diesem Zeitpunkt nur wenige muslimische Mädchen überhaupt die High-School besuchten. Sie nahm an der massiven indischen passiven Widerstandskampagne von 1946 teil und sprach bei mehreren Massenveranstaltungen zusammen mit anderen bedeutenden Aktivisten, wie z.B. Dr. Yusuf Dadoo und Dr. Monty Naicker. 1949 wurde Durban von Rassenunruhen erschüttert und Fatima Meer begann unermüdlich daran zu arbeiten, die Beziehungen zwischen Afrikanern und Indern zu verbessern. Eines ihrer vielen Projekte war eine Kinderkrippe für arme afrikanische Kinder in der Slumsiedlung Cato Manor.

Der Frauenmarsch, 9. August 1956

Im Laufe der Jahre wurde das Gesetz über die Ausweise für Schwarze, insbesondere für schwarze Frauen, gelockert und dann immer wieder neu eingeführt. Als eine der FEDSAW-Mitglieder sagte Dora Tamana: 'Diese Pässe machen die Straße für uns noch enger. Wir haben gesehen, wie Arbeitslosigkeit, fehlende Unterkünfte und Familien wegen des

Fehlens von Pässen zerbrochen sind. Wir haben es bei unseren Männern gesehen. Wer wird sich um unsere Kinder kümmern, wenn wir wegen eines kleinen technischen Vergehens ins Gefängnis gehen - ohne Pass?'[26] Das Thema erreichte seinen Höhepunkt im berühmten Frauenmarsch am 9. August 1956. An diesem Tag organisierte die FEDSAW etwa 20.000 Frauen aller Rassen, um die Vermeulen- (heute Madiba-) Straße zum Regierungssitz, den Union Buildings in Pretoria, hinauf zu marschieren und eine Petition gegen die vorgeschlagene Wiedereinführung von Pässen für schwarze Frauen einzureichen.

Viele der Frauen, die am Marsch teilnahmen, hatten Babys auf dem Rücken. Andere hielten weiße Kinder an den Händen, die sie beaufsichtigten. Sie kamen mit Bus und Bahn aus allen Teilen Südafrikas, diejenigen von außerhalb Johannesburgs und Pretorias hatten am Vorabend in der Bantu Hall bei Lady Selborne am Stadtrand geschlafen. Der Marsch wurde von Lilian Ngoyi, Helen Joseph, Rahima Moosa, Ray Alexander, Amina Cachalia und Sophie Williams-De Bruyn geleitet. Lilian Ngoyi wurde ausgewählt, um an die Bürotür von Premierminister JG Strijdom zu klopfen und die Petition vorzulegen, aber da niemand da war, musste sie sie draußen liegen lassen.

Die Frauen standen dann dreißig Minuten lang in absoluter Stille draußen. Das Schweigen wurde von den Frauen gebrochen, die Nkosi Sikelel' iAfrika' (heute die Nationalhymne) und ein neues Lied zu Ehren des Anlasses sangen, dessen Worte waren: Wena Strydom, wathinth', abafazi, wathinth' embokotho, uzokufa!' (Du, Strijdom, du hast die Frau berührt, du hast gegen den Felsen geschlagen, du wirst sterben!') Als der Premierminister tatsächlich kurz darauf starb, glaubten viele der Frauen, dass ihre Prophezeiung wahr wurde.

Der Satz 'Du hast eine Frau berührt, du hast einen Felsen getroffen' steht für den Mut und die Stärke der südafrikanischen Frauen, und der Frauenmarsch gilt als Maßstab im Kampf der Frauen für Gerechtigkeit in Südafrika und als Inspiration für die Frauen, die nach ihnen kamen. Seit dem Beginn der Demokratie im Jahr 1994 wird der 9. August jedes Jahr als Frauentag gefeiert. Am 9. August 2006, dem 50. Jahrestag des historischen Marsches, wurde der Strijdom Square, auf dem sich die Frauen vor ihrem Marsch versammelt hatten, in Lilian Ngoyi Square umbenannt.

Am Frauentag 60 Jahre später erinnerte sich die einzige überlebende Anführerin des Marsches, Sophia Williams-De Bruyn, daran, dass sie am 9. August 1956 erst 18 Jahre alt und die jüngste der Anführerinnen war. Sie sagte, dass, obwohl die Ausweisanforderungen bei farbigen und indischen Frauen nicht angewendet wurden, sie und andere den Marsch unterstützten, weil, wie sie es ausdrückte, 'es ein starkes Gefühl der Einheit und des Mitgefühls unter uns gab, denn was sie heute traf, hätte uns morgen treffen können.'[27]

Der Frauenmarsch an diesem Augusttag 1956 war das Prisma, durch das der Kampf der Frauen die Welt erreichte. Obwohl er im Krieg gegen Pässe für schwarze Männer entstand, die bereits seit 40 Jahren in Kraft waren, war der Frauenmarsch der berühmteste Kampf der 1950er Jahre.[28]

Die Progressive Partei

Die 1933 von Smuts und Hertzog gegründete United Party hatte in den 1940er Jahren als Oppositionspartei weitergelebt. 1953 schloss sie sich der Labour Party an, um die National Party bei den bevorstehenden Wahlen abzusetzen. Der Versuch scheiterte und die Nationalisten kamen mit noch größerer Mehrheit zurück.

1958 gewannen die Nationalisten erneut die Wahl und ein Jahr später, 1959, spalteten sich die United Party und 12 Mitglieder unter der Leitung von Dr. Jan Steytler gründeten die Progressive Party. Dies war die Partei, die politische Größen wie Helen Suzman, Colin Eglin, Frederik van Zyl Slabbert und Tony Leon hervorbringen sollte.

Helen Suzman war 36 Jahre lang Mitglied des Parlaments, 13 davon (1961-1974) als Mitglied der Progressive Party während der schlimmsten Jahre der Apartheid. Ihre Stimme war oft eine einsame Stimme gegen Ungerechtigkeit in einem von weißen Männern dominierten Parlament, und sie lehnte jeden vorgelegten rassistisch repressiven Gesetzentwurf ab. Als ein Minister sie beschuldigte, Fragen zu stellen, die das Land in Verlegenheit brächten, antwortete sie: 'Es sind nicht meine Fragen, die Südafrika in Verlegenheit bringen, sondern Ihre Antworten.'[29]

Helen Suzman nutzte ihren Status als Abgeordnete, um Robben Island zu besuchen, während Nelson Mandela dort inhaftiert war, und schaffte es, einen besonders unangenehmen Wärter zu versetzen und die Bedingungen zu verbessern. Nelson Mandela sagte, er sei überrascht, wie klein sie sei (nur fünf Fuß zwei Zoll) und wie furchtlos. Die Gefängnisleitung versuchte, sie in die besseren Bereichen des Gefängnisses zu führen, aber sie bestand darauf, in die Zellen zu gehen. 'Es war ein seltsamer und wunderbarer Anblick, diese mutige Frau in unsere Zellen blicken und durch unseren Innenhof schlendern zu sehen', schrieb Nelson Mandela in seiner Autobiographie *Long Walk to Freedom*. 'Sie war die erste und einzige Frau, die jemals unsere Zellen beehrt hat.'[30] Helen Suzman starb am 1. Januar 2009 im Alter von 92 Jahren.

Eines der Ziele der Progressive Party war ein qualifiziertes, für alle Rassen offenes Franchisesystem, das eine Lösung für die Probleme Südafrikas gewesen wäre, auch wenn es einige Zeit gedauert hätte, bis sich alle qualifiziert hätten. Wie sich herausstellte, war das noch lange nicht Realität.

KAPITEL 11

Die 1960er Jahre

Die Gründung des Pan Africanist Congress (PAC) und Sharpeville

Das Jahr 1960 war ein weiterer Wendepunkt in den Widerstandsbewegungen, die der Militärhistoriker Ian van der Waag als eine Periode des 'heißen Krieges' in der südafrikanischen Geschichte datiert.[1]

Südafrika war noch keine Republik: dies sollte erst im folgenden Jahr geschehen. Am 3. Februar 1960 kündigte der britische Premierminister Harold Macmillan, der gerade einen Monat in Afrika verbracht hatte, dem südafrikanischen Parlament in Kapstadt an, dass die britische Regierung dabei sei, vielen ihrer Kolonialgebiete in Afrika Unabhängigkeit zu gewähren. Ghana (ehemals Goldküste) war 1957 unabhängig geworden, Nigeria folgte 1960, Uganda 1962 und unter anderen Kenia 1963. 'Der Wind des Wandels weht durch diesen Kontinent', sagte Macmillan. 'Ob es uns gefällt oder nicht, dieses Wachstum des nationalen Bewusstseins ist eine politische Tatsache, und unsere nationale Politik muss dies berücksichtigen.'[2]

In Südafrika war jedoch keine solche Transformation erkennbar, und es gab eine deutliche Verhärtung des schwarzen Widerstands gegen die südafrikanische Apartheid-Regierung. Im März 1960 löste sich Robert Sobukwe vom ANC und gründete den radikaleren Pan Africanist Congress (PAC).

Robert Sobukwe war an einer Missionsschule in seinem Geburtsort Graaff-Reinet ausgebildet worden und hatte dann die Fort Hare University im östlichen Kap besucht, wo er politisch aktiv war und Präsident des Students Representative Council wurde. Er wurde Lehrer und dann Dozent am Institut für Afrikastudien an der University of the Witwatersrand, wo sein Interesse an der Literatur dazu geführt hatte, dass er eine Ehrendoktorarbeit über Xhosa-Rätsel schrieb. Sobukwe war Afrikaner; er glaubte, dass Aufstiegsmöglichkeiten für junge Schwarze geschaffen werden müssten und dass die Zukunft Südafrikas in den

Händen der schwarzen Südafrikaner liegen sollte. Er billigte nicht den Weg des multirassischen Widerstands, den der ANC in den letzten Jahren eingeschlagen hatte - daher sein Ausstieg aus dem PAC.[3]

Ihr erstes Projekt war die Organisation der berühmten Anti-Pass-Demonstration in Sharpeville, südlich von Johannesburg, im März 1960. Der Dompas, der von allen schwarzen Südafrikanern verlangte, Dokumente mit sich zu führen, die es ihnen erlaubten, in städtische Gebiete zu 'passieren' - Orte, an denen viele ihr ganzes Leben lang gelebt hatten -, war lange Zeit umstritten.[4] Bei der Demonstration 1960 war geplant, dass Schwarze zur Polizeistation in Sharpeville[5] gehen und ihre Pässe öffentlich verbrennen sollten. Sie glaubten, wenn genügend Schwarze das tun würden und es zu viele Verhaftungen gäbe, wäre das System nicht umsetzbar.

Am Morgen des 21. März 1960 begann die Bewegung, als Sobukwe sein Haus in Mofolo, Soweto,[6] verließ und eine kleine Menschenmenge auf einem 8 Kilometer langen Marsch zur Polizeistation Orlando anführte, wo er sich der Verhaftung stellen wollte. Im Laufe des Marsches schlossen sich ihm kleine Gruppen von Männern aus benachbarten Gebieten wie Phefeni, Dube und Orlando West an. Als sich die kleine Menge der Station näherte, wurden die meisten Demonstranten, einschließlich Sobukwe, verhaftet und des Aufruhrs angeklagt.

Unterdessen hatte eine geschätzte Gruppe von 5.000 Personen die Polizeistation Sharpeville erreicht. Es gibt verschiedene Versionen dessen, was als nächstes geschah. Sobukwe hatte die Polizei im Voraus darauf hingewiesen, dass die Demonstration stattfinden würde, dass sie jedoch friedlich verlaufen würde. Alles kann passieren, wenn sich Menschen in einem Mob zusammenschließen: während einige Zeugen sagen, dass die meisten Demonstranten friedlich waren, sagen andere, dass die Stimmung sich verschlechterte. Parallel dazu fanden an anderen Orten Demonstrationen statt, und nur ein kleines Kontingent unerfahrener Polizisten war in Sharpeville im Einsatz. Laut Polizeiberichten wurden Steine geworfen, ein Polizist umgestoßen, Panik ausgelöst und einige der Polizisten begannen, auf die Menge zu schießen.

Neunundsechzig Menschen (Männer, Frauen und Kinder) wurden getötet und etwa 180 verletzt, einige von ihnen wurde in den Rücken geschossen, als sie wegzulaufen versuchten. Der Vorfall sorgte weltweit für Schlagzeilen und erweiterte die bereits verhängten Sanktionen gegen Südafrika. Es wurde als das Sharpeville Massaker bekannt.[7]

Die Regierung von Südafrika reagierte mit der Verhängung des Ausnahmezustands, und sowohl der ANC als auch der PAC wurden verboten. Auch die Kommunistische Partei Südafrikas (SACP) und andere Organisationen galten als subversiv. Etwa 10.000 Personen wurden festgenommen, und es wurden härtere Maßnahmen gegen sie ergriffen. Viele Aktivisten gingen ins Exil, darunter der zukünftige Präsident Thabo Mbeki, der damals erst 18 Jahre alt war. Oliver Tambo, der kurz vor der Verbannung des ANC ins Exil gegangen war, wurde während seiner Exilzeit Mentor des jungen Mbeki.

Die Republik Südafrika und die Anfänge des 'Heißen Krieges'[8]

Im folgenden Jahr, 1961, wurde Südafrika zur Republik. Bis 1961 war Südafrika war noch Teil des Britischen Commonwealth gewesen: als Elisabeth II. 1953 zur Königin von England gekrönt wurde, wurde sie auch als Königin der selbstverwalteten Union Südafrikas gekrönt, und Proteas, die südafrikanische Nationalblume, wurden in ihr Krönungskleid eingenäht. Stücke des berühmten Cullinan Diamanten[9] waren auch in ihrem Zepter und in der Krone enthalten. Bis 1961 betrachteten viele Menschen (und insbesondere Afrikaner) die Position von Königin Elisabeth II. als Staatsoberhaupt als Relikt des britischen Imperialismus.

Die National Party hatte sich seit geraumer Zeit für die Unabhängigkeit Südafrikas eingesetzt. Es fand ein auf Weiße beschränktes Referendum statt: am 31. Mai 1961 stellte Südafrika seine Mitgliedschaft im British Commonwealth ein und wurde mit knapper Mehrheit von 52,9% zur Republik. Es war ein Triumph für den Afrikaner-Nationalismus. Die verfassungsmäßigen Bindungen, die seit 1806 zwischen Großbritannien und Südafrika bestanden hatten, wurden unterbrochen und sollten erst wiederhergestellt werden, als das 'neue' Südafrika[10] entstand und wieder Mitglied des British Commonwealth wurde. Auch wurde 1961 die Dezimalprägung eingeführt: der südafrikanische Rand (benannt nach dem goldhaltigen Witwatersrand) ersetzte das Pfund Sterling.

Als die Regierung der National Party 1948 zum ersten Mal an die Macht kam, hatte es einen Vertrauensverlust der Investoren gegeben, aber die Wirtschaft hatte allmählich an Boden gewonnen, unterstützt durch die Eröffnung weiterer Goldfelder im Freistaat im Jahre 1951, die Errichtung einer Uranfabrik am Westrand im Jahr 1952, die Entwicklung kapitalintensiverer land- und forstwirtschaftlicher Projekte sowie dem Ausbau der verarbeitenden Industrie und der Sekundärindustrie (insbesondere im Hinblick auf Konsum- und Produktionsgüter) ab den 1950er Jahren. Auch der Land-, See- und Luftverkehr änderte sich mit dem Wachstum von Supermärkten und großen Handelsketten bis zur Unkenntlichkeit.[11] Die Investitionen aus dem Ausland nahmen zu, insbesondere aus den Vereinigten Staaten und Europa. Die National Party erhöhte ihre Parlamentsmehrheit bei fast allen Wahlen zwischen 1948 und 1977, und es war klar, dass nicht nur Afrikaner für sie stimmten.

1961 ernannte der Premierminister der Republik, Hendrik Verwoerd, BJ (John) Vorster zum Justizminister. Vorster glaubte, dass die Sicherheit des Staates eine Priorität sei und setzte sich für eine Reihe von Gesetzen ein, die den Widerstand gegen die Regierungspolitik brechen sollten. Diese Gesetze beinhalteten Verbote, unbefristete Haft ohne Prozess und Hausarrest. Robert Sobukwe, dessen PAC Sharpeville organisiert hatte, war einer der Ersten, die von diesen Gesetzen betroffen waren. In einigen Kreisen galt er als noch gefährlicher für den Apartheidstaat als inhaftierte politische Führer wie Nelson Mandela.[12] Für seine Rolle in Sharpeville wurde Sobukwe zunächst zu drei Jahren Gefängnis verurteilt, aber am Ende dieser Frist erließ das Parlament 1963 ein Gesetz zur allgemeinen Gesetzesänderung, das den Justizminister ermächtigte, einen Gefangenen für 90 Tage ohne Prozess festzuhalten und dann nach eigenem Ermessen zu verlängern. Eine der Klauseln des Gesetzes richtete sich speziell an ihn und wurde als 'Sobukwe-Klausel' bezeichnet. Anschließend wurde Sobukwe nach Robben Island[13] verlegt, wo er für weitere sechs Jahre blieb.

Auf Robben Island wurde Sobukwe in Einzelhaft gehalten, so dass er andere Gefangene nicht beeinflussen konnte. Er durfte jedoch Zivilkleidung tragen und hatte Zugang zu Büchern. Infolgedessen verbrachte Sobukwe einen Großteil seiner Zeit mit dem Studium und erwarb einen Abschluss in Wirtschaftswissenschaften an der University of London.[14] Ehemalige Häftlinge auf Robben Island beschrieben, wie sie an seinem Haus vorbei gingen, wenn sie zu ihren Arbeitsaufgaben gingen: er stand am Tor und winkte ihnen zu, aber sie konnten nicht stehen bleiben, um mit ihm zu sprechen. Er benutzte geheime Handzeichen, um zu kommunizieren - er hob Sand auf und ließ ihn dann langsam zwischen seinen Fingern laufen. Dies sollte symbolisieren, dass die Sache in seinem Herzen lebte und dass sie die Freiheit erringen würden.[15]

Nach seiner Entlassung aus dem Gefängnis wurde er in Kimberley unter Hausarrest gestellt und musste eine Sondergenehmigung erhalten, um das Haus zur Behandlung zu verlassen, als er Lungenkrebs bekam. Er starb 1978 im Alter von nur 54 Jahren und wurde in seiner Heimatstadt Graaff-Reinet bestattet. Im Jahr 2008 kehrte sein Sohn Dini Sobukwe nach 30 Jahren aus den Vereinigten Staaten nach Südafrika zurück. Mit Hilfe der Regierung errichtete er in Graaff-Reinet im Namen von Robert Sobukwe eine Stiftung: sie befasst sich mit den Themen Bildung und Fortschritt, um die sich Robert Sobukwe so sehr kümmerte, und hilft, sein Gedächtnis am Leben zu erhalten.

Die Sobukwe-Klausel im Allgemeinen Gesetzesänderungsgesetz wurde nie dazu angewandt, um jemand anderen festzunehmen. Als sie am 30. Juni 1965 auslaufen sollte, erneuerte die Regierung sie. Sie wurde jedes Jahr bis 1982 erneuert, dann wurde sie durch das Gesetz über die innere Sicherheit aufgehoben, das der Regierung jedoch ähnliche Haftbefugnisse einräumte. Dieses Gesetz und andere diskriminierende Gesetze wurden erst zwischen 1990 und 1996 schrittweise aufgehoben.[16]

Ein weiteres Opfer der harten Maßnahmen, welche die Regierung in den 1960er Jahren ergriffen hatte, war Albert Luthuli,[17] der angesehene und weithin respektierte Häuptling der Zulus. Er wuchs an der Groutville Missionsstation in Natal auf, wurde zum Lehrer ausgebildet und dann 1935 Leiter des Reservats Groutville. Er glaubte an den Sport als Möglichkeit, einen gesunden Körper und einen gesunden Geist zu erhalten und tat viel, um Fußball bei seinen Schülern am Adams College zu fördern. Der Sport wurde dadurch weit verbreitet und das College brachte nachfolgend viele Fußballstars hervor.

Die meiste Zeit seines Lebens war der Pazifismus sein Ansatz, aber seine Politik wurde militanter, als er 1952 fast 50-jährig zum Präsidenten des ANC gewählt wurde. Er nahm auch an der Widerstandskampagne im Jahr 1952 teil und verbrannte 1960 öffentlich seinen Pass kurz nach Sharpeville. Es gibt jedoch keine Beweise dafür, dass er jemals die Entscheidung des ANC unterstützt hat, einen Untergrundkampf zu führen. 1960 erhielt er als erster Afrikaner, der diese Auszeichnung erhielt, den Friedensnobelpreis für seinen gewaltfreien Ansatz zur Beendigung der Apartheid.

1962 hatte die Regierung das Sabotagegesetz verabschiedet, das ihr die Befugnis gab, jeden, der subversiver Aktivitäten verdächtigt wurde, ohne Prozess unter Hausarrest zu stellen. Häuptling Luthuli wurde daraufhin verbannt und in den folgenden Jahren mehrmals verhaftet. In seiner 1962 veröffentlichten Autobiographie *Let My People Go*[18] beschreibt er, wie er in den frühen Morgenstunden von der Polizei durch Hämmern an seiner Tür wachgerüttelt wurde. Seine kleinen Kinder standen mit aufgerissenen Augen und ängstlich da, als er weggebracht wurde. Albert Luthuli starb 1967 unter mysteriösen Umständen, angeblich nachdem er beim Überqueren einer Eisenbahnstrecke von einem Zug erfasst wurde, aber die Sache wurde nie zufriedenstellend geklärt.

Nach Sharpeville und dem Exil ihrer Führer gingen der ANC und der PAC in den Untergrund und es wurden Militärflügel errichtet: Umkhonto we Sizwe ('Der Speer der Nation', abgekürzt MK) für den ANC, und Poqo ('Rein') für den PAC. Nelson Mandela half beim Aufbau des MK und sein Kollege Walter Sisulu war Mitglied. Zwischen Dezember 1961 und Juli 1963 führten MK-Einheiten über 200 Sabotageakte mit selbst gebauten Brandbomben durch. Die Bombenanschläge wurden auf Postämter und andere Regierungsgebäude sowie auf Eisenbahn- und Strominstallationen in der Nähe von Industriegebieten verübt. Ihre Ziele waren Gebäude, nicht Menschen.[19] Währenddessen begann Oliver Tambo im Exil nach Orten zu suchen, an denen MK-Soldaten eine Guerilla-Ausbildung erhalten konnten.

Das Manifest von MK aus dem Jahr 1961 lautete:

> *Die Zeit kommt im Leben jeder Nation, wenn es nur noch zwei Möglichkeiten gibt: Unterwerfen oder Kämpfen. Diese Zeit ist nun in Südafrika gekommen. Wir werden uns nicht unterwerfen, und wir haben keine andere Wahl, als mit allen in unserer Macht stehenden Mitteln zurückzuschlagen, um unser Volk, unsere Zukunft und unsere Freiheit zu verteidigen.*

Die Entscheidung des ANC, den bewaffneten Kampf aufzunehmen, wurde nach vielen Jahrzehnten gewaltfreien Widerstands getroffen, der auf eine immer brutalere Repression durch das Apartheid-Regime traf. Mit den Worten von Ahmed Kathrada einige Jahre später: 'Wir mussten von Gewaltlosigkeit zu Gewalt übergehen; es gab einfach keine Wege mehr für friedlichen Widerstand.[20]

1961 begann der 'Heiße Krieg'[21] ernsthaft. Überall waren Polizeispitzel und Informanten. Die Regierung griff Dissidenten hart an und traf immer strengere Maßnahmen. Am 11. Juli 1963 wurden 17 MK-Führungskräfte, darunter Govan Mbeki (dem Vater von Thabo Mbeki) und Walter Sisulu auf der Farm Liliesleaf in Rivonia bei Johannesburg verhaftet. Nelson Mandela und andere wichtige ANC-Führungskräfte hatten die Farm für einige Zeit als Hauptquartier und Versteck genutzt. Mandela hatte sich als Gärtner und Koch für den weißen Besitzer, den Anti-Apartheid-Aktivisten Arthur Goldreich, ausgegeben und die Zeit dort genutzt, um sich über die Guerilla-Kriegsführung zu informieren und die erste Phase der Offensive des MK zu planen. Mandela war bereits zum Zeitpunkt der Verhaftung 1963 im Fort von Johannesburg im Gefängnis, nachdem er wegen Anstiftung zum Streik und illegaler Ausreise aus dem Land inhaftiert worden war, aber Dokumente in Mandelas Handschrift wurden auf der Farm gefunden.

Der Rivonia-Prozess 1963/1964

Im Oktober 1963 begann der Prozess gegen Nelson Mandela und zehn der verhafteten Männer: Denis Goldberg, James Kantor, Rusty Bernstein, Andrew Mlangeni, Elias Motsoaledi, Ahmed Kathrada, Raymond Mhlaba, Bob Hebble, Govan Mbeki und Walter Sisulu. Die Männer wurden wegen Sabotage gegen die Regierung und für die Förderung des Kommunismus angeklagt, und der Prozess wurde nach dem Vorort Rivionia benannt, wo sie sich auf der Liliesleaf Farm getroffen hatten. Vor dem Prozess gelang es Harold Wolpe und Arthur Goldreich, eine Wache zu bestechen und aus dem Fortgefängnis Johannesburg zu fliehen. Sie verbrachten ein paar Monate damit, sich in sicheren Häusern zu verstecken und flohen dann als Priester verkleidet quer durch Swasiland.

James Kantor und Rusty Bernstein wurden freigesprochen, die Klage gegen Bob Hepple, der später ohne Aussage aus dem Land floh, zurückgezogen, aber die restlichen zehn mussten sich einem Prozess stellen, der sich acht Monate lang hinziehen sollte und erst im Juni 1964 endete.[22] Die Angeklagten wurden von dem Afrikaans-Anwalt und Führer der SACP, Abram (Bram) Fischer verteidigt, unterstützt von Arthur Chaskalson, George Bizos und anderen. Während des Prozesses wurden Fotos von Bram Fischer in der Presse geschwärzt, und danach wurde er plastisch operiert, um eine Verhaftung zu vermeiden.[23] Arthur Chaskalson wurde später 1995 erster Präsident des Verfassungsgerichtshofes und war von 2001 bis 2005 Oberster Richter, und George Bizos leitete neben vielen anderen bemerkenswerten Positionen das Gremium, das 1996 die neue Verfassung Südafrikas aushandelte.

Im Prozess vor dem Obersten Gerichtshof von Pretoria am 20. April 1964 entschied sich Nelson Mandela dafür, eine Aussage von der Anklagebank und nicht vom Zeugenstand aus zu machen, um eine klare Aussage machen zu können und nicht durch Fragen unterbrochen und ein Kreuzverhör unterbrochen zu werden. Er gab seine Rolle in MK, der

Sabotagekampagne und sein Bündnis mit der SACP zu, sagte aber, dass er dennoch westliche Methoden bewundert habe, insbesondere das britische parlamentarische System, das er als demokratischste der Welt ansah. Er forderte die Gleichberechtigung der Schwarzen auf formale Bildung, einen existenzsichernden Lohn und die Möglichkeit, am Arbeitsplatz Kompetenzen zu erwerben. 'Mein ganzes Leben lang', sagte er, 'habe ich gegen die Vorherrschaft der Weißen und einer schwarzen Herrschaft gekämpft und schätzte das Ideal einer demokratischen und freien Gesellschaft. Es ist ein Ideal, für das ich bereit bin zu sterben.'[24] Seine Rede bekam Schlagzeilen auf der ganzen Welt und brachte ihm einen ikonenhaften Status.

Der Prozess dauerte bis Juni 1964. Letztendlich wurden acht der Angeklagten - Nelson Mandela, Walter Sisulu, Govan Mbeki, Ahmed Kathrada, Denis Goldberg, Raymond Mhlaba, Elias Motsoaledi und Andrew Mlangeni - für schuldig befunden, weil der Richter entschied, dass es sich im Wesentlichen um Verrat handelt. Die Todesstrafe wurde beantragt, aber das Verteidigungsteam gelang es mit Unterstützung weltweiter Demonstrationen, diese in lebenslange Haft zu verwandeln. Weil er weiß war, wurde Denis Goldberg ins Zentralgefängnis von Pretoria geschickt, und die anderen gingen ins Gefängnis auf Robben Island.

Der ehemaliger Wärter Christo Brand erinnerte sich, dass ihm, als er zum ersten Mal auf Robben Island zur Arbeit ging, gesagt wurde, er werde die größten Kriminellen der südafrikanischen Geschichte treffen. Als er in die Zellen ging, sah er alte, bescheidene und sanfte Menschen, die die Aufseher mit Respekt behandelten: unter anderem waren dies Nelson Mandela und Walter Sisulu.[25]

Bram Fischer unterstützte die Untergrundbefreiungsbewegung weiterhin gegen den Rat von Nelson Mandela, der der Meinung war, dass er lieber den Kampf im Gerichtssaal unterstützen sollte, 'wo die Leute sehen konnten, wie dieser Afrikaner für die Rechte der Machtlosen kämpfte'.[26] Er versteckte sich, wurde aber zweimal verhaftet. 1966 wurde er wegen Verschwörung zur Sabotage mit Nelson Mandela und den anderen, die er zwei Jahre zuvor verteidigt hatte, verurteilt und für schuldig befunden; er wurde außerdem wegen Verstoßes gegen das Gesetz zur Unterdrückung des Kommunismus zu lebenslanger Haft verurteilt. Einige Jahre später wurde bei ihm Krebs diagnostiziert und er wurde 1975 erst zwei Wochen vor seinem Tod im Alter von 67 Jahren zu seiner Familie entlassen.

Während Nelson Mandela im Gefängnis saß, hatte Oliver Tambo von seiner Exilbasis im Norden Londons aus viel mit der Mobilisierung internationaler Unterstützung für den Kampf zu Hause zu tun. Er diskutierte mit anderen ANC-Führungskräften, was die größte Wirkung haben würde, und es wurde beschlossen, dass sich die Kampagne auf eine Person konzentrieren sollte, mit der sich die Welt identifizieren konnte. Mandela galt als das Symbol aller politischen Gefangenen in Südafrika. Der Ruf nach seiner Freilassung würde dazu beitragen, die Türen aller politischen Gefängnisse Südafrikas zu öffnen, und so entstand der Slogan 'Free Nelson Mandela'.[27] Von 1964 bis 1990 unterstützten Millionen Menschen weltweit diese Kampagne.

Im Jahr 2001, mehr als 30 Jahre nach dem Rivonia-Prozess, verkündete der damalige Präsident Thabo Mbeki, dessen Vater Govan Mbeki einer der in Liliesleaf verhafteten ANC-Führer war, dass ein Trust zur Wiederherstellung des Geländes eingerichtet werde. Das Restaurierungsprojekt wurde von Nic Wolpe, dem Sohn von Harold Wolpe geleitet, einem der beiden Männer, denen die Flucht aus dem Fort Johannesburg gelungen war. Die Liliesleaf -Farm wurde jetzt restauriert und 2008 wurde ein interaktives Museum eröffnet.

Aktivistinnen

Winnie Mandela, Zanele Mbeki, Adelaide Tambo, Albertina Sisulu, Ama Naidoo und andere verbrachten viele Jahre allein und erzogen ihre Kinder alleine, während ihre Ehemänner im Exil oder im Gefängnis waren. Nelson Mandela war 27 Jahre und Walter Sisulu 26 Jahre im Gefängnis, Thabo Mbeki war 28 Jahre und Oliver Tambo 30 Jahre im Exil. Viele der Frauen der Aktivisten waren auch selbstständige Aktivisten.
Albertina Sisulu und Adelaide Tambo waren Krankenschwestern als auch politische Aktivisten, und beide waren sehr beliebte und respektierte Persönlichkeiten. Während der langen Jahre, in denen ihr Mann im Exil war, arbeitete Adelaide Tambo zur Unterstützung ihrer Familie in Doppelschichten am Baragwanath Hospital.

Winnie Madikizela-Mandela qualifizierte sich als Sozialarbeiterin und hatte einen Abschluss in Internationalen Beziehungen an der Universität von Witwatersrand trotz der Einschränkungen für Schwarze, die eine Hochschulausbildung absolvieren. In den Jahren der Inhaftierung ihres Mannes war Winnie eine der führenden Opponenten der weißen Minderheitsregierung. Fast 27 Jahre (1964-1990) lang wurde sie festgehalten, inhaftiert, belästigt und bedroht; sie wurde im Frauengefängnis im Fort (heute Teil des Verfassungsgerichtskomplexes) in Johannesburg festgehalten und dann nach Brandfort im Freistaat verbannt.

Manonmoney (Ama) Naidoo half zusammen mit ihrem Mann Roy, Allianzen zwischen Menschen verschiedener Rassen aufzubauen, die während der Kampfjahre auf die gleichen Ziele hinarbeiteten. 1946 beteiligte sich Ama Naidoo an der passiven Widerstandskampagne gegen das asiatische Landbesitzgesetz, das darauf abzielte, den Landbesitz von Indern zu beschränken. Sie wurde inhaftiert und 1952 erneut inhaftiert, als sie an der Widerstandskampagne teilnahm. Dabei starb ihr Mann nach einer Konfrontation mit der Polizei an einem Herzinfarkt.

Ama Naidoo setzte seine Arbeit fort, nahm ihre fünf Kinder mit zu politischen Treffen und versorgte und beherbergte regelmäßig andere Aktivisten in ihrem kleinen Haus in der Rockey Street, Doornfontein, Johannesburg. Zwischen 1952 und 1956 nahm sie an Demonstrationen, Märschen und Kerzenlichtprozessionen teil. 1954 wurde sie geschäftsführendes Mitglied der neu gegründeten Federation of South African Women (FEDSAW). 1955 nahm sie am Kongress in Kliptown, Soweto, teil, auf dem die Freiheitscharta verabschiedet wurde. 1956 marschierte sie mit 20.000 weiteren Frauen zu den Union Buildings in Pretoria, um gegen den Frauenpass zu protestieren. Im Dezember 1963 marschierte sie erneut zu den Union Buildings, um mit Zainab Asvat gegen das Group Areas Act zu protestieren.[28]

Sie brachte auch Lebensmittel zu politischen Häftlingen und Gefangenen aller Rassen und war Mitglied des Ausschusses, der für die Versorgung der Angeklagten im Verratsprozess von 1956 zuständig war. Ihre Kinder wurden ebenfalls Aktivisten, und Ama und ihre Kinder wurden alle mehrmals festgehalten oder verbannt.

Einer ihrer Söhne, Indres Naidoo, war zehn Jahre lang auf Robben Island inhaftiert. Nach seiner Entlassung wurde er unter Hausarrest gestellt und ging dann für fast 15 Jahre ins Exil nach England. Im Exil schrieb Indres zusammen mit der Juristin und Aktivistin Albie Sachs ein Buch über ihre Erfahrungen im Gefängnis auf Robben Island. Island in Chains: Ten Years on Robben Island[29] wurde 1982 veröffentlicht, war aber in Südafrika für viele Jahre verboten.

Ama Naidoo war eine bescheidene Person und ihr gewaltfreier Ansatz basierte auf den Lehren von Mohandas Gandhi, den ihr Mann persönlich kannte. Nach dem Group Areas Act musste sie 1978 in den indischen Vorort Lenasia ziehen und ihr Haus in der Rockey Street verlassen, wo sie 45 Jahre lang gelebt hatte. 1983 wurde sie vom

Premierminister Rajiv Gandhi nach Indien eingeladen, um für den Beitrag ihrer Familie zum Kampf geehrt zu werden. Sie starb 1993, nur wenige Monate vor den ersten demokratischen Wahlen, so dass sie das neue Südafrika nicht mehr erleben konnte. Für ihren Beitrag zum Kampf für Demokratie, Gleichheit und Gerechtigkeit wurde sie 2006 posthum mit dem Orden von Luthuli in Silber ausgezeichnet.

Weitere Akte der Unterdrückung

Die Jahre 1963 bis 1967 waren für die Unterdrückung von Bedeutung. Die Federation of South African Women (FEDSAW) brach 1963 zusammen und Pässe wurde für schwarze Frauen wieder obligatorisch, was bedeutete, dass schwarze Frauen keine sicheren Rechte in städtischen Gebieten hatten - eine Situation, die sich erst 1994 ändern sollte.

Die schändliche 90-Tage-Haft ohne Gerichtsbeschluss verursachte auch einen ungeahnten Trauerfall. Die erste Person, die nach diesem Gesetz starb, war der 41-jährige MK-Freiheitskämpfer Looksmart Ngudle, Ehemann und Vater von sechs Kindern aus einem kleinen Dorf am Ostkap. Er wurde am 19. August 1963 verhaftet und nie wieder gesehen. Seinen Familienmitgliedern wurde gesagt, dass er sich im Gefängnis erhängt habe, aber sie glaubten es nicht. Rund 44 Jahre später, im Jahr 2007, nahmen die Journalisten Shaun Smillie und Neo Ntsoma die Geschichte auf und halfen der Familie, seine Leiche zu finden. Es war in einem nicht markierten Massengrab begraben worden, aber DNA-Tests bestätigten, dass es sich tatsächlich um Ngudle handelte, und sein Körper wurde zu einer emotionalen Trauerfeier in sein Dorf gebracht.

1965 wurde die 90-Tage-Haft ohne Gerichtsbeschluss auf 180 Tage und mehr erhöht, wenn es für notwendig gehalten wurde, und 1967 gab das Terrorismusgesetz dem Staat mehr Macht, die Opposition zu unterdrücken. Neue Foltermethoden wurden eingeführt, darunter längere Zeiträume der Isolation, stundenlanges Stehen, Schlafentzug, Körperverletzung und psychologische Folter. Zwischen 1963 und 1977 starben 45 Menschen im Gefängnis, nachdem sie ohne Prozess inhaftiert worden waren.

Eine positive Entwicklung für den ANC war eine zunehmende Flut von unabhängigen afrikanischen Staaten in den 1960er Jahren. Unter anderem war Ghana 1957 unabhängig geworden, Nigeria 1960, Uganda 1962, Sambia. und Tansania 1964 und Botswana 1966. Die meisten dieser Staaten sollten sich für die Befreiung ganz Afrikas von der Kolonialherrschaft und die Befreiung Südafrikas von der Apartheid einsetzen. Die unabhängigen afrikanischen Länder unterstützten den Befreiungskampf durch Institutionen wie z.B. die Organisation der Afrikanischen Einheit, und die meisten von ihnen waren Gastgeber von ANC-Führungskräften auf der Flucht vor der Repression in Südafrika. In einigen Ländern durften südafrikanische politische Exilanten als Flüchtlinge bleiben, aber keine Militärbasen errichten, während sie in anderen - wie in Mosambik, Sambia, Botswana und Uganda - militärische Trainingslager errichten konnten. MK-Kader führten und koordinierten den Befreiungskampf sowohl aus diesen Ländern als auch aus Südafrika heraus.

1967 wurde die Wehrpflicht oder Einberufung für junge weiße Männer eingeführt. Zuvor war der Militärdienst freiwillig gewesen, oder die Männer waren für die militärische Ausbildung durch ein Wahlsystem ausgewählt worden, aber sie durchliefen in der Regel nur ein Training - sie hatten keinen aktiven Dienst. Nach dem Verteidigungsänderungsgesetz von 1967 jedoch wurden Männer in den SADF eingezogen - zunächst für einen Zeitraum von neun Monaten, aber 1977 wurde dieser Wert auf eine obligatorische Zweijahresfrist und 30 Tage jährlich für acht Jahre erhöht.[30] Die Wehrpflichtigen wurden so eingesetzt, wie es das Militär für richtig hielt. Die meisten jungen weißen Männer taten diesen Pflichtdienst direkt nach der Schule und viele geplante Karrieren mussten auf Eis gelegt werden.[31] Die Wehrpflicht sollte an das Kommandosystem der Burenrepubliken anschließen, wurde aber stärker formalisiert. Die junge Männer könnten überall hingeschickt werden, um die Grenzen Südafrikas zu verteidigen.[32]

Der Tod von Hendrik Verwoerd, 1966

Trotz internationaler Kritik nach Sharpeville 1960, dem Rivonia-Prozess 1963 und 1964 und anderen Unruhen schienen Premierminister Hendrik Verwoerd und seine Nationalpartei unerschütterlich zu bleiben. Bei der Wahl 1966 gewann die NP 126 der 166 Sitze und 58% der Stimmen. Die liberale Progressive Partei erlitt einen Rückschlag, und die NP zog eindeutig einige der englischen und Afrikaner-Stimmen an.

Dann, am 6. September 1966, auf dem Höhepunkt seiner Macht, wurde Verwoerd im Haus der Versammlung von einem Boten namens Dimitri Tsafendas ermordet. Damals wurde entschieden, dass Tsafendas geistesgestört war und seine Motive nicht politisch motiviert gewesen seien. Im September 2016 legte der Doktorand der Durham University in Großbritannien Charalampos Dousemetzis Beweise dafür vor, dass in seiner ersten Aussage bei der Polizei am 11. September 1966 Tsafendas gesagt hatte: 'Mir waren die Folgen egal und was danach mit mir passieren würde. Ich war so angewidert von seiner Rassenpolitik, dass ich meine Pläne, ihn zu töten durchführte.'[33] Tsafendas war der Sohn einer griechischen Mutter und eines afrikanischen Vaters. Er konnte im Parlament arbeiten, weil er als Weißer durchgehen konnte; Arbeitsplätze im Parlament waren damals nur Weißen vorbehalten. Der Tod von Verwoerd war ein weiterer dramatischer Vorfall in einem bereits gewalttätigen Jahrzehnt.

BJ (John) Vorster wurde als Nachfolger von Verwoerd gewählt. Als Justizminister hatte Vorster einige harte Gesetze durchgesetzt, aber unter seinen Kollegen war er weniger unzugänglich als der beliebte und sportbegeisterte Verwoerd, der den internationalen Wettbewerb aufrechterhalten wollte. Die NP wurde gespalten zwischen denen, die sie unterstützten und denen, die es nicht taten: auf der einen Seite waren die 'verkramptes', der konservative, radikale rechte Flügel, und auf der anderen Seite die aufgeklärteren 'verligtes'. Es war ein bedeutender Riss in der Basis der Partei, der sich in den kommenden Jahren noch vergrößern sollte.

1967 erregte Südafrika positive Aufmerksamkeit, als Dr. Christiaan Barnard die weltweit erste Herztransplantation auf Louis Washkansky durchführte.[34] Zeitgenössische Geschichten haben die Arbeit von Hamilton Naki, einem Assistenten von Barnard's im Groote Schuur Hospital, dessen Arbeit an Hunden[35] ein wichtiger Bestandteil von Barnard's Erfolg war, aufgezeigt. Im Einklang mit der Apartheid-Narrative sollte die Geschichte von Nakis Beitrag zur Forschung fast 40 Jahre lang unerzählt bleiben.[36]

Der Journalist Justice Malala weist auch darauf hin, dass 'eine große Leistung, obwohl die erste Herztransplantation 1967 stattfand, dennoch in einem Land stattfand, in dem viele Krankenhäuser Schwarze von Studium, Service und Pflege ausschließen. Das Herz Südafrikas', fügt er hinzu, 'war unmenschlich, obwohl es große medizinische und wissenschaftliche Ehrungen erhielt. Deshalb ist unser heutiges Südafrika so kompliziert.'[37]

KAPITEL 12

Die 1970er und 1980er Jahre

Unruhen zu Hause und Entwicklungen in den Homelands

In den frühen 1970er Jahren schlug die schwarze Arbeit in der Apartheid mit einer Reihe von Streiks zurück, beginnend in Südwestafrika, das Südafrika seit 1915 durch Mandat verwaltet hatte.[1] Der Generalstreik der südwestafrikanischen Arbeiter 1971 stellte eine Bedrohung für die Kontrolle Südafrikas über das Gebiet dar. In Südafrika gipfelten die Unruhen 1973 in einer Streikwelle in Durban. Auch Südafrika sah sich wegen der Apartheid mit Sanktionen und Wirtschaftsboykotten konfrontiert und wurde zunehmend vom internationalen Sport isoliert, was für eine sportbegeisterte Nation eine große Frustration war. Unterdessen hatten die afrikanischen Nachbarstaaten ihre Unabhängigkeit erlangt, und es wurde gemurmelt, dass Südafrika im sozialen und wirtschaftlichen Leben einem 'totalen Ansturm' ausgesetzt sei.

Mitte der 70er Jahre stand die Wirtschaft im weißen Südafrika unter Druck. Es gab einen starken Anstieg der Energiepreise und einen Rückgang des Goldpreises. Die Kosten für die Aufrechterhaltung der Apartheid waren hoch. Die langen Wege zur Arbeit für den Großteil der schwarzen Arbeiter aufgrund des Konzerngebietsgesetzes waren kontraproduktiv. Außerdem waren die Arbeiter schlecht ausgebildet: wo Minenbesitzer und Industriebosse in den ersten Jahren der Industrialisierung von der Bereitstellung billiger Schwarzarbeit profitiert hatten, verbesserte sich die Technologie bis Ende der 70er Jahre, und es bestand nicht mehr der Bedarf an so vielen ungelernten Handarbeitern. Die Arbeitgeber wollten nun kompetente Fachkräfte.

Die Entwicklung der Homelandpolitik[2], von der die Apartheidregierung abhing, um ihr eine gewisse Glaubwürdigkeit zu verleihen, schritt voran, aber langsam. Die Bedingungen in den Homelands waren düster. 1970 wurde im Bantu Homeland Citizenship Act festgelegt, dass schwarze Menschen in Südafrika keine Bürger mehr sein würden. Jede ethnische Gruppe musste sich mit einem Homeland ausweisen, unabhängig davon, ob sie jemals dort gelebt hatte oder nicht, und unabhängig davon, dass die Ethnie vieler schwarzer Menschen etwas verschwommen war. Zwei der Homelands, die Transkei und Bophuthatswana, wurden 1976 bzw. 1977 unabhängig, erhielten aber nach außen hin wenig Selbstständigkeit.

KwaZulu war zu einem Stolperstein geworden: Häuptling Mangosuthu Gatsha Buthelezi lehnte als Ministerpräsident das Homeland-System ab und begann 1975 mit dem Wiederaufbau einer Massenkulturbewegung namens Inkatha (was auf Zulu 'unser Eigentum' bedeutet).[3] Buthelezi wurde in die Zulu-Königsfamilie hineingeboren: Seine Mutter war eine Tochter von Trinuzulu und Enkelin von Cetshwayo.[4] Er war ein Zulu-Prinz und erbte als erstgeborener Sohn auch den Titel des Häuptlings.

Der Grenzkrieg (1966-1989)

Die Regierung hatte auch Probleme bei der Verteidigung ihrer Grenzen. Der globale Kalte Krieg[5] betraf zwangsläufig auch das südliche Afrika. In den Kolonien tendierten die Machthaber dazu, nach Westen zu schauen, um Unterstützung zu erhalten, während benachteiligte Menschen zunehmend auf die marxistischen Ideen der Ostblockländer hörten. In Südafrika war es unvermeidlich, dass es eine Verbindung zwischen dem ANC und der Kommunistischen Partei Südafrikas (SACP) geben würde. Die SACP wurde 1921 gegründet und 1950 für illegal erklärt, nahm aber weiterhin am Kampf gegen die Apartheid teil. Es war diese ideologische Dynamik, welche die Haltung der südafrikanischen Regierung in den Konflikten in Mosambik und Angola prägte, die ihrer Meinung nach eine kommunistische Bedrohung darstellten.

Bis 1974 hielten die Portugiesen sowohl an Angola als auch Mosambik fest, obwohl in beiden Ländern zumindest seit Anfang der 1960er Jahre nationalistische Bewegungen im Gange waren. Auf beiden Seiten wurden Gräueltaten begangen, und die Kämpfe im südlichen Afrika intensivierten sich ab Mitte der 70er Jahre, wobei Sprengstoffe, Raketen und automatische Gewehre immer häufiger zur Verfügung standen.

Die Befreiungsfront von Mosambik (FRELIMO), eine linke Bewegung mit marxistischer Ausrichtung, war in Mosambik aktiv. In Angola waren die Befreiungskräfte in drei Gruppen aufgeteilt: die sozialistische Volksbewegung für die Befreiung Angolas (MPLA), die ebenfalls marxistisch orientiert war und ihren Sitz in der Hauptstadt Luanda hatte, die Nationale Befreiungsfront Angolas (FNLA) und die prokapitalistische Nationale Union für die totale Unabhängigkeit Angolas (UNITA), eine große ethnische Gruppe im zentralen Hochland, angeführt von Jonas Savimbi. In Angola arbeiteten die MPLA und die UNITA zunächst im Kampf gegen ihren gemeinsamen Feind, die Portugiesen, zusammen, aber später wurden sie im Kampf um die Macht zu Gegnern.

Die südafrikanische Regierung unterstützte die weiße portugiesische Minderheitsregierung in Angola. Bereits im Februar 1968 berichtete die MPLA, dass südafrikanische Hubschrauber im Südosten Angolas MPLA-Positionen angriffen. Interessanterweise hatte das südafrikanische Wehrdienständerungsgesetz von 1967 kurz zuvor ein System der Wehrpflicht für weiße Männer ab 18 Jahren eingeführt.[6] In den kommenden Jahren wurden viele junge Männer nach Namibia und Angola geschickt, um die Grenzen Südafrikas zu verteidigen, und später wurden sie in südafrikanische Townships entsendet, um dort die Flut der Unruhen zu unterdrücken. Es gab viele junge Todesopfer.[7]

Am 25. April 1974 beendete ein Militärputsch in Lissabon die Diktatur des Estado Novo[8] und führte zum Rückzug Portugals aus seinen afrikanischen Kolonien Angola und Mosambik sowie Guinea-Bissau, Sao Tome und Kap Verde.[9] Es wurden keine Schüsse abgegeben und der Putsch wurde als Revolução dos Cravos ('die Nelkenrevolution') bekannt, denn als die Bevölkerung auf die Straße ging, um das Ende der Diktatur und des Krieges in den Kolonien zu feiern, wurden Nelken in die Mündungen der Gewehre und auf die Uniformen der Soldaten gesteckt. In Portugal ist der 25. April ein Nationalfeiertag, der als Tag der Freiheit bekannt ist.

Im Januar 1975 unterzeichneten nach 14 Jahren bewaffnetem Widerstand gegen die Portugiesen die MPLA, die FNLA und die UNITA das Alvor-Abkommen und ebneten den Weg für die Unabhängigkeit Angolas. Aber die Portugiesen hatten Angola verlassen, ohne zu versuchen, das Land zu stabilisieren oder den Aufbau der Wahlen zu überwachen. Zwischen den drei Befreiungsbewegungen kam es zu einem Machtkampf, und das Abkommen brach zusammen. Als die Wahlen näher rückten, begann jede der drei Befreiungsbewegungen ihre Schutzpatrone des Kalten Krieges zu mobilisieren. Die MPLA holte sich die Hilfe der Sowjetunion und Kubas, während die UNITA die Unterstützung der südafrikanischen Regierung sicherte. Die Vereinigten Staaten hatten sich zu diesem Zeitpunkt auf die Seite der FNLA gestellt, aber als sich herausstellte, dass die FNLA immer ineffizienter wurde, schlossen sich die USA der südafrikanischen Regierung zur Unterstützung der UNITA an.

Mitte Juli schien es, als würde die MPLA die Kontrolle übernehmen. Die MPLA kontrollierte weniger als ein Viertel des Landes, aber sie wurde mit Waffen aus der Sowjetunion versorgt, und da sie ihren Sitz in der Hauptstadt Luanda hatte, hatte sie hauptsächlich städtische Gefolgsleute. Im Gegensatz dazu waren die FNLA und die UNITA eher ländlich geprägt.

Die südafrikanische Regierung sah den Machtanstieg der MPLA als Bedrohung für ihre Besetzung Südwestafrikas an, das mit Angola eine Grenze teilte. Die Vereinigten Staaten fürchteten um ihre Ölgesellschaften im Norden Angolas, wenn die MPLA die Kontrolle übernehmen würde. Die Regierungen der beiden Länder unterstützten die UNITA unter Jonas Savimbi, und mit ihrer Unterstützung wurde die UNITA zur wichtigsten Opposition gegen die MPLA. Der Hauptsitz der UNITA wurde nach Jamba, nahe der Grenze zu Südwestafrika, verlegt, um näher an Südafrika zu sein. Da bekanntlich die MPLA von der Sowjetunion unterstützt wurde, war die Unterstützung der UNITA durch die Vereinigten Staaten und Südafrika auch eine Front gegen die Ausbreitung des Kommunismus.

Der US-Außenminister Henry Kissinger schloss dann eine geheime Vereinbarung mit dem südafrikanischen Premierminister John Vorster, dass die Vereinigten Staaten für den Krieg aufkommen würden, wenn Südafrika Truppen nach Angola entsenden würde, um die Machtergreifung der MPLA zu verhindern. Er machte deutlich, dass die Amerikaner den Krieg finanzieren würden, aber nicht als die 'Schlägertruppe' der Welt angesehen werden wollten, wenn sie Truppen ins Land schicken würden. Im Gegenzug verpflichteten sich die Vereinigten Staaten, die weltweite Kritik an der Apartheid auf ein Minimum zu beschränken.[10] Die südafrikanische Regierung schickte die SADF nach Angola, aber sie wurden bei Luanda besiegt und zum Rückzug gezwungen. Am 11. November 1975 wurde Angola unabhängig und die MPLA übernahm die Macht mit Unterstützung der Sowjetunion und Kubas.

In Mosambik hatte nur wenige Monate zuvor, im Juni 1975, die Präsidentin von FRELIMO, Samora Machel, die Präsidentschaft der neu unabhängigen Nation übernommen. Premierminister John Vorster sagte damals, Südafrika werde die neue mosambikanische Regierung in

Frieden lassen, solange sie stabil sei und keine Basen für die südafrikanischen Guerillabewegungen zur Verfügung stelle.

Mehrere Jahrzehnte lang standen die neuen Regierungen Angolas und Mosambiks vor großen Herausforderungen, da in beiden Ländern verheerende Bürgerkriege ausbrachen. Die anhaltenden Konflikte forderten schließlich über 2 Millionen Menschenleben und führten zu einer noch größeren Zahl von Flüchtlingen. Schlechte Planung, unzureichende landwirtschaftliche Produktion durch Machtkämpfe und Angriffe auf wirtschaftliche Ziele (insbesondere Eisenbahnen) führten zu einem sozialen und wirtschaftlichen Absturz. Ein Großteil der von den Portugiesen geschaffenen Infrastruktur wurde zerstört.

1981 rächte sich die SADF an Luanda, als etwa 11.000 Soldaten mit ausgeklügelter Artillerie erneut in Angola einmarschierten und die südlichen Provinzen Cunene und Cuando Cubango besetzten. Die angolanische Armee war auf diese massive Invasion nicht vorbereitet. Die Provinzhauptstadt Ngiva wurde geplündert, und über 100.000 Landbewohner flohen aus ihren Häusern. Auch die südafrikanische Luftwaffe war beteiligt; da die meisten anderen Jets zu schnell flogen, um in einem Buschkrieg eingesetzt zu werden, erwiesen sich die südafrikanischen Impala-Jets als sehr nützliche 'Panzerkiller'.[11] Die SADF hielt die Besetzung in den nächsten sieben Jahren aufrecht, obwohl eine Resolution der Vereinten Nationen sie verurteilte.

1987 begannen die Angolaner eine schlagkräftige Gegenoffensive. Sie bildeten eine Verteidigungslinie bei Cuito Cuanavale und wurden durch die Ankunft weiterer kubanischer Truppen unterstützt. Die Schlacht bei Cuito Cuanavale umfasste alle Kampftruppen in Angola: auf der einen Seite die Angolaner, die Kubaner, die Südwestafrikanische Volksorganisation (SWAPO) und den ANC; auf der anderen Seite die SADF, die South West African Territorial Force (ein Hilfsarm der SADF in Namibia), die UNITA und von den Vereinigten Staaten unterstützte Söldner.

Obwohl 1988 südafrikanische Flugzeuge im Buschkrieg erfolgreich waren, war klar, dass sie von angolanischen und kubanischen MiG 23-Flugzeugen übertroffen wurden, wenn es um Entfernungen ging und die schnelleren MiG-Flugzeuge effektiver und besser aufgestellt waren. Die Panzer Südafrikas wurden ebenfalls durch Minen zum Stillstand gebracht. Nach drei großen Bodenschlachten über drei Monate und der Meuterei der südwestafrikanischen Territorialarmee begann sich die Lage gegen die Südafrikaner und ihre Verbündeten zu wenden.

Der Krieg war auch in Südafrika immer unbeliebter geworden, als die jungen Weißen nur noch in Leichensäcken nach Hause kamen.[12] Es gab auch eine starke internationale Opposition gegen die Invasion, und Kissinger wies Vorster an, die SADF-Truppen nach Südafrika zurückzubringen. Während dieses Rückzugs kam es zu schweren Kämpfen mit den Kubanern, und im Juni 1988 wurden die SADF und ihre Anhänger in Tchipa souverän besiegt. Eine südafrikanische Zeitung nannte die Schlacht von Tchipa 'eine erdrückende Erniedrigung' und sagte, die SADF 'ähnelte den Kämpfern in den Schützengräben der Somme und nicht einer mobilen Truppe zur Aufstandsbekämpfung'.[13]

Die Belagerung von Cuito Cuanavale endete jedoch erst endgültig, nachdem die SADF zugestimmt hatte, sich auch aus Südwestafrika zurückzuziehen. Die in den beiden Ländern Angola und Südwestafrika umstrittenen Streitpunkte waren untrennbar miteinander verbunden.

Die Luftüberlegenheit der Kubaner gegen Ende des Krieges und die Anfälligkeit der südafrikanischen Versorgungsleitungen nach Cuito Cuanavale müssen sicherlich dazu beigetragen haben, den langwierigen Konflikt endlich zu beenden. Dennoch wurde von einigen Militärhistorikern behauptet, dass weder die Südafrikaner noch die Kubaner den Sieg in Angola errungen hätten, was sie zwang, 1988 ein Friedensabkommen abzuschließen, das als Dreierabkommen (Dreimächteabkommen) bekannt wurde.[14]

Die Rolle der Nachbarländer und der Umkhonto we Sizwe (MK)

Die Unabhängigkeit Angolas und Mosambiks 1975 eröffnete anderen Befreiungsbewegungen im südlichen Afrika die Möglichkeit, diese Länder für militärische Ausbildungen zu nutzen. Sowohl die Simbabwe African People's Union (ZAPU) als auch die SWAPO errichteten Stützpunkte in Angola, und 1976 nahm der ANC Verhandlungen mit der angolanischen Regierung auf, um dasselbe zu tun. Das Central Operations Headquarter von Umkhonto we Sizwe (MK) wurde in Angola eingerichtet und diente in den nächsten 13 Jahren, zwischen 1976 und 1988, als militärischer Trainingsplatz für die MK.

Die MK-Soldaten in den neu eingerichteten Trainingslagern hatten die volle Erwartung, dass sie nach ihrer Ausbildung wieder nach Südafrika zurückkehren würden, um gegen die Apartheidregierung zu kämpfen. Die Realität war anders. Wie ein MK-Soldat bemerkte: 'Das Traumatischste in den Lagern war das Warten. Dies wurde zur Quelle all unserer Frustrationen und Gefühle der Verzweiflung. Wir wechselten von einem Posten zum anderen, von einem Lager zum anderen, ohne jemals an die Front gebracht zu werden.'[15] Dieses Gefühl der Frustration führte zu mehreren Rebellionen in Angola.

Nachbarländer wie Botswana, Lesotho, Swasiland und andere weiter entfernte Länder wie Tansania, Uganda und Sambia spielten ebenfalls eine wichtige Rolle bei der Aufnahme von MK-Soldaten und der Unterstützung des südafrikanischen Befreiungskampfes. Bis 1980 infiltrierte eine große Anzahl von MK-Guerillas Südafrika durch Nachbarländer, insbesondere Mosambik, Lesotho und Swasiland. Die südafrikanische Regierung reagierte auf zweierlei Weise: indem sie versuchte, die Afrikaner von der Torheit des Marxismus zu überzeugen und indem sie die Nachbarstaaten aufforderte, keine Guerillas zu beherbergen, und stattdessen mit ihnen Sicherheitsabkommen abzuschließen. Es war Teil dessen, was später als 'Gesamtstrategie' bezeichnet wurde.[16]

Vlakplaas

Auch die südafrikanische Regierung wandte Gewalt an. Im Januar 1981 bombardierte sie ANC-Anlagen in Matola und Maputo (in Mosambik) und im Dezember 1985 in Maseru (in Lesotho). Bei dem Angriff auf Matola wurden 16 Südafrikaner und ein portugiesischer Staatsbürger von südafrikanischen Truppen getötet. In Maseru wurden sechs Südafrikaner und drei Einwohner von Lesotho bei einem Angriff der Einheit C-10 getötet, einem verdeckten südafrikanischen Todesschwadron der Polizei, das von einer Farm namens Vlakplaas bei Pretoria aus operierte.[17]

Die berüchtigte 15-köpfige Todesschwadron wurde 1979 gegründet, um MK-Kader und andere Gegner des Apartheid-Systems zu jagen und sie für Informationen zu foltern. Vlakplaas wurde von dem Sicherheitspolizeichef Dirk Coetzee angeführt, der 1982 durch den 33-jährigen Eugene de Kock mit dem Spitznamen 'Prime Evil' ersetzt wurde. Die Einheit C-10 und einige andere Apartheid-Kräfte zwangen auch schwarze Südafrikaner, viele von ihnen ehemalige Aktivisten oder Guerillas, zu 'Askaris', was bedeutete, sich gegen ihre ehemaligen Kameraden zu wenden.[18] Zu den bekanntesten Opfern gehörten der ANC-Anwalt Griffiths Mxenge, die Pebco Three[19] und der Freiheitskämpfer Siphiwe Mtimkulu.[20] Es ist unklar, wie viele Opfer gefoltert und dann in Vlakplaas getötet wurden, da ihre Überreste gesprengt oder verbrannt wurden. Askaris wurden auch dazu benutzt, Gegner der Apartheid mit Paketbomben zu töten, wie in den Fällen von Onkgopotse.

Abram Tiro (Botswana, 1975), Boy Mvemve (Sambia, 1975) und Philemon. Mahlako (1979), Ruth First (1982) und Enoch Reginald Mhlongo (1989) - allesamt in Mosambik.[21]

Die prominente Akademikerin und Aktivistin Ruth First, Ehefrau des SACP-Führers Joe Slovo, wurde durch eine Paketbombe getötet, die an ihr Haus in Maputo geschickt wurde, wo sie im Exil lebte. First war einer der Angeklagten im Verratsprozess von 1956-1961[22] und war 1963 inhaftiert worden, und wurde nach dem 90-Tage-Haftgesetz - für 117 Tage ohne Anklage als erste davon betroffene Frau festgehalten. 1988 sollte der führende ANC-Anhänger und Aktivist Albie Sachs in ähnlicher Weise einen Arm und die Sehkraft auf ein Auge verlieren, als eine Bombe in seinem Auto platziert wurde.[23] Askaris und andere Regierungsagenten wurden der Verbrechen verdächtigt.

In den 1980er Jahren begannen sogar Zivilisten, vorsichtig über die gefürchteten Todesschwadrone auf der Farrm Vlakplaas und das Büro für zivile Zusammenarbeit (CCB) zu sprechen, einer militärischen Einheit, die von ehemaligen Polizisten besetzt war, die politische Gegner ermordeten oder schwer verletzten. Es gab auch eine finstere 'Dritte Kraft', von der die ANC-Führer glaubten, dass sie hauptsächlich für die Gewalt in KwaZulu-Natal und im Witwatersrand verantwortlich waren, und eine streng geheime Organisation namens Project Coast, die mit chemischen und biologischen Waffen und Giften experimentierte, die sie in der Kriegsführung zum Töten von als Staatsfeinde geltende Zivilisten einsetzen konnten. Project Coast wurde von dem Kardiologen und Leibarzt des damaligen südafrikanischen Premierministers PW Botha Wouter Basson geleitet, der den Beinamen 'Doctor Death' trug.[24]

Das Projekt hatte als Gegenmaßnahme zu ähnlichen Kriegsmethoden begonnen, die von sowjetisch unterstützten Truppen in Südwestafrika und Angola gegen südafrikanische Soldaten angewandt wurden, wechselte dann aber im Laufe der 1980er Jahre zur Produktion von Giften, die in unschuldig aussehenden Objekten versteckt wurden. Ende 1982 wurden etwa 200 SWAPO-Häftlinge mit Muskelentspannungspillen betäubt und ihre Körper aus einem Flugzeug ins Meer geworfen.[25] Prominente Persönlichkeiten wie Ronnie Kasrils' Pallo Jordan und Reverend Frank Chikane[26] waren ebenfalls betroffen: In London wurde Kasrils von einem modifizierten Schraubendreher infiziert, der möglicherweise Phenylsilitran enthielt und Jordan wurde durch einen vergifteten Regenschirm verletzt.[27] 1989 wurde Chikane in den Vereinigten Staaten schwer krank, nachdem er vergiftete Unterwäsche getragen hatte.[28]

1984 war der Druck auf die Machel-Regierung in Mosambik so groß, dass er das Nkomati-Abkommen mit Südafrika unterzeichnete. Die Bedingungen dafür waren, dass keine Seite den Guerillakräften der anderen Zuflucht gewähren oder Gewalt in beiden Staaten unterstützen würde. Südafrika hatte es geschafft, einen Ring von ziemlich geschmeidigen Staaten um sich herum zu etablieren, und diese destabilisierenden Maßnahmen machten es dem ANC schwer, seinen bewaffneten Kampf fortzusetzen. Tatsächlich bedeutete dies, dass die Soldaten des ANC-MK nicht mehr operieren konnten, insbesondere von Mosambik aus, und es gab eine allgemeine Verlangsamung der Bewegung. 1987 sagte der Zulu-Chef Buthelezi, dass es zwar ein paar Fortschritte im bewaffneten Kampf gegeben habe, und Brücken und Fabriken seien noch intakt, auch kleine Schläge gegen die Regierung hielten die Moral der Beteiligten aufrecht, aber dass die klassischen Umstände, unter denen der bewaffnete Kampf den Sieg davonträgt.... in Südafrika einfach nicht präsent' seien.[29]

Dennoch war das 'neue Südafrika' auf dem Weg. Als Ende der 1980er Jahre die Verhandlungen zwischen der südafrikanischen Regierung und dem ANC begannen, wurden die MK-Soldaten eher ins Abseits gedrängt. Ihr Hauptsitz wurde von Lusaka nach Südafrika verlegt, aber die Kader waren weit verstreut: Einige befanden sich noch im Exil, unsicher, wie sie nach Hause kommen sollten, und es wurden keine klaren Pläne oder Vereinbarungen für sie getroffen. Etwa die Hälfte der 12.000 ausgebildeten Guerillas kehrte schließlich nach Südafrika zurück, von denen etwa ein Drittel ihre Mission aufgab, sich den Sicherheitskräften anschloss oder im Gefängnis landete.

Als der ANC und die südafrikanische Regierung in den 90er Jahren begannen, sich auf einen ausgehandelten Übergang zur Demokratie zuzubewegen, setzte MK den bewaffneten Kampf aus. Nach den Wahlen 1994 wurden die MK-Streitkräfte in die südafrikanische Nationalverteidigungstruppe (SANDF) integriert. Die Farm Vlakplaas wurde während des Übergangs zur Demokratie Anfang der 90er Jahre offiziell stillgelegt.[30]

Südwestafrika (Namibia)

Südafrika hatte seit 1915 Südwestafrika (SWA) regiert, nachdem es den Deutschen während des Ersten Weltkriegs abgenommen worden war, und Smuts hatte gehofft, dass das Gebiet schließlich zu einer fünften Provinz Südafrikas werden würde. Das sollte nicht sein: seine Bewerbung von 1946 bei den neu gegründeten Vereinten Nationen wurde abgelehnt, und nach einem langen Rechtsstreit und einem langwierigen Kampf zwischen Südafrika und den Streitkräften, die für die Unabhängigkeit der SWA kämpften, insbesondere nach der Gründung der SWAPO 1960, beschloss die UN-Generalversammlung einseitig, das Mandat Südafrikas über die SWA 1966 zu beenden. Im Jahr 1971 wurde dies durch den Internationalen Gerichtshof der Vereinten Nationen bestätigt.

Der Widerstand gegen die südafrikanische Besetzung des Landes war im Laufe der Jahre immer wieder aufgeflammt, insbesondere 1959 und erneut 1966, als der bewaffnete Flügel der SWAPO, die People's Liberation Army of Namibia (PLAN), Guerillaangriffe auf südafrikanische Streitkräfte begann und das Gebiet von den Stützpunkten Sambias aus infiltrierte. Der erste Angriff dieser Art war die Schlacht bei Omugulugwombashe in Namibia am 26. August. 1968 war Südwest-afrika als Namibia im Sinne einer von der UN-Generalversammlung verabschiedeten Resolution bekannt geworden, eine ethnisch basierte Kommission war gegründet worden war und es gab Gespräche über die Unabhängigkeit. Südafrika sollte jedoch über 20 Jahre, von 1968 bis 1990, die Kontrolle behalten.

Nach der Unabhängigkeit Angolas 1975 errichtete die SWAPO Stützpunkte im Süden Angolas. Dies alarmierte die südafrikanische Regierung, da sie eine Bedrohung für die südafrikanischen Streitkräfte darstellte, die den Norden Namibias verteidigten. Die Feindseligkeiten verschärften sich im Laufe der Jahre, insbesondere in Ovamboland.

1977 wurde die Westliche Kontaktgruppe (WCG) mit Kanada, Frankreich, Westdeutschland, Großbritannien und den Vereinigten Staaten gebildet, um einen akzeptablen Übergang zur Unabhängigkeit für Namibia auszuhandeln. Es gab lange Konsultationen mit Südafrika, Angola, Botswana, Mosambik, Tansania, Sambia und Simbabwe sowie mit der SWAPO und UN-Beamten. Die Bemühungen der WCG führten 1978 zur Vorlage der Resolution 435 des Sicherheitsrates, in der die Durchführung von Wahlen in Namibia unter Aufsicht und Kontrolle der Vereinten Nationen sowie die Einstellung aller feindlichen Handlungen aller Parteien gefordert wurde.

Südafrika erklärte sich bereit, mit der Resolution 435 zusammenzuarbeiten. Dennoch führte Südafrika im Dezember 1978 entgegen dem UN-Vorschlag einseitig Wahlen in Namibia durch, deren offensichtliches Ziel es war, einen internen Gegenpol zu SWAPO zu schaffen.[31] Es überrascht nicht, dass die Wahlen von der SWAPO boykottiert wurden und einige andere politische Parteien und ein gemäßigtes, multirassisches Bündnis, bekannt als die Demokratische Turnhallenallianz (DTA), als Sieger hervorging. Das Ergebnis war, dass Südafrika weiterhin Namibia mit einigen multirassischen Koalitionen und einem ernannten Verwalter verwaltete. Südafrika schien entschlossen, in Namibia zu gewinnen, nachdem es in Angola verloren hatte.

Anfang der 1980er Jahre richteten südafrikanische Truppen im südlichen Teil Angolas eine Pufferzone ein, von der aus sie militärische Angriffe auf SWAPO-Basen starten konnten. Nachdem die SADF jedoch in Cuito Cuanavale in Angola überzeugend besiegt worden war, beschloss die südafrikanische Regierung 1988, ihre Truppen auch aus Namibia abzuziehen. Die Kosten waren zu hoch gewesen.

Ebenfalls 1988 erkannten die Vereinten Nationen die SWAPO als rechtmäßige Regierung Namibias an, und am 21. März 1990 wurde Sam Nujoma der erste Präsident der unabhängigen Allianz der Republik Namibia, bekannt als die Demokratische Turnhallenallianz (DTA).

Auswirkungen des Grenzkriegs

Die Belastungen der Konflikte in Namibia und Angola für die Apartheidregierung und die weißen Truppen, die den Großteil der eingesetzten Streitkräfte ausmachten, waren enorm. Es war klar, dass die südafrikanische Regierung alles bekämpfen würde, was ihre rassistische Ordnung in Frage stellte, aber dabei kamen Tausende von Menschen ums Leben, und geschätzte 30 Milliarden Dollar wurden ausgegeben.

Die Niederlage der SADF in Luanda 1975 und die in Mosambik ein Jahr zuvor hatte jedoch eine Generation junger Südafrikaner inspiriert, die in den Townships aufwuchsen: Die Niederlagen zeigten, dass die SADF nicht unbesiegbar war.

Der 1976er Soweto-Aufstand ein Jahr später führte dazu, dass die Generäle der SADF die so genannte 'Gesamtstrategie' formulierten. Es handelte sich um einen mehrdimensionalen Ansatz mit politischen, wirtschaftlichen und psychologischen Strategien. Die politische Strategie bestand darin, die Unterstützung von Dissidentengruppen zu gewinnen, um sich gegen Befreiungsbewegungen in der gesamten Region zu wenden; die wirtschaftliche Strategie bestand darin, die Abhängigkeit von südafrikanischem Verkehr, Kommunikation und Luftverkehr zu erhöhen, Eisenbahnen, Häfen, Landwirtschaft und Bergbau; und die psychologische Strategie war es, die Idee zu fördern, dass Afrikaner sich nicht selbst regieren können, dass Afrikaner minderwertig seien, und dass der Marxismus nicht die Antwort sei. Es gäbe auch eine militärische Strategie, aber die allgemeine Idee war, dass der militärische Aspekt sich von selbst erledigen würde, wenn die anderen Aspekte abgedeckt seien.

Black Consciousness (BC) und der Soweto-Aufstand von 1976

Eine andere Art von schwarzem Widerstand begann ebenfalls in den 1970er Jahren. Das war die Black Consciousness (BC)-Bewegung, die sich dafür einsetzte, dass schwarze Menschen Gefühle der Unterlegenheit ablehnten und stolz darauf sind, schwarz zu sein.

Die Bewegung wurde unter anderem von amerikanischen Aktivisten wie Malcolm X, der die Weißen verachtet hatte und sagte, er wolle nicht wie diese 'blassen Dinge' sein, und dem Psychiater Frantz Fanon inspiriert. Ursprünglich von der karibischen Insel Martinique stammend, erklärte Fanon mit Hilfe der Psychoanalyse die Gefühle der Abhängigkeit und Unzulänglichkeit, die schwarze Menschen in einer weißen Welt erleben. In seinem 1952 erschienenen Buch Black Skin, White Masks forderte er die Schwarzen auf, die Gefühle der Unterlegenheit abzuschütteln und schwarz zu sein. 'Ich bin schwarz', schrieb er, 'und ich bin in völliger Einigkeit mit der Welt - und der weiße Mann, so intelligent er auch sein mag, ist nicht in der Lage, Louis Armstrong oder Lieder aus dem Kongo zu verstehen.'[32] Im 1961 veröffentlichten The Wretched of the Earth schrieb er: 'Jede Generation muss ihre Mission entdecken, sie erfüllen oder sie verraten, in relativer Unklarheit.'[33]

Die BC-Bewegung in Südafrika wurde 1971 vom damals erst 24 Jahre alten Studentenführer Steve Biko gegründet. Zwei Jahre zuvor hatte er schwarze Studenten aus der im Wesentlichen weißen National Union of South African Students (NUSAS) herausgeführt und die ausschließlich schwarze South African Students Organisation (SASO) gegründet. Steve Biko war berühmt für seinen Slogan '*black is beautiful*', Steve Biko war die Hoffnung der schwarzen Jugend, und seine Schriften ermutigten die Schwarzen, die Gefühle der Unzulänglichkeit abzuschütteln und durchsetzungsfähiger zu sein.[34] Er glaubte, dass die Schwarzen die Apartheid selbst bekämpfen müssten, weil nur Schwarze den Schmerz der Unterdrückung verstanden. Gut meinende Weiße, so argumentierte er, sollten eher ihre Energien nutzen, um andere zu überzeugen, dass die Apartheid falsch sei, und es den Schwarzen überlassen, sich der Apartheid auf die für sie beste Art und Weise zu widersetzen. Diese Ideologie wurde in einer Art und Weise aufgefasst, dass sie zu einem beliebter Slogan in BC-Kreisen wurde: ‚Schwarzer Mann, du bist auf dich allein gestellt.'[35]

Bikos Lehren sollten in den kommenden Jahren einen signifikanten Einfluss auf die Befreiungsbewegungen nicht nur in Südafrika, sondern auch im restlichen Afrika und anderswo haben. 1977 wurde er jedoch wegen seiner Anti-Apartheid-Aktivitäten verhaftet und starb mit 31 Jahren an seinen schrecklichen Verletzungen im Polizeigewahrsam.

Als der verantwortliche Offizier gefragt wurde, wo er die Befugnis erhalten habe, einen verletzten Mann 48 Stunden lang in einer Zelle in Ketten zu halten, sagte er, er brauche keine Befugnis: Er könne seinen Ermessensspielraum im Sinne des General Law Amendment Act von 1963 nutzen, der im Zusammenhang mit Robert Sobukwe verabschiedet worden war.[36]

In den 1970er Jahren hatten die Richtlinien der Regierung zur 'Bantu-Erziehung' zu einer weitaus schlechteren Schulbildung für schwarze Kinder geführt: 1975 und 1976 kostete die Schulbildung eines weißen Kindes 15-mal mehr als die eines schwarzen Kindes.[37] Der Einfluss von Steve Biko zeigte sich, als Schulkinder das begannen, was als Protest gegen solche Diskrepanzen in ihrer Bildung gedacht war. Am 16. Juni 1976 begannen etwa 20.000 Schüler in Soweto einen Marsch, um gegen ein Dekret des südafrikanischen Ministers für Bantu Education and Development MC Botha aus dem Jahr 1974 zu protestieren, wonach Afrikaans die Unterrichtssprache in afrikanischen Sekundarschulen sein sollte. Dieser jüngste Regierungswechsel sollte die Entmachtung der Schwarzen noch weiter vorantreiben.

Der Marsch begann an der Morris Isaacson High School und war sollte nach Plan auf die Orlando West Junior Secondary School fortgesetzt werden. In einer Gruppe dieser Größe war es unvermeidlich, dass Mitglieder der Gemeinschaft sowie einige der Lehrer auch teilgenommen haben mussten.[38] Ein SASO-Führer, Onkgopotse Abram Tiro, war wegen der Infragestellung der Bantu-Bildungspolitik von der Universität des Nordens verwiesen worden und lehrte anschließend an der Morris Isaacson School, wo er möglicherweise Schüler über BC unterrichtet und sie ermutigt hatte, die Bantu-Erziehung in Frage zu stellen. Tiro war ein beliebter Lehrer, der von seinen Schülern sehr geschätzt wurde.[39] Er wurde 1974, zwei Jahre vor dem Soweto-Aufstand durch eine Paketbombe in Botswana getötet.[40]

Während des Marsches eröffnete die Polizei offenbar ohne Vorwarnung das Feuer auf die Schüler, und ein 13-jähriger Junge, Hector Pieterson, wurde getötet. Das Bild, dass sein lebloser Körper von seiner Schwester und einem Freund weggetragen wird, sollte die Welt empören. Auch viele andere Kinder verloren an diesem Tag ihr Leben.[41] Im Gegensatz zu Sharpeville 1960 gab es 1976 in Südafrika Fernsehen - obwohl es erst im selben Jahr mit der Ausstrahlung begonnen hatte. Szenen aus Soweto ließen wenig Zweifel an der Brutalität des Apartheid-Systems aufkommen.

Das Foto von Hector Pieterson wurde vom Fotojournalisten Sam Nzima aufgenommen. In einem Interview einige Jahre später sagte Nzima, dass er den Film aus seiner Kamera in seiner Socke versteckt habe, als er hörte, dass die Polizei kam.

In dem Wissen, dass die Polizei ihn durchsuchen würde, lud er dann einen frischen Film in seine Kamera ein und machte weiter Fotos. Die Polizei kam tatsächlich an, packte seine Kamera, nahm den Film heraus und hielt ihn ans Licht, um ihn zu ruinieren, aber sie fanden nicht den Film mit belastenden Beweisen in seiner Socke.

Was 1976 in Soweto geschah, hatte nachhaltige Auswirkungen. Die Gewalt verbreitete sich auf andere Townships in Südafrika, und viele weitere Menschen kamen ums Leben. 1977 verbot der Justizminister Jimmy Kruger alle Organisationen, die mit dem Black Consciousness in Verbindung standen, sowie die schwarze Zeitung The World und das Christian Institute unter der Leitung des Afrikaners Beyers Naudé.

Die Aktivistin, Akademikerin, Politikerin und Unternehmerin Mamphela Ramphele war damals 29 Jahre alt und Partnerin von Steve Biko, mit dem sie zwei Kinder hatte. Als sich am 12. Juni 2016 der 40. Jahrestag der Unruhen von Soweto näherte, erinnerte sie daran, dass 1976 und 1977, als sich die Revolte über das ganze Land ausbreitete, totale Sicherheitskampfmaßnahmen folgten, und im Sinne des Terrorismusgesetzes konnten Menschen ohne Prozess festgehalten werden. Ramphele schrieb über einen ihr bekannten Aktivisten:

> *Mapetla Mohapi wurde in der Polizeistation Kei Road festgehalten und gefoltert. Am 5. August 1976 wurde er der erste prominente Führer des Black Consciousness Movement, der in Haft starb. Er soll sich mit einer Jeans erhängt haben. Ich hatte die schmerzhafte Aufgabe, bei seiner Obduktion dabei zu sein.*[42]

Ramphele selbst sollte bald in das Gebiet Tzaneen in Limpopo verbannt werden, und Steve Biko wurde verhaftet und sollte bald darauf sterben.

Unter Hinweis auf den Aufstand etwa 40 Jahre später im Jahr 2016 schrieb Ramphele:

> *Der Soweto-Aufstand erschütterte die Grundlagen des Apartheid-Regimes. Die Ironie eines mächtigen Militärregimes, das von unbewaffneten Schulkindern herausgefordert wird, ist uns nicht entgangen ... es hat passive Erwachsene erschüttert, um sie für Veränderungen zu mobilisieren ... aber Menschenrechtsverletzungen, einschließlich der grausamen Praxis der Halsketten*[43] *hat unseren kollektiven Geist vernarbt ... die Gewalt hat sowohl Opfer als auch Täter vergewaltigt ... die Wunden dieser Brutalisierung schwären auch heute noch ... Die Tragödie ist, dass wir 40 Jahre danach die Herausforderungen einer frei zugänglichen, qualitativ hochwertigen Bildung noch nicht erfüllt haben ... und Gewalt wird wieder zur Sprache derer, deren Stimmen ungehört bleiben.*[44]

Ärger zu Hause

1978 wurde die nationalistische Regierung von einem Skandal heimgesucht, als sich herausstellte, dass Mitglieder öffentliche Gelder für Propagandazwecke verwendet hatten, um die Leser von den Verdiensten der Apartheidregierung zu überzeugen: Zu diesem Zweck wurde die Zeitung The Citizen gegründet und finanziert. Der Skandal wurde als 'Informationsskandal' oder Muldergate bekannt, benannt nach Dr. Connie Mulder, dem Informationsminister in der Regierung von John Vorster. Im September dieses Jahres trat Premierminister Vorster zurück und wurde von PW Botha abgelöst, dessen Strategie 'anpassen oder sterben' war.[45] Er besuchte die Homelands und schwarzen Townships wie Soweto und schien eine Botschaft der Hoffnung zu übermitteln, aber was folgte, waren kleine Reformen ohne nennenswerten Verlust an der Macht der Afrikaner.

Unterdessen wurde die SADF in den 1970er und frühen 1980er Jahren besonders stark. Gräueltaten wie Soweto geschahen, weil die Polizei und die Armee der südafrikanischen Regierung hart gegen Demonstranten vorgehen konnten. In dieser Zeit war auch eine Rechtsbewegung namens Afrikaner Weerstandsbeweging (AWB) besonders aggressiv. Ihr unverwechselbares Abzeichen und ihre Flagge erinnerten an das deutsche Hakenkreuz. 1979 unterbrach die AWB eine Geschichtskonferenz an der University of South Africa (Unisa), wo 1838 die Schlacht am Blood River zwischen den Voortrekkern und den Zulu diskutiert wurde. Historiker und Führer der niederländischen Reformierten Kirche waren eingeladen worden, ihre Ansichten darzulegen, und es war eine hitzige, aber dennoch anregende Debatte. Plötzlich stürmten AWB-Mitglieder den Konferenzsaal, teerten und federten den bedeutenden Historiker Professor FA van Jaarsveld wegen der Infragestellung der radikalen afrikaner-nationalistischen Interpretation der Schlacht: dass Gott auf der Seite der Voortekker eingegriffen und ihnen den Sieg geschenkt habe. Professor van Jaarsveld wurde bei dem Vorfall schwer verbrannt, kehrte aber später am Nachmittag zurück und nahm seinen Platz in der Konferenz wieder ein.

Sabotage und ein paar Reformen

Die 1970er und 1980er Jahre waren auch von vielen weiteren Vorfällen von Sabotage und bewaffneten Angriffen geprägt. Nach dem Soweto-Aufstand von 1976 waren Hunderte von jungen Menschen aus dem Land geflohen und die Reihen der von außerhalb des Landes operierenden MK-Kader wuchsen an. Bis 1980 begannen einige dieser MK-Kader zurückzukehren und eine Reihe von Angriffen in ganz Südafrika durchzuführen. Am 1. Juni 1980 wurden die Lagertanks von Sasol angegriffen, ein Jahr später, im Juli 1981, gab es einen Angriff auf Kraftwerke im Osten des Transvaal, gefolgt von einem Angriff auf die Militärbasis Voortrekkerhoogte bei Pretoria im August und im Dezember 1982 einem Angriff auf die Limpet-Mine im Kernkraftwerk Koevoet bei Kapstadt. Es war klar, dass das Land unter Belagerung stand: die Zahl der registrierten Vorfälle stieg von 13 im Jahr 1978 auf 56 im Jahr 1983. 1985 brachen wieder Proteste unter Schulkindern aus und es gab Busboykotte.

Gleichzeitig mit dem wachsenden inneren Widerstand und der Militanz war die Opposition gegen die Apartheid weltweit gewachsen, und Sanktionen und internationale Boykotte schadeten der Wirtschaft. Das südafrikanische Regime war einer Vielzahl von internen und externen Bedrohungen durch Anti-Apartheid-Bewegungen im Vereinigten Königreich, in den Niederlanden und in den Vereinigten Staaten ausgesetzt. Die britische Anti-Apartheid-Bewegung (AAM) war am effektivsten. Sie unterstützte die SASO, politische Gefangene, Maßnahmen zur Erhöhung der Kosten für den Zugang Südafrikas zum Nordseeöl und andere Maßnahmen. Ihre Anti-Apartheid-Kampagne betraf auch Kunst, Kultur und Sport. Eine Liste bestand auch aus Entertainern, die in der Vergangenheit Südafrika besucht hatten - Künstler wie Shirley Bassey und Tom Jones, die sich dann verpflichteten, Südafrika während der Apartheid nicht mehr zu besuchen; und die vorgeschlagenen Cricket- und Rugby-Touren nach Großbritannien wurden vor allem wegen der Aktivitäten der beiden Anti-Apartheidaktivisten Dennis Brutus und Peter Hain abgesagt.

Im August 1985 verlangte die Chase Manhattan Bank von einer der Großbanken in Südafrika, ihre Kredite sofort zurückzahlen, und es kam zu einer Krisensituation. Einige 35 Milliarden Dollar verließen das Land und eine komplette Katastrophe wurde nur durch die Vereinbarung zwischen den fünf größten Banken in Südafrika verhindert, weil sie diese in Krisenzeiten wie dieser unterstützten. Im folgenden Jahr zog sich im November 1986 die Barclays Bank aus Südafrika zurück und in den nächsten Jahren 55 britische Unternehmen, darunter Versicherungsgesellschaften wie die Norwich Union und Legal und die General folgte diesem Beispiel.[46] Die Auswirkungen der Apartheidpolitik auf die Wirtschaft hatten vielleicht den entscheidenden Einfluss: es wurde den Mächtigen klar, dass sich am südafrikanischen Regime etwas ändern musste.

Zu Hause hatten sich weitere Allianzen über Rassen- und Klassengrenzen hinweg gebildet. 1983 gründeten etwa tausend Delegierte aller Rassen, die 575 Organisationen (Gewerkschaften, Sportverbände, Gemeinschaftsgruppen sowie Frauen- und Jugendorganisationen) vertraten, die United Democratic Front (UDF), um die interne Opposition gegen die Apartheid zu koordinieren. Eines der Gründungsmitglieder war Trevor Manuel.[47]

Als Reaktion auf den internationalen und internen Druck begann die Regierung von PW Botha mit der Umsetzung einiger Reformen. 1984 wurde eine Verfassungsreform durchgeführt und die Einrichtung eines (dreiteiligen) Dreikammerparlaments ermöglicht, das sich aus folgenden Elementen zusammensetzte, das Farbigen und Indern erstmals ein gewisses Maß an Machtverteilung gab. Weiße Wähler waren jedoch immer noch dominant, und Schwarze, die 75% der Bevölkerung ausmachten, hatten keinen Platz in der neuen Regelung: von ihnen wurde erwartet, dass sie ihre politischen Rechte in den Homelands ausübten. Es war kaum eine zufriedenstellende Lösung.

Die Regierung erlaubte auch die Registrierung von schwarzen Gewerkschaften. Bis 1986 war eine mächtige nationale Föderation, der Kongress der Südafrikanischen Gewerkschaften (COSATU), gegründet worden, die Tausende von Mitgliedern hatte und sehr militant wurde.

1987 gab es 1.148 Streiks, der ernsthafteste davon ein Streik der National Union of Mine Workers (NUM) unter der Führung von Cyril Ramaphosa. Löhne und Arbeitsbedingungen für Schwarze hatten sich leicht verbessert, aber nicht genug, und COSATU sollte fortan ebenfalls eine wichtige Rolle im Kampf spielen.

Bis 1986 wurden auch einige Segregationsgesetze gelockert. Verbote von interrassischem Sex und Ehe wurden gelockert, einige Aspekte der Arbeitsreservierung wurden aufgehoben, einige Hotels und Restaurants für alle Rassen offen und eine zunehmende Zahl von Schwarzen, die in Wohnungen in nur für Weiße bestimmten Teilen von Johannesburg und Kapstadt lebten, gerieten aus dem Blickfeld. Die Ausgaben für schwarze Bildung waren stetig gestiegen, aber die Schulen blieben getrennt.[48]

Mangosuthu Buthelezi und die Inkatha-Bewegung

Aber es war nicht genug. Trotz dieser Reformen setzte sich die Gewalt fort, insbesondere im Homeland KwaZulu, wo die 1975 von Chief Mangosuthu Buthelezi gegründete Inkatha-Kulturbewegung an Dynamik gewann und politisiert wurde. 1990 wurde Inkatha in Inkatha Freedom Party (IFP) umbenannt. Es spielte mit der militärischen Tradition der Zulu und hatte einen spaltenden Effekt, wobei einige Zulus sie unterstützten, während andere den ANC unterstützten. Es gab gewalttätige Auseinandersetzungen zwischen den Anhängern dieser rivalisierenden Fraktionen und zwischen Inkatha und der UDF.

In einer unerwarteten Wendung wurde Buthelezis IFP von der NP-Regierung unterstützt, weil beide gegen den ANC waren: die südafrikanische Armee und Polizeieinheiten gaben der IFP Geld, Ausbildung, Waffen und Personal.[49] Heftige Kämpfe fanden statt, und 1990 breitete sich die Gewalt auf Johannesburg aus, wo es Kämpfe zwischen dem ANC und Inkatha um die Kontrolle der Hostels und Townships gab. In den acht Jahren zwischen September 1984 und Dezember 1993 wurden fast 19.000 Menschen getötet und mehr als 80.000 verletzt. Die meisten der gewaltsamen Todesfälle waren das Ergebnis von Zusammenstößen zwischen den Inkatha- und ANC-Mitgliedern.[50] Diese Zusammenstöße und der Preis, den sie kosteten, spielten in die Hände der Apartheidregierung, weil sie auf die sogenannte 'Swaat Gevaar' (schwarze Gefahr) aufmerksam machten und die Notwendigkeit von starken (weißen) Kontrolle rechtfertigten.

Mitte der 80er Jahre war auch die Zeit, in der es zu grausamen Halskettenvorfällen kam. Die Opfer waren in der Regel Menschen, die im

Verdacht standen, Informanten zu sein oder Informationen an die Apartheidregierung zu verkaufen, und über ihre Folter und ihren anschließenden Tod entschieden die Menschen in den Townships in sogenannten 'Volksgerichten'. Die Menschen in den Townships hatten ihr eigenes Rechtssystem außerhalb der Kontrolle der Behörden entwickelt.[51] Es war klar, dass eine Vielzahl von Kräften am Werk waren, um Veränderungen herbeizuführen.

Aufeinanderfolgende Ausnahmezustände

Nach zunehmender Unruhe wurden aufeinander folgende Ausnahmezustände ausgerufen, und viele Menschen wurden festgenommen, einige gefoltert. Etwa 12% der Häftlinge in den Jahren 1986 und 1987 (3.050 Personen) waren Frauen und Mädchen: später, bei den Anhörungen der Wahrheits- und Versöhnungskommission[52] im Jahr 1996[53], berichteten ehemalige Häftlinge von Körperdurch-suchungen, vaginalen Untersuchungen und anderen demütigenden Verfahren sowie von Übergriffen auf schwangere Frauen, die zu Fehlgeburten führten.

Es gab auch weitere Sabotageakte. Zwischen Juni 1986 und September 1988 verursachten mehr als 100 Explosionen 31 Tote und 565 Verletzte in den Geschäften, Restaurants, Kinos und anderen öffentliche Orten in den Städten. Der größte Teil der ANC- Führer saß in diesen Jahren im Gefängnis oder im Exil, und Kirchenleute waren gezwungen, eine größere Rolle zu spielen. Unter ihnen waren vor allem der Erzbischof von Kapstadt, Desmond Tutu, der Moderator der niederländischen reformierten Missionskirche, Alan Boesak und der Theologe und Generalsekretär des Kirchenrats, Beyers Naudé, und sein Nachfolger Frank Chikane bekannt. Diese Männer und andere Kirchenführer forderten die Menschen auf, die Wahlen zur Wahl der lokalen, getrennten Behörden, die im Oktober 1988 stattfinden sollte, zu boykottieren. Es wäre das erste Mal, dass Schwarze und Weiße am selben Tag wählen würden, wenn auch in getrennten Wahlen. Der Staat hoffte, dass er dadurch eine neue Gruppe schwarzer Ratsmitglieder dazu bringen würde, ihn zu unterstützen, und gleichzeitig könnte er die Auswirkungen des Ausnahmezustands auf den Widerstand einschränken. Die Mehrheit der schwarzen Wähler folgte dem Ruf der Anti-Apartheid-Kräfte jedoch und boykottierte weitgehend die Wahlen, und nur ein geschätzter Anteil von 10-14 Prozent der 'berechtigten' schwarzen Wähler nahm daran teil.[54] Der Kampf nahm neue Dimensionen an.

Anzeichen von Veränderung: Interrassische Treffen in Dakar, Schweiz und Sambia

Im September 1985 begann eine Reihe von geheimen Treffen zwischen Mitgliedern des ANC und der Kirche, weißen Geschäftsleute und anderen einflussreichen Weißen. Die Treffen mussten außerhalb des Landes abgehalten werden, weil der ANC in Südafrika verboten war. Das erste Treffen fand in Lusaka, Sambia, statt und wurde von dem Vorsitzenden von Anglo American Gavin Relly geleitet, das damals die Hälfte der Unternehmen an der Johannesburger Börse kontrollierte. Der ANC-Präsident Oliver Tambo nannte ihn 'Gavin' und bat darum, 'Oliver' genannt zu werden.[55] Diese Art der Gleichsetzung zwischen den verschiedenen Rassen war eine signifikante Veränderung.

Im August 1987 fand in Dakar, Senegal, ein Treffen zwischen 61 Weißen (meist Afrikaner) und 17 Mitglieder des ANC, angeführt von Thabo Mbeki statt, der bis dahin 25 Jahre im Exil in Großbritannien war. Die weiße Delegation wurde von dem ehemaligen Vorsitzenden der Progressive Party, Frederik van Zyl Slabbert geleitet und andere einflussreiche, aufgeschlossene Menschen, einschließlich Breyten Breytenbach, André Brink, Ampie Coetzee, Hermann Giliomee, Max du Preez, Hennie Serfontein, Alex Boraine und Gretha Fox nahmen daran teil. Die Gespräche erstreckten sich über drei Tage, wobei beide Seiten bestrebt waren, eine friedliche Lösung für die Krise in Südafrika zu finden. Thabo Mbeki sagte über Van Zyl Slabbert, dass er in dieser Hinsicht ein 'Afrikaner-Pionier' sei:[56] er hatte den Weg für eine ausgehandelte Lösung zu einer Zeit geebnet, als die gegensätzlichen Kräfte des Afrikaner- und afrikanischen Nationalismus im Begriff waren, zu explodieren.

Im Jahr 1989 fanden als Fortsetzung der Treffen in Lusaka zwei Jahre zuvor, heimliche Treffen zwischen dem ANC und der südafrikanischen Regierung in der Schweiz statt. An ihnen nahmen Thabo Mbeki und Jacob Zuma teil, beide zukünftige Präsidenten Südafrikas. Im Jahr 2010 erinnerte der stellvertretende Verkehrsminister und stellvertretende Generalsekretär der SACP, Jeremy Cronin daran, dass es 1989 auch friedenssuchende Delegationen in den unscheinbaren, heruntergekommenen Büros des ANC' in Lusaka gab. Frauengruppen, Kulturschaffende, Glaubensgruppen und andere gingen alle dorthin - so sehr, dass südafrikanische Medien ihm den Titel 'Great Trek to Lusaka' gaben.[57] Diese Treffen legten die Bühne für das fest, was 1990 folgen sollte.

KAPITEL 13

Die bedeutsamen 1990er Jahre

Nelson Mandelas Freilassung

Das Jahr 1990 war der Zeitpunkt, an dem sich die Dinge in Südafrika wirklich änderten, ausgelöst durch Kräfte aus Südafrika und den Druck der Außenwelt.

1989 erlitt der NP-Premierminister PW Botha einen Schlaganfall, und FW de Klerk wurde als Nachfolger ernannt. Botha war von 1966 bis 1978 Verteidigungsminister gewesen und hatte eine große Rolle bei der Modernisierung der Streitkräfte gespielt, aber als Premierminister wurde er wegen seiner rigiden Politik als '*Die Groot Krokodil*' ('das große Krokodil') bezeichnet; Frederik van Zyl Slabbert bezeichnete ihn als den letzten der wahren Apartheid-Präsidenten.[1] Dennoch war es unter Botha's Regierung, dass einige der schlimmsten diskriminierenden Gesetze (einschließlich der Pass-Gesetze und des Immorality Act und des Mixed Marriages Act) 1985 aufgehoben worden waren, und er war es, der zum ersten Mal Kontakt mit Nelson Mandela und den ANC-Führern im Exil aufnahm. Nelson Mandela kommentierte später, dass er PW Botha sieben Monate vor seiner Entlassung in Tuynhuys ('Gartenhaus', das Präsidialbüro) getroffen habe und dass es danach kein Zurück mehr habe geben können.[2]

PW Botha mag das Eis gebrochen haben, aber es ist immer noch Gegenstand der Debatte, ob er einem größeren Wandel verpflichtet war oder nicht. FW de Klerk war zugänglicher und, wie sich herausstellte, der Mann, der am besten in der Lage war, die Verhandlungen über einen effektiven Wandel fortzusetzen. Am 2. Februar 1990 hielt De Klerk eine historische Rede im Parlament.[3] Es sei an der Zeit, sagte er, für einen ausgehandelten Verstehensprozess zwischen den repräsentativen Führern der gesamten Bevölkerung, denn nur so könne ein dauerhafter Frieden gewährleistet werden.[4] Dann gab er seine Agenda für die Aufnahme von Verhandlungen über eine demokratische Verfassung, die Gleichstellung vor dem Gesetz und den Schutz von Minderheiten- und Individualrechten bekannt. ANC, PAC und SACP sollten zugelassen werden und ihre Führer aus dem Exil zurückkehren; Menschen, die wegen ihrer Zugehörigkeit zu ehemals verbotenen Organisationen, einschließlich der legendären Nelson Mandela, Gefängnisstrafen verbüßten, sollten freigelassen werden.

Bis dahin hatte Nelson Mandela 27 Jahre im Gefängnis gesessen. Den größte Teil dieser Zeit hatte er auf Robben Island verbracht, aber die letzten zwei Jahre lebte er in einem Haus im Victor Verster Gefängnis außerhalb von Paarl bei Kapstadt - das Haus ist heute ein Museum namens Madiba House. Die Nachrichten von Nelson Mandelas bevorstehender Freilassung erregten die Aufmerksamkeit der Welt, und die noch im Exil lebenden Menschen saßen den ganzen Tag an ihren Kurzwellenradios und verfolgten die Nachrichten.

In Südafrika eilten die Menschen auf die Straße, sangen, tanzten und schrien. Der Kwaito-Musiker Arthur Mafokate war damals ein Teenager. 'Wir dachten immer, wenn wir erwachsen sind, müssten wir auch für die Befreiung kämpfen', sagte er, 'aber plötzlich war alles anders'.[5]

Trevor Manuel erinnerte sich daran, dass er und andere Aktivisten in einem Kapstädter Café saßen, als die Nachricht kam. Er war in den letzten fünf Jahren mehrmals hinter Gittern gewesen, und wenn er nicht im Gefängnis war, hatte er Verbote erhalten: die Sicherheitskräfte würden jederzeit an seine Tür klopfen, um sicherzustellen, dass er dort war. 'Plötzlich', sagte er, 'widersetzten sich Aktivisten ihren Verboten und marschierten auf der Straße - und nichts geschah. Das war ein großer Sieg, und wir haben den Moment ergriffen.'[6]

Thabo Mbeki erinnerte daran, dass er als Teil einer Delegation in Stockholm war, um der schwedischen Regierung für ihre Unterstützung des ANC zu danken. Für ihn bedeutete die Nachricht von Mandelas Freilassung einen 'Akt des Glaubens' - ein Beweis dafür, dass die NP die in der Schweiz getroffenen Vereinbarungen eingehalten hatte und bereit war, 'mit dem ANC zu sprechen'. Jahre später wiederholte Thabo Mbeki diese Worte und sagte: 'Wir müssen aus diesen Vorfällen im Jahr 1990 lernen. Wenn wir schwierige Probleme lösen wollen, müssen die Südafrikaner lernen, wieder miteinander zu reden.'[7]

Der Tag der Freilassung von Nelson Mandela war der 11. Februar 1990, ein historischer und sehr emotionaler Tag für viele Südafrikaner. Die Gefühle vieler Menschen wurden in den Worten der Journalistin Audrey Brown zum Ausdruck gebracht, die damals als junge Reporterin für die Anti-Apartheid-Zeitung Vrye Weekblad arbeitete. Sie erinnerte sich, dass nichts sie auf die Begeisterung vorbereitet haben können,

Mandela freigelassen zu sehen: 'Ich lachte vor wahnsinniger Freude', sagte sie, 'denn plötzlich war alles möglich, so wie wir wussten, als wir als singende Kinder Steine auf den atemberaubenden Riesen warfen, der Apartheid hieß. Ich weinte, weil so viele meiner Freunde und aus der Familie gestorben waren, als sie versuchten, dass das passiert.'

Brown traf Mandelas Freilassung auch persönlich, weil sie die Freilassung anderer politischer Gefangener sowie die Rückkehr politischer Exilanten einleitete. Ihr Großvater väterlicherseits, der in den 1950er Jahren ins Exil gegangen war, sollte bald nach Hause kommen und sie würde ihn schließlich treffen, ebenso wie eine Tante, Onkel und Cousins, die sie nicht kannte; sie sagte, sie wünschte, ihre Großmutter mütterlicherseits wäre noch am Leben, um es zu sehen.[8]

Weitere Ereignisse im Vorfeld der Wahlen von 1994

Nach der Ankündigung von De Klerk im Jahr 1990 fanden Gespräche zwischen der weißen Regierung und den Führern des ANC statt, und es wurde über die Machtteilung diskutiert. Die Landgesetze und andere alte diskriminierende Gesetze waren bereits aufgehoben worden, und es gab eine Freiheit, die noch nie zuvor erlebt worden war. Die nächsten vier Jahre waren jedoch voller Spannungen, und zeitweise grenzte Südafrika an einen Bürgerkrieg. Auf beiden Seiten gab es schmutzige Geschäfte (das alte Regime und die vorgeschlagene neue Ordnung). 1990 wurde ein unterirdisches Netzwerk unter der Führung von Mac Maharaj freigelegt, das Waffen infiltrierte und Pläne hatte, den Apartheidstaat gewaltsam zu stürzen, wenn die Verhandlungen scheiterten. Es wurde festgestellt, dass auch einige Anti-ANC-Kräfte am Werk waren. Die Zahl der unerklärlichen Morde stieg alarmierend an, mit 3.699 Todesfällen im Jahr 1990 und ähnlichen Zahlen für die nächsten drei Jahre.[9] Es scheint, dass viele Kräfte am Werk waren, die für diese Morde verantwortlich waren. Gewalttätige Zusammenstöße zwischen dem konkurrierenden Zulu-ANC und Inkatha-Mitgliedern waren in Natal und in den Townships auf dem Witwatersrand immer deutlicher zu erkennen, aber viele Menschen glaubten, dass es sich bei den Morden hauptsächlich um politische Morde handelte, hinter denen Regierungskräfte standen.[10]

Die Beweise deuten darauf hin, dass viele der Morde von Einzelpersonen oder abtrünnigen Einheiten innerhalb der Sicherheitskräfte verübt wurden und dass Präsident FW de Klerk erst im Januar 1990 von ihnen Kenntnis erlangt.[11] Als er es herausfand, ernannte seine Regierung eine Kommission unter der Leitung von Justice Louis Harms, um die Morde zu untersuchen, scheiterte sie jedoch aus mehreren

Gründen: Die Untersuchung beschränkte sich auf Handlungen, die innerhalb der Grenzen Südafrikas begangen wurden, obwohl viele Anti-Apartheidaktivisten auf ausländischem Boden ermordet worden waren. Regierungszeugen waren nicht verpflichtet, entsprechende Dokumente vorzulegen, und die vorgelegten Informationen waren eindeutig gefälscht. Einige Zeugen tauchten auf, um in Perücken und anderen Verkleidungen auszusagen, und es gab einen allgemeinen Mangel an Zusammenarbeit seitens der Führer der Sicherheitskräfte. Der im November veröffentlicht Harms-Bericht erwähnte weder die Sondereinheiten der Armee noch die Teilnehmer an den Todesschwadronen. Es kam zu keinen Strafverfolgungen.[12] In den folgenden Monaten wurden einige Personen verbannt und es kam zu einem drakonischen Vorgehen gegen die Presse.[13] Die AWB[14] unter der Leitung von Ferdi Hartzenberg und Eugène Terre'Blanche fühlten sich von FW de Klerk verraten und warnten vor einem gewalttätigen Aufstand, wenn die Regierung die Pläne zur Machtteilung und Ausweitung des Wahlrechts auf die schwarze Mehrheit fortsetzte.

Fast zwei Jahre vergingen zwischen De Klerk's historischer Rede im Jahr 1990 und der Beginn der formellen Verfassungsgespräche auf dem Konvent für ein demokratisches Südafrika (CODESA) im Dezember 1991. Als sie begannen, gab es Auseinandersetzungen zwischen den beiden Hauptführern, De Klerk und Mandela. De Klerk kritisierte den ANC dafür, dass er Umkhonto we Sizwe nicht aufgelöst hat; Mandela war nicht bereit, das zu tun, bis eine Übergangsregierung eingesetzt wurde, an der der ANC beteiligt wäre und es eine Mehrparteienkontrolle der Armee geben würde. Mandela wiederum kritisierte De Klerk, dass er nicht mehr getan habe, um die Kontrolle über die Gewalt zu bekommen, die das Land plagte; De Klerk glaubte, dass der ANC daran mitschuldig sei. Der Historiker Tom Lodge glaubt, dass weder De Klerk noch Mandela die volle Kontrolle über ihre Truppen hatte, und der Inkatha-Führer Mangosuthu Buthelezi, von dessen Anhängern einige tief in die Gewalt verwickelt waren, auch nicht.[15]

Die Männer hielten weiterhin Besprechungen ab. Die Journalistin Abbey Makoe sagte, De Klerk sei in dieser Zeit 'der Inbegriff von Mut' gewesen. Er sah sich einer großen Opposition seines eigenen Volkes gegenüber, aber die Gespräche gingen weiter.[16]

1993 erhielten FW de Klerk und Nelson Mandela gemeinsam den Friedensnobelpreis für das, was sie gemeinsam erreicht hatten.

Der Tod von Chris Hani, 1993

Trotz der Gewalt und der anhaltenden Spannungen schienen die frühen 1990er Jahre vielversprechend. Die Tragödie ereignete sich am 11. April 1993, als eine der Ikonen des Kampfes am helllichten Tag vor seinem Haus in Boksburg östlich von Johannesburg von einer weißen rechten Gruppe getötet wurde. Bis dahin hatten viele Leute gedacht, dass Chris Hani Nelson Mandela als nächster Präsident folgen könnte.

Chris Hani war der Schützling des SACP-Vorsitzenden Joe Slovo und war in den SACP-Ränge schnell aufgestiegen. Er hatte im Inland und im Ausland an der Sussex University studiert, wo er einen Master-Abschluss in Wirtschaftswissenschaften erworben hatte. Er war dann mit anderen ANC-Kadern zur militärischen Ausbildung in der Sowjetunion aufgebrochen und hatte auch einige Zeit in Lusaka, Sambia, im Haus des ehemaligen Südafrikaners Livingstone Mqotsi verbracht, der wegen seiner Aktivitäten als Führer der von den Kommunisten beeinflussten Bewegung der Afrikanischen Einheit dorthin ins Exil geschickt worden war.[17]

Während seines Aufenthalts bei Mqotsi hatte Hani 1967 ein Memorandum geschrieben, in dem er den luxuriösen Lebensstil einiger der im Exil lebenden Führer und ihrer Zurückhaltung beim bewaffneten Kampf kritisiert. Er verwies auch auf die Tatsache, dass die Sicherheitsabteilung des ANC jene verfolgt habe, die mit ihrer Führung nicht einverstanden waren. Irgendwann wurden anscheinend Befehle für Hanis Verhaftung erteilt: Eine Gruppe von MK-Männern kam um Mitternacht zu Mqotsis Haus und suchte nach ihm. In einem zweiten Memorandum verwies Hani auf diesen Vorfall und sagte, dass MK-Männer nach ihm und anderen suchten, die seine Memoranden unterzeichnet hatten. 'In Lusaka waren für uns Verliese gegraben worden', schrieb er, 'und dort wären wir hingebracht worden, wenn sie uns gefunden hätten.'[18]

Chris Hani kehrte nach Südafrika zurück, als das SACP-Verbot 1990 aufgehoben wurde, und folgte 1991 Joe Slovo als Generalsekretär. Seine Ermordung im Jahr 1993 im Alter von 51 Jahren stürzte das Land in die schwerste Krise seit Beginn der Gespräche zwischen der Nationalpartei und dem ANC. 1997 wurde das riesige staatliche Krankenhaus in Soweto Baragwanath Hospital zu Hanis Ehren in Chris Hani Baragwanath Hospital umbenannt.[19]

Die Wahlen von 1994

1994 stimmten Schwarze, Farbige und Inder bei den Wahlen zum ersten Mal ab, und der ANC gewann eine überwältigende Mehrheit. Südafrikaner aller Rassen standen in langen Schlangen vor den Wahlstationen im ganzen Land, als die Mehrheit erstmals ihre Stimme abgeben konnte. Der Journalist Barry Ronge erinnert sich an den Anblick einer alten Frau. die in einer Schubkarre zu einer Wahlstelle gefahren wurde, und eine Gruppe von ,Kugeln'[20] aus einem wohlhabenden Gebiet nördlich von Johannesburg, die im Hausbesetzerlager Zevenfontein wählten, weil die Warteschlangen dort kürzer waren. Diese beiden Bilder fassten für ihn zusammen, wie besonders und einfallsreich Südafrikaner sein können, und wie lustig und entschlossen sie sind, ihren eigenen Weg zu gehen.[21]

Der ANC-Chef Nelson Mandela wurde zum ersten demokratisch gewählten Präsidenten Südafrikas gewählt. Wie bei den Gesprächen zwischen 1990 und 1994 vereinbart, sollte die neue Regierung eine vom ANC geführte Regierung der Nationalen Einheit (GNU) mit Nelson Mandela als Präsident und Thabo Mbeki und dem ehemaligen Premierminister FW de Klerk als seinen Stellvertretern werden. IFP-Chef Mangosuthu Buthelezi wurde Innenminister, SACP-Chef Joe Slovo wurde Minister für Wohnungswesen und das Gründungsmitglied des MK Joe Modise Verteidigungsminister. Die GNU umfasste auch Mitglieder der NP und der IFP sowie Mitglieder verschiedener Rassen und Religionen.

Trotz der Befürchtungen vieler, dass die Wende von mehr Gewalt begleitet würde, geschah dies nicht. Mandela war entschlossen, gute Beziehungen zwischen den Rassen zu fördern, und setzte sich während seiner Zeit als Präsident für die Versöhnung ein, stattete sogar der älteren und gebrechlichen Betsie Verwoerd, der Witwe des NP-Chefs Hendrik Verwoerd in ihrem Altersheim einen persönlichen Besuch ab.[22] Die Wege von FW de Klerk und Nelson Mandela sollten wieder auseinander gehen, aber sie hatten zu einem entscheidenden Zeitpunkt eine Einigung erzielt. Der friedliche Übergang zu Demokratie nach dem Leid und Blutvergießen der Vorjahre galt als eine der herausragendsten Leistungen des 20. Jahrhunderts.[23]

Für Südafrika wurde eine neue Verfassung ausgearbeitet und 1996 als Gesetz 108 in Kraft gesetzt. Wichtige Verhandlungspartner in diesem Prozess waren Roelf Meyer als Vertreter des NP und Cyril Ramaphosa als Vertreter des ANC, und die beiden Männer erwiesen sich als gute

Kooperationspartner. Die neue Verfassung spiegelt viele der Ziele und Bestrebungen der Freiheitscharta[24] von 1955 wider und gilt als eine der liberalsten Verfassungen der Welt. Südafrika wurde außerdem wieder Mitglied im British Commonwealth. Die neue Verteilung brachte einen Wandel im Militär mit sich. Nach den ersten demokratischen Wahlen wurde 1994 die erste nationale Verteidigungstruppe des Landes, die South African National Defence Force (SANDF), eingesetzt. Sie ersetzte die alte SADF und integrierte Kräfte aus den ehemaligen Homelands sowie aus ehemaligen Befreiungskräften wie dem ANC's MK, der Azanian People's Liberation Army (APLA), dem PAC und den Selbstschutzeinheiten der IFP. Einige Mitarbeiter der SADF wurden übernommen.

Die GNU erwies sich jedoch nicht als so erfolgreich, wie es klang. Die Feindschaft zwischen De Klerk und Mandela bei CODESA war nie überwunden worden.[25] Der Versuch der NP, sich in der neuen Regierung durchzusetzen, scheiterte, und De Klerk wurde fast von Anfang an marginalisiert und oft ignoriert. Die Ankündigung des ANC, keine Pläne zur Verstaatlichung der Minen zu haben, beruhigte die Ängste des Großkapitals und gab ihnen das Vertrauen, dass sie eine Regierung bekamen, mit der sie zusammenarbeiten konnten. Weiße, insbesondere Beamte, erkannten, dass sie nicht mehr auf die NP zählen konnten, um ihre Arbeitsplätze vor der schwarzen Mehrheit zu schützen, und der ANC versprach, dass die Renten sicher sein würden und es eine Entschädigung geben würde, wenn die Weißen zurückgedrängt würden. Alle diese Probleme hatten den Effekt, dass die Unterstützung für die NP zurückging. Als sich der ANC 1996 weigerte, ein Machtteilungskabinett in der endgültigen Verfassung zu verankern, nahm De Klerk die NP aus der GNU heraus, und im August 1997 zog er sich nach einem kurzen Aufenthalt in der NNP aus der Politik zurück, was den Niedergang der NP beschleunigte.[26]

FW de Kerk und die NNP

1997 gründeten einige konservative ehemalige NP-Mitglieder eine Neue National Party (NNP). Sie sagten, dass sie sich zwar von der Apartheid-Vergangenheit distanzierten, aber dennoch ein eigenes politisches Zuhause wollten und sich gerade dabei befanden, sich als nichtrassische Bundespartei neu zu erfinden. Die NNP wurde zunächst von FW de Klerk und dann von Marthinus van Schalkwyk geleitet. Die Partei war weitgehend erfolglos, und nach enttäuschenden Ergebnissen bei den Wahlen 1999 wechselten einige ihrer Mitglieder im folgenden Jahr zur

Demokratischen Partei (DP)[27], eine ironische Wendung, da die DP eine ihrer größten Kritiker war. Mit der Fusion endeten 86 Jahre Einfluss der National Party auf die südafrikanische Politik - sie hatte 1914 begonnen, verschiedene Veränderungen durchlaufen und endete schließlich im Jahr 2000. In einem noch unerwarteteren Zug schlossen sich die Überreste der NNP im August 2004 mit dem ANC zusammen, und die NNP wurde schließlich 2005 aufgelöst.

Nach seinem Rückzug aus der Politik nahm FW de Klerk weiterhin am nationalen Diskurs teil. Am 2. Februar 2010, zum 20-jährigen Jubiläum seiner historischen Rede, in der er Mandelas Freilassung ankündigte, gab er seine Erklärung für die 1990 gestartete Übergangsinitiative ab. Er sagte, er sei in der Vergangenheit mehrfach gefragt worden, warum seine Regierung nicht früher gehandelt habe. Ein zentrales Anliegen seien die Afrikaner gewesen, erklärte er.[28] Im Gegensatz zu anderen Siedlergruppen in Südafrika seien die Afrikaner eine Nation. Sie hätten ihre eigene Sprache entwickelt und im Laufe ihrer Geschichte war ihr Hauptwunsch gewesen, sich selbst zu regieren; ihr Recht auf Selbstbestimmung hätte niemals in einer Ein-Mann-Eine Stimme-Situation beibehalten werden können.

Aber 1990 war eine ganz neue Generation junger Afrikaner nicht mehr dieser Meinung. Viele waren Mittelschichtler und Universitätsabsolventen; sie waren ins Ausland gereist, sahen amerikanische Fernsehsendungen mit Schwarzen (Oprah Winfrey, Bill Cosby und andere) und fühlten sich mit der Apartheid zunehmend unwohl. Die konservative Politik der früheren weißen Minderheitsregierungen hatte sich bis 1976 geweigert, das Fernsehen in Südafrika zuzulassen, aber seither war es Teil des Lebens der Menschen und hatte sie für die Außenwelt sensibilisiert. Vor 1990, so De Klerk, sei er auch über den kommunistischen Einfluss im ANC besorgt gewesen. Fast alle Mitglieder der nationalen Exekutive des ANC waren auch Mitglieder der SACP, und die SACP habe sich für eine Revolution ausgesprochen. Im Jahr 1989 sei jedoch durch den weltweiten Zusammenbruch des Kommunismus diese Angst beseitigt worden.

Auch Sanktionen gegen Südafrika waren ein Faktor. Sie waren kontraproduktiv für die Industrie, und die südafrikanische Wirtschaft wurde zunehmend isoliert. Es war auch klar, dass eine getrennte Entwicklung nicht funktioniert hatte: Die Aufteilung des Landes, auf das sie sich stützte (78% der Bevölkerung besaßen 13% des Landes) war ungerecht; immer mehr Schwarze waren in die Städte gezogen, wurden besser ausgebildet und besetzten mehr wichtige Arbeitsplätze. Die Integration von Weißen und Schwarzen fand bereits statt.

Ein weiterer Faktor war der erfolgreiche Abschluss eines dreiseitigen Abkommens zwischen Südafrika, Kuba und Angola im Jahr 1988. Die Kubaner hatten ihre Truppen aus Angola abgezogen, und Namibia erhielt seine Unabhängigkeit. Dies hatte der Regierung sichergestellt, dass sie mit ihren Gegnern verhandeln konnten und dass ihre Grenzen sicher waren. Die Aussichten für die Wende waren 1990 günstig, sagte De Klerk, und am 2. Februar 1990 sprangen wir [Südafrikaner] durch das Fenster und landeten in einem weitaus besseren Land.[29] Seitdem war von De Klerk gesagt worden, dass 1990 seine dramatische Wende zugunsten der Demokratie ein spektakuläres Beispiel dafür sei, wie man das Land vor die Partei stellt.[30]

Die versöhnende Präsidentschaft von Nelson Mandela

Der Erfolg Südafrikas bei der friedlichen Wende zur Demokratie ist vor allem auf seinen legendären und beliebten Präsidenten Nelson Mandela zurückzuführen. Sein Einfluss während seiner Amtszeit von 1994 bis 1999 brachte das Land auf den Weg der Versöhnung. Mandela versprach Schutz für alle Kulturen und machte deutlich, dass er alle Menschen in Südafrika umarmte. Er wurde auf der ganzen Welt gefeiert und zeigte mit gutem Beispiel, dass sich die Dinge in der Geschichte weiterentwickeln und dass sich selbst die schlimmsten Situationen ändern können.

1995 wurde Nelson Mandela in den British Order of Merit berufen, einem dynastischen Orden, der erstmals 1902 von König Edward VII. gegründet wurde und der hervorragende Dienste anerkennt. Die Aufnahme in diesen prestigeträchtigen Orden erfolgt nach wie vor durch das persönliche Geschenk des Souveräns: in diesem Fall von Königin Elisabeth II. Bei einem offiziellen Staatsbankett in London im Juli 1996 begrüßte ihn die Königin als Retter seines Landes und lobte seine Bereitschaft, sich mit seinen ehemaligen Geiselnehmern auszusöhnen. Bis zu seinem Tod im Dezember 2013 war Nelson Mandela wahrscheinlich der am stärksten bewunderte lebende Ex-Politiker der Welt.[31] Als das 'neue' Südafrika 1995 kaum ein Jahr alt war, veranstaltete das Land zum ersten Mal die Rugby-Weltmeisterschaft. Wegen des weltweiten Boykotts südafrikanischer Sportmannschaften waren die Springboks von den beiden vorangegangenen Rugby-Weltmeisterschaften 1987 und 1991 ausgeschlossen worden. 1995 wurden sie auf Platz neun gesetzt und niemand erwartete einen Sieg, aber im Endspiel schlugen die Springboks die New Zealand All Blacks knapp mit 15-12. Die Begeisterung über diesen Sieg war etwas, das in den Köpfen der meisten Südafrikaner, die ihn erlebten, für immer lebendig bleiben wird. Der Anlass wurde umso bedeutsamer, als der neue Staatspräsident Nelson Mandela im Springbock-Trikot mit der Nummer sechs des Afrikaner-Kapitäns auf der Rückseite eintraf. Nach Jahren der Isolation vom Weltsport war der Anblick des Afrikaner-Kapitäns Francois Pienaar, der zusammen mit dem erst vor wenigen Jahren aus dem Gefängnis entlassenen Präsidenten Nelson Mandela die Webb Ellis-Trophäe hochhielt, ein starker Moment der Hoffnung.[32]

Ein Jahr nach der Rugby-Weltmeisterschaft 1996 war Südafrika zum ersten Mal Gastgeber des Fußballwettbewerbs Africa Cup of Nations. Fußball ist die beliebteste Sportart in Südafrika, und die Nationalmannschaft ist die Bafana Bafana.[33] Die Bafana Bafana hatte vier Jahre zuvor zum ersten Mal an diesem Wettbewerb teilgenommen, nachdem der Sportboykott gegen Südafrika aufgehoben wurde, aber die Mannschaft hatte es nicht gut gemacht und sich nicht für das Finale qualifiziert. 1996 galten die Bafana Bafana, wie im Vorjahr die Springbocks, als Underdogs, aber unter Trainer Clive Barker und Kapitän Neil Tovey erstaunten sie die Fußballwelt, als sie Angola (1-0), Kamerun (3-0), Ghana (3-0) und dann Tunesien (2-0) im Finale besiegten und zum Afrikameister gekürt wurden. Es war ein historischer Moment für Südafrika und den afrikanischen Fußball im Allgemeinen. Clive Barker und sein Team wurden zu Nationalhelden.[34] Das Spiel wurde von Präsident Nelson Mandela besucht, der für seine 'Madiba-Magie' während des gesamten Turniers bekannt wurde. Es wurde eine Art Legende, die besagt, dass, wann immer Mandela an einem Spiel teilnahm, habe Südafrika hat immer gewonnen. Der Sieg wurde landesweit von Schwarzen und Weißen gefeiert.[35] Diese zwei Ereignisse - die Rugby-Weltmeisterschaft 1995 und der Africa Cup of Nations ein Jahr später - beide von Südafrika gewonnen - können als symbolische Zwillinge in den 'Wunderjahren der Versöhnung' angesehen werden.

Die Entlassung Nelson Mandelas aus dem Gefängnis war für ihn auch eine Chance, alte Freunde wie Helen Suzman[36] und Ahmed (Kathy) Kathrada, den Leiter des South African Indian Congress (SAIC), wieder zu treffen.[37] Kathrada hatte ebenfalls 27 Jahre im Gefängnis verbracht. Zusammen mit Nelson Mandela wurde er 1990 entlassen und 1994 Mitglied der neuen GNU-Regierung. Kathrada erinnert sich mit Zuneigung an Mandelas Fähigkeit, unangenehme und angespannte Situationen im neuen Südafrika zu entschärfen. Im Parlament bezeichnete bei einer Gelegenheit jemand vom ANC die von Tony Leon geführte Demokratische Allianz (DA) als ‚Mickey-Mouse Partei'. Tony Leon antwortete: 'Wenn wir Mickey Mouse sind, dann sind Sie Goofy.' Einige Zeit später wurde Tony Leon krank und verbrachte eine Weile im Krankenhaus. In seinem typisch großherzigen Stil ging Mandela ihn besuchen. Als er ankam, klopfte er an die Tür und sagte, 'Mickey Mouse, hier ist Goofy. Darf ich reinkommen?'[38]

Ahmed Kathrada erinnert sich auch an Nelson Mandelas Liebe zu Pantene Haaröl. Nach 18 Jahren auf Robben Island wurden fünf der Gefangenen, darunter Mandela und Kathrada, in das Pollsmoor-Gefängnis in Kapstadt verlegt, wo sie kein Pantene Haaröl mehr bekommen konnten. Mandela machte so ein Aufhebens um die Sache, dass einer der Wärter, Christo Brand, schließlich die Apotheken abklapperte, bis er es bekam. Jahre später organisierte Kathrada eine Party für Mandela zum 80. Geburtstag, und organisierte, dass Brand an der Party als Überraschungsgast teilnahm. Als Brand ankam, brachte er zwei Flaschen Pantene mit. Kathrada erinnert sich: 'Madiba lachte wie verrückt.'[39]

Es war auch Christo Brand, der ein Enkelkind eingeschmuggelt hatte, um es Nelson Mandela auf Robben Island zu zeigen. Es war Winter und Nelson Mandelas damalige Ehefrau Winnie war gekommen, um ihren Mann mit dem kleinen Mädchen Zoleka zu besuchen, in einer Decke auf ihrem Rücken eingewickelt. Ihr wurde gesagt, sie solle das Baby im Warteraum lassen, während sie ihren Mann besuchte. Christo Brand verbarg das Kind in der Decke und nahm es mit, um es Mandela zu zeigen, bevor Winnie durchgelassen wurde. Winnie Mandela wusste damals nichts davon - die Aufseher hatten Angst, dass sie es der Presse erzählen könnte und sie ihre Jobs verlieren würden.[40]

Winnie Madikizela Mandela

Als ihr Mann Präsident des neuen Südafrika wurde, wurde Winnie Mandela für zwei Jahre, von 1994 bis 1996, First Lady, bis am Ende des Jahres das Paar geschieden wurde. Sie bekleidete auch zahlreiche Positionen in der ANC Women's League und der Regierung. Sie ist jedoch eine umstrittene Figur.

Sie wird von vielen für ihre Tapferkeit und ihre starke Anti-Apartheid-Haltung bewundert und wurde von anderen für die harten Maßnahmen verurteilt, zu denen sie zur Unterstützung des Kampfes bereit war. Winnie Mandela wurde von der südafrikanischen Regierung regelmäßig festgenommen, unter Hausarrest gestellt und überwacht. Sie wurde über ein Jahr lang in Einzelhaft gehalten und dann nach Brandfort verbannt, einer abgelegenen Stadt im damaligen Orange Free State. Trotz der ihr auferlegten Einschränkungen setzte sie sich weiterhin für die Gleichberechtigung ein und wurde zu einer Ikone des Kampfes. Ihre Popularität wurde jedoch durch Äußerungen getrübt - zum Beispiel in Munsieville im Bezirk Krügersdorp am 13. April 1986, als sie sagte: 'Mit unseren Streichhölzern und Halsketten werden wir dieses Land befreien.[41] Die schreckliche Praxis der Halsketten (mit Reifen und Benzin lebende Menschen verbrennen)[42] wurde gegen Menschen eingesetzt, die als Informanten verdächtigt wurden. Dies geschah in der Öffentlichkeit als Warnung an andere, was mit ihnen passieren würde, wenn sie die Sache verraten würden. Ihr Leibwächter Jerry Musivuzi Richardson beschuldigte sie, dass sie die Entführung und Ermordung von Menschen angeordnet habe und dass sie Betrug begangen habe. Sie wurde beschuldigt, am Tod eines 14-jährigen Jungen, James (Stompie) Seipei, beteiligt gewesen zu sein, einem angeblichen Informanten, dessen Leiche am 6. Januar 1989 in einem Feld mit Stichwunden an der Kehle gefunden wurde. 1992 wurde ihr vorgeworfen, die Ermordung von Dr. Abu-Baker Asvat, einem Freund der Familie, angeordnet zu haben, der Seipei im Haus von Mandela untersucht hatte.

Graça Machel

Nelson und Winnie Mandela wurden 1996 geschieden, und 1998, an seinem 80. Geburtstag, heiratete Nelson Mandela Graça Machel, die Witwe der ehemaligen mosambikanischen Präsidentin Samora Machel, der 1986 bei einem Flugzeugabsturz ums Leben kam. Sie blieben bis zum Tod von Nelson Mandela im Dezember 2013 verheiratet.

Graça Machel ist eine internationale Anwältin für die Rechte von Frauen und Kindern, und 1997 wurde sie für ihre humanitäre Arbeit zur Dame of the British Empire ernannt.[43] Sie ist die einzige Frau in der Geschichte, die First Lady von zwei verschiedenen Ländern war: sie war von 1975 bis 1986 First Lady von Mosambik, und First Lady von Südafrika von 1998 bis 1999.

Die Wahrheits- und Versöhnungskommission (The Truth and Reconciliation Commission)

Im Dezember 1998 wurde die Wahrheits- und Versöhnungskommission (TRK) von der GPU eingerichtet, um Menschenrechtsverletzungen zu bekämpfen und einige der Schmerzen der Vergangenheit zu heilen. Menschen, die während der Apartheidjahre Opfer von Menschenrechtsverletzungen geworden waren, wurden eingeladen, über ihre Erfahrungen zu berichten, und einige wurden für öffentliche Anhörungen ausgewählt. Beschuldigte für Gewalttaten konnten ebenfalls als Zeugen auftreten und Amnestie sowohl bei der Zivil- als auch bei der Strafverfolgungskammer beantragen.[44] Der Schwerpunkt lag auf der Aufdeckung von Informationen - sowohl von Opfern als auch von Tätern - und der Suche nach Versöhnung, nicht auf der Verfolgung von Personen wegen früherer Verbrechen, wodurch sich die TRK hauptsächlich von den Nürnberger Prozessen unterschied, die nach dem Zweiten Weltkrieg Nazis verfolgten.[45] Erzbischof Desmond Tutu wurde vom damaligen Präsidenten Nelson Mandela zum Vorsitzenden ernannt.

Winnie Mandela war eine der Personen, die für die öffentliche Anhörung ausgewählt wurden. Erzbischof Tutu würdigte ihre Rolle im Kampf gegen die Apartheid, bat sie aber, sich zu entschuldigen und ihre Fehler zuzugeben. In einer vorsichtigen Antwort gab sie zu, dass 'die Dinge schrecklich schiefgelaufen sind'. Die Anhörungen über sie wurden auf später vertagt, da behauptet wurde, dass Zeugen auf ihre Anweisung hin eingeschüchtert wurden.[46] Trotz der Anschuldigungen von Betrug und Korruption gegen sie hatte Winnie Mandela weiterhin eine Basis von Anhängern und wird immer noch für ihre Rolle im Kampf verehrt.[47] Im Jahr 2009 sicherte sie sich den fünften Platz auf der Wählerliste des ANC für die Parlamentswahl 2009, was darauf schließen lässt dass die Parteiführung sie immer noch als eine wertvolle Bereicherung ansah. Ihre Geschichte war Gegenstand einer Oper und mehrerer Bücher und Filme.

Zwischen April 1996 und Juni 1998 führte die TRC Tausende von Interviews, darunter eines mit dem ehemaligen Präsidenten FW de Klerk, der sich im Namen der NP-Regierung für die Apartheid entschuldigte. Zeugnisse enthüllten viele Fälle von Vergewaltigung, Folter, Todesfällen in Haft, politischen Morden und sogar Menschenverbrennungen. Tutu weinte bei vielen der Geschichten, die er hörte, und flehte die Menschen an, zu versuchen, zu vergeben und mit ihrem Leben weiterzumachen. Die TRC gewährte in einer Geste des Friedens und der Versöhnung Amnestie an dafür berechtigte Täter. In einigen Fällen verziehen die Angehörigen der Opfer Personen, die zugegeben hatten, ihre Angehörigen getötet zu haben.

Die Kommission kam zu dem Schluss, dass ein Netzwerk von staatlichen Sicherheits- und Nicht-Sicherheitsbeamten die meisten Gewalttaten und gezielten Morde ermöglicht hatte, aber der ANC, PAC und UDF waren auch für einige Menschenrechtsverletzungen verantwortlich, und dass einige der schlimmsten Gewalttaten zwischen rivalisierenden Zulu ANC- und Inkatha-Mitgliedern stattgefunden hatten. Einige Leute wurden von der Kommission frustriert zurückgelassen. Die Familie von Steve Biko kritisierte die TRC, weil es ihr nicht gelungen sei, seine Mörder vor Gericht zu bringen. Es wurde auch darauf hingewiesen, dass die TRC nur Menschenrechtsverletzungen untersuchte, nicht die 'strukturelle Gewalt' der Apartheid, die Rassenklassifizierung, Wohnsitztrennung, Passgesetze, Zwangsräumungen und vieles mehr umfasste. Außerdem wurden Vergewaltigungen von Frauen weitgehend nicht untersucht, und nur relativ wenige Frauen waren in der Lage, in ihrem eigenen Namen auszusagen. Auch junge Menschen waren in den Verfahren weitgehend abwesend. Die TRC wurde auch kritisiert, weil sie ihre Untersuchungen auf die Verbrechen nach 1960 einschränkte, wodurch das durch den Kolonialismus verursachte Leid durch das Landgesetz von 1913 und andere Ungerechtigkeiten der Trennungsperiode und der ersten Jahrzehnte der Apartheid unberücksichtigt blieben.[48]

Bezeichnenderweise wurden große politische und militärische Führer vom Haken gelassen. PW Botha und andere weigerten sich, teilzunehmen, ohne dass echte Sanktionen gegen sie verhängt wurden, und südafrikanische und internationale Unternehmen, ausländische Regierungen, religiöse Institutionen, die Medien und andere Begünstigte der Apartheid wurden gegen Ende des Verfahrens nur in separaten und kurzen 'institutionellen Anhörungen' behandelt. Trotz ihrer Mängel ist die ehemalige Justizministerin Dullah Omar der Ansicht, dass die Möglichkeit, dass die einfachen Menschen ihre Geschichten über Menschenrechtsverletzungen erzählen konnten, für viele Menschen, die die Brutalität der Apartheidunterdrückung erlebt hatten, einen Heilungsprozess einleitete.[49] Die TRC half, die schlimmsten Exzesse der Apartheid aufzudecken und erreichte ein gewisses Maß an sozialer Versöhnung, aber der Entschädigungsprozess war weder besonders großzügig für die Opfer noch wurde er effizient organisiert.

1998 schrieb Antjie Krog ein Buch über die TRC-Anhörungen, in dem sie sagte, dass ihr die Erkenntnis schwerfiel, dass so viele verletzende und demütigende Worte zur Sprache ihres Herzens gehörten: Afrikaans.[50]

KAPITEL 14

Die Jahre 1999–2008 und 2009–2016

Präsidenten nach Mandela

Thabo Mbeki

Im Juni 1999 folgte Thabo Mbeki auf Nelson Mandela als Präsident. Er sollte zwei Amtszeiten durchhalten: von 1999 bis 2003 und von 2003 bis 2008. Thabo Mbeki ist Xhosa wie Mandela, und wird weithin als Intellektueller mit fundierter Kampferfahrung angesehen. Als der ANC 1962 verboten wurde, ging Mbeki ins Exil nach England, wo er wie Chris Hani einen Master-Abschluss in Wirtschaftswissenschaften am der University of Sussex erhielt. Anschließend ging er zur militärischen Ausbildung in die Sowjetunion und diente danach als ANC-Vertreter in mehreren afrikanischen Ländern, bevor er sich am Hauptsitz des ANC in Lusaka, Sambia, niederließ. Im Exil wurden sowohl sein Bruder Jama als auch sein Sohn Kwanda ermordet, vermutlich von staatlichen Sicherheitskräften.

Wo Nelson Mandela für Versöhnung stand, betonte Thabo Mbeki die Transformation als Teil einer afrikanischen Renaissance. Das Konzept einer Afrikanischen Renaissance wurde bereits 1946 vom senegalesischen Anthropologen und Historiker Cheikh Anta Diop formuliert. Er glaubte, dass es eine gemeinsame kulturelle Kontinuität zwischen den afrikanischen Menschen gebe, die wichtiger sei als die verschiedenen ethnischen Gruppen, die sich im Laufe der Zeit entwickelt hätten, und dass die Afrikaner die aktuellen Herausforderungen auf dem afrikanischen Kontinent bewältigen und kulturelle, wissenschaftliche und wirtschaftliche Erneuerung erreichen könnten.[1] Das Konzept wurde von Thabo Mbeki aufgegriffen und popularisiert. Es stellte zum Teil den Wunsch dar, zu seinen Wurzeln zurückzukehren, nach einer (im Grunde genommen) 'getrennten', elternlosen Kindheit, gefolgt von einem Erwachsenenleben auf der Wanderschaft.[2] Für Thabo Mbeki war die Afrikanische Renaissance nicht nur eine politische Philosophie, sondern auch ein Aufruf zum Handeln, ein afrikanisches Wiederaufbauprogramm 'zur Wiederherstellung der (afrikanischen) Identität und zur Wiederherstellung des Selbstvertrauens des afrikanischen Volkes'.[3]

Am 8. Mai 1996, anlässlich der förmlichen Annahme der neuen Verfassung für Südafrika, hielt Thabo Mbeki seine berühmte 'Ich bin ein Afrikaner'-Rede, in der er sagte, er glaube, dass er viele Identitäten habe und dass er von allen Menschen Afrikas geformt worden sei. Er verwies auf das Leid der Vergangenheit, fügte aber hinzu, dass die Menschen nun ihr Recht feiern könnten, ihre eigene Definition dessen zu formulieren, was es bedeute, Afrikaner zu sein.[4]

Mbeki glaubte, dass die Probleme Afrikas von den Afrikanern gelöst werden müssten, und dass wirtschaftlicher Wiederaufbau und Wachstum unerlässlich seien, wenn Afrika ein bedeutender Akteur in geopolitischen Angelegenheiten werden wolle. Zu diesem Zweck war er einer der Gründer der Neuen Partnerschaft für die Entwicklung Afrikas (NEPAD), die darauf abzielte, einen integrierten sozioökonomischen Entwicklungsrahmen für Afrika zu entwickeln, und der Afrikanischen Union (AU). Von 2002 bis 2003 war Mbeki Präsident der AU und half bei der Vermittlung von Friedensabkommen in Ruanda, Burundi und der Demokratischen Republik Kongo. Doch er zögerte, sich in die Menschenrechtsverletzungen von Robert Mugabe in Simbabwe einzumischen, und seine Leugnung des wissenschaftlichen Konsenses über den Zusammenhang zwischen HIV und Aids können direkt zum Tod von 330.000 Menschen geführt haben - der dunkelste Fleck auf seinem Vermächtnis.[5] Seine Langsamkeit bei der Umsetzung der Politik bedeutete, dass die Regierung Schwierigkeiten beim Kampf darum hatte, die Übertragung der Krankheit von der Mutter auf das Kind zu stoppen.[6]

Die Meinungen über Mbekis Haltung gehen auseinander. Es wurde argumentiert, dass Mbeki kein Aids-Leugner, sondern ein Aids-Dissident war, und dass er Wissenschaftler um Beweise dafür bat, dass das HIV-Virus tatsächlich existiert, nicht nur, dass es mit Aids in Verbindung gebracht wurde.[7] Diese Haltung wurde heftig kritisiert und von einigen als Ausdruck eines persönlichen Kampfes mit seinen eigenen Dämonen oder eines Versuchs angesehen, die Würde seiner afrikanischen Männlichkeit gegen das zurückfordern, was er als jahrhundertelangen Angriff des westlichen Rassismus empfand.[8]

Es war auch während Mbekis Zeit als Präsident, dass das umstrittene Waffengeschäft umgesetzt wurde. Im November 1998 genehmigte die südafrikanische Regierung den Kauf von Waffen im Wert von 30 Milliarden Rand, darunter U-Boote, leichte Transporthubschrauber, Frontkampftrainer und Mehrzweck-Kampfflugzeuge. Es wird angenommen, dass bei dem Geschäft Mittel vom Stromversorger des Landes Eskom für das Waffengeschäft abgezweigt wurden, was für Wartungsmängel bei den Stromversorgungsanlagen des Landes verantwortlich war. Es gab Aufrufe von beiden Seiten. Abgeordnete wie Patricia de Lille[9] und das ANC-Mitglied Andrew Feinstein sprachen sich für eine vollständige Untersuchung aus. 2001 brachte Andrew Feinstein das Problem erneut zur Sprache. Als der ANC ablehnte, trat er von seiner Position zurück und zog nach London. Seitdem schrieb er seine Memoiren und ein Buch über die globale Entwicklung in der Rüstungsindustrie, in der er den ANC kritisiert (die politische Partei, die er früher unterstützte) und deckte die Geheimhaltung und Vertuschung hinter Waffengeschäften auf.[10] Der Waffenhandel gilt nach wie vor als das größte Symbol Südafrikas für die korrupten Beziehungen zwischen Regierungsmitgliedern und multinationalen Unternehmen.[11]

Während der Amtszeit von Mbeki wuchs die südafrikanische Wirtschaft durchschnittlich 4,5 Prozent pro Jahr. Mbeki schuf Arbeitsplätze in den mittleren Sektoren der Wirtschaft und förderte das Wachstum einer schwarzen Mittelschicht durch die Umsetzung einer Politik, die als Black Economic Empowerment (BEE) bekannt ist. Bis zum Ende seiner Amtszeit hatte das Land die höchste nachhaltige Wirtschaftswachstumsrate seiner Geschichte erzielt. Es entstand eine neue Klasse mächtiger und wohlhabender schwarzer Geschäftsleute, aber es wurde auch kritisiert, dass nicht genug für die während der Apartheid stark benachteiligten einfachen Menschen getan worden sei.

Im Jahr 2005 entließ Präsident Mbeki seinen stellvertretenden Präsidenten Jacob Zuma, nachdem zuvor Zuma in Korruptionsvorwürfe verwickelt wurde, die hauptsächlich mit dem Waffengeschäft zu tun hatten und er wurde wegen Vergewaltigung einer 31-jährigen Frau belangt, die sich bei ihm zu Hause aufgehalten hatte.[12] Zwei Jahre später, im Dezember 2007, kam auf der Nationalen Konferenz des ANC in Polokwane, Limpopo, die Sache zur Sprache. In einer völligen Umkehrung der Ereignisse wurde Thabo Mbeki durch Jacob Zuma als Präsident des der ANC ersetzt: die Anklagen, die Mbeki gegen ihn erhoben hatte, hatte ihn der Populist Zuma unter den Zuma-Anhängern teuer zu stehen lassen kommen.

Der Generalsekretär der Partei Kgalema Motlanthe wurde bis zu den für 2009 geplanten Parlamentswahlen zum Interims-Präsidenten ernannt. Motlanthe war ein ehemaliger Generalsekretär der National Union of Mineworkers (NUM) und galt als jemand, der die Risse im ANC heilen konnte, aber während seiner kurzen Amtszeit (weniger als ein Jahr) war er an zwei Kontroversen beteiligt. Die erste war, dass dem

Dalai Lama ein Visum für die Reise nach Südafrika verweigert wurde, weil die ANC-Regierung Repressalien der Chinesen befürchtete, und die zweite, dass Motlanthe ein Gesetz zur Abschaffung der Scorpions unterschrieb, einer Untersuchungseinheit, die die Anschuldigungen gegen Jacob Zuma untersucht hatte.[13]

Am 6. Mai 2009 wurde Jacob Zuma zum Präsidenten der Republik Südafrika gewählt und drei Tage später, am 9. Mai 2009, in den Union Buildings in Pretoria mit Kgalema Motlanthe als seinem Stellvertreter in sein Amt eingesetzt.

Jacob Zuma

Jacob Zuma begann das Jahrzehnt als entlassener Vizepräsident und beendete es als gewählter Präsident. Zuma ist Zulu und gehört damit zur größten ethnischen Gruppe Südafrikas. Er hat eine große Fangemeinde und ist ein charmanter Mann mit einem bodenständigen Auftreten, aber seine Präsidentschaft führte zu einigen der heftigsten Kontroversen Südafrikas.

Als Kind trieb Zuma im ländlichen KwaZulu das Vieh seines Großvaters. Er hatte keine formelle Schulbildung, aber er und einige andere lernten Lesen von einer Frau, die den Standard 4 (Klasse 6) bestanden hatte. Sein Vater starb, als er vier Jahre alt war, und seine Mutter zog nach Durban, um nach Hausarbeit zu suchen; er durfte sie nicht in dem Haus von Weißen besuchen, in dem sie arbeitete. Als junger Mann nahm Zuma alle Jobs an, die er in Durban finden konnte - und polierte die Veranden der Häuser der Weißen und andere niedere Jobs. Wir wurden 'Hausjungen genannt', sagte er im Gespräch mit dem Historiker RW Johnson viele Jahre später, 'und wir trugen weiße Kattununiformen mit roter Verzierung an den Ärmeln und der Hose.[14] Wir waren 'Männer-Jungs', einst stolze Krieger, reduziert auf diese Art von Arbeit, und wir lernten schnell, wie man harmlos und ziemlich dumm erscheinen konnte, weil es noch mächtige Legenden über die Zulus gab.'[15]

Zuma war während der Apartheid in Widerstands- und Sabotagevorfälle verwickelt worden und wurde von den Sicherheitskräften schikaniert. Er saß auf Robben Island auch Zeit ab, wo er sich eine Gemeinschaftszelle teilte und auf dem Boden mit einer Gruppe von 30 bis 50 anderen Gefangenen schlief. In den ersten zehn Jahren erhielten die schwarzen Häftlinge nur kaltes Wasser zum Waschen und wurden mit hauptsächlich gekochten Mehlspeisen (Mais) gefüttert, weil die Gefängnisleitung entschied, dass die Schwarzen kein Brot brauchten.

Brot wurde jedoch an farbige und indische Gefangene verteilt. Tagsüber arbeiteten die Gefangenen in einem Steinbruch und zermalmten Schiefer für den Bau weiterer Gefängniszellen, aber schließlich durften sie Sportanlagen nutzen, und Jacob Zuma wurde ein begeisterter Fußballspieler für die Rangers-Mannschaft der Insel. Er schloss sich auch einer Chor- und traditionellen Tanzgruppe an. Während seiner Gefangenschaft auf Robben Island lernte Jacob Zuma Lesen und Schreiben auf Englisch, unterrichtet von seinem Zellengenossen, dem Zulu-Lehrer und Kommunisten Harry Gwala.[16] In all den Jahren, in denen er dort war, hatte er nie einen einzigen Besucher; seine Mutter konnte sich den Fahrpreis für einen Besuch nicht leisten.[17]

Nachdem Zuma im Dezember 1973 aus dem Gefängnis entlassen wurde, nahm er seine Anti-Apartheid-Aktivitäten wieder auf und arbeitete weiterhin für die Untergrundbewegung des ANC. Er war verantwortlich für die Aktivitäten des ANC in Swasiland und der Provinz Natal und arbeitete auch in Mosambik. Dort diente er als offizieller stellvertretender Hauptrepräsentant des ANC und dann als Hauptrepräsentant, nachdem 1984 das Nkomati-Abkommen zwischen den Regierungen Mosambiks und Südafrikas unterzeichnet wurde.[18] In Mosambik half er jungen Menschen, die nach dem Aufstand von 1976 in Soweto dorthin gezogen waren,[19] und er arbeitete mit dem Aktivisten Indres Naidoo[20] im Internen Komitee für politischen Wiederaufbau (IPRC) zusammen, das vom ANC mit dem Ziel des Wiederaufbaus von Untergrund-Netzwerken gegründet wurde. Ähnliche IPRCs wurden auch in Lesotho, Swasiland und Botswana eingerichtet. Das IRPC in Lesotho wurde von Chris Hani geleitet.[21] Die Explosionen in städtischen Gebieten Südafrikas in den Jahren 1977 und 1978, obwohl relativ wenige, wurden diesen IPRCs und der Tatsache zugeschrieben, dass es ihnen gelang, Saboteure und Waffen ins Land zu bringen.[22] Im Laufe des Jahres 1978 verbrachte Zuma auch drei Monate in der Sowjetunion, wo er eine Führungs- und Militärausbildung absolvierte.

1986, während er noch hauptsächlich in Mosambik lebte, wurde Zuma zum Kommandanten der Mandla Judson Kuzwayo (MJK) Einheit ernannt - einer Untergrund- Spionageabwehreinheit, die nach dem ANC-Kommandanten Mandla Judson Kuzwayo benannt wurde, der im Jahr zuvor auf Robben Island eine Freiheitsstrafe verbüßt hatte und bei einem Autounfall tragisch ums Leben kam.[23] Die Einheit führte Spionageaktivitäten in Unternehmen wie Altech durch,[24] und sie infiltrierten die Sicherheitspolizei in Durban und konnten über Informanten innerhalb der Sicherheitskräfte auf Informationen zugreifen.

Die MJK-Einheit wurde von Jayendra Naidoo und den Brüdern Mo und Yunus Shaik, Mitgliedern der Shaik-Familie, gegründet, die in Greenwood Park in Durban lebten. Vier der fünf Brüder (Schabir, Yunus,[25] Mo und Shamin) wurden zu Schlüsselpersonen in ANC-Kreisen. Viele ehemalige Exilanten, die später Regierungsmitglieder im 'neuen' Südafrika wurden - darunter der ehemalige Verkehrsminister Mac Maharaj, der ehemalige Wasserminister. und Forstwirtschaft Ronnie Kasrils und Jacob Zuma selbst - erzählen Geschichten darüber, wie die Shaik-Brüder ihnen in den 1980er Jahren halfen, in das Land zurückzukehren, und ihnen finanzielle Unterstützung gaben.[26] Andere Aktivisten stimmten zu: wenn die Dinge hart waren und wir kein Geld oder keinen Platz zum Verstecken hatten, wandten wird uns an die Shaiks.'[27]

Auf Druck der Apartheidregierung auf Mosambik, ANC-Aktivisten auszuweisen, war Jacob Zuma im Januar 1987 gezwungen, Mosambik zu verlassen. Er wechselte in die ANC-Zentrale in Lusaka, Sambia, wo er zum Leiter der Untergrundstrukturen und kurz darauf zum Leiter der Nachrichtenabteilung ernannt wurde.

Im Februar 1990 war der ANC in Südafrika nicht mehr verboten, und im folgenden Monat kehrte Zuma in das Land zurück, wo er zusammen mit Penuell Maduna, Mathews Phosa, Thabo Mbeki und Oliver Tambo (damals Präsident des ANC) arbeitete, um Hindernisse für Verhandlungen zwischen der Regierung und dem ANC zu identifizieren und zu beseitigen. Zuma war auch an den Verhandlungen über die Rückkehr von Vertriebenen und die Freilassung von politischen Gefangenen beteiligt. Auf der ersten ANC-Konferenz in Südafrika seit 1959 wurde er im Juli 1991 zum stellvertretenden Generalsekretär gewählt, und im November desselben Jahres leitete er die Verhandlungskommission[29] des ANC auf dem Konvent für ein demokratisches Südafrika (CODESA).[30] Er hatte inzwischen aufgehört, Mitglied der SACP zu sein. Als Senior Intelligence Officer und Verhandlungsführer war Zuma somit in den letzten Jahren eine wichtige ANC-Figur vor der Aufhebung des Parteiverbotes und in der instabilen Zeit bis zu den ersten demokratischen Wahlen.

Nachdem 1994 Nelson Mandela zum Präsidenten und Thabo Mbeki zu seinem Stellvertreter gewählt wurde, wurde Zuma Minister für Wirtschaft und Tourismus in seiner Heimatprovinz KwaZulu-Natal. Im Dezember 1997 wurde er zum stellvertretenden Präsidenten des ANC gewählt, zwei Jahre bevor er im Juni 1999 zum stellvertretenden Präsidenten Südafrikas wurde.

Nach seiner Rückkehr aus Mosambik nach Südafrika wurde Schabir Shaik zum Finanzberater von Zuma ernannt und soll ihm große Summen an Geld und zinslosen Krediten gewährt haben. Als 1999 Waffen gekauft wurden, war es 'Rückzahlungszeit'.[31] Mit Zumas Hilfe gehörten zwei von Schabirs Unternehmen, Nkobi Holdings und African Defence Systems, zu den Begünstigten von Waffenkäufen im Wert von Milliarden von Rands. Zuma wurden anscheinend R 500.000 pro Jahr zugesagt, um das Unternehmen vor Untersuchungen zu schützen.[32]

Die angesehene Korruptions- und Verbrechensbekämpfungseinheit namens Scorpions untersuchte den Waffenhandel, und sowohl Zuma als auch Shaik wurden wegen Korruption und Betrug angeklagt. Shaik wurde auch wegen Steuerhinterziehung im Zusammenhang mit angeblichen Bestechungen und Zahlungen von ihm und seinen Unternehmen an Zuma angeklagt. Der Staat vertrat die Ansicht, dass Zuma seine Regierungsposition genutzt habe, um sich durch die Vorteile von Shaik zu bereichern, und dass er gegen den 'Verhaltenskodex in Bezug auf finanzielle Interessen' verstoßen habe, an den alle Kabinettsmitglieder gebunden seien.[33] Die Staatsanwaltschaft (NPA – National Prosecuting Authority) beschloss jedoch, Zuma nicht zu verfolgen.

Shaik wurde jedoch vor dem Obersten Gerichtshof von Durban angeklagt und zu 15 Jahren Haft verurteilt. Er begann seine Strafe am 9. November 2006, aber am 3. März 2009, nach etwas mehr als zwei Jahren Dienst und kurz vor den Wahlen, die Zuma an die Macht brachten, wurde Shaik auf Bewährung entlassen. Nur wenige Monate zuvor, im Oktober 2008, hatte das Parlament die Scorpions offiziell aufgelöst und durch die Hawks ersetzt, angeführt von einem Mann nach Jacob Zumas Wahl. Die Hawks setzten die Untersuchung, die die Skorpione zur Bestechung von Zuma-Verbündeten, insbesondere der Shaik-Brüder, durchgeführt hatten, aus.

Diese Vorfälle sorgten damals für große Kontroversen. Es gab Vorwürfe, dass Zuma sich in den Strafprozess eingemischt habe, und dass Schabir Shaik seine Krankheit vorgetäuscht und gegen die Bedingungen seiner Bewährung verstoßen habe. Er wurde mehrmals beim Golfen gesehen und besuchte im Juni 2009 das Thanda Private Game Reserve für drei Nächte.[34]

Es war auch ein Vorgeschmack darauf, was kommen würde. Zuma und seine Unterstützer für ihre Verletzung der Verfassung blieb weitgehend unbehelligt. Bis 2015 wurde der Einfluss der Shaik-Brüder weitgehend durch den von einer weiteren wohlhabenden Familie abgelöst: Die in Indien geborenen Guptas erhielten einen Freibrief in

Wirtschaftsunternehmen und beeinflussten sogar die Kabinettsbesetzung. Im April 2016 ging das Verfassungsgericht gegen sie vor. Als Präsident Zuma zur Rechenschaft gezogen wurde, wiederholte er, dass er Probleme auf afrikanische Weise lösen würde, was zweifellos an die Macht erinnert, die traditionelle Häuptlinge einst hatten.[35]

Jacob Zuma heiratete sechs Frauen: Gertrude Sizakele Khumalo 1973, Kate Mantsho 1976, Nkosazana Dlamini-Zuma 1982, Nompumelelo Ntuli 2008, Thobeka Madiba 2010 und Gloria Bongekile Ngema 2012. In Anlehnung an die Zulu-Tradition bezahlte er für alle seine Frauen Lobola (Brautvermögen). Es wird geschätzt, dass er 22 Kinder gezeugt hat, 14 davon mit seinen Frauen und sieben mit anderen Frauen. Er behauptete, dass dieses Verhalten mit der Zulu-Kultur im Einklang stehe, und viele Menschen unterstützten ihn dabei, aber es gibt auch Kritiker, die über die Kosten für die Steuerzahler seiner großen Familie besorgt sind, und einige, die es aus moralischen Gründen verurteilen.

Präsident Zuma hatte während seiner beiden Präsidentschaftszeiträume Probleme (2009-2013 und 2014- Zeitpunkt der Drucklegung). In seinen Wahlvorträgen machte er Versprechungen zur Lösung der Arbeitslosigkeit und zur Armutsbekämpfung, die bisher nicht eingehalten werden konnten. Im Jahr 2009 betraf die wirtschaftliche Rezession Südafrika, wie auch im Rest der Welt. Präsident Zuma hatte versprochen, bis Ende des Jahres 500.000 neue Arbeitsplätze zu schaffen[36], aber zwischen Juni und September stieg die Zahl der Arbeitslosen um 70.000, und es wird geschätzt, dass im Laufe des Jahres eine Million Arbeitsplätze verloren gingen. Armut und fehlende wirtschaftliche Möglichkeiten erhöhten die Kriminalität, und die aus der Apartheid-Ära übernommenen wirtschaftlichen Probleme verschärften sich.

Im Jahr 2010 war das Schlimmste der Rezession vorbei, aber die gravierenden Probleme blieben bestehen. Die Instandhaltung der Hauptkraftwerke wurde nicht aufrechterhalten, so dass die Anlagen ausfielen und Eskom (der Hauptstromlieferant) nicht mit der Nachfrage Schritt halten konnte. In den nächsten Jahren waren die Südafrikaner langen Perioden des 'Lastenabbaus' ausgesetzt.[37]

Die Menschen wurden aufgefordert, andere Vorkehrungen für die Macht zu treffen, aber viele kleine Unternehmen konnten nicht in alternative Energiequellen investieren und mussten schließen. Langfristig hat die Kernenergiegesellschaft des Landes (Necsa) in Pelindaba, 30 Kilometer westlich von Pretoria eine zwar umstrittene, aber dennoch mögliche Abhilfe geschaffen: sie hat einen Integrierten

Ressourcenplan für Elektrizität (IRP) angekündigt, der darauf abzielt, bis zum Jahr 2030 eine Kernkraftwerksflotte zur kostengünstigen und kohlenstoffarmen Stromversorgung bereitzustellen.

Ebenfalls 2010 wurde Südafrika in die BRIC aufgenommen, eine im Vorjahr gegründete Handelsorganisation[38], die sich aus vier großen Schwellenländern zusammensetzt: Brasilien, Russland, Indien und China. Ihr Ziel ist es, den Handel zwischen ihren Mitgliedern zu fördern und Finanzinstitute zu schaffen, die mit dem vom Westen dominierten Internationalen Währungsfonds (IWF) und der Weltbank konkurrieren. Als Südafrika beitrat, wurde es zu BRICS. Der Globalökonom Jim O'Neill äußerte die Sorge, dass Südafrika mit einer Bevölkerung von weniger als 50 Millionen Menschen einfach zu klein sei, um sich der BRIC anzuschließen.[39]

In den Folgejahren gab es nicht viel wirtschaftliche Integration, da die Mitgliedsländer sehr unterschiedliche politische Systeme und anfällige Währungen haben; beim BIP (Bruttoinlandsprodukt) trägt China am meisten (41%) bei und hat daher das größte politische Mitspracherecht.[40] Dennoch sind die meisten Ökonomen generell optimistisch, dass die Mitgliedschaft bei BRICS gut für Südafrika sein wird und dass dies zu erhöhten Geschäfts- und Handelsmöglichkeiten führen wird.

Trotz dieser hoffnungsvollen internationalen Entwicklung war es bis April 2016 klar, dass die Regierungspartei in Südafrika die Unterstützung verlor, und es gab von allen Seiten zunehmende Kritik an Präsident Jacob Zuma, auch innerhalb des ANC selbst.[41] Zuma hatte auch Kritik von Frauenorganisationen geweckt, die einige seiner Äußerungen über Frauen als beleidigend empfanden und zur Ungleichheit der Geschlechter beitrugen. Bei der Feier der Wahlergebnisse der lokalen Regierung in Pretoria im August 2016 schwieg Zuma, während seine Leibwächter vier junge Frauen gewaltsam entfernten, die vor dem Podium stillschweigend gegen die Vergewaltigungskultur in Südafrika protestierten.[42]

Dennoch haben sich in den letzten 60 Jahren erhebliche Veränderungen vollzogen, auch in Bezug auf die Rolle der Frauen in der Politik. Auf den Fotos des Kabinetts von 1953 bzw. 2014 zeigt das frühere Foto nur weißen Männer, während 2014 alle Mitglieder schwarz und drei Frauen waren. Ein Jahr später gab es deutlich mehr Frauen in diesen wichtigen Positionen. Am Frauentag, dem 9. August 2015, sagte Präsident Zuma, dass die Frauenvertretung in der Nationalversammlung vor 1994 nur 2,7% betragen habe; danach waren es 41%, und sowohl der Sprecher im Parlament als auch die Vorsitzende des Nationalrates waren Frauen.[43] Trotz dieser Anerkennung der Rolle der Frauen sind geschlechtsspezifische Fragen im Privatleben von Zuma problematisch.

Kurz vor der Veröffentlichung dieses Buches ereilte die Zuma-Präsidentschaft eine weitere Krise, als Präsident Zuma eine große Kabinettsumbildung ankündigte, zu der auch die Ablösung des angesehenen Finanzministers Pravin Gordhan und seines Stellvertreters Mcebisi Jonas gehörte. Die daraus resultierenden politischen Turbulenzen führten zu einer raschen Schwächung des Rand.[44] Trotz zunehmenden öffentlichen Drucks und manchmal auch Spott scheint Jacob Zuma diese und andere Herausforderungen zu bewältigen, und zum Zeitpunkt des Schreibens hat er noch immer genügend ANC-Mitglieder hinter sich, um ihn zu unterstützen.

Seit Dezember 2017 ist Cyril Ramaphosa Vorsitzender des ANC. Am 13. Februar 2018 forderte das Exekutivkomitee des ANC unter Führung von Ramaphosa ultimativ den Rücktritt des Präsidenten Jacob Zuma, dem Korruption vorgeworfen wurde. Einen Tag später trat Zuma mit sofortiger Wirkung zurück. Mit diesem Rücktritt wurde Ramaphosa amtierender Präsident. Die Wahlen in Südafrika fanden am 8. Mai 2019 statt. Dabei konnte der seit 1994 regierende ANC seine absolute Mehrheit trotz Verlusten behaupten, so dass er weiter alleinregieren kann. Cyril Ramaphosa wurde am 22. Mai 2019 von der Nationalversammlung erneut ohne Gegenkandidat zum Südafrikanischen Präsidenten gewählt. [Ergänzung durch den Verlag].

Kräfte in der Opposition

Die Demokratische Allianz (DA)

Seit Juni 2000 ist die Demokratische Allianz (DA) die offizielle Oppositionspartei des ANC, die im Westkap eine große Fangemeinde hat. Sie geht auf die Progressive Partei aus dem Jahre 1959,[45] zurück, mit vielen Fusionen und Namensänderungen dazwischen. Die DA wurde am 24. Juni 2000 von Tony Leon gegründet. Leon hatte damals fast 20 Jahre im Parlament gedient, aber er war trat erstmals 1999 als Mitglied der Progressiven Partei ein, als Helen Suzman[46] zurücktrat ging und er ihren Sitz übernahm. 'Sie war mein Idol', sagte er.[47]

Von 1990 bis 1994 leitete Leon die Bill of Rights-Kommission der Demokratischen Partei, war Berater von CODESA und nahm an den Mehrparteienverhandlungen teil, die 1994 zum Ende der Apartheid und zur Errichtung einer nichtrassischen Demokratie führten. Leon trat 2007 als Parteichef zurück, gefolgt von Helen Zille, die bis 2015 sowohl Bürgermeisterin von Kapstadt als auch Parteichefin war. Bevor sie in die Politik eintrat, war Helle Zille Journalistin und Anti-Apartheidaktivistin. Sie arbeitete mit der Black Sash und machte auf die schrecklichen Umstände aufmerksam, die den Tod des Black Consciousness Führers Steve Biko 1977 verursacht hatten.

Im Jahr 2010 fusionierte die DA mit einer kleineren Partei, den Independent Democrats (ID), die 2003 von Patricia de Lille gegründet wurde - der ersten südafrikanischen politischen Partei, die von einer Frau gegründet wurde. Als De Lille am Ende ihrer Schulzeit ihre Matura schrieb, musste sie ein Ausweisbuch erstellen, was für weiße Kinder nicht erforderlich war. Ihre Rasse wurde als 'gemischt' beschrieben, was sie wütend machte, da sie das Gefühl hatte, dass niemand das Recht hatte, andere Menschen auf diese Weise zu markieren. Sie war stolz auf die Worte von PAC-Leiter Robert Sobukwe, der sagte, er glaube, dass es nur eine Rasse gibt, und das ist die menschliche Rasse. Sobukwes Glaube, dass ein Afrikaner jeder war, der Afrika die Treue hielt, unabhängig von seiner Hautfarbe, fand bei De Lille Anklang. Sie sagte: 'Es gab mir eine Identität und ein Zuhause.'[48]

Im Jahr 2009 stellte Patricia de Lille den umstrittenen Waffenhandel in Frage, der Jacob Zuma und andere politische und wirtschaftliche Persönlichkeiten betraf, bevor Zuma Präsident werden sollte. Sie forderte eine umfassende gerichtliche Untersuchung der angeblichen Korruption beim Kauf von Waffen im Wert von 30 Milliarden Rand durch Südafrika und wurde daraufhin beschuldigt, unpatriotisch und beschämend für das Land zu sein. Die Anklage wurde fallen gelassen, wie sie es vorhergesagt hatte. Patricia de Lille trat 2011 als Bürgermeisterin von Kapstadt die Nachfolge von Helen Zille an. Im Mai 2015 wurde Mmusi Maimane neuer Leiter der DA, ein klarer Versuch, die Wahrnehmung der DA als 'weiße' politische Partei zu verändern.[49]

Julius Malema und die Economic Freedom Fighters (EFF)

Die Regierung von Jacob Zuma sieht sich auch der Opposition eines ehemaligen Präsidenten der ANC-Jugendliga, Julius Malema, gegenüber. Im Juli 2013 gründete Julius Malema mit den Economic Freedom Fighters (EFF) die bisher aggressivste Oppositionsbewegung. Gemäß ihrem Manifest positioniert sich die EFF als eine revolutionäre Partei, die sich aus der breiten marxistisch-leninistischen Tradition inspirieren lässt. Sie kritisiert sowohl den ANC als auch die DA wegen ihrer angeblich prokapitalistischen Haltung, von der sie behauptet, dass sie das schwarze Volk Südafrikas an den Kapitalismus als billige Arbeitskraft verkauft haben. Sie ist derzeit die drittgrößte Partei im Parlament. Die Mitglieder der EFF tragen markante rote Overalls und Baskenmützen, um sich mit den Arbeiterklassen zu identifizieren. Zu ihren Forderungen gehören die Landumverteilung, die Verstaatlichung der Minen, ein Ende der Sparmaßnahmen und besseren Gehälter.

Am 2. Februar 2015 ereignete sich einer der dramatischsten Vorfälle in der Geschichte des Parlaments. Während Präsident Zuma seinen Bericht zur Lage der Nation vortrug, begannen die Mitglieder des EFF Anträge zur Geschäftsordnung im Zusammenhang mit der riesigen Menge an Steuergeldern (246 Millionen Rand) zustellen, die zur Renovierung von Zumas Landfarm Nkandla im KwaZulu-Natal ausgegeben worden waren. Die Demonstranten hielten Plakate hoch, auf denen stand: 'Pay Back the Money'. Der Protest wurde heftig und die Agitatoren wurden von Sicherheitskräften in Zivil gewaltsam entfernt. Einige DA-Mitglieder gingen auch aus Protest.

Am Freitag, den 1. April 2016, wurde Präsident Zuma schließlich zur Rechenschaft gezogen. Eine ganze Reihe von 11 Richtern des Verfassungsgerichtshofs entschied, dass die von der Öffentlichen Protektorin Thuli Madonsela empfohlenen Abhilfemaßnahmen verbindlich sind und dass Präsident Zuma verpflichtet sei, die Gelder zurückzuzahlen, die für nicht die Sicherheit betreffende Bereiche seines Gehöfts Nkandla ausgegeben wurden. Es gab Forderungen nach einem Rücktritt von Präsident Zuma, aber er blieb standhaft. Im September 2016 wurde bekannt gegeben, dass eine Bank Präsident Zuma einen Betrag von R 7,9 Millionen Euro zur Rückzahlung des Geldes gegeben habe, aber die Kontroverse ging weiter, wobei Zuma im Parlament weiterhin Missbrauchsvorwürfe von EFF-Mitgliedern erhielt.

Die Öffentliche Protektorin Thuli Madonsela

Thulisile (Thuli) Madonsela ist eine Anwältin und Menschenrechtsanwältin. Im Oktober 2009 wurde sie von Jacob Zuma zur Öffentlichen Protektorin für eine nicht verlängerbare siebenjährige Amtszeit ernannt.

Während der Apartheidjahre arbeitete Madonsela für den ANC und die UDF und war eine der technischen Berater, die 1994-1995 die neue Verfassung für Südafrika entwarfen. Während ihrer Amtszeit als Öffentliche Protektorin (2009 bis 2016) hatte sie keine Angst, Beschwerden über Staatsausgaben zu untersuchen, insbesondere im Zusammenhang mit dem privaten Gehöft von Präsident Zuma in

Nkandla. Thuli Madonsela erinnerte auch regelmäßig daran, was auf dem Spiel steht, wenn die Rechtsstaatlichkeit nach dem Vorbild der Machthaber manipuliert werden soll, und sie forderte Transparenz und Rechenschaftspflicht in allen staatlichen Angelegenheiten. Nach Ablauf ihrer siebenjährigen Amtszeit im Oktober 2016 wurde Madonsela durch die Rechtsanwältin Busisiwe Mkhwebane abgelöst.

Die Gewerkschaften

In den Kampfjahren waren die Gewerkschaften eine große Unterstützung für die Aktivitäten des ANC und anderer Befreiungsbewegungen. Wie anderswo in Afrika werden die Gewerkschaften jedoch nach der Erlangung der Unabhängigkeit oft an den Rand gedrängt, weil sie in der Lage sind, eine Massenunterstützung zu erhalten, die die Regierungen als Bedrohung ansehen. Die Gewerkschaften müssen sich dann entweder der herrschende Elite unterwerfen, oder sich von ihr trennen. Südafrikas größte Gewerkschaftsföderation, COSATU, steht vor diesem Dilemma.

Als politische Organisationen Anfang 1990 aufgelöst wurden, hatten sich ANC, SACP und COSATU darauf geeinigt, als Revolutionäre Allianz (Dreierallianz) zusammenzuarbeiten, wobei sich jedes Mitglied den Zielen der Demokratie und dem Wunsch verschrieben hatte, einen möglichst großen Querschnitt der Südafrikaner hinter diesen Zielen zu vereinen.[50] In den 1980er und 1990er Jahren hatten die drei Mitglieder der Allianz vieles gemeinsam. Alle drei waren gleichermaßen bestrebt, die Herrschaft der weißen Minderheit zu beenden. Alle drei wurden von Revolutionären geführt - Menschen, die bereit waren, ihr Leben für die Freiheit aller Südafrikaner zu opfern. Alle drei hatte Mitglieder im Gefängnis.[51]

Seitdem haben sich die Umstände geändert. Südafrika hat jetzt eine Mehrheitsregierung und eine Verfassung, die den Rassismus beendet hat, aber die Probleme bleiben. Einige Menschen haben persönliches Vermögen und Sicherheit erreicht, aber Millionen nicht, und die Armut hält an.[52] Die drei Teile des Bündnisses haben begonnen, sich in verschiedene Richtungen zu entwickeln: Der ANC ist eine geteilte Partei, und sowohl die SACP als auch COSATU sind voller Widersprüche, die zum Teil auf ihr Engagement bei dem dreiseitigen Bündnis und die Tatsache, dass sie nicht frei arbeiten können, zurückzuführen sind.

COSATU hat etwa zwei Millionen Mitglieder, ist aber aufgrund der Zugehörigkeit zur Dreierallianz in Bezug auf Löhne und Arbeitsbedingungen eingeschränkt. Einige der größten Gewerkschaften von

COSATU - die National Education, Health and Allied Workers' Union (NEHAWU) und die South African Democratic Teachers' Union (SADTU) zum Beispiel - sind im öffentlichen Sektor.[53] Tausende dieser Mitglieder arbeiten in verfallenen Klassenzimmern oder Kliniken ohne saubere Toiletten, aber ihre Chefs sind Minister der ANC-Regierung. An vielen dieser Stellen gab es nur geringe Verbesserungen.[54]

Am 28. Juni 2013 fand in Pretoria ein Gipfeltreffen der Dreierallianz statt. Die wichtigsten Themen, die zur Diskussion standen, waren organisatorische Schwächen, die durch Fraktionalismus, Korruption und Selbstbereicherung der Mitglieder sowie Selbstzufriedenheit in der Regierung verursacht wurden. COSATU-Präsident Sdumo Dlamini sagte, COSATU sei die erste Organisation, die von vornherein zugab, dass sie mit Herausforderungen konfrontiert sei; er sagte, er glaube an das Bündnis und würde eine 'konstruktive Kritik' begrüßen.[55] Andere sind der Meinung, dass das Land besser bedient werden würde, wenn die verschiedenen Organisationen ihrer eigenen Agenda folgen würden, anstatt sich gegenseitig abzuschirmen.[56]

COSATU bleibt auf dieser Grundlage gespalten: Einige Mitglieder sind immer noch bereit, sich dem ANC anzuschließen, während andere stärkere Zugeständnisse von der Regierung gefordert haben und sie verließen, wenn das nicht gelingt. Diese Art des Kampfes verbraucht die Energien beider Seiten, und die realwirtschaftlichen Fragen, mit denen sie sich auseinandersetzen sollten, werden vernachlässigt.[57] Regelmäßige Streiks wirken sich auf die Wirtschaft aus, und die Probleme, die hinter den Streiks stehen, werden selten zufriedenstellend gelöst - dies hat dazu geführt, dass Südafrika weltweit eines der Länder mit der höchste Anzahl von Arbeitstagen ist, die durch Arbeitskampfmaßnahmen verloren gehen, und unsere Streiks gehören zu den gewalttätigsten.

Am 6. August 2013 räumte der Präsident der Minenkammer Mike Teke ein, dass die Zahl der Streiks zunimmt und dass sich auch die Dauer der Streiks verlängert, was zu größeren Auswirkungen auf Unternehmen und Arbeiter führt.[58] Streiks sind oft auch nicht nur ein Ventil für die Frustration der Arbeiter, sondern auch für die Frustration der Bürger über anhaltend schlechte Serviceleistungen und schwierige Lebensbedingungen.[59]

Marikana

Der bei weitem schlimmste Vorfall mit Gewerkschaftsaktivitäten in der Zeit nach 1994 fand im August 2012 in einer Platinmine statt, die Lonmin im Gebiet Marikana bei Rustenburg im Nordwesten gehört. Die anstehenden Probleme waren eine wachsende Einkommensungleichheit zwischen Management und Arbeitnehmern, Unzufriedenheit mit schlechten Lebens- und Arbeitsbedingungen für die Arbeitnehmer, und das Arbeitsmarktsystem der Wanderarbeiter im Allgemeinen. Die Betreiber von Gesteinsbohrmaschinen standen im Zentrum der Proteste.

In Südafrika scheint es eine unglückliche Auffassung zu geben, dass mit Streiks, die nicht von Gewalt begleitet werden, nichts erreicht wird. Das Drama in Marikana begann als wilder Streik,[60] entwickelte sich jedoch zu einer Reihe von gewalttätigen Zwischenfällen zwischen der südafrikanischen Polizei, dem Lonmin-Sicherheitsdienst und der Führung der National Union of Mineworkers (NUM) auf der einen Seite und den Streikenden auf der anderen.

Die streikenden Bergleute glaubten, dass die NUM sich auf die Seite des Lonmin-Managements stellte und in ihrem Verhandlungsansatz überholt war. Es gab auch eine wachsende gewerkschaftliche Rivalität zwischen der NUM und der Association of Mineworkers and Construction Union (AMCU). Die Gewalt in Marikana dauerte mehrere Tage und führte zum Tod von 44 Menschen, von denen 39 streikende Bergleute waren. Ein nicht streikender Arbeiter sowie zwei Lonmin-Sicherheitskräfte und zwei Polizisten wurden ebenfalls getötet, und mindestens 78 Menschen wurden verletzt.

Marikana war das schlimmste Massaker der südafrikanischen Polizei seit Sharpeville vor etwa 50 Jahren.[61] Es waren etwa 718 Polizisten am Tatort und etwa 3.000 streikende Bergleute; die Polizei verteidigte ihre Aktionen, indem sie sagte, die Bergleute seien zu einem gefährlich wütenden Mob geworden, und hätten um ihr Leben gefürchtet. Jedoch wurden einigen der streikenden Bergleute in den Rücken geschossen, als sie versuchten, wegzulaufen. Präsident Zuma verteidigte zunächst ebenfalls die Polizeiaktion, als er sagte, dass die streikenden Bergleute zu Killern geworden seien[62] und dass harte Maßnahmen ergriffen werden müssten. Seine Worte erinnerten an das, was Jan Smuts 1922 über die weißen streikenden Bergleute gesagt hatte: Smuts begründete bei dieser Gelegenheit das Vorgehen der Polizei mit der Aussage, dass sie (die Streikenden) Wahnsinn im Blut hätten.[63]

Das Massaker von Marikana führte in ganz Südafrika zu einer weiteren Welle von wilden Minenstreiks, insbesondere im Gold- und Kohlebereich, und erregte weltweite Aufmerksamkeit. Die Gesamtverluste für die Bergbauindustrie beliefen sich auf rund 15,3 Mrd. Rand, und rund 7 Mrd. Rand gingen bei den Löhnen der Arbeitnehmer verloren, verglichen mit den 1 Mrd. Rand im Jahr 2011.[64]

Nach einem langen Prozess wurde entschieden, dass die Polizei die meiste Schuld tragen musste, weil sie gehandelt hatte, bevor die streikenden Bergleute die Möglichkeit hatten, ihre Waffen wegzuwerfen, aber es wurde auch beschlossen, dass keiner der Polizisten des Mordes angeklagt werden konnte: ihre Kugeln zerfielen beim Eintritt in den Körper der Opfer, so dass es unmöglich war festzustellen, wer sie abgefeuert hatte.[65] Die Familien der Getöteten und Verletzten wurden von den Ergebnissen frustriert zurückgelassen, und es war zu erwarten, dass es mehrere Jahre dauern würde, bis einzelne Fälle angehört und Entschädigung gezahlt würden.

NUM hat durch Marikana stark verloren. Als größte Gewerkschaft des Landes hatte sie bis Juni 2016 40% ihrer Mitglieder verloren, von denen viele der rivalisierenden Gewerkschaft AMCU beigetreten sind.[66] Im Juni 2016 wurde berichtet, dass COSATU ähnlich rückläufig war, da weniger als 30 Prozent der südafrikanischen Arbeiter gewerkschaftlich organisiert waren.[67] Dies bedeutet eine Katastrophe für die Arbeiterklasse, denn abgesehen von den Vorteilen der Zugehörigkeit zu Gewerkschaften für einzelne Arbeiter sollten die Gewerkschaften eine gemeinsame Kampagne gegen unfaire Arbeitspraktiken ausrichten.

Es besteht die echte Sorge, dass die einfachen Menschen nicht genug von der neuen Demokratie profitiert haben. Im Juni 2015 sagte der stellvertretende Minister für öffentliche Arbeiten und SACP-Generalsekretär Jeremy Cronin, dass die Hauptbegünstigten der hart erarbeiteten Demokratie Südafrikas nicht die Arbeiter seien, sondern die Kapitalisten. In den 1970er und 1980er Jahren, sagte er, seien wegen der Apartheid die Kapitalisten nachteilig von Sanktionen gegen Südafrika betroffen gewesen, aber da das jetzt vorbei sei, blühe das Monopolkapital auf. Er drängt Eigentümer und Regierung, die Bedingungen für die Arbeiter zu verbessern, insbesondere für Wanderarbeiter. 'Das ist nicht nur ein demokratisches Recht', sagte er, sondern es steht auch in direktem Zusammenhang mit dem Wiederaufbau der Arbeitereinigkeit und einer wirksamen Gewerkschaftsorganisation.'[68] Im vorigen Jahr, am 6. August 2014, sagte der Präsident der Bergbaukammer Mike Teke, dass die Bergbauunternehmen 'viele' Initiativen unternähmen und Hunderte von Millionen Rand investierten, um das Wohlergehen ihrer Arbeiter sicherzustellen, aber dass die Herausforderungen für eine Firma zu groß seien, um das alleine zu bewerkstelligen.[69]

Eines der größten Hindernisse für die Gewerkschaftsbildung ist die zunehmende Ausgrenzung der Arbeitskräfte. Die Zahl der informellen Arbeitnehmer wächst und ist schwer zu schützen. Im Jahr 2015 wurden schätzungsweise über 5 Millionen Menschen im Rahmen befristeter oder nicht spezifizierter Verträge beschäftigt. Hausangestellte und Landarbeiter gehörten zu den am stärksten gefährdeten und schwer zu organisierenden Personen.

Die Hoffnung schien in Sichtweite zu sein, als am 30. April 2016 ein Arbeitnehmergipfel mit 1.406 Vertretern von 51 Gewerkschaften stattfand, um eine Art Gewerkschaftsverband zu bilden, der sich mit diesen und anderen Fragen der Arbeitspraktiken befasste. Der Generalsekretär der NUM Irvin Jim sagte, es sei an der Zeit zu handeln: die neue Föderation müsse mehr tun, als nur gute Artikel zu schreiben und gute Reden zu halten; Gewerkschaftsfunktionäre müssten ihre Büros verlassen und sehen, was auf den Straßen passiert; und Gewerkschaften müssten sicherstellen, dass sie nicht das Sprachrohr der Regierung seien. Die Hauptaufgabe der Gewerkschaften sei es, die Arbeiterklasse zu schützen.[70]

KAPITEL 15

Perspektiven und Herausforderungen

Der Reifeprozess des ANC

Der ANC ist seit 1994 die regierende Partei in Südafrika und ist eine der ältesten Befreiungsbewegungen der Welt. Er begann 1912 als SANNC, einer kleinen elitären Organisation[1] mit bescheidenen Forderungen, wurde aber aggressiver, als diese Forderungen ignoriert wurden. Nachdem er fast ein Jahrhundert lang Schikanen, Verbote und Exil, Blutvergießen und Leiden überlebt hatte, feierte der ANC 2012 sein 100-jähriges Bestehen.

Als erster Präsident des 'neuen' Südafrika nach 1994 hatte Nelson Mandela eine versöhnende Rolle gespielt und das Land durch einen schwierigen Machtwechsel geführt. Sein Nachfolger, Thabo Mbeki, hatte ebenfalls staatsmännische Qualitäten und führte einige erfolgreiche außenpolitische Schritte durch, aber er war nie so beliebt wie Mandela. Mbekis Nachfolger Jacob Zuma war es auch nicht - obwohl er immer eine große Fangemeinde hatte, vor allem eine Zulu-Fangemeinde. Unter allen drei Präsidenten hat die ANC-Regierung dazu tendiert, die Ideologie über praktische Entscheidungen und Effizienz zu stellen. Ihre Jahre im Gefängnis oder im Exil ließen alle drei Männer dazu neigen, die Reihen zu schließen und ehemalige 'Kameraden' aus dem Kampf zu bevorzugen, anstatt Menschen, die für wichtige Aufgaben am besten geeignet sind. Als 1967 Südafrika von der NP-Apartheid-Regierung regiert wurde, sagte der Historiker Leo Marquard, dass der grundlegende Fehler einer nationalen Partei darin besteht, die Partei mit dem Staat zu verwechseln.[2] Seine Worte gelten auch heute noch für die ANC-Regierung.

Ein Gefühl des Anspruchs und der extravaganten Ausgaben unter einigen ANC-Führern ist immer noch weit verbreitet. Thabo Mbeki wandte sich an Studenten des Thabo Mbeki African Leadership Institute in Pretoria und sagte, dass das Problem der Selbstbereicherung im ANC bereits auf der Parteikonferenz 1997 in Mafikeng von Ex-Präsident

Nelson Mandela angesprochen worden sei, der sich 'der Beseitigung des Problems verschrieben' habe.[3]

Gerichtsverfahren gegen hohe Beamte, die der Korruption beschuldigt werden, dürften sich in der Regel auch auf Kosten der Steuerzahler hinziehen, und die Leute werden nicht zur Rechenschaft gezogen. Auch die Regeln des Völkerrechts werden nicht eingehalten: Im Juni 2015 kam der sudanesische Präsident Omar al-Bashir nach Südafrika, um an einer AU-Konferenz in Sandton teilzunehmen. Präsident al-Bashir wurde vom Internationalen Strafgerichtshof wegen der Anklage des Völkermords (die Todesfälle von etwa 300.000 Schwarzafrikanern) und Verbrechen gegen die Menschlichkeit gesucht. Er hätte in Südafrika verhaftet werden sollen, aber er durfte gehen.

Auch das Militär war keine ganz erfolgreiche Geschichte. Der South African National Defence Force (SANDF) wurde Korruption vorgeworfen, vor allem als Folge des umstrittenen Waffenhandels. Bis 2014 wurde die SANDF in der jährlichen Überprüfung des Verteidigungsministeriums als 'in einem kritischen Zustand des Niedergangs' beschrieben.[4] Im Dezember 2016 wurden neue Programme angekündigt, die die Situation verbessern sollen: Stellenabbau und Kürzungen sollen die aufgeblähte Lohnkosten senken[5], und der Schwerpunkt liegt auf der Erhaltung junger und aktiverer Mitarbeiter. Außerdem wurde ein System zur Entwicklung militärischer Fähigkeiten (MSDS) eingeführt: während dieses zweijährigen Freiwilligendienstes absolvieren die Mitglieder sowohl eine grundlegende als auch eine spezifische funktionale Ausbildung, mit dem langfristigen Ziel, die Einsatzfähigkeit der SADF zu verbessern.

Auch andere Haushaltskürzungen im öffentlichen Dienst wurden kürzlich angekündigt,[6] aber es bleibt abzuwarten, ob dies ausreicht, um das Land aus seinen wirtschaftlichen Schwierigkeiten herauszuführen. Die Kritik am ANC wegen seines Missmanagements wird weiterhin geäußert. Unter Zuma ist der ANC noch nicht von einer Befreiungsbewegung zu einer erfolgreich funktionierenden Regierung übergegangen.

Dennoch ist der ANC für viele Menschen Südafrika. Er ist die Partei, die Südafrika aus einer Zeit der Finsternis befreit hat und daher die einzige Partei, welche die Nation führen kann. Diese Haltung ist nicht anders als die der Afrikanische Nationalisten in den 1930er und 1940er Jahren: Sie sahen sich selbst als 'ein auserwähltes Volk'[7], das eine ausschließlich nationalistische Partei unterstützte, die von Gott bestimmt wurde. Obwohl der ANC behauptet, nicht religiös zu sein, behauptet interessanterweise Zuma, dass der ANC bis zur 'Wiederkunft Christi' regieren werde.[8]

Bis vor kurzem schien es, als könne nichts den Einfluss des ANC auf Südafrika erschüttern. Die DA, EFF[9] und andere ziemlich junge Parteien hatten nicht die Geschichte oder das Gewicht, um eine echte Herausforderung zu meistern, und die SACP und COSATU waren bestenfalls Bündnispartner. Im Jahr 2016 fanden jedoch drei bedeutende Ereignisse statt, die in Zukunft starke Auswirkungen haben könnten.

Am 30. April 2016 startete die EFF im Orlando-Stadion in Soweto ihr Wahlmanifest für die lokale Regierung. Das Stadion mit einer Kapazität von 40.000 Plätzen war mit Tausenden von Jugendlichen gefüllt, die es satt hatten, über den Befreiungskampf informiert zu werden, und verzweifelt nach Veränderung suchten. Es schien, als würde Südafrika in eine neue Ära eintreten, in der keine einzige Partei die Vorherrschaft beanspruchen konnte. Für viele der Jugendlichen in diesem Stadion, von denen ein großer Teil arbeitslos ist, schien die moderne Sozialismuspolitik von Julius Malema, obwohl sie extrem ist, ein besseres Leben zu bieten. Ein 26-jähriger Absolvent einer Fachhochschule fasste es zusammen, als er von seinem Kampf um einen Job sprach. Er sagte, dass er immer noch von seiner Mutter unterstützt werde, die Hausangestellte sei, weil er nicht gut mit den herrschenden Kräften verbunden sei. Seine Geschichte ist typisch für Tausende weiterer junger Menschen wie ihn[10]: Im Juni 2016 war jeder vierte Südafrikaner arbeitslos, und die Hälfte aller jungen Südafrikaner war ohne Arbeit.

Der zweite Vorfall waren die Kommunalwahlen im August 2016, als sich die lang anhaltenden Frustrationen über die Regierungspartei zuspitzten. Es wurde deutlich, dass der ANC an Unterstützung verloren hatte, weil er nicht in der Lage war, mit alltäglichen Problemen umzugehen, insbesondere mit Dienstleistungen, Gesundheit, Bildung, Arbeitsbedingungen, Lohnunterschieden, Arbeitslosigkeit und vielem mehr. In Ergebnissen, die das Land schockierten, verlor der ANC von Präsident Zuma drei wichtige städtische Zentren sowie drei wichtige Zentren seiner ländlichen Heimat Nkandla an andere Parteien. Es war klar, dass die Oppositionsparteien, insbesondere die DA und die EFF, deutlich an Unterstützung gewonnen hatten. Kapstadts Bürgermeisterin Patricia de Lille und ihr DA-Team verbuchten mit mehr als 66% der Stimmen den größten Sieg aller Parteien in einer Stadt. Es war auch das erste Mal, dass die DA den ANC mit einer Zweidrittelmehrheit besiegt hatte. Das Schockergebnis des Sturzes von Nkandla an die IFP in KwaZulu-Natal war ein Beweis dafür, dass ihr Führer, Mangosuthu

Buthelezi, immer noch sehr präsent war. Der ANC hielt immer noch die Mehrheit, aber er war eindeutig nicht mehr so stark wie zuvor. Es ist besorgniserregend, dass fast 3,3 Millionen Menschen nicht abgestimmt haben, und dass wichtige Parteien um das Erbe von Nelson Mandela stritten und hauptsächlich mit Rasseargumenten kämpften.

Die Spannungen im Land wuchsen, nicht nur wegen Arbeitslosigkeit, Stromausfällen und anderen oben genannten Problemen, sondern auch wegen des Widerstands zwischen dem ANC und anderen politischen Parteien und der Spannungen innerhalb des ANC selbst. Dies führte zum dritten Vorfall - einer außergewöhnlichen Situation am 5. September 2016, als ANC-Mitglieder, die gegen Präsident Zuma und sein NEC (National Executive Committee) waren, versuchten, das Luthuli House zu stürmen, das ANC-Hauptquartier in der Sauer Street in Johannesburg. Viele dieser Demonstranten waren 'freigeborene[11] ANC-Mitglieder'[12], die sagten, sie seien der staatlichen Plünderungen, der Korruption und des Führungsstils von Präsident Zuma müde, der von einem Skandal zum nächsten taumelte. Sie wollten, dass Präsident Zuma zurücktritt. Sie stießen auf heftigen Widerstand von hartnäckigen ehemaligen MK-Veteranen, Frauen, die dem ANC treu ergeben waren und Mitgliedern der ANC-Jugendliga. ANCYL-Präsident Collen Maine warf den Demonstranten vor, niemals Mitglied in irgendeiner der Strukturen des ANC gewesen und daher nicht glaubwürdig zu sein. Das Chaos dauerte vier Stunden, mit stark präsenter Polizei, aber es wurde wenig erreicht.

Frederik van Zyl Slabbert, der in den späten 1980er Jahren eine einflussreiche Rolle bei den Verhandlungen mit dem ANC gespielt hatte, bemerkte 1992, dass er nie daran gezweifelt habe, dass die Demokratie schließlich nach Südafrika kommen würde. Weitaus beunruhigender für ihn seien die Erwartungen, die die Menschen daran hätten, was eine Demokratie leisten könnte - das sei für ihn die reale Belastung der Demokratie.[13]

Viele Fragen bleiben offen. Werden die Wahlergebnisse 2019 eine sinnvolle Machtverlagerung ankündigen? Wird Südafrika eine effiziente sozioökonomische Entwicklung auf Gemeindeebene erreichen, damit Unternehmen und Einzelpersonen in die Lage versetzt werden, einen echten Unterschied in der Gesamtwirtschaft Südafrikas zu bewirken? Und wird es eine bessere Bereitstellung von Dienstleistungen geben, um die Grundbedürfnisse der Südafrikaner auf breiter Front zu decken?

Bergbau

Die Bergbauindustrie stand weltweit in den letzten Jahren vor Herausforderungen, als sie von der hohen Volatilität der Rohstoffpreise und der unsicheren Nachfrage betroffen war.[14] Große Projekte versanken, als die Metallpreise zusammenbrachen, und Analysten von Investec schätzen, dass Milliarden von Dollar verloren gingen.[15] Südafrika war unweigerlich betroffen, und die einst so profitable lokale Bergbauindustrie sah sich in den drei Jahren von 2013 bis 2016 besonders schlechten Zeiten gegenüber.

Neben den unbeständigen globalen Problemen hatten die südafrikanischen Minen auch Probleme mit der Stromversorgung und steigenden Stromkosten sowie Arbeitskampfmaßnahmen. Dies führte dazu, dass einige Minen nicht mehr rentabel waren, und es wurde nur sehr wenig nach neuen Lagerstätten gesucht. Auf der jährlichen Mining Indaba im Februar 2017 in Kapstadt gaben die führenden Köpfe der Bergbauindustrie jedoch zu bedenken, dass sich der Goldpreis erholt habe und Kostensenkungen wirksam würden; es gab auch ein Wiederaufleben der Exploration, um der Tatsache entgegenzuwirken, dass die Lebensdauer der Vermögenswerte der aktuellen Minen kürzer würde.[16]

Langfristig ist zu erwarten, dass mit zunehmender Technologie die Möglichkeit des Bergbaus in immer größeren Tiefen geschaffen wird. Im August 2015 berichtete AngloGold Ashanti, dass 48 Löcher bis zu 5 Kilometer tief in die Erde gebohrt wurden und dass Proben bestätigten, dass es so weit unten Goldlagerstätten gab. Obwohl diese Nachricht ermutigend ist, hat Spitzentechnologie Auswirkungen auf die Beschäftigungsfähigkeit, da menschliche Arbeitskräfte zunehmend durch Mechanisierung ersetzt werden.[17]

Auch der Minister für Handel und Industrie Dr. Rob Davies warnte in der Mining Indaba in Kapstadt vor einem Überangebot an einem Rohstoff wie Stahl durch die großen Produzenten auf der ganzen Welt. Dies sei ein Beispiel für die negativen Auswirkungen der Globalisierung. Er glaubte, dass dies durch eine Revitalisierung der Fertigung und eine beschleunigte Marktintegration in Afrika aufgefangen werden könnte. Es bedürfe einer stärkeren Zusammenarbeit zwischen Bergbau und verarbeitendem Gewerbe, wodurch auch Arbeitsplätze geschaffen und die Ungleichheiten (Lohnverteilung) geschlossen würde.[18] Doch der ebenfalls an der Konferenz teilnehmende ehemalige Präsident Thabo Mbeki war skeptisch. Er kommentierte, dass 2009 in Erwartung einer Zusammenarbeit zwischen dem privaten und dem öffentlichen Sektor von allen 54 afrikanischen Ländern bei der AU eine African Mining Vision (AMV) verabschiedet worden sei. Er war nicht überzeugt, dass dies realisiert würde.[19]

Die Bergbauindustrie beschäftigt rund 460.000 Mitarbeiter und trägt rund 8% zum BIP Südafrikas bei[20], aber es muss noch mehr getan werden, insbesondere im Bereich der Schaffung von Arbeitsplätzen. Symptomatisch für die Notlage, in der sich manche Menschen befinden, sind die Geschichten der Zama Zamas.[21] Diese illegalen Bergleute gehen in stillgelegte Minen, wie Langlaagte im Süden von Johannesburg, mit großem Risiko bei der Suche nach goldhaltigem Erz vor. Die Männer und manchmal auch die kleinen Jungen leben tagelang oder wochenlang unter der Erde, ohne Tageslicht zu sehen, denn wenn sie ein vielversprechendes Gebiet finden, wagen sie nicht, es zu verlassen, weil Rivalen hereinkommen könnten. Stich- und Todesfälle von rivalisierenden Gruppen sind ein häufiges Ereignis, und es gibt Probleme mit der Belüftung in diesen gefährlichen alten Minen, sowie die ständige Gefahr von Steinschlägen. Trotz der Bemühungen der Polizei, sie zu stoppen, wächst die Zahl der Zama-Zamas.

Landwirtschaft

Die Probleme im Bereich der Landwirtschaft sind etwas positiver. Der größte Teil des Nahrungsmittelbedarfs Südafrikas wird immer noch von weißen kommerziellen Landwirten gedeckt, aber seit der Aufhebung der Land Acts im Juni 1991 steigt die Zahl der schwarzen Landwirte, und die Regierung arbeitet an der Umverteilung von Land, das in den ersten Jahren von schwarzen Landwirten erworben wurde. Auch für die Entwicklung der kleinbäuerlichen Landwirtschaft sind Maßnahmen im Gange, auch wenn noch ein langer Weg vor uns liegt.

Es wird auch erwartet, dass Südafrika an das Vereinigte Königreich nach seinem Ausscheiden aus der EU mehr landwirtschaftliche Erzeugnisse, insbesondere Wein und Obst verkaufen kann, da UK nicht mehr die gleichen Einwände aus anderen europäischen Ländern gegen den Handel mit Südafrika zu berücksichtigen haben wird. Südafrika und Spanien sind weltweit Hauptlieferanten von Orangen und anderen Zitrusfrüchten, aber die südafrikanischen Exporte wurden in der Vergangenheit aufgrund der Konkurrenz aus Spanien regelmäßig blockiert.[22]

Klimawandel

Wie der Rest der Welt ist auch Südafrika vom Klimawandel betroffen.[23] Südafrika folgt dem Kyoto-Protokoll, das die Länder auffordert, ihre Treibhausgasemissionen zu begrenzen, insbesondere im Abfall- und Verkehrssektor. Das Land ist auch bereit, Energie zu sparen und effizient zu nutzen und nach Möglichkeit nachhaltige Formen der Landwirtschaft zu betreiben. Die Einführung einer Kohlenstoffsteuer zur Emissionsreduzierung wurde vorgeschlagen, hat sich aber derzeit nicht als erfolgreiche Alternative erwiesen.[24] Der größte Beitragszahler zu den Kohlenstoffemissionen ist die Verbrennung fossiler Brennstoffe, aber derzeit gibt es nur wenige Alternativen, und die verfügbaren sind teuer.

Am Horizont steht die Schaffung von 'Brennstoffzellen', die als Katalysator Platin anstatt Kohlenstoff verwenden. Afrikas erste Anlage für Brennstoffzellenkomponenten aus Platin wird im Dezember 2017 entweder in Johannesburg oder Durban die Produktion aufnehmen. Da Südafrika der weltweit führende Platinproduzent mit den größten Reserven des Metalls ist,[25] könnte der Erfolg der Anlage ein wichtiger Durchbruch sein; sie würde außerdem die Bergbauindustrie ankurbeln und eine Quelle für die dringend benötigte Schaffung von Arbeitsplätzen sein.

Ausbildung

Im Januar 2016 gab die südafrikanische Bildungsministerin Angie Motshekga zu, dass das südafrikanische Bildungssystem, das die Antwort auf die verheerende Arbeitslosigkeit sein sollte, in der Krise stecke.[26] Im Jahr 2016 lag die südafrikanische Bildung nur an achter Stelle von 15 afrikanischen Ländern.[27]

Im Oktober 2015 kam es zu ernsthaften Studentenprotesten gegen die vorgeschlagene Erhöhung der Studiengebühren. In Johannesburg marschierten am 22. Oktober Tausende von Studenten der Universität von Witwatersrand (Wits) und der Universität Johannesburg (UJ) zum ANC-Hauptquartier, dem Luthuli House, im CBD von Johannesburg, um ein Memorandum zu übergeben, und in Kapstadt stürmten Studenten den Parlamentsbezirk.[28] Zu Beginn des akademischen Jahres 2016 und erneut im August, September und Oktober dieses Jahres begannen Studentenproteste.

Zu diesem Zeitpunkt forderten die Studenten nicht nur eine Senkung der Gebühren, sondern eine volle Gebührenfreiheit. Die Proteste eröffneten auch hitzige Diskussionen über die Dekolonisierung der Universitätslehrpläne,[29] mangelnde Umsetzung der Förderung schwarzer Akademiker und Fragen des studentischen Wohnungsbaus. Die Proteste an den Universitäten in den Jahren 2015 und 2016 verursachten Schäden an Bibliotheken und Gebäuden in Höhe von schätzungsweise einer halben Milliarde Rand und wurden als die schwerste Krise des Bildungssystems des Landes seit dem Aufstand in Soweto 1976 bezeichnet.

Die DA-Sprecherin für Hochschulbildung, Professor Belinda Bozzoli, erklärte, dass die Regierung dies hätte kommen sehen müssen: es sei ein realer Rückgang der Studienbeihilfen zu verzeichnen gewesen, und diese Besorgnis sei im Parlament viele Male geäußert worden. Die DA war der Meinung, dass Millionen Rand in die Hochausschulbildung umgelenkt werden könnten, wenn das Kabinett von 33 auf 15 Mitglieder reduziert und einige Ministerien ganz geschlossen würden. Der EFF hat außerdem die Regierung kontinuierlich an Defizite im Bildungsbereich erinnert und sie zum Handeln aufgerufen. Eine Reihe von Nichtregierungsorganisationen haben dabei auch eine wichtige Rolle gespielt.

Viele sehen das Erbe des Kolonialismus als Grund für viele der Probleme in der Bildung, und der Ruf nach Dekolonisierung wurde immer mehr zu einem wichtigen Element des Übergangs. Es geht nicht nur darum, die Namen von Gebäuden zu ändern und Denkmäler des Kolonialismus zu entfernen, sagt Professor Emeritus George Devenish: es geht auch um einen Prozess der Erneuerung von Bildungseinrichtungen, die sich auf Lehrpläne, Kursinhalte, Sprache und Management auswirken. Das bedeutet nicht, dass die westliche Forschung aufgegeben werden muss, sondern aus afrikanischer Sicht neu interpretiert werden muss. Dies werde Zeit in Anspruch nehmen und dürfe nicht mit radikalen rassistischen Agenden verwechselt werden und müsse im Rahmen der universellen Menschenrechte und des Nichtrassismus geschehen.[30]

Handel innerhalb Afrikas

Die südafrikanische Wirtschaft dürfte 2017 nur um 1,3% und 2018 um 2% wachsen.[31] Seit der Amtseinführung des populistischen Präsidenten Donald Trump in den Vereinigten Staaten im Januar 2017 besteht die Sorge, dass die Entwicklungsländer von Kapitalflucht bedroht sind: Präsident Trump hat in seiner Wahlkampagne deutlich gemacht, dass er beabsichtigt, die Vereinigten Staaten an die erste Stelle zu setzen und weniger Hilfe für die Entwicklungsländer vorzuschlagen. Seit dem Brexit zeichnet sich eine ähnliche Art von rückschrittlichem Nationalismus in einigen europäischen Ländern ab.[32]

Seit dem Beitritt Südafrikas zu BRICS im Jahr 2010[33] gibt es jedoch eine dringendere Diskussion über die Verbesserung der Handelsmöglichkeiten in Afrika selbst. Bereits 2002 und 2003 sagte der damalige Präsident Thabo Mbeki, dass es mehr Integration und freien Warenverkehr innerhalb Afrikas geben müsse, und er war 2001 zu diesem Ziel maßgeblich an der Gründung der Afrikanischen Union (AU)[34] beteiligt.[35] Am 5. Juni 2015 sagte der ehemalige britische Premierminister und Vorsitzende des Weltwirtschaftsforums (WEF) Gordon Brown den Delegierten des Forums, dass das Wachstum Afrikas 2% höher ausfallen könnte, wenn es seine Infrastrukturprobleme lösen würde. Afrika hat große Bodenschätze, große ungenutzte Ackerflächen und eine Bevölkerung junger Menschen, die arbeiten wollen', sagte er, 'aber wir müssen einen Weg finden, die Dinge zu beschleunigen.'[36]

Am 27. Januar 2017 sagten der für Wirtschaft zuständige AU-Kommissar Anthony Mothae Maruping und die AU-Kommissarin für Handel und Industrie Fatima Haram Acyl, dass die Produktionskapazitäten der 54 Länder Afrikas gestärkt und diversifiziert und 'die Denkweise vom Denken als einzelnen Ländern einer panafrikanischen weichen' müsse.

Ereignisse in anderen Teilen der Welt, so fügten sie hinzu, hätten den afrikanischen Ländern keine andere Wahl gelassen, als sich zu integrieren, um Investitionen anzuziehen.[37] In der Mining-Indaba in Kapstadt erinnerte Thabo Mbeki im Februar 2017 die Delegierten daran, dass diese Art von afrikanischer Vision bereits 2009 diskutiert worden sei, aber wenig erreicht wurde. Es sei an der Zeit, voranzugehen.

In den 90er Jahren genoss Südafrika aufgrund der Ikone Nelson Mandela auf der Weltbühne eine 'sanfte Macht', die jedoch ebenso rückläufig war wie unser tatsächlicher politischer und wirtschaftlicher Einfluss. Wenn mehr Handel innerhalb Afrikas erreicht werden könnte, und wenn es schnell ginge, könnte Südafrika auch in BRICS eine bedeutendere Rolle spielen, und die Wirtschaft würde davon profitieren. Aber wird das passieren und wann?

Auswirkungen der letzten 20 Jahre demokratisch gewählter Präsidenten

Der führende politische Kommentator Justice Malala sagt, dass es viele Analysen der Probleme Südafrikas gibt, aber nur wenige Lösungen angeboten werden. Die Debatten konzentrieren sich nach wie vor hauptsächlich auf Rasse und Gleichheit. In Südafrika ist, wie er sagt, eine mehrheitliche Befreiungsbewegung an der Macht, und mit dieser Macht sollten sie in der Lage sein, eine Politik zu formulieren, die beginnt, unsere Probleme zu lösen.[38] Wir haben eine der demokratischsten Verfassungen der Welt, aber Trägheit und Ineffizienz sowie die Art und Weise, wie die Werte der Verfassung und der Rechtsstaatlichkeit manipuliert werden, geben Anlass zur Sorge.

1977, während der schlimmsten Jahre der Apartheid, veröffentlichte der emeritierte Wissenschaftler des Magdalen College, Oxford, RW Johnson ein Buch mit dem Titel How Long Will South Africa Survive? Jetzt, nach mehr als 20 Jahren ANC-Regierung, meint er, dass die Frage erneut gestellt werden muss. Ja, die Apartheid ist vorbei, sagt er, aber unsere Wirtschaft befindet sich in einem desolaten Zustand, und wir brauchen einen Regimewechsel. Die große Frage der ANC-Regierung, fügt Johnson hinzu, ist, ob der afrikanische Nationalismus, der anderswo nur ärmere Agrarwirtschaften erobert hat, die Herausforderungen einer modernen Industriewirtschaft bewältigen kann. Die letzten 20 Jahre haben gezeigt, dass der ANC für diese Aufgabe schlecht gerüstet ist und Südafrika zurückfällt. Seiner Meinung nach kann Südafrika entweder eine ANC-Regierung oder eine moderne Industriewirtschaft wählen. Es kann nicht beides haben.[39]

Was die Südafrikaner tun können, schlägt Professor Jonathan Jansen vor, ist, unsere Wahlstimme zu nutzen, anstatt immer wieder für die gleichen Leute zu stimmen und uns dann zu beschweren, wenn die Arbeit nicht erledigt wird. Unsere Stimme ist eine mächtige Waffe, sagt er - wir müssen sie einsetzen.[40] Justice Malala stimmt zu: wir müssen für die Leistung stimmen, nicht für die Geschichte.[41]

1967 prophezeite Leo Marquard seine Befürchtung, wenn sich die herrschende Partei nicht an die sich ändernden Umstände in Südafrika anpasse, Südafrika in Vergessenheit geraten könne, ein klassisches Beispiel für eine gescheiterte multirassische Gesellschaft. Er schloss mit einem Zitat von Dryden: 'Es scheint noch Raum für Kompromisse zu geben; danach bleibt nur noch Mitleid'.[42] Fünfzig Jahre später haben sich die Umstände geändert, aber Marquards Worte klingen immer noch wahr, und einmal mehr werden wir an das alte Sprichwort erinnert, dass je mehr sich die Dinge anscheinend ändern, um so mehr bleiben sie gleich.

NACHWORT

Das Sprichwort, dass es die Menschen sind, die ein Land ausmachen, gilt für unser Land genauso wie für alle anderen. Unsere Landsleute sind in der Regel während der Traumata der Vergangenheit und der Herausforderungen der Gegenwart widerstandsfähig und einfallsreich geblieben, und viele haben trotz der widriger Möglichkeiten Großes geleistet.

Die Lücke zwischen den Besitzenden und den Besitzlosen bleibt unvorstellbar groß.[1] Großzügige, geräumige Häuser in Gebieten wie Sandton im äußeren Johannesburg sind kaum sechs Kilometer von überfüllten Townships wie Alexandra entfernt, wo Hühner und Kuhköpfe entlang der Straßen und Hütten verkauft werden und kleine Häuser direkt auf den Bürgersteigen gebaut wurden, um den verfügbaren Platz zu nutzen. Aber Südafrikaner sind in der Regel warmherzige, freundliche Menschen, und ein typischer Gruß wird von der Frage begleitet: Wie geht es dir?

Die meisten unserer Landsleute sind immer noch eine faszinierende Kombination aus 'Alt' und 'Neu'. Wir tragen die Spuren unserer verschiedenen Vorfahren ebenso wie die sich verändernde moderne Umwelt, in der wir leben. Jacob Zuma zum Beispiel trägt hauptsächlich westliche Anzüge, aber die traditionelle Kleidung, wenn er sich an Treffen von Führern in ländlichen Gebieten wendet; er bezieht sich auf das Christentum, ruft aber auch immer noch die Vorfahren an,[2] und bei seiner offiziellen Amtseinführung als Präsident waren Lobpreissänger anwesend.

Menschen aus allen Lebensbereichen haben zu unserer Geschichte beigetragen: Geschäftsleute wie Harry Oppenheimer, Anton Rupert und Patrice Motsepe, die ihr persönliches Vermögen großzügig für die Gemeindeentwicklung eingesetzt haben; Unternehmer wie Mark Shuttleworth und Elon Musk, die mit ihren technologischen Projekten unserem Land Anerkennung gebracht haben; Musiker wie Miriam Makeba, Johnny Clegg, Ladysmith Black Mambazo und Mango Groove, deren afrikanische Rhythmen und Harmonien die Welt faszinierten, und Cartoonisten, Satiriker und Komiker wie Zapiro, Dov Fedler, Rico, Pieter-Dirk Uys und Trevor Noah, deren Humor dennoch die bizarren und oft grausamen Aspekte unserer Vergangenheit offenbart.[3] Genau wie die Protestkünstler der San in der Vergangenheit dokumentieren diese modernen Menschen, was in Südafrika geschieht, spielen mit dem Gewissen der Menschen und helfen, Veränderungen herbeizuführen. Südafrikaner lieben es im Allgemeinen zu lachen, und sie können über sich selbst lachen; trotz der verborgenen Natur eines Großteils unserer vergangenen Geschichte waren einige Dinge immer transparent. Der Satiriker Pieter-Dirk Uys zum Beispiel sagte, er müsse nicht lange nach Material für seine Shows suchen, unsere Politiker stellten es zur Verfügung.

Wir haben eine Geschichte, die komplex und voller Widersprüche ist. Unsere Bevölkerung ist so vielfältig, dass es immer Konflikte ebenso wie Zusammenarbeit und guten Willen, geben wird, aber egal aus welcher Rasse, Kultur oder Religion wir kommen, es wird immer eine Verbindung zwischen uns geben, basierend auf den gemeinsamen Erfahrungen des südafrikanischen Wesens.

Hinweise und bibliographische Angaben

Einführung

1 Angepasst an einen Kommentar von Ian van der Waag in A Military History of Modern South Africa, Jonathan Ball Publishers, Johannesburg & Cape Town, 2015, S. 2.

2 Der emeritierte Erzbischof Desmond Tutu prägte den Begriff „Regenbogennation", um die multikulturelle Gesellschaft Südafrikas zu beschreiben.

3 Alan Parks, Senior Manager von Technischer Support und Schulung in Johannesburg City Parks, https://joburg.org.za.

4 Basutoland war seit 1884 eine britische Kronkolonie, da die Kapkolonie offensichtlich nicht in der Lage war, das Gebiet zu kontrollieren.

5 Der Name Lesotho bedeutet grob „Land der Menschen, die Sesotho sprechen"..

6 Swasiland war in den 1880er Jahren ein Protektorat geworden, das sich dem Status einer Kronkolonie annäherte. Die Briten hatten entschieden, dass irgendeine Form der Kontrolle notwendig war, weil der König Mbandezi europäischen Unternehmern Konzessionen für Land-, Weide- und Mineralrechte gewährt hatte.

7 Vgl. The Star, 26. August 2016. The Times, 31. Oktober 2012, gibt die vorgeschlagene Aufschlüsselung an.

8 Aus der Statistik Südafrika, http://www.statssa.gov.za/census/census_2011/census_products/Census_2011_Census_in_brief.pdf. These were the latest figures available at the time of going to print.

9 In diesem Buch verwende ich die Rassenkategorien "weiß", "schwarz" (oder afrikanisch) und "farbig", nicht weil ich biologische Meinungen zur Rasse unterschreibe, sondern weil diese rassischen "Identitäten" in der südafrikanischen Geschichte eine beträchtliche Bedeutung erlangten und verstanden werden in diesem Kontext. Die Begriffe sind nicht abfällig. Es sollte auch beachtet werden, dass alle schwarzen Menschen - die San, Khoikhoi und schwarzen Bauern, die später kamen (zwischen 300 und 900 n. Chr., möglicherweise früher) - als einheimisch bezeichnet werden können, als sie Jahrhunderte vor weißen Einwanderern in Südafrika ankamen.

10 Die richtigen ethnischen Begriffe sind isiZulu, isiXhosa, Sepedi, Sesotho, Setswana, Siswati, Tshivenda and Xitsonga.

11 Aus der Statistik Südafrika, http://www.statssa.gov.za/census/census_2011/census_products/Census_2011_Census_in_brief.pdf. These were the latest figures available at the time of going to print.

12 Vgl. Jonathan Jansen, The Times, 5. Juni 2015.

13 Die Königin des Balobedu-Stammes in Limpopo stammt aus dem 19. Jahrhundert, als Maselekwane Modjadji die erste Königin wurde, die allgemein als Regenkönigin bezeichnet wird. Am 31. März 2016 hat Präsident Jacob Zuma diese Position im Sinne des Traditional Leadership and Governance Framework Act offiziell anerkannt. Die Königin Masalanabo Modjadji ist derzeit erst 11 Jahre alt. Sie wird gekrönt, wenn sie 18 wird. Ihr Onkel fungiert inzwischen als Regent. Siehe The Times, 30. Mai 2016.

14 Vgl. Tom Eaton, The Times, 13. Oktober 2015.

15 'Apartheid "bedeutet Trennung.

Kapitel 1: Wie alles begann

1 Seit Jahren beziehen sich Wissenschaftler auf das „fehlende Glied", aber der Wits-Professor und Paläoanthropologe Lee Berger sagt, der Begriff sei irreführend, weil er eine Evolutionskette impliziert, während er das Konzept der Zweige bevorzugt. Er stimmt dennoch zu, dass dieser Schädel eine Übergangsphase darstellt. Siehe Prega Govender, Sunday Times, 11. April 2010.

2 Nach einem Interview mit Professor Clarke von Heather Dugmore, The Star, 16. Oktober 2006.

3 Ebenda. Die Verzögerung beim Entfernen des gesamten Skeletts könnte auch auf die Zustimmung eines Gentlemans unter Archäologen zurückzuführen sein, dass eine Stätte niemals vollständig

ausgegraben wird: Ein Teil muss für zukünftige Archäologen mit überlegener Technologie übrig bleiben.

4 Nach The Star vom 10. September 2015 und The Times vom 11. September 2015. Artikel von Angelique Serrao, Shaun Smillie und Katharine Child.

5 Vgl. Tanya Farber, Sunday Times, 24. April 2016.

6 Vgl. Shula Marks und Anthony Atmore, quotiert in William Kelleher Storey, Guns, Race, and Power in Colonial South Africa, Cambridge University Press, Cambridge, 2008, S. 1.

Kapitel 2: Frühe Siedler von etwa 1000 v. Chr. bis 1500 n. Chr.

1 Die Herkunft dieses Namens ist ungewiss, aber der Begriff „San" wird in der Nama-Sprache immer noch verwendet, um Jäger und Sammler zu beschreiben. Die Ableitung des Wortes ist "sa", was "bewohnen" bedeutet und legt nahe, dass es die San als die ursprünglichen Bewohner des südlichen Afrikas bezeichnet. Nama ist eine der wenigen überlebenden Sprachen der Hirten; Es wird immer noch in Teilen Südafrikas, Botswanas und Namibias gesprochen. Adaptiert von Christopher Saunders, Hrsg., Ein illustriertes Wörterbuch der südafrikanischen Geschichte, Ibis Books, Sandton, 1994, S. 208.

2 Teilweise angepasst von https://en.wikipedia.org/wiki/Khoikhoi-Dutch_Wars.

3 Bantusprachen sind miteinander verbunden und werden in einem großen Teil Afrikas gesprochen, vom südlichen Teil Kameruns über Ost nach Kenia bis nach Süden bis zur südlichsten Spitze Afrikas.

4 Klickgeräusche werden durch einen eindringenden Luftstrom erzeugt, wenn die Zunge scharf vom Gaumen weggezogen wird.

5 Der Begriff „Bantu", der sich auf Schwarze bezieht, wird heutzutage als beleidigend angesehen, da er mit den diskriminierenden Gesetzen der Apartheid-Ära verbunden ist.

6 Interview mit Sian Tiley-Nel, Curator, Mapungubwe Museum, University of Pretoria, 13. November 2015.

7 Löten ist ein Prozess, bei dem zwei Metallstücke geschmolzen und dann mit einem Füllmetall verbunden werden, das einen niedrigeren Schmelzpunkt hat.

8 Der Zeitraum von 200 Jahren wird von den meisten Historikern akzeptiert, aber Professor André Meyer von der Abteilung für Archäologie der Universität Pretoria glaubt, dass der Zeitraum kürzer war - möglicherweise nur etwa 60 bis 80 Jahre, weil ein Mini-Eis einsetzte Das Alter machte die landwirtschaftlichen Bedingungen für eine so große Anzahl von Menschen unmöglich. Informationen von Franz Kruger, Sunday Times, 27. Februar 2000.

9 Amulette sind kleine Gegenstände, von denen angenommen wird, dass sie den Träger vor Schaden schützen.

10 Geschmolzenes Gold bedeutet Gold, das mit extremer Hitze aus dem Erz gewonnen wird.

11 Trockenmauern beziehen sich auf Steine, die ohne nassen Mörtel oder zementähnliche Teile zusammengefügt wurden.

12 Anita Allen, The Star, 7. August 1996. "Thulamela" ist ein Venda-Wort und bedeutet "Geburtsort".

13 Vgl. http://www.sahistory.org.za/article/kingdoms-southern-africa-thulamela.

14 Interview mit dem Archäologen John van Ewyk, Cape Town, Dezember 2004.

15 HM Friede, 'Notes on the composition of pre-European copper and copper-alloy artefacts from the Transvaal', Journal of the South African Institute of Mining and Metallurgy, Februar 1975, S. 187–188.

16 Gail Nattrass, The Rooiberg Story, 75 Years: 19. Mai 1908–1983, Gold Fields of South Africa, 1983.

17 Ebenda. Die handschriftlichen Aufzeichnungen wurden bei einem Brand zerstört, aber 1981 sprach der Autor mit Anneci van Rensburg und Hans Beukes, die in der Gegend von Rooiberg Landwirtschaft betrieben und sie zu dieser Zeit sahen.

18 Mining Weekly, 2. April 2014; Interview mit Tim Williams, Mineral Resources Management Executive bei Metorex, Johannesburg, 15. September 2016.

19 „Lobola" ist ursprünglich ein Zulu-Wort, wird aber häufig von den Sotho verwendet. Der Sotho-Begriff „Bohali" bedeutet „Heimat der Familie des Mannes, an die Rinder usw. zum Brautpreis gezahlt werden". Vgl. http://www.mountainvoices.org/l_glossary.html.

Kapitel 3: Siedler von außerhalb Afrikas

1 Die Niederländische Ostindien-Kompanie galt zu dieser Zeit als die größte und umfangreichste Seehandelsgesellschaft und hatte ein virtuelles Monopol auf strategische europäische Schifffahrtsrouten nach Westen durch die Magellanstraße und nach Osten um das Kap. Vgl. https://en.wikipedia.org/wiki/Dutch_Empire.

2 Weitere Informationen zum Slave Wrecks Project finden Sie unter https://www.slavewrecksproject.org.

3 Malcolm Turner, Shipwrecks and Salvage in South Africa: from 1505 to the Present, Struik, 1988, S. 36; vgl. auch Lawrence Green, Harbours of Memory, Howard Timmins, Cape Town, 1969, S. 123.

4 Green, Harbours of Memory, S. 124.

5 Ebenda.

6 Ebenda.

7 Ebenda., S. 121–122 & 124.

8 Ebenda., S. 121 & 128. Diese hellhäutigen Menschen lebten in der Gegend der Wild Coast um das heutige Port St. Johns am Ostkap. Sie waren eindeutig die Vorfahren der Verbindungen zwischen portugiesischen, niederländischen, britischen und indischen Castaways mit den einheimischen Mpondo ab dem 16. Jahrhundert. Weitere Informationen zu diesen Überlebenden von Schiffswracks und den Mpondo sowie zur Geschichte eines weißen Kindes namens Bessie, das mit der Mpondo aufgewachsen ist und so etwas wie eine afrikanische Königin geworden ist, finden Sie auch in Hazel Crampton, The Sunburnt Queen, Jacana Media, Johannesburg, 2004.

9 Das Afrikaans-Wort „Trek" bedeutet „Umzug" und „Buren" bedeutet „Landwirt"..

10 Siehe Karte 13 weiter unten in diesem Kapitel.

11 Vgl. Leonard Thompson, A History of South Africa, Jonathan Ball Publishers, Johannesburg & Cape Town, 2009, S. 36.

12 Interview mit Katie Jacobs, geführt von einem Journalisten der Zeitung African People's Organization (APO), 1910: https://slavery.iziko.org.za/katiejacobs. Vgl. auch Nigel Worden, The chains that bind us: A history of slavery at the Cape, Juta, Cape Town, 1996, S. 89–91.

13 Ebenda.

14 Ebenda.

15 Richard Elphick und Hermann Giliomee, Hrsg., The Shaping of South African Society, 1652–1840, Maskew Miller Longman, Cape Town, 1990, S. 133 & 161.

16 Weitere Informationen zu „schwarzem Elfenbein" finden Sie in Kapitel 4.

17 Weitere Informationen zu indian indentured labour finden Sie in Kapitel 5.

18 Nach Tanya Farber, Sunday Times, 3. Juli 2016.

19 William Wilberforce war Abgeordneter für Yorkshire, Philanthrop und Führer der Bewegung zur Abschaffung des Sklavenhandels. Er gründete auch die Royal Society zur Verhütung von Tierquälerei.

20 Es gab Missionare aus Frankreich, den USA und Deutschland. Es scheint nicht so, als ob die Niederländer zu diesem Zeitpunkt Missionsarbeit geleistet hätten.

21 Nach Storey, Guns, Race and Power in Colonial South Africa, S. 2.

22 Hermann Giliomee in Hermann Giliomee und Bernard Mbenga, Hrsg., New History of South Africa, Tafelberg, Cape Town, 2007, S. 59 & 79. Diese Zahlen basieren auf der ersten ordnungsgemäßen Volkszählung von 1795.

23 MD Nash, 'The 1820 Settlers', in Trewhella Cameron und SB Spies, A New Illustrated History of South Africa, Southern Book Publishers, Johannesburg, 1991, S. 97.

24 Guy Butler, 'The Dispersion and Influence of the 1820 Settlers', in Cameron & Spies, Hrsg., A New Illustrated History of South Africa, S. 100.

25 Port Natal wurde nach Sir Benjamin D'Urban, Gouverneur des Kaps 1834–1835, am 23. Juni 1825 in D'Urban umbenannt. Es wurde von Kaufleuten vom Kap unter der Führung des britischen Leutnants FG Farewell in Begleitung von Henry Francis Fynn gegründet.

26 Während der Apartheid hat Südafrika die Rechtsstaatlichkeit nicht eingehalten. Abschnitt 6 des Terrorismusgesetzes ermöglichte beispielsweise die Inhaftierung von Männern ohne Gerichtsverfahren. Eine beträchtliche Anzahl willkürlicher (ungezügelter) Befugnisse wurde von Regierungsagenten ausgeübt, die niemandem gegenüber verantwortlich waren.

27 Vgl. André Odendaal, The Story of an African Game: Black Cricketers and the Unmasking of One of Cricket's Greatest Myths, South Africa 1850–2003, David Philip, Cape Town, 2003, S. 23.

28 Vgl. John Nauright und Charles Parrish, Hrsg., Sports Around the World: History, Culture and Practice, ABC-Clio, Santa Barbara, CA, 2012.

29 Vgl. Floris JG van der Merwe, 'Rugby in the Prisoner-of-War Camps of the Anglo-Boer War', Department of Human Movement Studies, University of Stellenbosch, April 2016. Die Kriegsgefangenenlager am Kap waren voll und von Angriffen bedroht, daher wurde beschlossen, einige der Gefangenen in britische Besitztümer wie St. Helena, Ceylon (Sri Lanka) und Bermuda zu schicken.
30 Vgl. Albert Grundlingh, André Odendaal und SB Spies, Beyond the Tryline, Ravan Press, Johannesburg, 1995, S. 33 & 89.
31 Vgl. Odendaal, The Story of an African Game, S. 32.
32 Ebenda.
33 Ebenda., S. 39.
34 The struggle for the land, South African History Series No. 1, Life on the Land to 1913, Economic History Research Group, Salt River, kein Datum, S. 10.
35 Der sogenannte Great Trek of Boers ins Landesinnere - siehe Karte 15 in Kapitel 4.
36 Weitere Informationen hierzu finden Sie unter Isaac Schapera, ed., Apprenticeship at Kuruman: Being the journals and letters of Robert and Mary Moffat 1820–1828, Chatto & Windus, London, 1951.
37 Vgl. 'The Diary of Francis Owen', in John Bird, ed., The Annals of Natal, Vol 1, Struik, Cape Town, 1965.

Kapitel 4: Migrationen innerhalb Südafrikas

1 Das Highveld ist die Hochplateau-Region im Inneren Südafrikas. Es umfasst den größten Teil von Gauteng und dem nördlichen Freistaat sowie Teile von Mpumalanga, den Nordwesten, das Nordkap und Limpopo.
2 Vgl. Richard Cope, ed., The Journals of the Rev TL Hodgson: missionary to the Seleka-Rolong and the Griquas, 1821–1831, Witwatersrand University Press, Johannesburg, 1977, wo Hodgson über Kannibalismus unter den Rolong berichtet. Er beschreibt die Begegnung mit Menschen, die ein menschliches Bein rösten, und andere Beispiele.
3 Vgl. JPR Wallis, ed., The Matabele Journals of Robert Moffat, Vol 1, Chatto & Windus, London, 1945, S. 6–9 & 99–100.
4 Vgl. Adulphe Delegorgue, Voyage dans l'Afrique Australe, Vol 2, Paris, 1847, quotiert in Norman Etherington, The Great Treks, Pearson, Cape Town, 2001, S. 299.
5 Vgl. http://www.sahistory.org.za/article/zulu.
6 Dies war ein System, bei dem sowohl junge Männer als auch Frauen je nach Alter in Regimenter eingeteilt wurden. Frauen erledigten Arbeitsaufgaben für den König und Männer waren beim Militär. Die Ehe war verboten, bis die Männer Zeit in der Armee verbracht und "ihre Speere mit Blut gewaschen" hatten.
7 Nathaniel Isaacs, Reisen und Abenteuer in Ostafrika, Beschreibung des Zoolus, seiner Sitten, Bräuche usw. usw. mit einer Skizze von Natal, überarbeitet und bearbeitet von Louis Herman und Percival R Kirby, Struik, Kapstadt, 1970, S. 148 . Isaacs verwendet die Schreibweise "Chaka".
8 'The diary of Anna Steenkamp' in Bird, ed., The Annals of Natal, Vol 1. Anna berichtete, dass ihre treue Sklavin während der Nacht weggelaufen war, weil sie gehört hatte, dass die Zulus kommen würden.
9 Adrienne Sichel, The Star, 17. Mai 1995.
10 Basotho ist der ethnische Begriff. Es bezieht sich auf Mitglieder der Sotho-Gemeinschaft.
11 Giliomee & Mbenga, Hrsg., New History of South Africa, S. 131.
12 Dies bezieht sich auf Personen, die seinen Schutz und / oder seine Dienste in Anspruch genommen haben.
13 Saunders, Hrsg., Ein illustriertes Wörterbuch der südafrikanischen Geschichte, S. 178, gibt sein geschätztes Königreich als zwischen 60.000 und 80.000 Menschen an.
14 „Bergenaars" bedeutet „Bergbewohner" und war ein Zweig der Griqua. Die Bergenaars, Griqua, Korana und Kora waren alle gemischtrassige Nachkommen der Khoikhoi.
15 Philippolis ist die älteste Stadt in der Provinz Freistaat. Es wurde 1823 von der London Missionary Society für die Khoisan gegründet. 1826 ließ sich dort eine Gruppe von Griqua unter der Führung von Adam Kok III nieder und blieb bis etwa 1862, als sie in das heutige Kokstad zogen. Viele der alten Häuser in Philippolis wurden zu Nationaldenkmälern erklärt.
16 Sun City ist ein Ferienort mit Casinos, Golfplätzen und Hotels. Es liegt im Nordwesten, etwa 200 km von Johannesburg und Pretoria entfernt.

17 Diese Schlacht führte zur Geschichte von Thaba Nchu, die später in diesem Kapitel beschrieben wird. „Voortrekkers“ (dh Menschen, die sich vorwärts bewegen / wandern) ist der Name für Gruppen von Niederländern / Afrikanern, die vom Ostkap ins Landesinnere eingewandert sind.

18 Vgl. Vincent Carruthers, The Magaliesberg, Southern Book Publishers, Johannesburg, 1990, S. 238.

19 Vgl. Wallis, ed., The Matabele Journals of Robert Moffat, Vol 1, S. 95, 97 & 143.

20 Ebenda., S. 368.

21 Vgl. CJ Beyers, ed., Dictionary of South African Biography (DSAB), Vol 4, Butterworth and Co, Durban and Pretoria, 1981, S. 390. Einer von Mzilikazis Favoriten war der Jäger Henry Hartley, der auch den deutschen Geologen Karl Mauch mitbrachte, um die Aussichten für den Goldabbau in Simbabwe zu untersuchen.

22 Sorghum ist ein hohes, grobes Gras, das Mais ähnelt, jedoch eine bessere Resistenz gegen Trockenheit aufweist. Es war historisch als "Kaffir-Mais" bekannt.

23 Vgl. Beyers, ed., DSAB, Vol 1, S. 562. Das heutige Lesotho war früher als Basutoland bekannt.

24 Vgl. Etherington, The Great Treks, S. 320.

25 Angepasst von Thompson, A History of South Africa, S. 77.

26 Giliomee & Mbenga, Hrsg., New History of South Africa, S. 177.

27 Ebenda., S. 112.

28 Vgl. Tim Couzens, ed., Sol T Plaatje, Mhudi, Francolin Press, Sefika Series, Cape Town, 1996, S. 409–410.

29 Es wurde angenommen, dass Hexen auf Besenstielen einen Bereich über sich umkreisen würden, bevor sie hineinstürzen würden.

30 Jacob Hlambamanzi war wegen Diebstahls von Rindern am Kap inhaftiert worden. Anschließend begleitete er Vermessungsexpeditionen in Natal, bevor er in Shakas Kraal landete. Er hatte Englisch gelernt und war als Dolmetscher für Weiße sowie für Shaka zuerst und später für Dingane tätig. Er begleitete auch Delegationen im Namen von Dingane zum Kap.

31 Ein Laager war eine typische Art, Wagen zum Schutz in ovaler Form anzuordnen. Zweige von Bäumen und andere Verstärkungen würden zwischen die Wagen gelegt, und Tiere würden in der Mitte gehalten. Heute hört man von einer „Laager-Mentalität“: Wenn Menschen ihre Reihen schließen und sich in einen Schutzmodus zurückziehen.

32 BJ Liebenberg, ‘Mites rondom Bloedrivier en die Gelofte’, Vortrag auf der SAHJ-Konferenz, University of Pretoria, 21–22 Januar 1988, S. 13.

33 Ebenda.

34 Die Venda sind Nachkommen des Volkes von Thulamela (siehe Kapitel 2). Archäologische und sprachliche Beweise deuten darauf hin, dass sie eine Reihe von Shona-Einwanderergruppen aus Simbabwe aufgenommen haben und dass im frühen 18. Jahrhundert, wenn nicht schon früher, ein großer, klar identifizierbarer Venda-Staat in der Gegend um Schoemansdal existierte.

35 Interview mit Dirk de Witt bei Schoemansdal, September 1994.

36 Tsetse bezieht sich auf eine gefürchtete parasitäre Krankheit, die allgemein als Schlafkrankheit bezeichnet wird und durch die blutsaugenden Tsetsefliegen verursacht wird, die einen Großteil des ländlichen Afrikas südlich der Sahara bewohnten.

37 Mphaya Nemudzivhadi, ‘The conflict between the Mphephu and the South African Republic, 1895–1899’, unveröffentlichte Master Thesis, 1977, S. 17.

38 Weitere Voortrekker-Städte sind Potchefstroom, Lydenburg, Origstad und Pretoria.

39 Paul Kruger wurde später 1883 Präsident des ZAR (Transvaal).

40 Interview mit Dirk de Witt bei Schoemansdal, September 1994.

41 Sidney Miller und Johann Templehoff, ‘The Romance of a Frontier’, Fauna and Flora, No 47, Transvaal Directorate of Nature and Environmental Conservation, 1990, S. 34.

42 Peter Delius, The Land Belongs to Us: The Pedi Polity, the Boers and the British in the Nineteenth Century Transvaal, Ravan Press, Johannesburg, 1983, S. 138–140.

Kapitel 5: Die mineralischen Entdeckungen

1 1981 fusionierte West Driefontein mit dem östlichen Teil der Mine und wurde zu Driefontein Consolidated.

2 Ed Prior, BBC News, unter Angabe von Thomson Reuters GFMS, World Gold Council Annual Gold Survey, 1. April 2013.

3 Heute liefert kein einzelnes Land mehr als 14% des weltweiten Goldes. Im Jahr 2010 war China mit 13% immer noch der größte Produzent, dicht gefolgt von Australien mit 10%, den USA mit

9% und Russland und Südafrika mit 8%. Vgl. http://www.goldsheetlinks.com/goldhist.htm und 'The Evolving Structure of Gold Demand and Supply', Bloomberg, LBMA, Thomson Reuters GFMS, World Gold Council, S. 9. Diese Informationen wurden von Russell and Associates am 16. Dezember 2016 in Zusammenarbeit mit der Minenkammer zur Verfügung gestellt.

4 Bei Diamantgewichten entspricht ein einzelnes Karat 0,2 Gramm.

5 1980 machten westliche Länder, insbesondere in Nordamerika und Europa, zusammen 56% des globalen Goldmarktes aus. Dies war bis 2010 auf 14% gefallen, während der von Indien und Ostasien gekaufte Anteil von 22% im Jahr 1980 auf 66% im Jahr 2010 gestiegen war. Siehe „Die sich entwickelnde Struktur von Goldnachfrage und -angebot", S. 3, Russell and Associates in Verbindung mit der Minenkammer, 16. Dezember 2016.

6 Interviews mit Minette Jacobs, Beraterin für Finanzplanung, Alexander Forbes, Sandown, 28. Oktober 2015, und Derrick Willcock, CEO von Micromation, Johannesburg, 15. Dezember 2016.

7 Ian Phimister, 'Frenzied Finance: Gold mining in the globalising south, c. 1886–1896', in B Mountford und S Tuffnell, Hrsg., A Global History c.1848–1910, Oxford, 2017, bevorstehende Veröffentlichung.

8 Jan Smuts, zitiert von Mark Irvine, Arena, April 1996, S. 2.

9 Business Report, The Star, 29. April 2016.

10 Weitere Informationen hierzu, vgl. Brian Roberts, Kimberley: Turbulent City, David Phillip, Cape Town, 1976.

11 Ein Gebiet zu annektieren bedeutet, dieses Gebiet durch Aneignung dem eigenen Gebiet hinzuzufügen.

12 Ein Doppeldecker ist ein Flugzeug mit zwei Flügeln, einer über und normalerweise leicht vor dem anderen. Dieses spezielle Flugzeug wurde nach dem britischen Flugzeugdesigner Crompton Paterson benannt, der das South African Aviation Corps in Kimberley gründete und die ersten südafrikanischen Piloten ausbildete.

13 Es war nicht möglich, diese Frau zu identifizieren, außer das Haus zu identifizieren, in dem sie in Bulawayo lebte. Interview mit Vic Jansen (der das Haus besuchte), Carletonville, 8. Mai 1972.

14 Ein Loch im Septum (die Wand, die die linke und rechte Seite des Herzens trennt) wird üblicherweise als „Loch im Herzen" bezeichnet. Es bewirkt, dass sich sauerstoffreiches Blut mit sauerstoffarmem Blut vermischt und die Atmung beeinträchtigt. Es ist ein Geburtsfehler, der sich im Laufe der Zeit selbst korrigieren kann, ansonsten aber heutzutage mit einer Operation recht leicht korrigiert werden kann.

15 Junge Frauen können sich jetzt auch für diese Stipendien qualifizieren.

16 Dineo Faku, Business Report, The Star, 2. Dezember 2015. Diamanten mit einem Hauch von Blau entstehen, wenn Bor bei der Herstellung des Edelsteins mit Kohlenstoff gemischt wird.

17 Die Geschichte folgt den Abenteuern eines Welpen, Jock, der der Kleinste eines Wurfs war und kurz davor stand, in einem Eimer zu ertrinken, bevor er von Percy FitzPatrick gerettet wurde. Es wurde viele Male in mehreren Sprachen nachgedruckt. Das Buch wurde 1986 in einen Film umgewandelt und enthielt die Musik von Johnny Clegg und südafrikanischen Schauspielern und Schauspielerinnen, insbesondere Jonathan Rands als Percy FitzPatrick. Der Film erwies sich beim amerikanischen Publikum nicht als beliebt, vor allem wegen seines traurigen Endes. Eine fiktive Version mit einem schmackhafteren Ende wurde 1995 veröffentlicht.

18 Charles van Onselen, Studien zur Sozial- und Wirtschaftsgeschichte des Witwatersrand 1886–1914, Vol 1: New Babylon, Vol 2: New Nineveh, Ravan Press, Johannesburg, 1982, S. 2.

19 Gwen Watkins, Schreiben zum 130. Jahrestag von Johannesburg, The Star, 3. Oktober 2016

20 Charles van Onselen diskutiert über sein neuestes Buch, Showdown at the Red Lion: The Life and Times of Jack McLoughlin, 1859–1910, in der Sunday Times, 29. Mai 2016.

21 Giliomee & Mbenga, Hrsg., New History of South Africa, S. 149.

22 Weitere Informationen zu Mohandas Gandhi, vgl. Eric Itzkin, Gandhi's Johannesburg, Witwatersrand University Press in Zusammenarbeit mit Museum Africa, Johannesburg, 2000.

23 Libby Husemeyer, 'Johannesburg – One Hundred Years', Mining Survey, Vol 2 (4), 1986, S. 7.

24 Giliomee & Mbenga, Hrsg., New History of South Africa, S. 190.

25 Charles van Onselen, The Fox and the Flies: The World of Joseph Silver, Racketeer and Psychopath, Jonathan Cape, London, 2007, S. 151.

26 Van Onselen, New Nineveh, S. 11 & 46.

27 Van Onselen, New Babylon, S. 16 & 112. "Frenchfontein" war das Gebiet zwischen der Bree Street im Norden, der Anderson Street im Süden, der Kruis Street im Osten und der Sauer Street im Westen, wo es etwa 95 Bordelle gab. Van Onselen warnt davor, dass einige der Frauen mit der

Bezeichnung „Französisch“ französischsprachig waren, aber nicht unbedingt aus Frankreich - es gab auch deutsche und andere Nationalitäten und farbige Prostituierte vom Kap.

28 Van Onselen, New Babylon, pxv und ein Gastvortrag an der School of Education in Wits, Juni 1982.

29 Ebenda., S. 7.

30 Olive Schreiner an Edward Carpenter, Johannesburg, 13. November 1898, zitiert in Van Onselen, The Fox and the Flies, S. 145; vgl. auch S. 159.

31 Vgl. Van Onselen, The Fox and the Flies.

32 Es hat diese Position jetzt verloren und belegt den dritten Platz. China ist das erste (Oktober 2015).

33 Interview mit Professor Ian Phimister, University of the Free State, 18. Dezember 2016.

34 Der Goldpreis wird zweimal täglich an jedem Geschäftstag (um 10.30 Uhr und 15.00 Uhr) auf dem London Bullion Market (LBMA) ermittelt. Dies liefert einen Kurs, der als Benchmark für die Preisgestaltung der meisten Goldprodukte auf den Weltmärkten verwendet wird.

35 Vgl. Robert Kubicek, ‘Finance capital and the South African gold mining industry 1886–1914’, Journal of Imperial and Commonwealth History, Vol 3 (3), Mai 1975, S. 386 ff.

36 Luli Callinicos, A People’s History of South Africa, Vol 1: Gold and Workers; Vol 2: Working Life, Witwatersrand University Press, Johannesburg, 1994, S. 71.

37 Elaine Katz, The White Death: Silicosis on the South African Gold Mines 1886–1910, Witwatersrand University Press, Johannesburg, 1994.

38 Ostküstenfieber betraf das Vieh. Die Krankheit entstand 1901 in Rhodesien.

39 “"Mduduma”: Die Geschichte eines Wanderarbeiters ”, adaptiert von Callinicos, Working Life, S. 35. Der Brautreichtum, auf den er sich bezieht, war die übliche Lobola, die ein Mann für eine Braut bezahlen musste. Dies war normalerweise bei Rindern der Fall, die an den Vater der Braut gezahlt wurden.

40 In ländlichen Gebieten erledigten Frauen traditionell die landwirtschaftliche Arbeit, während Männer sich um das Vieh und andere Tiere kümmerten. Diese Hütearbeit müsste dann von Jungen erledigt werden.

41 Callinicos, Gold and Workers, S. 73.

42 Elaine Katz, ‘Revisiting the origins of the industrial colour bar in the Witwatersrand gold mining industry, 1891–1899’, Journal of Southern African Studies, Vol 25 (1), März 1999, S. 73.

Kapitel 6: Der Niedergang der afrikanischen Stammesfürstentümer und der ländlichen Gebiete

1 Die Fingo waren ein Zweig der Xhosa. Fingoland war der Name des Territoriums, in dem sie lebten: Es befand sich im südwestlichen Teil des heutigen Ostkap.

2 Land in ländlichen Gebieten gehörte den Häuptlingen, die ihren Untertanen Land zugeteilt hatten. Als die Briten diese Gebiete annektierten, wurden große Teile für die weiße Landwirtschaft geöffnet, was die Menge an Land reduzierte, die für schwarze Bauern übrig blieb.

3 Die Korana waren ebenfalls ein pastorales Volk, unterschieden sich jedoch von anderen Khoikhoi-Gruppen, weil sie ihre eigene Sprache hatten. Bis 1932 waren sie praktisch ausgestorben. Siehe auch den Abschnitt über Mzilikazi in Kapitel 4.

4 Die anderen Gebiete der britischen Hochkommission waren Swasiland, das 1968 die Unabhängigkeit erlangte, und das Bechuanaland Protektorat (heute Botswana), das 1966 unabhängig wurde.

5 Weitere Informationen zu den Griqua finden Sie in Kapitel 4.

6 Siehe Karte 16 in Kapitel 5.

7 Weitere Informationen zu den Difaqane finden Sie in Kapitel 4.

8 Siehe Karte 16 des Diamantenfeldstreits in Kapitel 5. Die Karte zeigt auch Stellaland und Goshen, die auf einmal sogar ihre eigenen Flaggen hatten.

9 Vgl. Giliomee & Mbenga, Hrsg., New History of South Africa, S. 173.

10 Dinuzulu ist die bevorzugte Schreibweise; Dinizulu ist die Kolonialversion.

11 Theophilus Shepstone wurde später 1876 für seine Dienste in Südafrika zum Ritter geschlagen.

12 Dies erweckte den Eindruck, dass Cetshwayo eine stehende Armee hatte, was nicht ganz richtig war. Es ließ ihn dennoch wie eine Bedrohung erscheinen und wurde gegen ihn eingesetzt.

13 Britische Zentralregierung.

14 Weitere Informationen hierzu, vgl. Richard Cope, Ploughshare of War: The Origins of the Anglo-Zulu War of 1879, University of Natal Press, Pietermaritzburg, 1999.

15 Die britischen Truppen wurden auch als 1. Bataillon, 24. Fuß, bezeichnet. Statistiken geschätzt von http://www.britishbattles.com/zulu-war/isandlwana.htm und Saunders, ed., An Illustrated Dictionary of South African History.

16 Martini-Henry-Gewehre waren hebelaktivierte Einzelschussgewehre, die erstmals 1871 eingeführt und von der britischen Armee im gesamten britischen Empire für die nächsten 30 Jahre eingesetzt wurden. Sie waren zu dieser Zeit die besten der Welt, trotz ihrer Einschränkungen.

17 Diese Geschichte wurde mir am 15. Juli 2008 in Isandlwana von einem Zulu-Führer erzählt, der vom verstorbenen David Rattray, dem angesehenen Fachhistoriker des Anglo-Zulu-Krieges, ausgebildet wurde.

18 Weitere Informationen hierzu, vgl. Ian Knight, Zulu Rising: The Epic Story of iSandlwana and Rorke's Drift, Pan Macmillan, Johannesburg, 2010.

19 Ebenda.

20 Ian Knight, The National Army Museum Book of the Zulu War, Pan Books, 2004

21 Ebenda.

22 Die Entfernung zwischen Ulundi und Isandlwana beträgt ungefähr 102 Kilometer.

23 Ebenda.

24 Frank Emery, The Red Soldier: The Zulu War 1879, Hodder and Stoughton, London, 1977. Dieses Zitat inspirierte das Buch.

25 John William Colenso (1814–1883) war der erste anglikanische Bischof von Natal. Seine Frau Frances Colenso schrieb Briefe an ihre Söhne und Freunde in England zurück und ist zu einer wichtigen historischen Quelle geworden.

26 Jeff Guy, The Destruction of the Zulu Kingdom: The Civil War in Zululand 1879–1884, Ravan Press, Johannesburg, 1982, S. 130.

27 Mitte der 1850er Jahre war Cetshwayo Leiter einer jungen Zulu-Gruppe, die als Usuthu bekannt war. Diese Leute waren immer noch seine wichtigsten Unterstützer.

28 Weitere Informationen zu Dinuzulu im Zweiten Anglo-Zulu-Krieg finden Sie in Kapitel 7.

29 Eine „Induna" ist eine Art Schulleiter oder Aufseher, oft ein Berater des Chefs.

30 Das 2/24 Regiment befand sich in Brecon in Südwales, obwohl nur sehr wenige Männer im Regiment tatsächlich Waliser waren. Trotzdem bleibt das Bild der Waliser, die in Isandlwana kämpfen, bestehen, und Nachkommen dieser Soldaten besuchen immer noch das Schlachtfeld.

31 Teignmouth Melvill und Nevill Coghill sind auf einer Farm begraben, die der Familie von David Rattray gehört. Sie waren die ersten beiden britischen Soldaten, die posthum für ihr tapferes Verhalten mit dem VC (Victoria Cross) ausgezeichnet wurden.

32 Emerys Buch The Red Soldier basiert auf den Briefen, die diese Männer nach Hause geschrieben haben. Siehe zum Beispiel S. 101.

33 David Downe, Isandhlwana und all das, Serendip, Lyme Regis, 1980.

34 Im Ritual des „Schweins" rannte ein Soldat durch die Kaserne, während die anderen die Verfolgung aufnahmen. Die Praxis sollte den Teamgeist stärken.

35 Gerald French, Lord Chelmsford and the Zulu War, The Bodley Head, London, 1939, S. 144.

36 Dies sind diejenigen, die den Bonaparte-Anspruch auf den Thron unterstützten.

37 Ein Prätendent ist ein Aspirant oder Antragsteller auf einen Thron, der abgeschafft, suspendiert oder von einem anderen besetzt wurde. Der Bonaparte-Prätendent ist seit 1999 Jean Christophe, ein direkter Nachkomme von Napoleons jüngstem Bruder Jerome Bonaparte. Er hat auch eine Bourbon-Mutter.

38 Weitere Probleme, die die Pedi betreffen, finden Sie unter Delius, The Land Belongs to Us.

39 Rotwasserfieber ist eine normalerweise tödliche Krankheit, die von Zecken übertragen wird. Rinder, die darunter leiden, liegen im Allgemeinen auf dem Boden, knirschen mit den Zähnen und bewegen unwillkürlich ihre Beine.

40 Rinderpest ist eine Viruserkrankung, die sowohl Rinder als auch Büffel, Gnus, Giraffen, Warzenschweine und andere Tiere betrifft. Es ist eng verwandt mit Masern und Staupe. In der südafrikanischen Geschichte gab es regelmäßig Rinderpest-Ausbrüche, aber 2011 gab die Ernährungs- und Landwirtschaftsorganisation der Vereinten Nationen bekannt, dass die Krankheit endgültig ausgerottet wurde. Es ist nur die zweite Krankheit, die vollständig ausgerottet wird - die erste sind Pocken. Ein Pionier bei der Erkennung der Gefahren von Rinderpest war ein Schwarzer und die erste qualifizierte Tierärztin in Südafrika, Dr. Jotella Soga (1865–1906). Dr. Soga wurde im damaligen Transkei (heute Ostkap) geboren und in Edinburgh als Tierarzt ausgebildet. 1886 kehrte er in die Kapkolonie zurück, wo er zum Tierarzt der Kolonialregierung ernannt wurde. Er hielt Vorträge über die Erkennung und Behandlung von

Rinderpest und warnte als einer der Ersten vor den damit verbundenen Gefahren: "Unser neuer kolonialer Feind ist Rinderpest", schrieb er 1892, "Lungenkrankheit und Rotwasser sind einfache Dummköpfe." Vgl. http://www.library.up.ac.za/vet/soga.htm.

Kapitel 7: Die beiden Burenkriege, 1880-1881 und 1899-1902

1 Angepasst von http://www.sahistory.org.za/article/first-anglo-boer-war.

2 Vgl. Giliomee & Mbenga, Hrsg., New History of South Africa, S. 206.

3 Die Genfer Konventionen zwischen 1864 und 1949 und die Haager Konventionen von 1899 und 1907 gehörten zu den ersten formellen Erklärungen der Kriegsgesetze und Kriegsverbrechen. Diese Konventionen wurden von führenden Politikern der Welt auf internationalen Friedenskonferenzen in Genf bzw. Den Haag unterzeichnet, um die Auswirkungen des Krieges auf Soldaten und Zivilisten zu verbessern.

4 Angepasst von Bill Nasson, 'A Capitalist War for Gold?', in Giliomee & Mbenga, Hrsg., New History of South Africa, S. 210.

5 Die Baring Brothers Bank wurde 1792 gegründet und war nach Berenburg in Deutschland die zweitälteste Bank der Welt.

6 Weitere Informationen hierzu finden Sie in Kapitel 5.

7 „Uitlander" (wörtlich „Außenseiter", jemand aus „außerhalb des Landes" oder „Ausländer") bezog sich auf Einwanderer aus Großbritannien, die im Transvaal leben. Uitlander durften nicht wählen und konnten keine Bürger des Transvaal werden.

8 George Albu war deutsch-jüdischer Abstammung. Er wurde 1857 in Brandenburg geboren. Er wanderte 1876 nach Südafrika aus und verdiente zuerst Geld in Kimberley. 1895 gründeten er und sein Bruder Leopold das Bergbauhaus, das zur General Mining and Finance Corporation wurde, später Teil von Gencor und dann zu BHP Billiton, einem der größten Bergbauhäuser der Welt.

9 Wayne Graham, 'The Randlord's Bubble 1894–6: South African Gold Mines and Stock Market Manipulation', Diskussionspapiere in Economic and Social History, No 10, University of Oxford, August 1996, S. 7–8 & 29.

10 Interview mit Charles van Onselen, Johannesburg, 23. September 2016.

11 Dr. Leander Starr Jameson war ein renommierter Arzt, der aus gesundheitlichen Gründen aus Großbritannien nach Südafrika gekommen war. Er behandelte sowohl Präsident Paul Kruger als auch den Matabele-König Lobengula, der ihn mit dem seltenen Status eines Induna (Ratsmitglieds) für die Heilung seiner Gicht auszeichnete, und er stand in Kontakt mit Cecil Rhodes. Jamesons Führung des Jameson Raid war eine Katastrophe, aber in Großbritannien war das allgemeine Gefühl, dass er nicht schuld war und dass er großen Mut gezeigt hatte. Elizabeth Longford gibt an, dass Rudyard Kipling das Gedicht „If" mit Blick auf Jameson geschrieben hat - als Beispiel und Inspiration für die Jugend. Das Gedicht feiert Heldentum, Stoizismus und Mut angesichts der Katastrophe; Die letzten beiden Zeilen sind an Kiplings Sohn gerichtet. Siehe Elizabeth Longford, Jamesons Überfall: Das Vorspiel zum Burenkrieg, Jonathan Ball Publishers, Johannesburg & Kapstadt, 1982.

12 Alfred Milner wird allgemein als Lord Milner bezeichnet. Nach seiner Pensionierung nach England wurde er Mitglied des House of Lords und Mitglied des Kriegskabinetts von David Lloyd George (1916–1921). Für seine Verdienste im südlichen Afrika wurde er 1901 zum Baron und 1902 zum Viscount ernannt.

13 Johannes Meintjies, President Paul Kruger: A Biography, Weidenfeld & Nicolson, London, 1974, S. 226–228; vgl. auch Giliomee & Mbenga, Hrsg., New History of South Africa, S. 209.

14 Das heutige Mahikeng hat seine historische Schreibweise Mafeking, wenn es im Kontext des Anglo-Boer-Krieges verwendet wird.

15 Baden-Powell benutzte während der Belagerung Jungen als Boten, eine Praxis, aus der die internationale Pfadfinderbewegung hervorgegangen sein soll.

16 Sol Plaatje wurde einer der Gründer des SANNC, der zum ANC wurde.

17 Vgl. Brian Willian, 'The Siege of Mafeking', in Peter Warwick, ed., The South African War, Longman, London, 1980, S. 155.

18 Dies war der Beweis einer Krankenschwester, Ina Cowan, in einem Brief an ihre Schwester vom 30. Dezember 1899. Vgl. Trevor Davies, ed., Mafeking besieged: The Diary of Civilian Nurse Miss Ina Cowan, 12. Oktober 1899–17 Mai 1900, Roberts, Berkshire, 1995.

19 Diesen Männern wurden zahlreiche Auszeichnungen verliehen. Frederick Sleigh Roberts war 1892 zum Baron ernannt worden, und Horatio Herbert Kitchener wurde 1902 zum Viscount und 1914 zum Earl ernannt. Als sie nach England zurückkehrten, wurden beide Männer auch zum Ritter des Strumpfbandordens ernannt, dem ältesten der Welt Nationaler Ritterorden, 1348 von König Edward III. gegründet.

20 Sowohl Louis Botha als auch Jan Smuts wurden später Premierminister Südafrikas: Louis Botha 1910 und Jan Smuts 1919 nach dem frühen Tod von Louis Botha.

21 SB Spies und Gail Nattrass, Hrsg., Jan Smuts: Memoirs of the Boer War, Jonathan Ball Publishers, Johannesburg & Cape Town, 1994, S. 27–28.

22 Warwick, ed., The South African War, S. 306–307. Vgl. auch http://www.sahistory.org.za/dated-event/gideon-scheepers-executed.

23 Richard Hull, 'American enterprise and the South African war 1895–1902', Vortrag gehalten bei Rethinking the South African War, Unisa Library Conference, 3.-5. August 1998, S. 12.

24 Vgl. SB Spies, Methods of Barbarism? Roberts and Kitchener and Civilians in the Boer Republics: January 1900 – May 1902, Human & Rousseau, Cape Town, 1977.

25 Blockhäuser waren kleine Festungen, die hauptsächlich entlang strategischer Eisenbahnlinien, Brücken usw. gebaut wurden, um die Freizügigkeit der britischen Streitkräfte zu behindern. Einige von ihnen sind noch heute zu sehen, insbesondere im Magaliesberg.

26 Die Amerikaner brachten philippinische Zivilisten während des philippinisch-amerikanischen Krieges von 1899–1902, kurz vor dem Anglo-Boer-Krieg, in „Schutzzonen" und Konzentrationslager („Reconcentrados").

27 Warwick, ed., The South African War, S. 62 & 220.

28 Diese und andere Geschichten wurden Schülern der School of Education in Wits von einem Nachkommen einer Frau erzählt, die das Konzentrationslager in Krugersdorp im September 1991 überlebte. Die Frau wollte nur als „Maria" in Erinnerung bleiben.

29 Es war Sir Henry Campbell-Bannerman, der zuerst den Ausdruck „Methoden der Barbarei" prägte, basierend auf Emily Hobhouses Beweisen.

30 Angepasst von SB Spies, 'Women and The War', in Warwick, ed., The South African War, S. 182. Vgl. auch Elsabé Brits, Emily Hobhouse: Beloved Traitor, Tafelberg, Cape Town, 2016, S. 201; und https://www.theguardian.com/theobserver/1999/oct/10/focus.news.

31 Jana Engelbrecht, Saturday Star, 12. April 2008.

32 Giliomee & Mbenga, Hrsg., New History of South Africa, S. 220.

33 Für weitere Informationen hierzu vgl. Pieter Labuschagne, Ghostriders of the Anglo-Boer War (1899–1902): The Role and Contribution of Agterryers, Unisa Press, Pretoria, 1998.

34 Weitere Informationen zu Dinuzulu finden Sie in Kapitel 6.

35 Ein Zweig des Tswana-Volkes im heutigen Botswana. Warwick, ed., The South African War, S. 223.

36 Angepasst von Brian Willan, 'Siege of Mafeking', in Warwick, ed., The South African War, S. 151.

37 Warwick, ed., The South African War, S. 160.

38 Vgl. Elsabé Brink, 1899: The Long March Home, Kwela Books, Cape Town, 1999.

39 Warwick, ed., The South African War, S. 163.

40 Weitere Informationen zu Frauen im Anglo-Boer-Krieg finden Sie unter Ann Harries, No Place for a Woman, Bloomsbury, London, 2005. Das Buch basiert auf einem Tagebuch, das ihre Großmutter während der Belagerung von Ladysmith geführt hat. Siehe auch Brian Roberts, Those Bloody Women: Three Heroines of the Anglo-Boer War, J Murray, London, 1991.

41 Angepasst von SB Spies, 'Women and the War', in Warwick, ed., The South African War, S. 179–180.

42 Kosaken waren geübte Reiter. Vgl. Apollon Davidson und Irina Filatova, The Russians and the Anglo-Boer War, Human & Rousseau, Cape Town, 1998, S. 287.

43 Richard Hull, 'American enterprise and the South African War 1895–1902', Rethinking the South African War, Unisa Library Conference, 3–5 August 1998, S. 4, 12 & 14

44 Angepasst von Giles Foden, Mail & Guardian, Oktober 1.–8., 1999. Ebenso angepasst von David Buckerfield, 'Churchill's Capture, Imprisonment and Escape', in http://www.britishempire.co.uk/article/churchillscapture.htm.

45 Ebenda.

46 Bill Nasson, 'The South African War, 1899-1902', in Saunders, ed., An Illustrated Dictionary of South African History, S. 227.

47 Max du Preez zitiert Albert Grundlinghs Arbeit über Hensoppers in Of Warriors, Lovers & Prophets: Unusual stories from South Africa's past, Zebra Press, Cape Town, 2004, S. 129. Vgl.

auch Mike Coghlan, 'The Other De Wet: Piet de Wet and the Boer "Hendsoppers" in the Anglo-Boer War', Military History Journal, Vol 11 (6), Dezember 2000: http://samilitaryhistory.org/vol116mc.html. Coghlan fügt hinzu, dass die Heldenverehrung von Boer-Generälen wie Christiaan de Wet und Koos de la Rey und die Dämonisierung von „Tischlern" wie Piet de Wet noch 1990 vorherrschten. Siehe auch Jacques Malan, Die Boere Offisiere 1899–1902, JP van der Walt, Pretoria, 1990, S. 28; und Emanoel Lee, To the Bitter End: A photographic history of the Boer War 1899-1902, Viking, 1985, S. 172. Lee sagt über die Kollaborateure: "Unter den Afrikanern werden sie bis heute mit einem solchen Hass in Erinnerung behalten, dass es fast unmöglich ist, Informationen über sie zu erhalten.". Vgl. auch Kobus du Pisani und Louis Grundlingh, 'Volkshelde: Afrikaner nationalist mobilisation and representation of the Boer warrior', Vortrag gehalten bei Rethinking the South African War, Unisa Library Conference, 3.–5. August 1998, S. 18. Kroonstad, wo sich Piet de Wet ergab, befindet sich im heutigen Freistaat.

48 Angepasst von Bill Nasson, 'The war 100 years on', Vortrag gehalten bei Rethinking the South African War, Unisa Library Conference, 3.–5. August 1998, S. 5–6.

49 Ebenda., S. 10.

50 Angepasst von Giliomee & Mbenga, Hrsg., New History of South Africa, S. 224.

51 Ebenda.

52 Milner heiratete zum ersten Mal im Alter von 67 Jahren. Die männliche Natur des imperialistischen Unternehmens wurde von vielen Historikern bemerkt, insbesondere von SB Spies, die in seinem Kapitel "Frauen und der Krieg" in Warwick, Hrsg., The South African War, S. 177 sagt, dass "viele der führenden Imperialisten, darunter Rhodos, Milner, Baden-Powell (der im Alter von 55 Jahren heiratete), Jameson und Kitchener Junggesellen waren". Er fügt hinzu: "Das Imperium wurde nicht in einem Anfall von Geisteslosigkeit erworben, sondern in einem Anfall von Abwesenheit von Frauen - und es muss spekuliert werden, ob die Geschichte Südafrikas anders gewesen wäre, wenn es anders gewesen wäre.'.

53 Warwick, ed., The South African War, S. 61.

Kapitel 8: Union, das Aufkommen von Nationalismen, Widerstandsbewegungen, Erster Weltkrieg (1914-1918) und der PACT-Regierung (1924-1929)

1 Am Ende des Anglo-Boer-Krieges hatten die Briten die Souveränität über die ehemaligen Burenrepubliken Transvaal und Orange Free State erklärt, ihnen dann aber freie Wahlen gestattet. Ihre eigenen lokalen Parteien waren eingestiegen, so dass sie keine „Kolonien" im wahrsten Sinne des Wortes waren.

2 Sein Name war William Palmer, der 2. Earl of Selborne, aber er war allgemein als Lord Selborne bekannt.

3 Es wurde eine „nationale" Konvention genannt, aber nur weiße Führer wurden zur Teilnahme eingeladen.

4 Spies & Nattrass, Hrsg., Jan Smuts: Memoirs of the Boer War, S. 31.

5 Bauernsohn.

6 Jan Smuts, Holism and Evolution, Macmillan, London, 1926, S. 88.

7 Richard Steyn, Jan Smuts: Unafraid of Greatness, Jonathan Ball Publishers, Johannesburg & Cape Town, 2015, S. 239.

8 Brian Lapping, Apartheid: A History, 1987, Paladin Books, London, 1987.

9 WP Schreiner war der Bruder von Olive Schreiner, die sich während des Anglo-Boer-Krieges in Konzentrationslagern für Burenfrauen und -kinder eingesetzt hatte - Projekte, die in den kommenden Jahren zum Aufstieg des afrikanischen Nationalismus beitragen würden.

10 Zeitungen oder Veröffentlichungen des afrikanischen Volkes im späten 19. und frühen 20. Jahrhundert spielten eine entscheidende Rolle im Kampf der Schwarzen um Anerkennung und politische Rechte. Weitere bedeutende Veröffentlichungen waren Sol Plaatjes Zeitung Tsala ea Batho ("Der Freund des Volkes") und sein 1916 veröffentlichtes Buch "Native Life in South Africa". Informationen teilweise angepasst von http://www.sahistory.org.za/topic/history-abantu-batho-newspaper-1912-1931.

11 Die Schwarze Schärpe wurde 1955 von sechs weißen Frauen unter der Leitung von Jean Sinclair gegründet und später von ihrer Tochter Sheena Duncan geleitet. Aus Protest gegen diskriminierende Gesetze hielten sie Mahnwachen und stille Demonstrationen an Straßenecken

ab und trugen schwarze Schärpen als Zeichen der Trauer um Ungerechtigkeit. Die Frauen halfen auch Menschen, die von der Landaneignung und den gefürchteten Passgesetzen betroffen waren. Heutzutage befasst sich die Schwarze Schärpe hauptsächlich mit Fragen der Armut.

12 Pässe wurden auch als „Dompas" bezeichnet, was auf Afrikaans wörtlich der dumme (oder dummen) Pass bedeutet.

13 Das Passsystem setzte sich in den nächsten Jahrzehnten fort und war während der Apartheid-Ära von 1948 bis ungefähr 1986, als der politische Wandel unmittelbar bevorstand und die Passgesetze endgültig aufgehoben wurden, besonders dominant.

14 Die Königin genoss ihren Gesang so sehr, dass sie sie bat, in ihrem Sommerpalast auf der Isle of Wight wieder für sie zu singen. Vgl. Zubeida Jaffer, Beauty of the Heart: The Life and Times of Charlotte Mannya Maxeke, Sun Press, Cape Town, 2016.

15 Vgl. http://www.anc.org.za/content/women-and-african-national-congress-1912-1943.

16 James Barry Munnik Hertzog wurde 1866 während eines Kaiserschnitts im Notfall geboren, der von einem irischen Chirurgen, James Barry, durchgeführt wurde. Es war der erste erfolgreiche Kaiserschnitt in Afrika. Sowohl Mutter als auch Kind überlebten und das Baby wurde nach dem Chirurgen benannt - daher der ungewöhnliche Name des afrikanischen Führers.

17 Statistiken angepasst von Van der Waag, A Military History of Modern South Africa, S. 108. Er fügt hinzu, dass die Afrikaner als leichte Kavalleristen bekannt waren und sich in der Südwestafrika-Kampagne hervorgetan haben, sodass sie für die nächste Etappe in Ostafrika, insbesondere in der Gegend von Tanganjika (dem heutigen Tansania), gut geeignet waren.

18 Leo Marquard, The Story of South Africa, Faber and Faber, London, 1955, S. 228.

19 Wörter im Lied enthalten: 'my huis en my plaas tot kole verbrand (Mein Haus und meine Farm verbrannten zu Asche) ... De La Rey, De La Rey, De La Rey, sal jy die Boere kom lei? (De La Rey, kommst du und führst die Buren?)'. Vgl. https://en.wikipedia.org/wiki/Koos_de_la_Rey.

20 Der deutsche kulturelle Einfluss in Namibia bleibt bis heute bestehen.

21 Vgl. Brian Willan, 'The South African Native Labour Contingent, 1916–1918' in Journal of African History, Vol 19 (1), 1978, S. 61–68; ebenso Albert Grundlingh, Fighting their own war: South African blacks and the First World War, Ravan Press, Johannesburg, 1987, S. 114.

22 Neun weiße Offiziere und 33 weiße Besatzungsmitglieder starben ebenfalls.

23 Albert Grundlingh, 'Mutating Memories and the Making of a Myth: Remembering The SS Mendi Disaster, 1917–2007', South African Historical Journal, Vol 63 (1), 1. März 2011, S. 20–37.

24 Professor Emeritus Kathy Munro, Vorlesung über Delville Wood to U3A, Northwold, Johannesburg, 6. September 2016.

25 Vgl. The Times, 5. Juli 2016.

26 In dieser Hinsicht konnten Parallelen zwischen Botha und Smuts sowie Nelson Mandela und Thabo Mbeki nach 1994 gezogen werden.

27 Nach 1922 begann die SACP, benachteiligten Schwarzen mehr Aufmerksamkeit zu schenken, und bis 1928 waren die meisten ihrer Mitglieder schwarz.

28 Steyn, Jan Smuts: Unafraid of Greatness, S. 64.

29 Charles van Onselen beschrieb Smuts 'Aktionen im Jahr 1922 den Studenten des ehemaligen Johannesburg College of Education im August 1983.

30 Diese religiöse Gruppe stützte sich sowohl auf jüdische als auch auf christliche Lehren und orientierte sich in ihrer Kleidung an den Israeliten des Alten Testaments. Informationen von Saunders angepasst, ed., An Illustrated Dictionary of South African History, S. 146.

31 ISCOR existiert nicht mehr in seiner ursprünglichen Form, sondern war der Vorgänger der heutigen ArcelorMittal Group.

32 Mike Boon, The African Way: The Power of Interactive Leadership, Zebra Press, Cape Town, 2001, S. 156.

33 Dieses Statut hatte wichtige Auswirkungen auf Südafrika, denn als der Zweite Weltkrieg 1939 ausbrach, befand sich Südafrika nicht automatisch auf britischer Seite im Krieg. Das südafrikanische Parlament könnte entscheiden.

34 Auch sein Sohn Albie Sachs nahm später die Kampfsache auf und wurde Aktivist. Albie Sachs wurde Richterin am Verfassungsgericht in Johannesburg.

Kapitel 9: Neue politische Parteien, der Aufstieg der Afrikaner, der Zweite Weltkrieg (1939-1945) und die Wahlen von 1948

1 Australien war zu dieser Zeit das wichtigste Wollproduktionsland, aber auch Südafrika war ein bedeutender Produzent.
2 Steyn, Jan Smuts: Unafraid of Greatness, S. 218 & 223. Im zweiten Kommentar zitiert Steyn einen von Smuts 'Biographen, WK Hancock.
3 Angepasst von JD Fage, Michael Crowder und Roland Anthony Oliver, The Cambridge History of Africa, Cambridge University Press, Cambridge, 1984, S. 282.
4 Vgl. http://www.sahistory.org.za/dated-event/sa-joins-world-war-ii.
5 Statistiken der Commonwealth War Graves Commission: http://www.cwgc.org.
6 Smuts war fast 70 Jahre alt, als der Zweite Weltkrieg ausbrach.
7 MJ Honikman, There Should Have Been Five, Tafelberg, Cape Town, 2016.
8 Vgl. Colonel CJ Jacobs, 'The role of the First South African Division during the first battle of El Alamein, 1–30 July 1942', Military History Journal, Vol 13 (2), Dezember 2004.
9 Van der Waag, A Military History of Modern South Africa, S. 200–201.
10 WK Hancock, Smuts: The Fields of Force, 1919–1950, Cambridge University Press, Cambridge, 1968, S. 370.
11 Ebenda.
12 Upbeat Magazine, No 1, Februar 1997.
13 S Horwitz, 'The Non-European War Record in South Africa', in Ellen Hellman, ed., Handbook on Race Relations in South Africa, 1949, S. 542. Vgl. auch http://samilitaryhistory.org/vol101jm.html.
14 Die Logbücher von Lorna und Henry Nattrass über Flugmeilen und andere persönliche Unterlagen befinden sich im Besitz ihrer Familie.
15 Informationen von Richard Steyn, Johannesburg, 6. Januar 2017. Er bezog sich auf The Fringes of Power: Downing Street Diaries 1939–1955 von Churchills Privatsekretär Jock Colville. Colville näherte sich offenbar nicht direkt dem König; Er schrieb an seine Mutter, eine Dame, die auf Königin Elizabeth wartete, und bat sie, die Idee der Königin gegenüber zu erwähnen, in der Hoffnung, dass sie sie an den König weitergeben würde. Niemand weiß, ob sie es tat oder nicht. Smuts 'Sohn, Jannie Smuts, erwähnt in seiner Biographie seines Vaters auch, dass Churchill wollte, dass Smuts als Premierminister fungiert, wenn er geschäftlich außer Landes war. Vgl. auch Steyn, Jan Smuts: Unafraid of Greatness, S. 143.
16 Hermann Giliomee, zitiert Christof Heyns und William Gravett in 'Jan Smuts reconsidered', Politicsweb, 26. Januar 2016: http://www.politicsweb.co.za/news-and-analysis/jan-smuts-reconsidered.
17 Marquard, The Story of South Africa, S. 239.
18 Als Smuts Premierminister wurde, lehnte er das mit dieser Position verbundene Herrenhaus in Pretoria ab. Er zog es vor, auf seiner Farm in Doornkloof zu leben, wo er sagte, seine Wunden seien geheilt und er habe Frieden gefunden.
19 Spies & Nattrass, Hrsg., Jan Smuts: Memoirs of the Boer War, S. 27.
20 John Vorster war von 1966 bis 1978 Premierminister von Südafrika und von 1978 bis 1979 Staatspräsident von Südafrika. PW Botha war von 1978 bis 1984 Premierminister und von 1984 bis 1989 Staatspräsident.
21 Vgl. https://www.supersport.com/boxing; https://en.wikipedia.org/wiki/Robey_Leibbrandt; und https://en.wikipedia.org/wiki/Ossewabrandwag.
22 Shula Marks, 'Jan Smuts, Race and the South African War'. Vortrag am Institut für Wirtschafts- und Sozialgeschichte und am Institut für Afrikanistik an der Universität Wien sowie am Dokumentations- und Kooperationszentrum für das südliche Afrika (SADOCC) in Wien am 24. Oktober 2000.
23 Vgl. Van der Waag, A Military History of Modern South Africa.

Kapitel 10: Die Apartheidregierung

1 Marquard, The Story of South Africa, S. 242.
2 Weitere Informationen zum SANNC finden Sie in Kapitel 8.
3 Bis er erkannte, dass die Parallelität, die der NP im Sinn hatte, ungerecht war, hielt selbst der liberale Senator Edgar Brookes, einer der drei Vertreter der Schwarzen im NRC (Natives

Representatives Council), das Prinzip der parallelen Entwicklung und der differenzierten Entwicklung für richtig eine mögliche Lösung.

4 Weitere Informationen zu Shepstone finden Sie in Kapitel 6.

5 Adaptiert von Giliomee & Mbenga, Hrsg., New History of South Africa, S. 324. "Wenn der Weiße nur in seinen eigenen Gebieten die volle Autorität erhält", sagte Verwoerd, "wird der Bantu im Laufe der Zeit anderswo die volle Autorität erlangen." Er fügte hinzu: "Es darf nicht nur dem Schwarzen in Afrika Gerechtigkeit geben , sondern auch an den Weißen... Für diese Europäer gibt es keine andere Heimat, Afrika ist jetzt auch ihre Heimat, und sie sind auch eine starke Haltung gegenüber dem Kommunismus, da ihre Wege auf christlichen Werten beruhen. "Der Historiker Saul Dubow schlägt vor: „Die unbeabsichtigte Wirkung der Rede war, dass sich zwei bisher getrennte Bereiche von Verwoerds politischer Karriere gegenseitig verstärken: den republikanischen Nationalismus einerseits und die Apartheid-Ideologie andererseits. ' Saul Dubow, 'Macmillan, Verwoerd, and the 1960 "Wind of Change" Speech', The Historical Journal, Vol 54 (4), 2011, S. 1087–1114. Die Rede selbst befindet sich in der Bodleian Library der Universität Oxford und kann unter abgerufen werden https://en.wikipedia.org/wiki/Wind_of_Change_(speech).

6 Das Wort „Bantu" bezieht sich auf die sprachlich verwandten Menschen in Zentral- und Südafrika. Der Begriff wird aufgrund seiner Verwendung durch das Apartheidregime als anstößig angesehen und wird derzeit nur noch selten verwendet.

7 Siehe Karte 22 in Kapitel 8.

8 Die Geschichte von Papwa Sewgolum wird aus Paul Murrays Rezension von Maxine Case zusammengefasst und angepasst, Papwa: Golf's Lost Legend, Kwela Books, Cape Town, 2015.

9 https://en.wikipedia.org/wiki/Academic_boycott_of_South_Africa; https://en.wikipedia.org/wiki/Television_in_South_Africa; Südafrika erhielt erst 1976 das Fernsehen. Die Verzögerung war darauf zurückzuführen, dass die afrikanische Regierung (insbesondere Premierminister Hendrik Verwoerd und Minister für Post und Telegraphen Albert Hertzog) das neue Medium als Bedrohung für Afrikaans ansah und dem Englischen einen unangemessenen Stellenwert einräumte. Sie betrachteten das Fernsehen als die „Teufelskiste", über die die Eltern keine Kontrolle hätten und die Unmoral und Versuchung fördern würde, da es unweigerlich Filme geben würde, in denen sich Rassen vermischen.

10 http://www.azquotes.com/author/9313-Miriam_Makeba. Weitere Informationen zu Miriam Makeba finden Sie unter Miriam Makeba und James Hall, Makeba: My Story, New American Library, New York, 1988.

11 In den 1950er Jahren wurde das Drum-Magazin zu einer wichtigen Plattform für städtische schwarze Journalisten und Fotografen und entwickelte viele bedeutende Namen in der sogenannten „Drum School".

12 Soweto war eine getrennte Gemeinde für Schwarze, die 1956 angelegt wurde. Das Wort steht für South Western Townships, weil das Gebiet südwestlich von Johannesburg lag.

13 Interview mit Angus Smith und seiner Mutter Laura, Johannesburg, Oktober 1999.

14 Siehe The Star, 31. Januar 1996. „Ubuntu" bedeutet „Menschlichkeit" oder „Mitgefühl".

15 Vgl. Bloke Modisane, Blame Me on History, Ad. Donker, Johannesburg, 1986, S. 27 & 36.

16 Adaptiert von Robert R Edgar und Lyanda ka Msumza, Hrsg., Freedom in our Lifetime: The collected writings of Anton Muziwakhe Lembede, zitiert in Ayabonga Cawe, The Star, 16. September 2016.

17 Vgl. Marquard, The Story of South Africa.

18 Sunday Times, 30. Juni 2013. Tatsächlich hatten Ahmed Kathrada und Nelson Mandela in der Vergangenheit heftige Meinungsverschiedenheiten über Nelson Mandelas extreme Form des afrikanischen Nationalismus gehabt, und Ahmed Kathrada hatte ihn aufgefordert, dies zu ändern. Die beiden Männer kamen sich in späteren Jahren nahe. Chris Barron, „Ahmed Kathrada: Prinzipielle Ikone der alten Garde des ANC, bei der die Loyalität zum Kampf an erster Stelle stand", Sunday Times, 2. April 2017. Dies war ein Nachruf auf Ahmed Kathrada nach seinem Tod am 28. März 2017.

19 Jackie Clausen, The Times, 14. Juni 2016, und Zaakirah Vadi, The Star, 14. Juni 2016.

20 Ghana war das erste afrikanische Land, das 1957 die Unabhängigkeit von einem Kolonialherrscher (Großbritannien) erlangte.

21 Der Standort Constitution Hill in der Kotze Street in Braamfontein, Johannesburg, ist ein ehemaliges Gefängnis und eine Militärfestung. Es beherbergt heute das Verfassungsgericht, aber

ein Teil davon wurde als Museum erhalten, in dem Touristen die alten Gefängniszellen besuchen können, in denen viele wegen politischer und anderer Verbrechen inhaftiert waren.

22 Nancy L Clark und William H Worger, South Africa – The Rise and Fall of Apartheid, Seminar Studies in History, Pearson Education, New York, 2004, S. 47–52.

23 Obwohl die FEDSAW gemischtrassig war, waren die meisten ihrer Mitglieder schwarz.

24 Cherryl Walker, Women and Resistance in South Africa, David Philip, Cape Town, 1991, S. 154.

25 Teilweise nach einem Nachruf von Denis Herbstein, bei https://www.theguardian.com/news/2002/jul/12/guardianobituaries

26 Walker, Women and Resistance in South Africa, S. 154; vgl. auch http://sahistory.org.za.

27 Delani Majola, 'Sophie Williams-De Bruyn – A lifetime of activism', The Star, 10. August 2016.

28 Angepasst von Janet Smith, The Star, 9. August 2016.

29 Milton Shain, Helen Suzman, 1917–2000, Jewish Women's Archive. Dieser berühmte Kommentar wurde zu Ehren von Helen Suzman nach ihrem Tod im Januar 2009 im Alter von 91 Jahren wiederholt. Siehe auch https://www.da.org.za/campaign/know-your-da/helen-suzman-2/.

30 Nelson Mandela, Long Walk to Freedom: The Autobiography of Nelson Mandela, Macdonald Purnell, Johannesburg, 1994, S. 423.

Kapitel 11: Die 1960er Jahre

1 Der Historiker Ian van der Waag identifiziert eine Zeit des „Kalten Krieges" in Berlin, Korea und Südafrika (1945–1966) und eine Zeit des „Heißen Krieges" im südlichen Afrika (1959–1989). Weitere Informationen hierzu finden Sie unter Van der Waag, A Military History of Modern South Africa, S. 215 & 245 onwards.

2 Carl Peter, 'The "Wind of Change": British Decolonisation in Africa, 1957–1965'. History Review (71), S. 12–17, Dezember 2011, Zugriff auf https://en.wikipedia.org/wiki/Wind_of_Change_(speech).

3 Angepasst von https://www.brandsouthafrica.com/south-africa-fast-facts/history-facts/robert-sobukwe-overview.

4 Ebenda.

5 Sharpeville Police Station liegt in Vanderbijlpark, nahe Vereeniging in der Gauteng Provinz.

6 Soweto, das für South Western Townships steht, wurde in den 1930er Jahren als überwiegend schwarzes Township am Rande der Stadt Johannesburg gegründet. Orlando ist ein Teil von Soweto.

7 Vgl. http://www.sahistory.org.za/topic/sharpeville-massacre-21-march-1960.

8 Dies ist die Terminologie, die Van der Waag in A Military History of Modern South Africa verwendet.

9 Weitere Informationen zum Cullinan Diamond finden Sie in Kapitel 5.

10 Die Zeit nach den ersten demokratischen Wahlen 1994, bei denen erstmals eine mehrheitlich schwarze Regierung an die Macht kam, wurde als „neues" Südafrika bezeichnet.

11 Vgl. Stuart Jones, 'Economic Development', in Saunders, ed., An Illustrated Dictionary of South African History, S. 107.

12 Vgl. https://www.brandsouthafrica.com/south-africa-fast-facts/history-facts/robert-sobukwe-overview.

13 Robben Island (benannt nach dem niederländischen Wort für Robbe) befindet sich in Table Bay in der Nähe von Kapstadt. Es wurde zu verschiedenen Zeiten zwischen dem 17. und 20. Jahrhundert als Gefängnis, Leprakolonie und Militärbasis genutzt. Es wurde 1961 zu einem Hochsicherheitsgefängnis für politische Gefangene und Kriminelle. Drei zukünftige südafrikanische Präsidenten dienten dort: Nelson Mandela, Jacob Zuma und Kgalema Motlanthe, obwohl die Amtszeit des letzteren nur vorübergehend war. Das Hochsicherheitsgefängnis wurde 1991 geschlossen; das mittlere Sicherheitsgefängnis etwa fünf Jahre später. Robben Island ist heute ein nationales Kulturerbe Südafrikas sowie ein UNESCO-Weltkulturerbe. Angepasst von https://en.wikipedia.org/wiki/Robben_Island und http://whc.unesco.org/en/list/916.

14 Vgl. http://www.sahistory.org.za/people/robert-mangaliso-sobukwe.

15 Angepasst von https://en.wikipedia.org/wiki/Robert_Sobukwe.

16 Vgl. https://en.wikipedia.org/wiki/Internal_Security_Act,_1982.

17 Sein Name wird wie in seiner Autobiographie auch Lutuli geschrieben, wird aber häufiger als Luthuli angesehen.

18 Albert John Lutuli, Let My People Go: An Autobiography, Collins, London, 1962.

19 Giliomee & Mbenga, Hrsg., New History of South Africa, S. 338.
20 Radio Interview mit Ahmed Kathrada, 24. März 2007.
21 Wie vom Militärhistoriker Ian van der Waag identifiziert, siehe oben.
22 Vgl. https://en.wikipedia.org/wiki/Rivonia_Trial.
23 Mary Benson, 'A True Afrikaner', Granta 19: More Dirt, 1986, S. 26, Zugriff auf http://pzacad.pitzer.edu/nam/newafrre/writers/fischer/Benson%20on%20Fischer.pdf.
24 Giliomee & Mbenga, Hrsg., New History of South Africa, S. 339.
25 Interview mit Christo Brand durch John Carlin: http://www.pbs.org/wgbh/pages/frontline/shows/mandela/interviews/brand.html.
26 Vgl. https://en.wikipedia.org/wiki/Bram_Fischer.
27 Mike Terry, 'Some personal recollections of the "Free Nelson Mandela" campaign': http://www.anc.org.za/content/some-personal-recollections-free-nelson-mandela. Siehe auch: http://www.history.com/topics/nelson-mandela.
28 Informationen über Ama Naidoo basierend auf einem Interview mit ihrem Enkel Mayan Naidoo, Johannesburg, 1989, und http://v1.sahistory.org.za/pages/people/bios/naidoo-ma.htm.
29 Indres Naidoo, Island in Chains: Ten Years on Robben Island, Penguin, London, 1982.
30 Vgl. http://www.sahistory.org.za/dated-event/military-service-becomes-compulsory-white-south-african-men.
31 Angepasst von Graeme Callister, 'Patriotic duty or resented imposition? Public reactions to military conscription in white South Africa, 1952–1972', Scientia Militaria: South African Journal of Military Studies, Vol 35 (1), 2007.
32 Weitere Informationen zum Grenzkrieg finden Sie in Kapitel 12.
33 Charalampos Dousemetzis war zu dieser Zeit Doktorand an der School of Government and International Affairs der University of Durham. Für einen Artikel über seine Forschung siehe Monica Laganparsad, 'Hendrik Verwoerd's killer a freedom fighter?', Sunday Times, 11 September 2016.
34 Die Transplantation wurde im Dezember 1967 am 54-jährigen Louis Washkansky durchgeführt. Er erhielt das Herz einer 25-jährigen Frau, Denise Darvall, die nach einem Autounfall für hirntot erklärt wurde. Washkanskys Körper lehnte das neue Herz nicht ab, weil er schwere Dosen von Immunsuppressiva erhalten hatte, aber diese starken Medikamente schwächten sein Immunsystem und er bekam eine doppelte Lungenentzündung und starb 18 Tage später. Dr. Barnard betrachtete die Operation dennoch als Erfolg. In den nächsten Jahren führte er mehr Transplantationen durch, wobei seine Patienten immer länger überlebten. Eine Patientin, Dorothy Fisher, überlebte 24 Jahre, nachdem sie 1969 ein neues Herz erhalten hatte. Herztransplantationen sind heute ein ziemlich regelmäßiges Verfahren. Siehe https://www.wired.com/2007/12/dayintech-1203/. Informationen zum Transplantationsmuseum im Groote Schuur Hospital, in dem die weltweit erste Herztransplantation durchgeführt wurde, finden Sie unter https://en.wikipedia.org/wiki/Heart_of_Cape_Town_Museum.
35 Christiaan Barnard und Hamilton Naki führten zusammen 40 Transplantationen an Hunden durch, bevor sie die menschliche Transplantation versuchten.
36 Marius Barnard, Defining Moments: A Memoir, Random House Struik, Cape Town, 2011.
37 Justice Malala, The Times, 9. Januar 2017.

Kapitel 12: Die 1970er und 1980er Jahre

1 Weitere Informationen zu Südwestafrika finden Sie im Abschnitt zum Ersten Weltkrieg in Kapitel 8.
2 Die Politik zur Schaffung verschiedener Heimatländer für Schwarze begann 1951. Siehe Kapitel 10.
3 Weitere Informationen zu Buthelezi und Inkatha finden Sie weiter unten in diesem Kapitel.
4 Weitere Informationen zu Dinuzulu (1868–1913) und Cetshwayo (1826–1884) finden Sie unter „Isandlwana" in Kapitel 6.
5 Der Kalte Krieg war der ideologische Kampf zwischen der Sowjetunion und dem Westen, der nach dem Zweiten Weltkrieg 1945 begann und bis etwa 1990 dauerte.
6 Weitere Informationen zur Wehrpflicht finden Sie in Kapitel 11.

7 Graeme Callister, 'Patriotic duty or resented imposition? Public reactions to military conscription in white South Africa', 1952–1972, Scientia Militaria: South African Journal of Military Studies, Vol 35 (1), 2007.

8 Der Estado Novo („Neuer Staat") war ein autoritäres Regime, das 1933 in Portugal nach einem Staatsstreich gegen die demokratische und instabile Erste Republik gegründet worden war. Der konservative, katholische und nationalistische Estado Novo war gegen den Kommunismus. Angepasst von https://en.wikipedia.org/wiki/Estado_Novo_(Portugal).

9 Portugal war die erste moderne europäische Macht, die eine Kolonie in Afrika gründete, als es 1415 Ceuta (im heutigen Marokko) eroberte, und es war eines der letzten, das das Land verließ. Die ehemaligen portugiesischen Gebiete in Afrika wurden zu souveränen Staaten.

10 Interview mit Derrick Willcock, CEO von Micromation, Johannesburg, 10. August 2016.

11 Ebenda.

12 Horace Campbell, 'The Military Defeat of the South Africans in Angola', Monthly Review: An Independent Socialist Magazine, Vol 64 (11), April 2013: http://monthlyreview.org/2013/04/01/the-military-defeat-of-the-south-africans-in-angola/.

13 Ebenda.

14 Das dreigliedrige Abkommen wurde von den Vereinigten Staaten vermittelt. Es beendete die direkte Beteiligung ausländischer Truppen am angolanischen Bürgerkrieg und wurde von den Außenministern Angolas, Kubas und Südafrikas unterzeichnet. Anschließend wurden kubanisches und südafrikanisches Militärpersonal aus Angola bzw. Südwestafrika abgezogen. Geoff Harris, ed., Recovery from Armed Conflict in Developing Countries: An Economic and Political Analysis, Routledge Books, Oxfordshire, 1999, S. 262–264. Siehe auch https://en.wikipedia.org/wiki/South_African_Border_War.

15 James Ngculu, The Honour to Serve: Recollections of an Umkhonto Soldier, David Philip, Cape Town, 2009; vgl. http://mg.co.za/article/2010-03-05-from-the-classroom-to-battlefield.

16 Weitere Informationen zur „Gesamtstrategie" finden Sie unter „Auswirkungen des Grenzkrieges" weiter unten in diesem Kapitel.

17 Giliomee & Mbenga, Hrsg., New History of South Africa, S. 392.

18 Askaris wurden traditionell als lokale Soldaten im Dienst einer kolonialen oder europäischen Macht definiert; https://www.merriam-webster.com/dictionary/askari. Im Kontext dieser Periode der südafrikanischen Geschichte waren es schwarze Menschen (einschließlich ehemaliger Guerillas oder Aktivisten), die die Seite gewechselt hatten oder gezwungen wurden, der weißen Macht zu dienen (in diesem Fall den Streitkräften der Apartheidregierung).

19 Die Pebco Drei waren Sipho Hashe, Champion Galela, und Qaqawuli Godolozi, Mitglieder der Port Elizabeth Black Civic Organization (PEBCO).

20 Vgl. http://www.enca.com/look-vlakplaas-apartheids-death-squad-hq.

21 Vgl. http://overcomingapartheid.msu.edu/multimedia.php?id=65-259-14 und Giliomee &Mbenga, Hrsg., New History of South Africa, S. 392.

22 Weitere Informationen zum Verratsprozess finden Sie in Kapitel 10.

23 Im Jahr 2010 richtete Ruth Firsts ehemalige High School, die Jeppe High School für Mädchen in Johannesburg, ein Stipendium in ihrem Namen ein, mit Albie Sachs als Schirmherrin.

24 Historiker Tom Lodge in Giliomee & Mbenga, Hrsg., New History of South Africa, S. 397 & 399.

25 Diese Beweise wurden von einem Geheimdienstoffizier der Spezialeinheiten, Oberst Johan Theron, beim Prozess gegen Wouter Basson im Jahr 1999 vorgelegt. Er sagte, Wouter Basson habe die Medikamente geliefert. In einem umstrittenen Urteil befand das Gericht Basson für unschuldig. Vgl. https://en.wikipedia.org/wiki/Project_Coast.

26 Ronald Ronnie Kasrils war Gründungsmitglied von MK und wurde später Minister für Geheimdienste (2004–2008). Pallo Jordan wurde Mitglied des Nationalen Exekutivkomitees des ANC und Kabinettsminister (1994–2009); Frank Chikane ist Geistlicher, Schriftsteller und Mitglied des ANC.

27 Über dieses Medikament ist wenig bekannt, aber in Experimenten an Ratten und Pavianen in den Roodeplaats-Forschungslabors verursachte es Muskelkrämpfe und schließlich Erstickungsgefahr. Vgl. https://wikileaks.org/gifiles/attach/33/33200_Roodeplaat%20Research%20Laboratories.pdf.

28 Im Oktober 2016 fand in der Nelson Mandela Foundation in Johannesburg eine Ausstellung über die vergiftete Vergangenheit Südafrikas statt. Vgl. https://www.businesslive.co.za/bd/life/arts-and-entertainment/2016-10-06-poisoned-pasts-exhibition-shows-horror-of-apartheidsas-project-coast/.

29 Giliomee & Mbenga, Hrsg., New History of South Africa, S. 370.
30 Vgl. http://www.enca.com/look-vlakplaas-apartheids-death-squad-hq.
31 Giliomee & Mbenga, Hrsg., New History of South Africa, S. 369.
32 Vgl. https://en.wikipedia.org/wiki/Black_Skin,_White_Masks.
33 Zehn Zitate von Frantz Fanon abgerufen unter http://thisisafrica.me/10-quotes-from-frantz-fanon und https://www.goodreads.com/author/quotes/37728.Frantz_Fanon.
34 I Write What I Like, erstmals 1978 veröffentlicht, enthält eine Auswahl von Bikos Schriften von 1969, als er Präsident von SASO wurde, bis 1972, als ihm die Veröffentlichung verboten wurde. Der Titel des Buches wurde dem Titel entnommen, unter dem er seine Schriften im SASO-Newsletter unter dem Pseudonym Frank Talk veröffentlicht hatte; vgl. https://en.wikipedia.org/wiki/I_Write_What_I_Like.
35 Giliomee & Mbenga, Hrsg., New History of South Africa, S. 354.
36 Weitere Informationen zu Robert Sobukwe finden Sie in Kapitel 11.
37 Giliomee & Mbenga, Hrsg., New History of South Africa, S. 362.
38 Eine Liste mit dem Alter der an diesem Tag verletzten und getöteten Menschen zeigt, dass einige älter als Schüler waren und entweder Mitglieder der Gemeinschaft, Mitglieder der Black Consciousness Movement oder Lehrer waren. Siehe Liste auf http://www.sahistory.org.za/topic/june-16-soweto-youth-uprising.
39 Giliomee & Mbenga, Hrsg., New History of South Africa, S. 355.
40 Vgl. https://en.wikipedia.org/wiki/Abram_Onkgopotse_Tiro.
41 Es gibt unterschiedliche Meinungen darüber, wie Hector Pieterson gestorben ist. Es wurde vermutet, dass er in Kreuzfeuer geraten ist. In Orlando West, Soweto, nahe der Stelle, an der er getötet wurde, wurde ein Museum zu Ehren von Hector Pieterson und anderen Opfern errichtet.
42 Mamphela Ramphele, Sunday Times, 12. Juli 2016: http://www.timeslive.co.za/sundaytimes/opinion/2016/06/12/Soweto-Uprising-The-struggle-was-shaken-out-of-its-moribund-state1.
43 Necklacing war eine Form der Folter, bei der ein mit Benzin gefüllter Gummireifen um Brust und Arme eines Opfers gelegt und in Brand gesteckt wurde. Adaptiert von: https://en.wikipedia.org/wiki/Necklacing. Siehe auch Kapitel 13, S. 230.
44 Ramphele, Sunday Times, 12. Juli 2016.
45 Vgl. https://en.wikipedia.org/wiki/P._W._Botha.
46 Interview mit Derrick Willcock, dessen Firma Micromation die Telefonleitungen des Bankensystems auf Fehler getestet hat; Johannesburg, 13. Januar 2017. Siehe auch http://www.sahistory.org.za/topic/british-anti-apartheid-movement.
47 1996 wurde Trevor Manuel Finanzminister in der neuen demokratischen Regierung.
48 Thompson, A History of South Africa, S. 221–222.
49 Thompson, A History of South Africa, S. 242.
50 Giliomee & Mbenga, Hrsg., New History of South Africa, S. 397.
51 Angepasst von https://en.wikipedia.org/wiki/Necklacing.
52 Weitere Informationen zum Prozess der Wahrheit und Versöhnung finden Sie in Kapitel 13.
53 Informationen zu den 1970er und 1980er Jahren, teilweise angepasst von Beth Goldblatt und Sheila Meintjes, Gender und die Wahrheits- und Versöhnungskommission: Eine Vorlage bei der Wahrheits- und Versöhnungskommission, Mai 1996: http://www.justice.gov.za/trc/hrvtrans/submit/gender.htm.
54 Vgl. http://www.sahistory.org.za/dated-event/blacks-boycott-municipal-elections.
55 Giliomee & Mbenga, Hrsg., New History of South Africa, S. 387.
56 Thompson, A History of South Africa, S. 237.
57 Artikel von Jeremy Cronin in The Star, Sonderbeilage, 2. Februar 2010. 1990 arbeitete Jeremy Cronin für das interne politische Komitee des ANC, das für die Überwachung und den Umgang mit der Massenbewegung zu Hause verantwortlich war.

Kapitel 13: Die bedeutsamen 1990er Jahre

1 Frederik van Zyl Slabbert zitiert in The Star vom 1. November 2006 zum Tod von PW Botha. Van Zyl Slabbert war Vorsitzender der parlamentarischen Oppositionspartei, der Progressiven Bundespartei (PFP), während eines Großteils von Bothas Herrschaft.
2 Ben Maclennan zitiert FW de Klerk am Business Day am 2. November 2006; und John Carlin zitieren Nelson Mandela in The Sunday Independent, 5. November 2006.

3 Die Historikerin Annette Seegers macht diesen Kommentar in Giliomee & Mbenga, Hrsg., New History of South Africa, S. 395.

4 Nach der Rede von FW de Klerk bei der Eröffnung des Parlaments am 2. Februar 1990, verfasst von Padraig O'Malley, dem Nelson Mandela Center of Memory: https://www.nelsonmandela.org/omalley/index.php/site/q/03lv02039/04lv02103/05lv02104/06lv02105.htm.

5 Vgl. im Saturday Star, 30. Januar 2010.

6 Interview mit Trevor Manuel in The Star, Sonderbeilage, 2. Februar 2010. Trevor Manuel war von März 1996 bis 2009 Finanzminister und von 2009 bis 2014 Kabinettsminister in der Präsidentschaft der Nationalen Planungskommission.

7 Artikel von Thabo Mbeki in The Star, Sonderbeilage, 2. Februar 2010.

8 Audrey Brown, 'Remembering the day Nelson Mandela was freed', Focus on Africa Magazine, BBC World Service, 11. Februar 2010. Audrey Brown arbeitete als Journalistin in Südafrika, bevor sie zur Abteilung für afrikanische Nachrichten und aktuelle Angelegenheiten des BBC World Service wechselte. Vgl. http://news.bbc.co.uk/2/hi/africa/8421444.stm.

9 Lodge in Giliomee & Mbenga, Hrsg., New History of South Africa, S. 397. He says that between 1984 and 1993, there were close to 19 000 deaths and more than 80 000 violent incidents.

10 Thompson, A History of South Africa, S. 241.

11 Giliomee & Mbenga, Hrsg., New History of South Africa, S. 397.

12 Der Richter am Obersten Gerichtshof, Louis Harms, gab seinen Bericht am 13. November 1990 heraus. Trotz der Ermordung von Regierungsgegnern im Land, insbesondere des Todes der Aktivisten David Webster und Anton Lubowski im Mai und September 1989, fand die Kommission keine Beweise für die Vorwürfe der Beteiligung von Armee und Polizei. Das Zeugnis von drei ehemaligen Polizisten Dirk Coetzee, Almond Nofomela und David Tshikalanga wurde als nicht vertrauenswürdig abgetan. Zugriff auf http://v1.sahistory.org.za/pages/chronology/thisday/1990-11-13.htm.

13 Dr. Melanie Chait erinnert sich an diese Jahre im Saturday Star vom 11. Juni 2016.

14 Weitere Informationen zur AWB finden Sie in Kapitel 12.

15 Giliomee & Mbenga, Hrsg., New History of South Africa, S. 403.

16 Abbey Makoe, The Star, 4. Februar 2010.

17 Die Bewegung für die afrikanische Einheit (oder die Bewegung für die nichteuropäische Einheit, NEUM) wurde von Aktivisten gegen die rassistische Politik der weißen Regierung in Südafrika gegründet. Es wurde 1943 in Bloemfontein gegründet und hatte Niederlassungen im ganzen Land. Seine Mitglieder wurden von den Lehren Trotzkis beeinflusst, und viele seiner Mitglieder waren Lehrer oder ehemalige Lehrer. Livingstone Mqotsi setzte sich gegen minderwertige Bantu-Bildung ein, wurde vom Unterrichten ausgeschlossen, nach dem Gesetz zur Unterdrückung des Kommunismus inhaftiert und musste schließlich das Land verlassen. 1957 spaltete sich die Einheitsbewegung und ging in den Niedergang, wurde aber in den 1980er Jahren für eine Weile wiederbelebt. Zugriff auf http://www.sahistory.org.za/people/livingstone-mqotsi.

18 Zitiert von Ayabonga Cawe in The Star, 16. September 2016.

19 Das Chris Hani Baragwanath Hospital ist das drittgrößte Krankenhaus der Welt.

20 „Kugel" ist ein Slangwort mit etwas kritischen, aber dennoch liebevollen Konnotationen. Es bezieht sich auf südafrikanische Frauen mit Vorliebe für materielle Güter und Prunk. Teilweise entnommen aus http://thejewniverse.com/2014/did-you-know-that-kugel-is-south-african-for-jap/.

21 Barry Ronge zitiert Bilder von Martin Pope und Robbie Botha in The Star vom 11. Mai 1994.

22 Giliomee & Mbenga, Hrsg., New History of South Africa, S. 412.

23 Thompson, A History of South Africa, S. 234.

24 Weitere Informationen zur Annahme der Freiheitscharta finden Sie im Abschnitt „Die Trotzkampagne und der Verratsprozess" in Kapitel 10.

25 Giliomee & Mbenga, Hrsg., New History of South Africa, S. 403.

26 Giliomee & Mbenga, Hrsg., New History of South Africa, S. 413.

27 Die Demokratische Partei wurde 1989 durch den Zusammenschluss der Progressiven Bundespartei mit zwei kleineren liberalen Parteien gegründet: der Nationaldemokratischen Bewegung und der Unabhängigen Partei.

28 Die folgende Erklärung stammt aus seinem Artikel in The Star, Special Supplement, 2. Februar 2010.

29 Artikel von FW de Klerk in The Star, Sonderbeilage, 2. Februar 2010.

30 Tony Leon, zitiert in The Times, 11. November 2015.
31 Giliomee & Mbenga, Hrsg., New History of South Africa, S. 433.
32 Die Geschichte wurde in dem Film Invictus (2007) unter der Regie von Clint Eastwood verewigt, in dem Morgan Freeman als Nelson Mandela und Matt Damon als Francois Pienaar die Hauptrolle spielen.
33 „Bafana Bafana" ist ein Spitzname, den die Fans der Nationalmannschaft gaben. In Zulu bedeutet es "die Jungen, die Jungen" oder "Los, Jungs!"; vgl. https://en.wikipedia.org/wiki/South_Africa_national_football_team.
34 Im wahren Geist des neuen Südafrika war es ein gemischtes Team: http://www.sahistory.org.za/dated-event/bafana-bafana-sa's-national-soccer-team-wins-africa-cup-nations-final.
35 Ebenda.
36 Weitere Informationen zu Helen Suzman finden Sie unter „Die Fortschrittspartei" in Kapitel 10.
37 Weitere Informationen zur SAIC finden Sie unter „Die Trotzkampagne und der Verratsprozess" in Kapitel 10.
38 Interview mit Ahmed Kathrada durch Carlos Amato, Sunday Times, 1. Juni 2013.
39 Ebenda.
40 Zoleka ist die Tochter von Zindzi, der jüngeren der beiden Töchter von Nelson und Winnie Mandela. Vgl. http://www.dailymail.co.uk/news/article-2560199/The-moment-I-smuggled-baby-Nelson-Mandelas-jail-cell-prisoner-friend-Robben-Island-guard.html.
41 Vgl. https://en.wikipedia.org/wiki/Winnie_Madikizela-Mandela.
42 Weitere Informationen zum Necklacing finden Sie in Kapitel 12.
43 Vgl. https://en.wikipedia.org/wiki/Graca_Machel.
44 Vgl. https://en.wikipedia.org/wiki/Truth_and_Reconciliation_Commission_(South_Africa).
45 Angepasst von https://en.wikipedia.org/wiki/Truth_and_Reconciliation_Commission_(South_Africa).
46 Vgl. https://en.wikipedia.org/wiki/Winnie_Madikizela-Mandela.
47 Angepasst von http://www.biography.com/people/winnie-mandela-9397037#freedom-and-charges-of-violence.
48 Dullah Omar, 'Exploring the Truth and Reconciliation Commission': http://overcomingapartheid.msu.edu/unit.php?id=65-24E-3.
49 Ebenda.
50 Antjie Krog, Country of My Skull: Guilt, Sorrow, and the Limits of Forgiveness in the New South Africa, Random House, Johannesburg, 1998. Vgl. auch Giliomee & Mbenga, Hrsg., New History of South Africa, S. 414.

Kapitel 14: Die Jahre 1999-2008 und 2009-2016

1 Die Ideen von Cheikh Anta Diop wurden zum Ausdruck gebracht in seinem Buch Towards the African Renaissance: Essays in Culture and Development, 1946–1960, http://www.africaspeaks.com. Siehe auch https://en.wikipedia.org/wiki/Cheikh_Anta_Diop. Die afrikanische Renaissance wurde nach der Entkolonialisierung und der Verbreitung der Demokratie auf dem Kontinent in den frühen neunziger Jahren auch als der „dritte Moment" im postkolonialen Afrika beschrieben. Dieser Kommentar wurde von Vusi Maviembela, einem Berater von Thabo Mbeki, im Juni 1997 abgegeben. Vgl. https://en.wikipedia.org/wiki/African_Renaissance.
2 Dies wurde im Gespräch mit Mbekis Biograf Mark Gevisser in seiner offiziellen Residenz „Mahlamba Ndlopfu" in Pretoria im August 2000, ein Jahr nach seiner Ernennung zum Präsidenten, gesagt. Vgl. http://markgevisser.bookslive.co.za/book-excerpt/.
3 Zukiswa Mqolomba, Mail & Guardian, 16. Februar 2016.
4 Mbeki sagte: „Ich bin ein Afrikaner... ich wurde aus den Völkern des afrikanischen Kontinents geboren." Für die vollständige Rede, vgl. https://en.wikipedia.org/wiki/I_Am_an_African.
5 Mark Gevisser, A Legacy of Liberation: Thabo Mbeki and the Future of the South African Dream, Palgrave Macmillan, New York, 2009, S. 277. Die Statistiken basieren auf einer Harvard-Studie.
6 Thabo Mbekis Ansichten zu Aids sind rundum umstritten, und seit 2010 besteht die Regierungspolitik darin, HIV-positiven Menschen antiretrovirale Medikamente zur Verfügung zu stellen. Am 26. August 2016 wurde in The Star aufgezeichnet, dass die Zahl der Menschen, die in Südafrika mit HIV leben, auf 6,19 Millionen gesunken ist, verglichen mit 7,03 Millionen im Vorjahr.

7 Vgl. Gevisser, A Legacy of Liberation, Chapter 41, zitiert in The Weekender, 17.–18. November 2007.

8 The Weekender, Weekend Review, 17.–18. November 2007; siehe auch https://www.markgevisser.com/images/pdf/weekender_karimabrown.pdf.

9 Patricia de Lille war zu dieser Zeit Vorsitzende des Parlamentarischen Verkehrsausschusses.

10 Weitere Informationen hierzu finden Sie unter Andrew Feinstein, After the Party: Eine persönliche und politische Reise innerhalb des ANC, Jonathan Ball Publishers, Johannesburg & Kapstadt, 2007, und The Shadow World: Innerhalb des globalen Waffenhandels, Hamish Hamilton, London , 2011. In The Shadow World berichtet Feinstein, dass der Waffenhandel rund 40% aller Korruption im gesamten Welthandel ausmacht und dass die Waffenhersteller eng mit Regierungen, Militärs, Geheimdiensten und vor allem mit der Politik verbunden sind Parteien. Südafrika ist in der Liste der von ihm genannten Länder enthalten. Vgl. https://en.wikipedia.org/wiki/Andrew_Feinstein. Siee auch Ashley Smith, 'Band of brothers in the thick of things', IOL, 22. November 2003: http://www.iol.co.za/news/politics/band-of-brothers-in-the-thick-of-things-117369.

11 Der Waffenhandel wird in diesem Kapitel weiter erörtert.

12 Die Frau war Fezeka Ntsukela Kuzwayo, aber vor ihrem Tod im Jahr 2016 war sie nur als „Khwezi" bekannt. Sie war die Tochter von Judson Kuzwayo, nach der die MJK-Einheit (die im Abschnitt über Jacob Zuma weiter unten in diesem Kapitel besprochen wird) benannt wurde. Sie beschuldigte Zuma der Vergewaltigung, aber er sagte, der Sex sei einvernehmlich gewesen. Khwezi und ihre Mutter wurden verleumdet und gezwungen, das Land zu verlassen. Vgl. https://www.dailymaverick.co.za/article/2016-10-09-rememberkhwezi-zumasrapeaccuser-dies-never-having-known-freedom/#.WI4rHjeKCtE.

13 Weitere Informationen hierzu finden Sie im Abschnitt über Jacob Zuma in diesem Kapitel.

14 Van Onselen, New Nineveh, S. 31, zeigt, wie sich weiße Menschen im frühen Johannesburg bedroht fühlten, als sie sahen, dass ihre Diener „weiße" Kleidung trugen.

15 Nach RW Johnson, wie lange wird Südafrika überleben? Die drohende Krise, Jonathan Ball Publishers, Johannesburg & Kapstadt, 2015, S. xi. Johnson hielt 1961 im Auftrag seines Freundes Rowley Arenstein, der als Kommunist verboten und nach Sharpeville unter Hausarrest gestellt worden war, einige Vorträge über Marxismus / Leninismus in Lakhani Chambers in der Gray Street in Durban. Johnson erinnert sich, dass er zu dieser Zeit nicht viel über das kommunistische Manifest wusste, aber seine Vorträge wurden von einem Raum voller junger Zulu-Männer begeistert aufgenommen. Er entdeckte erst Jahre später, dass einer von ihnen Jacob Zuma gewesen war. Die beiden tauschten dann Erinnerungen an diese Zeit aus und Jacob Zuma erzählte ihm von der Arbeit als „Hausjunge".

16 Johnson, How Long Will South Africa Survive?, px. Es wird angenommen, dass die Grundkenntnisse des Lesens, die er zuvor erworben hatte, in Zulu waren. Für mehr über Harry Gwala und ihre Zeit auf Robben Island, vgl. http://www.sahistory.org.za/people/jacob-gedleyihlekisa-zuma.

17 Vgl. http://www.sahistory.org.za/people/jacob-gedleyihlekisa-zuma.

18 Ebenda. Weitere Informationen zum Nkomati-Abkommen finden Sie unter „Die Rolle der Nachbarländer" in Kapitel 12.

19 Weitere Informationen zum Soweto-Aufstand von 1976 finden Sie in Kapitel 12.

20 Indres Naidoo war ein Anti-Apartheid-Aktivist und Sohn von Manonmoney (Ama) Naidoo. Weitere Informationen zu Indres und Ama Naidoo finden Sie im Abschnitt „Aktivistinnen" in Kapitel 11.

21 Weitere Informationen zu Chris Hani finden Sie in Kapitel 13.

22 Janet Cherry, Spear of the Nation: Umkhonto weSizwe, South Africa's Liberation Army, 1960s–1990, Jacana Media, Johannesburg, 2011, S. 41–56. Janet Cherry gibt Beispiele für die Bombenanschläge, die außerhalb der Bantu Affairs-Büros in Port Elizabeth stattfanden. eine Bushaltestelle in East London; Church Street, Pretoria; Magoos Bar in Durban; und Ellis Park Rugby-Stadion in Johannesburg. Sie weist darauf hin, dass die getöteten Menschen oft selbst MK-Kader waren: Sie waren entweder nicht ausreichend für den Umgang mit Sprengstoffen geschult oder ihre Organisationen waren infiltriert und ihre Geräte manipuliert worden.

23 Mandla Judson Kuzwayo war der Hauptvertreter des ANC in Simbabwe. Er starb am 1. Mai 1985, nachdem sein Auto auf dem Weg nach Lusaka umgekippt war. Weitere Informationen finden Sie unter http://www.sacp.org.za/main.php?ID=2326.

24 Shamin (besser bekannt als Chippy) Shaik war hauptsächlich für die Infiltration von Altech verantwortlich. Die Altech / Altron-Gruppe ist ein Telekommunikations-, Multimedia- und Informationstechnologieunternehmen. Siehe http://www.iol.co.za/news/politics/band-of-brothers-in-the-thick-of-things-117369.

25 Der Name wird in einigen Quellen auch Younis und Yunis geschrieben.

26 Vgl. http://www.iol.co.za/news/politics/band-of-brothers-in-the-thick-of-things-117369.

27 Marlan Padayachee, 'The Story of Movers and Shaikers in South Africa', 30. Juni 2008: http://wordsmith-commissar.blogspot.co.za/2008/06/story-of-movers-and-shaikers-in-south.html.

28 Als der ANC 1960 nach Sharpeville verboten wurde, war er gezwungen, in den Untergrund zu gehen und Treffen in Ländern abzuhalten, die mit der Sache einverstanden waren. Weitere Informationen finden Sie in Kapitel 11.

29 Vgl. http://www.sahistory.org.za/people/jacob-gedleyihlekisa-zuma.

30 Weitere Informationen zu CODESA finden Sie unter „Sonstige Ereignisse, die zu den Wahlen von 1994 führen" in Kapitel 13.

31 Padayachee, 'The Story of Movers and Shaikers in South Africa'.

32 Vgl. http://www.sahistory.org.za/people/jacob-gedleyihlekisa-zuma and http://www.corruptionwatch.org.za/timeline-of-the-arms-deal/.

33 Vgl. http://www.sahistory.org.za/people/jacob-gedleyihlekisa-zuma.

34 Vgl. https://en.wikipedia.org/wiki/Schabir_Shaik.

35 Er sagte einem Treffen traditioneller Führer, dass afrikanische Probleme auf afrikanische Weise gelöst werden sollten, anstatt sich an die Gerichte zu wenden. Siehe Gia Nicolaides und Barry Bateman, Eyewitness News, 8. April 2016: http://ewn.co.za/2016/04/08/Before-turning-to-the-court-we-should-solve-things-Africa-way.

36 Politikanalyst Nkosikhulule Xhawulengweni Nyembezi, The Star, 10. Februar 2015: http://www.iol.co.za/the-star/mr-president-where-are-the-jobs-1815939.

37 Ein System, bei dem der Strom in Wohn-, Industrie- und Gewerbegebieten rotierend abgeschaltet wird, um die begrenzte Stromversorgung zu bewältigen.

38 Die Außenminister dieser vier Länder trafen sich zum ersten Mal, um die Bildung einer solchen Organisation auf der UN-Generalversammlung in New York im Jahr 2006 zu erörtern. Der erste formelle Gipfel fand jedoch im Jahr 2009 statt. Seit 2009 haben sich die BRICS-Staaten jährlich zu formellen Treffen getroffen Gipfel. Vgl. https://en.wikipedia.org/wiki/BRICS.

39 Vgl. https://en.wikipedia.org/wiki/BRICS.

40 Auf dem 8. Jahresgipfel in Indien im Oktober 2016 forderte die Gruppe die BRICS New Development Bank auf, sich auf die Finanzierung spezifischer Entwicklungsprioritäten zu konzentrieren und ein Netzwerk von Angel-Investoren aufzubauen. Dies sind in der Regel Privatinvestoren, die Start- oder Wachstumskapital für vielversprechende Unternehmungen bereitstellen. Weitere Vereinbarungen auf dem Gipfel waren die Einrichtung von Forschungszentren in den Bereichen Landwirtschaft, Eisenbahn und eines BRICS-Sportrates. Der chinesische Staatschef Xi Jinping warnte jedoch davor, dass sich die Weltwirtschaft noch in einer „tückischen Erholung" befinde, was bedeutete, dass die BRICS-Länder auch das Wirtschaftswachstum verlangsamt hätten. Er fügte hinzu, dass einige Länder in ihrer Politik nach innen gerichtet seien und der Protektionismus zunehme. Vgl. https://en.wikipedia.org/wiki/8th_BRICS_summit und https://en.wikipedia.org/wiki/BRICS.

41 Dies wird in Kapitel 15 ausführlicher behandelt.

42 Die Frauen wollten das Land an den Vorwurf gegen Zuma wegen der Vergewaltigung von Khwezi im Jahr 2005 erinnern. Khwezi verließ das Land, um der Hexenjagd gegen sie zu entgehen. Sie kehrte nach Durban zurück, wo sie im Oktober 2016 im Alter von 41 Jahren starb. Vgl. http://mg.co.za/article/2016-08-09-jacob-zuma-and-his-sexism-as-laid-out-in-the-presidents-own-words.

43 Baldwin Ndala, The Star, 10. August 2015.

44 Pravin Gordhan wurde durch Malusi Gigaba (ehemaliger Innenminister) und seinen Stellvertreter Mcebisi Jonas durch Sfiso Buthelezi ersetzt. Präsident Zuma sagte, der Schritt sei, ältere Abgeordnete durch jüngere Talente zu ersetzen, aber diese und andere Änderungen seien heftig umstritten, und es gab von allen Seiten, einschließlich anfangs einiger Mitglieder der ANC-Exekutive, große Aufrufe, Zuma als Präsident zurückzutreten.

45 Weitere Informationen zur Geschichte der Fortschrittspartei finden Sie in Kapitel 10.

46 Weitere Informationen zu Helen Suzman finden Sie unter „Die Fortschrittspartei" in Kapitel 10.

47 Tony Leon sagte dies der Deutschen Presse-Agentur. Sein Kommentar war, dass er als 17-jähriger Schüler, der 1974 im Wahlkampf von Helen Suzman half, sein Idol war. Vgl. http://www.news24.com/SouthAfrica/News/Suzman-disappointed-with-govt-20021105.

48 Yazeed Kamaldien, 'Retracing apartheid-era footsteps in Cape Town', Weekend Argus, 3. April 2016. Zugriff über https://yazkam.wordpress.com/2016/04/03/retracing-apartheid-era-footsteps-in-cape-town/.

49 S'thembiso Msomi, Mmusi Maimane: Prophet or Puppet?, Jonathan Ball Publishers, Johannesburg & Cape Town, 2016.

50 Vgl. http://www.anc.org.za/kids/tripartite-alliance.

51 Vgl. http://www.cosatu.org.za/show.php?ID=2051#sthash.CT514ZkF.dpuf.

52 Vgl. https://www.dailymaverick.co.za/article/2013-07-11-the-tripartite-alliance-isananachronism/#.WIpd7zeKCtE.

53 Ebenda.

54 Ebenda.

55 Vgl. https://www.enca.com/south-africa/tripartite-alliance-summit-continues.

56 Vgl. https://www.dailymaverick.co.za/article/2013-07-11-the-tripartite-alliance-isananachronism/#.WIpd7zeKCtE.

57 Nach einem Artikel von Ian Ollis in The Star vom 28. Mai 2015.

58 Vgl. http://www.engineeringnews.co.za/article/sa-one-of-the-worlds-most-violent-strike-pronecountries-2014-08-06.

59 Bowman Gilfillan Berater und Streitbeilegungsspezialist John Brand zitiert. Vgl. http://www.engineeringnews.co.za/article/sa-one-of-the-worlds-most-violent-strike-prone-countries-2014-08-06.

60 Ein wilder Streik ist eine Streikaktion, die von gewerkschaftlich organisierten Arbeitnehmern ohne Genehmigung, Unterstützung oder Genehmigung der Gewerkschaftsführung durchgeführt wird. Vgl. https://en.wikipedia.org/wiki/Wildcat_strike_action.

61 Weitere Informationen zu Sharpeville finden Sie in Kapitel 11.

62 Vgl. http://www.iol.co.za/news/crime-courts/marikana-miners-were-killers---zuma-1875560.

63 Weitere Informationen zu diesen Streiks finden Sie in Kapitel 8.

64 Vgl. http://www.engineeringnews.co.za/article/sa-one-of-the-worlds-most-violent-strike-prone-countries-2014-08-06.

65 Eine Untersuchung der südafrikanischen Menschenrechtskommission ergab, dass höchstwahrscheinlich R5-Gewehre mit Hohlkugeln verwendet wurden, da diese Kugeln beim Eindringen in den Körper eines Opfers zum Zerfall neigen. Sie fügten hinzu, dass dies das deutlichste Beispiel dafür sei, warum militärische Sturmgewehre in Situationen der öffentlichen Ordnung verboten werden sollten, selbst wenn sie zur Selbstverteidigung abgefeuert wurden. Vgl. http://www.iol.co.za/news/south-africa/north-west/marikanacops-wont-face-charges-1877367; Informationen zu R5-Sturmgewehren und Hohlkugeln von Derrick Willcock, Johannesburg, 31. Januar 2017.

66 The Star, 3 Juni 2016.

67 Irvin Jim, The Star, 10. Juli 2016.

68 Angepasst von http://www.news24.com/Tags/People/jeremycronin, und http://www.politicsweb.co.za/news-and-analysis/multidimensioned-attacks-on-num-no-accident--jerem. Jeremy Cronin sprach auf dem 15. Jahreskongress der National Union of Mineworkers (NUM) vor Delegierten. Er sagte, die Bergbauhäuser, die lokale Regierung, die lokalen traditionellen Führer und die nationale Regierung hätten die Minenarbeiter im Stich gelassen. Als Ersatz für die alten gleichgeschlechtlichen Herbergen wurden nur sehr wenige anständige bezahlbare Wohnungen, angemessene Familienunterkünfte, lebensfähige Bergbaugemeinden mit Kliniken, Kinderkrippen, Schulen, Parks und öffentlichen Verkehrsmitteln geliefert.

69 Vgl. http://www.engineeringnews.co.za/article/sa-one-of-the-worlds-most-violent-strike-prone-countries-2014-08-06.

70 Irvin Jim, The Star, 10. Juli 2016.

Kapitel 15: Perspektiven und Herausforderungen

1 Siehe Kapitel 8. Die vier Hauptgründer der SANNC waren alle Anwälte, und die Mitglieder waren eine Elite-Gruppe von Geschäftsleuten, Lehrern, Angestellten und Geistlichen.

2 Marquard, Die Geschichte Südafrikas, S. 257.

3 George Matlala, The Times, 4. Oktober 2016. Vgl. https://www.pressreader.com/south-africa/the-times-south-africa/20161004/281539405455593.

4 http://citizen.co.za/news/news-national/385566/delay-in-sandf-review-costing-armed-forcesminister/.

5 Am 11. Dezember 2016 wies das nationale Finanzministerium an, dass in den nächsten drei Jahren fast 3 Mrd. R von der Gehaltsabrechnung des SADF gestrichen werden müssten: http://www.timeslive.co.za/sundaytimes/stnews/2016/12/11/Defence-force-told-to-cut-troops-by-16000.

6 Finanzminister Pravin Gordhan kündigte im Februar 2016 an, dass das Finanzministerium die Lohnkosten des öffentlichen Sektors innerhalb von drei Jahren um mindestens 25 Mrd. R senken werde: http://www.timeslive.co.za/sundaytimes/stnews/2016/12/11/Defence-force-told-to-cut-troops-by-16000.

7 Siehe „Der Aufstieg der Afrikaner" in Kapitel 9.

8 Vgl. http://www.news24.com/elections/news/anc-will-rule-until-jesus-comes-zuma-says-again-20160705.

9 Weitere Informationen zu EFF und Julius Malema finden Sie in Kapitel 14.

10 Dominic Mahlangu, The Times, 3. Mai 2016.

11 Der Begriff „frei geboren" beschreibt Südafrikaner, die Anfang der neunziger Jahre geboren wurden, als das „neue" Südafrika bereits Gestalt annahm.

12 Jon Herskovitz, „ANC riskiert den Verlust der „frei geborenen" Wähler in Südafrika", 28. Januar 2013. Er sagt, dass viele ältere Südafrikaner dem ANC immer noch dankbar sind, dass sie ihre Freiheit gewonnen haben, aber die „frei Geborenen" sind durch die Geschichte nicht so beeinflusst wie ihre Älteren: http://www.reuters.com/article/us-safrica-anc-idUSBRE90R0GH20130128.

13 Nach einer Hommage an Frederik van Zyl Slabbert nach seinem Tod im Jahr 2010, Mail & Guardian, 14. Mai 2010.

14 Der Minister für Bodenschätze, Mosebenzi Zwane, spricht auf der Investing in African Mining Indaba in Kapstadt vom 6. bis 9. Februar 2017, zitiert in Business News, The Star, 9. Februar 2017.

15 Kevin Crowley, 'Gold mines emerge from survival mode', The Star, 9. Februar 2017. Kevin Crowley berichtete über Themen, die auf der „Investing in African Mining Indaba" vom 6. bis 9. Februar 2017 in Kapstadt angesprochen wurden. Investec ist eine internationale Banken- und Vermögensverwaltungsgruppe. Die drei Hauptmärkte sind Großbritannien, Südafrika und Australien.

16 Ebenda.

17 Palesa Vuyolwethu Tshandu und Lutho Mtongana, Sunday Times, 23. August 2015.

18 Ebenda.

19 'Mbeki queries Africa Mining Vision progress', The Star, 9. Februar 2017.

20 Minister Mosebenzi Zwane zitiert in The Star am 9. Februar 2017.

21 Umgangssprachlich bedeutet zama zama, sein Glück zu versuchen oder auf das Glück zu schießen. Es wird geschätzt, dass es nach mehr als einem Jahrhundert Bergbau ein Labyrinth von unterirdischen Gängen gibt, die sich über den Witwatersrand erstrecken, von Roodepoort im Westen bis zu Springs im Osten. Minenbeamte und Sicherheitspersonal schätzen, dass es jetzt insgesamt 15.000 Zama Zamas geben kann, verglichen mit 120.000 Menschen, die in den offiziellen Goldminen Südafrikas beschäftigt sind. Greg Mills, Daily Maverick, 5. Juli 2016: https://www.dailymaverick.co.za/article/2016-07-05-take-achance-welcome-to-the-golden-underground-world-of-zama-zamas/#.WI-LIDeKCtE.

22 Handels- und Industrieminister Rob Davies zitiert in The Times vom 26. Januar 2017.

23 Die Verbrennung fossiler Brennstoffe (Öl, Kohle, Erdgas) und die Waldrodung erhöhen die Konzentration von Treibhausgasen in der Atmosphäre und führen zu wärmeren Temperaturen. Wärmeren Temperaturen wirken sich auf die Niederschläge aus, was sich wiederum auf die Gesundheit von Mensch und Tier, die Pflanzenwelt, die Beweidung von Nutztieren und die Forstwirtschaft auswirkt.

24 Ettiene Retief, Vorsitzende der National Tax and SARS Stakeholder Committees, zitiert in The Star, 9. Februar 2017. Er erklärte, dass Experimente in Australien und Norwegen nicht darauf hingewiesen hätten, dass eine Kohlenstoffsteuer funktionieren würde. In Australien wirkte sich

die Einführung der Kohlenstoffsteuer auf die Beschäftigung im Energiesektor und in energieintensiven Industrien aus, und in Norwegen hatten die Kohlenstoffsteuern nur zu einer geringfügigen Reduzierung der Gasemissionen geführt.

25 Wendell Roelf, The Star, 9. Februar 2017.

26 Milton Nkosi, BBC News, 29. Januar 2016: http://www.bbc.com/news/world-africa-35427853.

27 Katharine Child, The Times, 14. September 2016.

28 Vgl. GT Maqhubela, 23. Oktober 2015, https://www.wsws.org/en/articles/2015/10/23/safr-o23.html; und „Tausende protestierende Studenten haben sich auf den Treppen der Nationalversammlung in Kapstadt mit der Polizei gestritten", http://www.enca.com/south-africa/live-stun-grenades-chaos-stairs-parliament-feesmustfall.

29 Die Frage der Entkolonialisierung der Bildung hat viele Kontroversen ausgelöst, und man könnte argumentieren, dass die Schüler im Allgemeinen nicht genau definiert haben, was sie damit meinen.

30 George Devenish, Cape Times, 23. Januar 2017: https://www.pressreader.com/south-africa/cape-times/20170123/281852938279637. George Devenish war auch einer der Leute, die 1993 die Interimsverfassung entwarfen.

31 Kabelo Khumalo, The Star, 25. Januar 2017.

32 Brexit ist eine Abkürzung für „British Exit", die sich auf das Referendum am 23. Juni 2016 bezieht, bei dem britische Bürger für den Austritt aus der Europäischen Union (EU) gestimmt haben.

33 Siehe Kapitel 14.

34 Die Afrikanische Union (AU) ist eine Union, die aus 54 Ländern in Afrika besteht. Es wurde am 26. Mai 2001 in Addis Abeba, Äthiopien gegründet. Siehe Thabo Mbekis Rolle bei seiner Bildung in Kapitel 14.

35 Siehe Kapitel 14.

36 Craig Dodds, The Star, 6. Juni 2015. Gordon sprach allgemein über Afrika, aber seine Worte sind für Südafrika relevant.

37 Anthony Mothae Maruping und Fatima Haram Acyl zitieren die AU-Ziele in ihrer Agenda 2063, The Star, 27. Januar 2017. Panafrikanismus ist die Idee, dass alle Menschen afrikanischer Herkunft eine gemeinsame Geschichte und ein gemeinsames Schicksal haben und vereinheitlicht werden sollten.

38 Justice Malala, The Times, 16. November 2015.

39 Angepasst von Johnson, How Long Will South Africa Survive?.

40 Adaptiert von Jonathan Jansen, The Times, 5. Mai 2015: http://www.timeslive.co.za/thetimes/2015/06/05/Light-the-way-in-a-darkling-SA.

41 Justice Malala, 'How to Stop South Africa Losing its Way', We Have Now Begun our Descent, Jonathan Ball Publishers, Johannesburg & Cape Town, 2015.

42 Marquard, The Story of South Africa, S. 267.

Postscript

1 Forschungsdaten vom Oktober 2016 zeigten, dass 10% der südafrikanischen Bevölkerung 90–95% ihres Vermögens besaßen. Anna Ortforer, Natal Mercury, 10. Oktober 2016.

2 Im Vorfeld der Kommunalwahlen im August 2016 appellierte Jacob Zuma an die Menschen, ihre Vorfahren nicht zu enttäuschen, indem er nicht für den ANC stimmte. Er spürte, dass der ANC möglicherweise gegen Oppositionsgruppen, insbesondere in Gauteng und am Ostkap, verlieren könnte. Siehe http://www.iol.co.za/news/politics/ancestors-will-turn-against-those-who-dont-vote-anc-2050807.

3 Zapiro (Jonathan Shapiro) und Dov Fedler sind bekannte Karikaturisten, deren Arbeiten in mehreren Publikationen erscheinen. Der Karikaturist Rico schuf die Cartoons „Madam & Eve", basierend auf den Erfahrungen einer weißen „Madam" und ihrer Hausangestellten Eve.

DANKSAGUNGEN

Dieses Buch war mehrere Jahre in der Entstehung und viele Menschen haben mir auf dem Weg geholfen. Die Mitarbeiter unserer Universitäten, Archive, Bibliotheken und Zeitungen müssen täglich viele seltsame Anfragen erhalten, waren aber immer gnädig. Ich möchte ihnen allen danken, aber vor allem: Anthony Paton, Jeff Rikhotso und Mags Pillay an der Wiege des Weltkulturerbes der Menschheit; Sian Tiley-Nel im Mapungubwe Museum, Universität Pretoria; Diana Wall im MuseumAfrica; Francis Thackeray und der verstorbene Tim Couzens an der Universität Witwatersrand; Annie und Jannie Gagiano, Universität Stellenbosch; Ammi Ryke im Unisa Library Archives; Marise Bronkhorst und Erika le Roux beim Western Cape Archives and Records Service; Michelle Loock beim National Archives and Records Service, Pretoria; Phillip Kgaphola bei Times Media; Kevin Ritchie und Karen Sandison bei The Star; Ätna Labuschagne im Kriegsmuseum, Bloemfontein; Annemarie Carelson und Anton Joubert im Smuts House Museum, Irene; Amy van Wezel im Albany Museum, Grahamstown; Claudia und Jürgen Schadeberg; Melanie Geustyn und Laddy McKechnie in der South African National Library, Kapstadt; Lailah Hisham in Iziko Museen, Kapstadt; Susanne Blendulf und Phindile Madida im South African Museum of Military History; Renate Meyer an der Universität Kapstadt; Alison Chisholm und Mark Sandham an der School of Education, University of the Witwatersrand; und Leigh Benson, Kate Sun und Kim McCarthy bei Gallo Images. Die folgenden besonderen Leute haben meine Arbeit beeinflusst: Luli Callinicos und Charles van Onselen, deren Bücher über das frühe Johannesburg mich sehr inspirierten; Ian Phimister, Student, dessen Leistungen als Historiker meine große Freude waren; meine Studenten in Johannesburg, besonders Angus Smith und Mayan Naidoo, die mir ihre Geschichten von Sophiatown und der Familie Naidoo erzählten; mein Schwiegersohn Tim Williams, der bei den Bergbau-Aspekten in der Geschichte geholfen hat; Derrick Willcock, der mir Informationen über Kommunikationssysteme, militärische Aspekte und die Grenzkriege gab; Sudipa Balgobind, der den ersten Entwurf der Karten gemacht hat, oft aus sehr vagen Anweisungen; mein Sohn Errol Nattrass, der aus seinem Haus in Vermont, USA, meine laufenden Computerunglücke aussortierte; und mein verstorbener Ehemann

Brian, der mich immer unterstützte und wusste, wie viel mir dieses Projekt bedeutete. Mein Dank gilt vor allem dem wunderbaren Jonathan Ball, der dieses Projekt übernommen hat, meinen beiden hervorragenden Redakteuren, Nicola Rijsdijk und Ester Levinrad, und dem gesamten Team von Jonathan Ball Publishers, insbesondere Valda Strauss, Marius Roux von MR Design, Kevin Shenton von Triple M. Design, George Claassen, Janto Gildenhuys und Ceri Prenter, die alle Experten auf ihrem Gebiet waren und es war eine Freude mit ihnen zu arbeiten. Weitere Fotos zu diesem Buch finden Sie auf meiner Website: www.ashorthistoryofsouthafrica.com.

Gail Nattrass, Juni 2017

Stichwortverzeichnis